Juridicum – Schriftenreihe zum Wirtschafts-, Unternehmens- und Bankrecht / Series on Business, Corporate and Banking Law

Reihe herausgegeben von

Florian Möslein, Vienna, Österreich

Sebastian Omlor, Marburg, Deutschland

Mirjam Eggen, Bern, Schweiz

Francesco Paolo Patti, Milano, Italy

Die Schriftenreihe zum **Wirtschafts-, Unternehmens- und Bankrecht / Series on Business, Corporate and Banking Law** bietet ein Forum für aktuelle und herausragende wissenschaftliche Beiträge aus den genannten Rechtsgebieten. Veröffentlicht werden vor allem Dissertationsschriften, daneben auch ausgewählte Sammelbände zu aktuellen und rechtswissenschaftlich interessanten Fragestellungen. Der Fokus liegt vor allem auf dem deutschen und deutschsprachigen Recht, typischerweise jedoch mit europäischen und internationalen Bezügen. Die Reihe zeichnet sich auch ansonsten durch ihre internationale Ausrichtung aus: Publikationen sind sowohl in deutscher als auch in englischer Sprache möglich. Herausgegeben wird sie von renommierten Wissenschaftlerinnen und Wissenschaftlern aus Deutschland, der Schweiz und Italien, die damit einen grenzüberschreitenden wissenschaftlichen Dialog im Wirtschafts-, Unternehmens- und Bankrecht fördern möchten.

Alexander Krieg

Gläubigerschutz und Rechtswahl

Springer

Alexander Krieg
Frankfurt am Main, Deutschland

Das Werk wurde als Dissertation vom Fachbereich Rechtswissenschaften der Philipps-Universität Marburg am 6. August 2025 angenommen.

ISSN 3091-5384 ISSN 3091-5392 (electronic)
Juridicum – Schriftenreihe zum Wirtschafts-, Unternehmens- und Bankrecht / Series on Business, Corporate and Banking Law
ISBN 978-3-658-53169-0 ISBN 978-3-658-53170-6 (eBook)
https://doi.org/10.1007/978-3-658-53170-6

Die Deutsche Nationalbibliothek verzeichnet diese Publikation in der Deutschen Nationalbibliografie; detaillierte bibliografische Daten sind im Internet über https://portal.dnb.de abrufbar.

Springer ist ein Imprint der eingetragenen Gesellschaft Springer Fachmedien Wiesbaden GmbH und ist ein Teil von Springer Nature.
Die Anschrift der Gesellschaft ist: Abraham-Lincoln-Str. 46, 65189 Wiesbaden, Germany

Für Lisa, Paula und Romy

Die vorliegende Arbeit wurde im Sommersemester 2025 von dem Fachbereich Rechtswissenschaften der Philipps-Universität Marburg als Dissertation angenommen.

Mein Dank gilt zunächst *Professor Dr. Florian Möslein, LL.M.* für die Betreuung meines Promotionsvorhabens, wertvolle Denkanstöße und Feedback zu dieser Arbeit, sowie *Professor Dr. Johannes Wertenbruch* für die Erstellung des Zweitgutachtens.

Professor Dr. Florian Möslein, LL.M. sowie *Professor Dr. Sebastian Omlor, LL.M., LL.M. Eur.*, *Professor Dr. Mirjam Eggen, LL.M.* und *Professor Dr. Francesco Paolo Patti, LL.M.* danke ich zudem für die Aufnahme dieser Arbeit in die Schriftenreihe zum Wirtschafts-, Unternehmens- und Bankrecht.

Bei meinen Eltern *Helmut und Ulrike Krieg* bedanke ich mich für die immerwährende Unterstützung, die mein Studium der Rechtswissenschaften und das Verfassen dieser Arbeit ermöglicht hat.

Mein ganz besonderer Dank gilt *Lisa Gertz,* die das gesamte Promotionsverfahren mit unerschütterlicher Geduld begleitet und durch Korrekturlesen verschiedener Entwurfsfassungen einen wesentlichen Beitrag zum Gelingen dieser Arbeit geleistet hat.

Frankfurt am Main, im Juli 2026 Alexander Krieg

Inhalt

Kapitel 1

Einleitung und Begriffsbestimmung

A. Einleitung

Das Gläubigerschutzanliegen bei Formwechsel-, Verschmelzungs- und Spaltungsvorgängen bedarf, wie *Karsten Schmidt* schon im Jahre 1993 in seiner Anmerkung zum Referentenentwurf des ersten Umwandlungsgesetzes zutreffend festgestellt hat, im Kern keiner besonderen Begründung.[1] Es ist ständiger Begleiter der Gesetzgebung auf dem Gebiet des Umwandlungsrechts. Dennoch sei das Offenkundige hiermit kurz angesprochen: Unternehmerische Umstrukturierungen beeinträchtigen in aller Regel Interessen der Gläubiger der beteiligten Rechtsträger. Bei Verschmelzungen und Spaltungen, wo es zur Vermischung oder Trennung von Vermögensmassen kommt, ist dies unmittelbar ersichtlich, da Gläubiger sich mit einer geänderten Haftungsmasse konfrontiert sehen.[2] Doch auch bei identitätswahrendem Formwechsel, der sich, wie noch zu zeigen sein wird, gerade durch eine Vermögenskontinuität auszeichnet,[3] ist eine potenzielle Gefährdung von Gläubigerinteressen nicht ausgeschlossen: Wo die Aktiengesellschaft zur GmbH oder OHG wird, wo persönliche Haftung durch gesellschaftsrechtliche Haftungsbegrenzung ersetzt wird, wo sich Kapitalbindung ändert oder aufgehoben wird, liegt eine Gefährdung von Gläubigerinteressen nicht fern.

Umstrukturierungsmaßnahmen gewinnen auch im internationalen Kontext weiterhin immer mehr an Bedeutung für die Praxis. Innerhalb der EU wurden bestehende Hürden durch progressive Rechtsprechung des EuGH und dem folgende Gesetzgebungstätigkeit auf europäischer und nationaler Ebene abgebaut.[4] In den letzten Jahrzehnten haben Modalität und Grenzen von grenzüberschreitenden Restrukturierungsmaßnahmen zunehmend an Kontur gewonnen. Von judikativer Seite wurde mit dem Polbud-Urteil ein wichtiger Meilenstein in dieser langjährigen Entwicklung gesetzt.[5] Der EuGH hat entgegen der Schlussanträge

---

1 *Karsten Schmidt*, ZGR 1993, 366, 367.

2 Siehe zum Grundsatz der Universalsukzession bei Verschmelzung und Spaltung Kapital 2, A. I. 1. a).

3 Siehe Kapital 2, A. I. 1. b).

4 Siehe Kapitel 2, B. I. und II.

5 EuGH, Urt. v. 25 Oktober 2017 – Rs. C-106/16.

A. Krieg, *Gläubigerschutz und Rechtswahl*, Juridicum – Schriftenreihe zum Wirtschafts-, Unternehmens- und Bankrecht / Series on Business, Corporate and Banking Law, https://doi.org/10.1007/978-3-658-53170-6_1

der Generalanwältin *Kokott* und zahlreichen Stimmen in der Literatur[6] die isolierte grenzüberschreitende Satzungssitzverlegung von Kapitalgesellschaften und den damit verbundenen Formwechsel in eine andere Gesellschaftsform in gewissen Grenzen als von der Niederlassungsfreiheit (Art. 49, 54 AEUV) umfasst angesehen. Kapitalgesellschaften können ihr Rechtskleid somit im Binnenmarkt auch nachträglich wechseln, ohne hierfür in dem Staat, unter dessen Gesellschaftsrecht sie als Kapitalgesellschaft bestehen sollen, wirtschaftlich tätig werden zu müssen.[7] Hiermit wurde in Europa jedenfalls für Kapitalgesellschaften möglich, was auf nationaler Ebene nicht mehr wegzudenken ist: Unternehmen können ihre Rechtsform grundsätzlich jederzeit und damit auch nachträglich frei wählen. Niederlassungsfreiheit ist – im Rahmen der noch aufzuzeigenden Einschränkungen – Rechtswahlfreiheit.[8]

In Zeiten von Panama und Paradise Papers hat der EuGH damit ein deutliches Machtwort zugunsten der Rechtswahl in Europa gesprochen und in Fachkreisen eine lebhafte Diskussion angeregt.[9] Trotz aller streitbarer Beiträge bleibt es für die Praxis jedoch bei *Wachters* pragmatischer Feststellung: „Gesellschaften können das deutsche Gesellschaftsrecht mittels eines ausländischen Briefkastens schlicht und einfach abwählen."[10]

Auf legislativer Ebene kam im unmittelbaren Nachgang zum Polbud-Urteil wieder Bewegung in die Harmonisierung grenzüberschreitender Strukturmaßnahmen. Die Kommission der EU hatte mit ihrem Vorschlag zur Änderung der Richtlinie (EU) 2017/1132 vom 25. April 2018 (nachfolgend nur „Kommissionsvorschlag") die sekundärrechtliche Regelung des grenzüberschreitenden Formwechsels erneut in Angriff genommen.[11] Sie hatte sich dabei – ganz im Sinne der eingangs erwähnten Aussage *Schmidts* – ausführlich mit Fragen des Gläubigerschutzes auseinandersetzt.[12] Der Kommissionsvorschlag hatte (nach Vereinheitlichung der grenzüberschreitenden Verschmelzung durch die Richtlinie 2005/56/EG über die Verschmelzung von Kapitalgesellschaften aus verschiedenen Mitgliedstaaten) insbesondere zum Ziel, auch für grenzüberschreitende

6 Siehe *Hushahn,* RNotZ 2018, 23, 24 m.w.N.

7 Siehe zur Bewertung der Polbud-Entscheidung Kapitel, 2. B. II. 3. b).

8 Vgl. *Mörsdorf,* ZIP 2017, 238.

9 Siehe hierzu noch Kapitel 2, B. II. 3. b).

10 *Wachter,* NZG 2017, 1308, 1313.

11 Vorschlag der EU-Kommission zur Änderung der Richtlinie (EU) 2017/1132 in Bezug auf grenzüberschreitende Umwandlungen, Verschmelzungen und Spaltungen vom 25. April 2018, COM (2018), 241 final.

12 Siehe Kommissionsvorschlag, S. 3 ff.

Formwechsel und Spaltungen einen geeigneten und klaren Rechtsrahmen zu schaffen.[13] Die Rechtswahl sollte rechtssicher handhabbar gemacht werden. Dem Status Quo wurde dabei hinsichtlich der Gläubigerinteressen ein häufig unzureichender oder unwirksamer Schutz attestiert, „da entweder keine einschlägigen Vorschriften existieren oder die Vorschriften sich überschneiden oder einander widersprechen."[14] Im Sinne dieser Feststellung sah der Kommissionsvorschlag ein Gläubigerschutzsystem vor, das bekannte Instrumentarien mit neuen Ansätzen verband.[15] Die endgültige Fassung der Richtlinie hat demgegenüber zahlreiche Änderungen erfahren und stellt sich als weniger mutig heraus, als der Erstentwurf vermuten ließ – was jedoch im Hinblick auf die Historie der europäischen Gesetzgebung auf dem Gebiet des Umwandlungsrechts nicht wirklich überrascht.[16] Gleichwohl bringt das Endergebnis der europäischen Bemühungen (die Richtlinie (EU) 2019/2121 des Europäischen Parlaments und des Rates vom 27. November 2019 zur Änderung der Richtlinie (EU) 2017/1132 in Bezug auf grenzüberschreitende Umwandlungen, Verschmelzungen und Spaltungen, im Folgenden schlicht als „GesR-ERL" oder die „Richtlinie" bezeichnet) und die Umsetzung durch den deutschen Gesetzgeber in Form des am 1. März 2023 in Kraft getretenen Gesetzes zur Umsetzung der Umwandlungsrichtlinie und zur Änderung weiterer Gesetze (nachfolgend „UmRUG")[17] viel Neues mit sich. Diese jüngsten Entwicklungen und insbesondere das Inkrafttreten des UmRUG sollen deshalb hier zum Anlass genommen werden, das relevanter denn je gewordene Spannungsverhältnis von Rechtswahl und Gläubigerschutz sowohl im nationalen als auch grenzüberschreitenden Kontext zu untersuchen und weiteren legislatorischen Handlungsbedarf aufzudecken.

Bilden die de lege lata vorgesehenen Instrumente des Gläubigerschutzes probate Mittel, um dem Gläubigerschutzanliegen gerecht zu werden, oder behindern sie viel mehr als 'Umwandlungsbremse' die Pläne wandlungswilliger Unternehmen? Gläubigerschutz bedeutet immer auch eine Abwägung von Gläubiger- gegen Schuldnerinteressen. Wo schaffen die gesetzlichen Regelungen einen interessengerechten Ausgleich in diesem Spannungsverhältnis? Wo greifen sie

13 Kommissionsvorschlag, S. 11.
14 Kommissionsvorschlag, S. 3 f.
15 Auf die für den Gläubigerschutz maßgeblichen Aspekte des Kommissionsvorschlags wird im Rahmen der Untersuchung der einzelnen Schutzinstrumente eingegangen, siehe insbesondere Kapital 3, E. IV.
16 Der (erfolglose) Vorentwurf für eine Sitzverlegungsrichtlinie geht bereits auf das Jahr 1997 zurück, siehe hierzu Kapitel 2, B. I. 1.
17 Siehe hierzu Kapitel 2, B. I. 3.

zu Lasten der Gläubiger zu kurz, oder gehen zu Lasten des formwandelnden Rechtsträgers über das Erforderliche hinaus? Welche Änderungen wären de lege ferenda angezeigt?

All dies sind Fragen, auf die diese Monographie Antworten sucht. Der Fokus soll dabei nicht allein auf dem grenzüberschreitenden Formwechsel liegen. Vielmehr werden einzelne bestehende Gläubigerschutzinstrumente auf ihre Tauglichkeit sowohl im nationalen als auch im grenzüberschreitenden Kontext untersucht. Insbesondere werden die Instrumente der §§ 190 ff. UmwG und die auf europäischer Ebene neu eingeführten und durch das UmRUG in deutsches Recht überführten Konzepte zu prüfen sein. Die Untersuchung wird sich jedoch Seitenblicken auf vergleichbare Instrumentarien bei der grenzüberschreitenden Verschmelzung vor Inkrafttreten des UmRUG sowie Sitzverlegung einer Societas Europaea (SE) nicht verschließen. Auch sollen wegen der hauptsächlichen Untersuchung des deutschen Umwandlungsrechts und der GesR-ERL kein umfassender Rechtsvergleich durchgeführt werden. Allerdings werden Konzepte anderer Rechtsordnungen, die Denkanstöße für den Interessenausgleich zwischen Gläubiger und formwechselnden Rechtsträger im deutschen Recht geben können, punktuell Berücksichtigung finden.

B. Gang der Untersuchung

Die Beantwortung der aufgeworfenen Fragen macht es nötig, den Formwechsel zunächst im System der Strukturmaßnahen zu verorten und von den anderen Maßnahmen abzugrenzen, sowie die europarechtlichen Rahmenbedingungen für die Untersuchung herauszuarbeiten. Ist der maßgebliche Regelungsrahmen abgesteckt, kann auf dieser Grundlage das tatsächliche Ausmaß der Gläubigergefährdung durch einen Formwechsel im nationalen und grenzüberschreitenden Kontext untersucht werden. Darauf aufbauend werden sodann die einzelnen im UmwG geregelten und europarechtlich vorgesehenen Schutzinstrumente miteinander verglichen und bewertet. Ziel der Untersuchung ist dabei, Empfehlungen für eine interessengerechte Ausgestaltung de lege ferenda auszusprechen. Schlussendlich wird der de lege lata vorgesehene Gläubigerschutz einer abschließenden Gesamtbewertung zugeführt und die gewonnenen Erkenntnisse thesenartig zusammengefasst.

C. Begriffsbestimmungen

Aufgrund der teilweisen Mehrdeutigkeit der einleitend benutzten Begrifflichkeiten soll zunächst die Terminologie für den weiteren Verlauf der Untersuchung bestimmt werden.

I. Umwandlung und Formwechsel

Der Begriff der Umwandlung wird im nationalen und grenzüberschreitenden Kontext nicht einheitlich verwendet. Im deutschen Recht fungiert dieser gemäß § 1 UmwG als Oberbegriff für alle im Umwandlungsgesetz geregelten Strukturmaßnahmen.[18] Der Formwechsel bildet nach deutschem Verständnis eine Variante der Umwandlung, wenngleich die Begriffsdifferenzierung im UmwG ebenfalls nicht immer konsequent durchgehalten wurde.[19] Im europäischen Kontext war der Begriff dagegen mangels erfolgter Harmonisierung lange nicht sekundärrechtlich definiert.[20] Der EuGH benutzt in seinem Urteil in der Rechtssache Polbud den Terminus Umwandlung für einen Vorgang, der nach deutschem Verständnis als Formwechsel zu klassifizieren wäre.[21] Auch im Kommissionsvorschlag und der schlussendlich vom europäischen Parlament beschlossenen Richtlinie ist von einer „grenzüberschreitenden Umwandlung“ die Rede, wenngleich die Konzeption (Wechsel der Rechtsform unter Beibehaltung der Rechtspersönlichkeit) dem deutschen Formwechsel entspricht.[22] Der sekundärrechtliche Begriff der Umwandlung ist demnach mit dem deutschen Formwechsel gleichzusetzen. Dennoch soll hier aus Gründen der Klarheit grundsätzlich die dem deutschen Verständnis entsprechende Bezeichnung des grenzüberschreitenden Formwechsels für die untersuchte Strukturmaßnahme genutzt werden. Soweit punktuell der Begriff der grenzüberscheitenden Umwandlung verwendet wird, ist dies der Nutzung im europäischen Kontext geschuldet.

---

18 Statt aller *Stengel* in Semler/Stengel/Leonard, UmwG, § 1 Rn. 1.

19 So wurde beispielsweise der für den Formwechsel nötige Gesellschafterbeschluss vor dem UmRUG noch als Umwandlungsbeschluss bezeichnet, vgl. § 193 Abs. 1 UmwG a.F.

20 *Behme*, ZHR 2018, 32, 34.

21 EuGH, Urt. v. 25. Oktober 2017 – Rs. C-106/16, juris, Rn. 33; Ebenso in EuGH, Urt. v. 16. Dezember 2008 – Rs. C-210/06, juris, Rn. 113 und EuGH, Urt. v. 12. Juli 2012 – Rs. C-378/10, juris, Leitsatz.

22 Kommissionsvorschlag, Art. 86b Nr. 2.

II. Unternehmen und Rechtsträger

Der Begriff Unternehmen wird allgemein verstanden als Zusammenfassung von Gegenständen, Personen, Kapital, menschlicher Arbeitskraft und Know-how mit dem Zweck der Erzielung wirtschaftlicher Werte.[23] Das Umwandlungsgesetz spricht dagegen in §§ 1, 3 davon, dass Rechtsträger (beispielsweise Personengesellschaften oder Kapitalgesellschaften) umgewandelt werden können, ohne sich die Begriffsmerkmale der Unternehmensdefinition zu eigen zu machen.[24] Maßgeblicher umwandlungsrechtlicher Anknüpfungspunkt ist demnach der hinter dem Unternehmen stehende Träger von Rechten und Pflichten und nicht das Unternehmen selbst.[25] Gleichwohl werden die Begriffe hier synonym mit der Maßgabe verwendet, dass immer wenn von Unternehmen die Rede ist, auch der dahinterstehende Rechtsträger gemeint ist.

III. Rechtswahl und Rechtsformwahl

Wenn eingangs von Rechtswahl die Rede war, wird damit wohl oft zunächst die von Art. 3 Rom I-VO garantierte freie vertragliche Rechtswahl assoziiert.[26] Nach besagtem Artikel ist es ist grundsätzlich dem Parteiwillen überlassen, welchem Recht Verträge, die Anknüpfungspunkte zu mehreren Rechtsordnungen aufweisen, unterfallen sollen.[27]

Im gesellschaftsrechtlichen Kontext wird unter Rechtswahl demgegenüber die Wahl eines bestimmten Gesellschaftsstatuts verstanden.[28] Da dieses – jedenfalls nach der vom EuGH vertretenen Gründungstheorie[29] – dem Recht des in der Satzung bestimmten Sitzes folgt, können die Gründungsgesellschafter durch Wahl des Satzungssitzes das auf die Gesellschaft anwendbare Gesellschaftsrecht wählen.[30] Die Wahl umfasst dabei zwei Aspekte: Zum einen die Wahl der gesamten nationalen Rechtsordnung, unter der die Gesellschaft gegründet werden soll und zum anderen die Wahl der nach dieser Rechtsordnung existierenden Rechtsformen für die Gesellschaft. Beide Aspekte mögen im Einzelfall ausschlaggebend

---

23 Statt aller *Bayer* in Lutter, UmwG, Einleitung I Rn.1.
24 *Stengel* in Semler/Stengel/Leonard, UmwG, § 1 Rn. 9 ff.
25 Siehe schon *Karsten Schmidt*, Gesellschaftsrecht, § 12 IV. 1.
26 Verordnung (EG) Nr. 593/2008 des europäischen Parlaments und des Rates vom 17. Juni 2008 über das auf vertragliche Schuldverhältnisse anzuwendende Recht (Rom I).
27 *Martiny* in MüKoBGB, Bd. 13, Art. 3 Rom I-VO Rn. 2.
28 Vgl. *Kieninger*, NJW 2017, 3624, 3626 f.
29 Siehe hierzu noch Kapitel 2, B. II. 1.
30 Statt aller *Wall* in Hausmann/Odersky, Internat. Privatrecht in der Notar- und Gestaltungspraxis, § 18 Rn. 11.

für die Rechtswahl sein. Der nationale Formwechsel beeinflusst demgegenüber nur die auf nationaler Ebene auf die jeweilige Rechtsform anwendbaren Normen. Hierbei rücken die einzelnen Rechtsformen in den Vordergrund, weshalb insoweit auch von einer Rechtsformwahl gesprochen werden kann.[31]

IV. Sitzverlegung und Formwechsel

Da – soweit ersichtlich – die Mitgliedstaaten eine rechtsformwahrende Verlegung des Satzungssitzes einer nach ihrem nationalem Recht gegründeten Gesellschaft ins Ausland nicht gestatten, ist die Rechtsform einer Gesellschaft stets an die Rechtsordnung am Satzungssitz gebunden.[32] Daraus folgt, dass mit der Sitzverlegung ins Ausland zwingend ein Rechtsformwechsel einhergeht.[33] Dieser Umstand führt dazu, dass die Begriffe der grenzüberschreitenden Sitzverlegung und des grenzüberschreitenden Formwechsels (bzw. der Umwandlung) oftmals gleichgesetzt oder synonym verwendet werden, was auch im Polbud-Urteil der Fall ist.[34] Die hieran insbesondere von *Behme* geäußerte Kritik ist im Kern zutreffend.[35]

Der Terminus Sitzverlegung lässt zunächst nicht erkennen, ob es sich um Satzungs- oder Verwaltungssitz oder gegebenenfalls um beide handelt. Zudem wäre jedenfalls rechtstheoretisch auch die rechtsformwahrende, grenzüberschreitende Satzungssitzverlegung möglich, wenn ein Mitgliedstaat die Existenz einer Kapitalgesellschaft unter seiner Rechtsordnung nicht von einem Satzungssitz im Inland abhängig machen würde.[36] Obwohl es sich dabei nur um ein theoretisches Gedankenspiel handelt, ist die Differenzierung dennoch zutreffend. Soweit hier von einer grenzüberschreitenden Satzungssitzverlegung die Rede ist, ist deshalb stets eine rechtsformwechselnde Sitzverlegung gemeint.

---

31 Siehe hierzu insbesondere *Karsten Schmidt*, Gesellschaftsrecht, § 5 II. 2.

32 *Behme*, Rechtsformwahrende Sitzverlegung, S. 9.

33 Statt aller *Hupka* in MüKoGmbHG, Bd. 1, § 4a Rn. 91.

34 EuGH, Urt. v. 25. Oktober 2017 – Rs. C-106/16, juris: z.B. „Sitzverlegung" in Rn. 30, „Umwandlung" in Rn. 33; Synonyme Verwendung auch bei *Kieninger*, NJW 2017, 3624, 3626; Siehe auch *Behme*, Rechtsformwahrende Sitzverlegung, S. 9, Fn. 5 für weitere Beispiele.

35 *Behme*, Rechtsformwahrende Sitzverlegung, S. 9; *Ders.*, ZHR 2018, 32, 37.

36 Statt vieler *Behme*, Rechtsformwahrende Sitzverlegung, S. 9, Fn. 12 m.w.N.

Kapitel 2

Gläubigerinteressen und Rechtswahl

Wie einleitend bereits angedeutet, bedarf das Gläubigerschutzanliegen bei Umwandlungsvorgängen eigentlich keiner gesonderten Begründung. Um jedoch zu untersuchen, welches Maß an Gläubigerschutz tatsächlich erforderlich und angemessen ist, reicht es nicht, sich mit allgemeinen Feststellungen zu begnügen. Vielmehr hat eine genaue Bestimmung der betroffenen Interessen zu erfolgen, indem zunächst die Rechtsgrundlagen und Folgen eines Formwechsels erörtert werden. Nur so lassen sich Rückschlüsse auf potenzielle Gefahren für Gläubiger ziehen.

A. Der Formwechsel im System der Strukturmaßnahmen

Unternehmen können grundsätzlich unter freier Wahl der gesetzlich geregelten Organisationsformen, zum Beispiel AG oder OHG, betrieben werden.[37] Wo jedoch die anfängliche Wahl einer Organisationsform nicht mehr passend erscheint, kann das Bedürfnis zur Aktualisierung der ursprünglichen Entscheidung im Sinne einer Neuwahl bestehen. Diese ist sowohl als bloße Änderung der ursprünglichen Organisationsform, als auch als materielle Umstrukturierung denkbar, beispielsweise durch Teilung oder Vereinigung von Unternehmen.[38] Die möglichen betriebswirtschaftlichen und rechtlichen Gründe hierfür sind so vielfältig, dass eine umfassende Darstellung an dieser Stelle zu weit führen würde. Hingewiesen sei lediglich auf naheliegende und oft angeführte Beweggründe, wie steuerliche Aspekte, beabsichtigtes oder erfolgtes Unternehmenswachstum oder Schaffung beziehungsweise Konsolidierung von Konzernstrukturen.[39]

Auf nationaler Ebene ist es Ziel des Umwandlungsgesetzes, eben jene nachträgliche Wahl der Organisationsform und materielle Umstrukturierung zu ermöglichen.[40] Es sieht dafür die in § 1 UmwG gesetzlich geregelten Umwandlungs-

---

37 Statt aller, *Bayer* in Lutter, UmwG, Einleitung I, Rn. 1; Siehe zu gesetzlichen Rechtsformzwängen noch Kapitel 3, A.

38 *Bayer* in Lutter, UmwG, Einleitung I, Rn. 3.

39 Siehe weiterführend z.B. *Grundmann*, Europäisches Gesellschaftsrecht, Rn. 765 ff. und 869 f. sowie die Aufzählung von *Stengel* in Semler/Stengel/Leonard, UmwG, Einleitung A, Rn. 4.

40 BegrRegE BR-Drs. 75/94, S. 1 (Zielsetzung).

A. Krieg, *Gläubigerschutz und Rechtswahl*, Juridicum – Schriftenreihe zum Wirtschafts-, Unternehmens- und Bankrecht / Series on Business, Corporate and Banking Law, https://doi.org/10.1007/978-3-658-53170-6_2

maßnahmen der Verschmelzung, Spaltung, Vermögensübertragung und des Formwechsels vor.

I. Abgrenzung der Strukturmaßnahmen

Der Formwechsel nimmt eine Sonderstellung im System der Strukturmaßnahmen ein, da er sich in zentralen Punkten von den übrigen im Umwandlungsgesetz geregelten Maßnahmen unterscheidet.

1. Maßgebliche Merkmale der Strukturmaßnahmen

a) Verschmelzung, Spaltung und Vermögensübertragung

Das maßgebliche Merkmal der Verschmelzung bildet nach § 2 UmwG die Übertragung des gesamten Vermögens eines oder mehrerer übertragender Rechtsträger im Wege der Gesamtrechtsnachfolge (Universalsukzession) auf einen übernehmenden Rechtsträger.[41] Im Gegenzug werden Anteile am übernehmenden Rechtsträger gewährt.[42] Die Vollrechtsübertragung führt zur liquidationslosen Vollbeendigung des übertragenden Rechtsträgers.[43] Die Verschmelzung kann dabei entweder auf einen bereits bestehenden (durch Aufnahme, § 2 Nr. 1 UmwG) oder auf einen neuen Rechtsträger (durch Neugründung, § 2 Nr. 2 UmwG) erfolgen.[44] Aus Gläubigerperspektive kommt es also zur Vermischung der Vermögensmassen zweier Schuldner. Lässt man die Schutzinstrumente des UmwG außer Acht, kann dies für Gläubiger sowohl positive als auch negative Folgen haben, je nachdem wie solvent das jeweils andere Schuldnerunternehmen im Zeitpunkt der Verschmelzung ist.

Die Spaltung bildet demgegenüber (jedenfalls partiell) das Gegenstück zur Verschmelzung.[45] Sie ermöglicht in drei Varianten die Aufteilung des Vermögens eines Rechtsträgers auf andere (bestehende oder neu zu gründende) Rechtsträger. Bei der Aufspaltung § 123 Abs. 1 UmwG erlischt der übertragende Rechtsträger ebenfalls liquidationslos. Die Gesamtheit seines Vermögens geht im Wege der Universalsukzession auf mindestens zwei übernehmende Rechtsträger über.[46]

---

[41] Statt aller *Fronhöfer* in Widmann/Mayer, Umwandlungsrecht, § 2 Rn. 22 ff.; Siehe zur Rechtsfigur der Universalsukzession *Karsten Schmidt*, Gesellschaftsrecht, § 12 IV. 3. f.

[42] Statt aller *Stengel* in Semler/Stengel/Leonard, UmwG, § 2 Rn. 40.

[43] Statt aller *Leonard* in Semler/Stengel/Leonard, UmwG, § 20 Rn. 73.

[44] Statt aller *Fronhöfer* in Widmann/Mayer, Umwandlungsrecht, § 2 Rn. 29 ff.

[45] Die Gesetzesbegründung spricht insoweit von „spiegelbildlich", vgl. BegrRegE BR-Drs. 75/94, S. 115.

[46] Statt aller *Zessel/Schwanna* in Semler/Stengel/Leonard, UmwG, § 123 Rn. 12.

Im Gegenzug werden ebenfalls Anteile an dem aufnehmenden Rechtsträger gewährt.[47] Bei der in § 123 Abs. 2 UmwG geregelten Abspaltung bleibt demgegenüber der übertragende Rechtsträger bestehen und überträgt einen Teil seines Vermögens durch partielle Universalsukzession auf einen oder mehrere übernehmende Rechtsträger.[48] Die in § 123 Abs. 3 UmwG vorgesehene Ausgliederung unterscheidet sich von der Abspaltung durch den Empfänger der am übernehmenden Rechtsträger zu gewährenden Anteile (bei der Ausgliederung werden die Anteile dem übertragenden Rechtsträger selbst gewährt).[49] Für Gläubiger können sich diese Vorgänge positiv wie negativ darstellen. Bei einer Abspaltung können sowohl werthaltige Vermögensbestandteile (gut für die Gläubiger des aufnehmenden Rechtsträgers) als auch Verbindlichkeiten (gut für die Gläubiger der übertragenden Rechtsträger) übertragen werden.

Die Vermögensübertragung gemäß §§ 174 ff. UmwG sieht demgegenüber die Voll- oder Teilübertragung des Vermögens auf einen übernehmenden Rechtsträger vor, wobei als Gegenleistung Vermögensvorteile jeglicher Art gewährt werden können.[50] Da § 175 UmwG den Anwendungsbereich der Vermögensübertragung jedoch sehr eng zieht und eine Übertragung nur auf die öffentliche Hand oder zwischen Versicherungsunternehmen zulässt, ist die praktische Relevanz dieser Maßnahme äußerst gering.[51]

Genannten Maßnahmen ist gemein, dass die Übertragung des gesamten Vermögens zum liquidationslosen Erlöschen des übertragenden Rechtsträgers führt.[52] Außerdem verbindet Verschmelzung und Spaltung, dass bei beiden Umwandlungsmaßnahmen Vermögen durch (partielle) Gesamtrechtsnachfolge übertragen wird und nicht, wie es im Zivilrecht üblich wäre, im Wege der Einzelrechtsnachfolge. Das Vermögen geht, wie sich aus §§ 20 Abs. 1 Nr. 1, 131 Abs. 1 Nr. 1 UmwG ergibt, als Gesamtheit auf den übernehmenden Rechtsträger über. Hierdurch wird den Beteiligten erspart, Vermögensgegenstände einzeln zu übertragen, was nach §§ 414 ff. BGB die Zustimmung der Gläubiger erfordern

47 Statt aller *Galla/Cé. Müller* in Henssler/Strohn, GesR, § 123 UmwG Rn. 12.
48 Statt aller *Zessel/Schwanna* in Semler/Stengel/Leonard, UmwG, § 123 Rn. 14.
49 *Lieder* in Lutter, UmwG, § 123 Rn. 57.
50 *Winter* in Schmitt/Hörtnagl, UmwG/UmwStG, Vorb. zu §§ 174 – 189 UmwG, Rn. 1.
51 Siehe *Stengel* in Semler/Stengel/Leonard, UmwG, § 174 Rn. 10, der von einem „Schattendasein" spricht.
52 §§ 20 Abs. 1 Nr. 2, 131 Abs. 1 Nr. 2, 176 Abs. 3 S. 2 UmwG.

würde.[53] Es leuchtet ein, dass es entsprechender umwandlungsrechtlicher Mechanismen bedarf, um Gläubiger trotz Wegfall dieses Zustimmungserfordernisses zu schützen.

Zusammenfassend ist das Kernelement von Verschmelzung und Spaltung also in der Übertragung von Vermögensbestandteilen von einem auf den anderen Rechtsträger zu sehen. Der Vermögensübergang ist, im Gegensatz zum liquidationslosen Erlöschen des übertragenden Rechtsträgers, Bestandteil aller vorgenannten Varianten der Strukturmaßnahmen. Hierin liegt der zentrale und für diese Untersuchung maßgebliche Unterschied zu dem Formwechsel im Sinne des § 1 Abs. 1 Nr. 4 UmwG.

b) Formwechsel

Der Formwechsel lässt sich über das Kriterium des Vermögensübergangs eindeutig von den übrigen Strukturmaßnahmen des UmwG abgrenzen.[54] Charakteristisches Merkmal ist nämlich gerade, dass es nicht zu einer Übertragung von Vermögen kommt.[55] Das Gesetz definiert den Begriff des Formwechsels nicht ausdrücklich, jedoch wird hierunter in Anlehnung an § 190 Abs. 1 UmwG gemeinhin die Änderung der Rechtsform eines Rechtsträgers unter Beibehaltung seiner wirtschaftlichen und rechtlichen Identität verstanden.[56] Der Vorgang wird in aller Regel als „Wechsel des Rechtskleides" umschrieben.[57] Das Unternehmen ändert seine Organisationsform, bleibt aber im Übrigen identisch. Dieser identitätswahrende Charakter und die damit verbundene wirtschaftliche Kontinuität bildet, wie schon aus der Gesetzesbegründung des UmwG 1994 hervorgeht, das wesentliche Merkmal des Formwechsels.[58] Für die Umwandlung von Kapital- in Personengesellschaften und umgekehrt stellte dieser Umstand eine der wichtigsten Neuerungen des UmwG 1994 dar, da das UmwG 1969 für diesen Fall nur die übertragende Umwandlung kannte, bei der es zu einer Vermögensübertragung

---

53 *Oppenhoff* in Kallmeyer, UmwG, § 1 Rn. 7.
54 Siehe zur Abgrenzung zu dem durch das MoPeG eingeführten Statuswechsel nach § 707c BGB n.F. *Wertenbruch/Alm*, ZPG 2023, 201, 202.
55 Vgl. *Foerster* in BeckOGK UmwG, Stand 1. Oktober 2025, § 190 Rn. 2.
56 BegrRegE BR-Drs 75/94 S. 136; Statt aller außerdem *Schwanna* in Semler/Stengel/Leonard, UmwG, § 190 Rn. 3; Siehe zur Rechtsfigur der Identität *Karsten Schmidt*, Gesellschaftsrecht, § 12 IV. 2.
57 Statt vieler z.B. *Hoger* in Lutter, UmwG, Einf. zu §§ 190 ff. Rn. 2.
58 BegrRegE BR-Drs. 75/94 S. 136.

kam.[59] Die wirtschaftliche Kontinuität äußert sich darin, dass der Vermögensbestand unberührt bleibt.[60] Damit einher geht die Kontinuität der rechtlichen Identität, die beispielsweise in § 202 Abs. 1 Nr. 2 UmwG (Kontinuität von Mitgliedschaft und Rechten Dritter) zum Ausdruck kommt.[61] Dieser Grundsatz von wirtschaftlicher und rechtlicher Identität wird häufig als Identitätsprinzip bezeichnet.[62] Ihre Grenze findet die rechtliche Identität bei der auf den Rechtsträger neuer Rechtsform anzuwendenden Rechtsordnung, da die Änderung der Rechtsform die Diskontinuität der Rechtsordnung zur Folge hat.[63] Dies ist eigentlich selbstverständlich, da die Änderung der anwendbaren Rechtsordnung gerade das mit dem Formwechsel verfolgte Ziel darstellt.

Als Folge dieser wirtschaftlichen und rechtlichen Identität fehlt es bei einem Formwechsel an den Merkmalen, über die sich eine potenzielle Gläubigergefährdung schon auf den ersten Blick begründen lässt. Die Beeinträchtigung von Gläubigerinteressen beim Formwechsel bedarf deshalb im weiteren Verlauf einer ausführlicheren Untersuchung.[64]

Als Zwischenergebnis lässt sich also festhalten, dass dem Formwechsel das Prinzip rechtlicher und wirtschaftlicher Kontinuität zugrunde liegt, während für die übrigen Strukturmaßnahmen eine (teilweise) Gesamtrechtsnachfolge typisch ist. Aus Gläubigersicht hat diese Abgrenzung eine nicht zu unterschätzende Bedeutung. Der ausschlaggebende Faktor liegt in den durch die Unterschiede von Identitätsprinzip und Gesamtrechtsnachfolge bedingten Auswirkungen auf das Schuldnervermögen. Dieses bleibt entweder unverändert als Vermögen eines Rechtsträgers mit neuer Rechtsform bestehen, oder wird ganz oder teilweise auf einen anderen Rechtsträger übertragen. Hierbei können sich die Befriedigungsaussichten durch Vermischung von zwei Vermögensmassen verschlechtern oder

59 *Sagasser/Luke* in Sagasser/Bula, Umwandlung, § 30 Rn. 10, sprechen von einer „fast sensationellen Neuerung".

60 *Foerster* in BeckOGK UmwG, Stand 1. Oktober 2025, § 190 Rn. 39.

61 *Hoger* in Lutter, UmwG, § 190 Rn. 1; Im Gesetzgebungsentwurf ist von der „fast ausnahmslosen Identität des Personenkreises" die Rede, siehe BegrRegE BR-Drs. 75/94, S. 136.

62 Statt vieler *Winter* in Schmitt/Hörtnagl, UmwG/UmwStG, § 190 UmwG Rn. 11; Teilweise wurde der Formwechsel dogmatisch auch als modifizierte Neugründung eingeordnet, vgl. *Bärwaldt/Schabacker*, ZIP 1998, 1293 ff. Die dogmatische Frage, ob die Identität tatsächlich als „Prinzip" oder doch viel mehr als „Fiktion" zu verstehen ist, soll hier nicht weiter vertieft werden. Siehe hierzu weiterführend *Kovács*, Der innerstaatliche und grenzüberschreitende Formwechsel, S. 25 ff. und ausführlich *Veith*, Gläubigerschutz beim Formwechsel, S. 11 ff.

63 *Hoger* in Lutter, UmwG, § 190 Rn. 2.

64 Siehe ausführlich Kapitel 2, C.

ein Filetstück des Schuldnervermögens durch Abspaltung aus dem Haftungssubstrat entfernt werden. Im Zeitpunkt eines Vertragsschlusses gibt eine vom Gläubiger als nicht ausreichend angesehene Haftsumme in der Regel Anlass dazu, auf zusätzliche Sicherheiten zu bestehen. Dass das spätere Schicksal der Haftsumme für Gläubiger von ebenso hoher Bedeutung ist, liegt daher auf der Hand.

2. Praktischer Anwendungsbereich der Strukturmaßnahmen

Ebenso wie die zugrundeliegenden rechtlichen Merkmale unterscheidet sich auch der praktische Anwendungsbereich der verschiedenen Strukturmaßnahmen erheblich. Verschmelzungen spielen zum Beispiel bei der Konsolidierung von Konzernstrukturen oder der Restrukturierung nach Unternehmenskäufen eine große Rolle. So können nach der Akquisition eines Unternehmens die erworbene Gesellschaft und die Erwerberin im Wege des Up- oder Downstream-Mergers verschmolzen werden, um die erworbene Gesellschaft komplett zu integrieren. Spaltungen sind demgegenüber zum Beispiel geeignet, separate Geschäftsfelder eines Unternehmens auch rechtlich durch Spaltung des Rechtsträgers zu verselbstständigen, oder aber um bestimmte Vermögensgegenstände oder Verbindlichkeiten aus einem Unternehmen auszulagern, was unter anderem mit betrieblichen Pensionsverbindlichkeiten praktiziert wurde.[65]

Durch einen Formwechsel soll dagegen lediglich die Organisationsstruktur der Gesellschaft modifiziert werden. Es sollen keine Vermögensbestandteile auf einen anderen Rechtsträger übertragen, sondern rechtliche Rahmenbedingungen verändert werden.[66] Dieses Ergebnis ließe sich auch durch eine formwechselnde Verschmelzung bewerkstelligen, also durch Verschmelzung einer Gesellschaft auf einen (gegebenenfalls eigens hierfür gegründeten oder erworbenen) Rechtsträger einer anderen Rechtsform.[67] Diese Vorgehensweise wäre jedoch mit allen Nachteilen der Gesamtrechtsnachfolge verbunden, was diese Variante vergleichsweise unattraktiv macht. So gehen insbesondere personen- bzw. unternehmensbezogene Verwaltungsakte wie zum Beispiel Konzessionen (im Gegensatz zu sachbezogenen Verfügungen) nicht im Wege der Gesamtrechtsnachfolge auf

---

65 Zur Zulässigkeit einer solchen Übertragung von Pensionsverbindlichkeiten auf eine „Rentnergesellschaft" vgl. BAG, Beschl. v. 22. Februar 2005 – Az.: 3 AZR 499/03.

66 *Sagasser/Luke* in Sagasser/Bula, Umwandlung, § 30 Rn. 4 bezeichnen den Formwechsel daher treffend als „gesellschaftsinternen Organisationsakt".

67 *Kindler*, NZG 2018, 1, 7 sah wegen dieser Möglichkeit keinen Bedarf für die Harmonisierung des grenzüberschreitenden Formwechsels.

den übernehmenden Rechtsträger über.[68] Auch bestehen steuerrechtliche Nachteile, da der Vermögensübergang zum Anfall von Grunderwerbssteuer gemäß § 1 Abs. 1 Nr. 3 GrEStG führen kann.[69] Darüber hinaus werden durch eine Verschmelzung bei Tochtergesellschaften des übertragenden Rechtsträgers gegebenenfalls vertragliche *change of control* Klauseln ausgelöst. Diese erlauben es Vertragspartnern, das Vertragsverhältnis wegen des mit der Verschmelzung einhergehenden Gesellschafterwechsels bei den Tochtergesellschaften zu kündigen.[70] Aufgrund dieser Nachteile war die Substitution eines Formwechsels durch eine Verschmelzung allenfalls im grenzüberschreitenden Bereich denkbar, wo die europarechtliche Vereinheitlichung der Verschmelzung (§§ 122a ff. UmwG a.F.) gegenüber dem vor Inkrafttreten des UmRUG nicht gesetzlich geregelten grenzüberschreitenden Formwechsel ein höheres Maß an Rechtssicherheit bot.

Relevant wurde die Substitution des grenzüberschreitenden Formwechsels durch eine grenzüberschreitende Verschmelzung insbesondere im Zusammenhang mit dem Austritt des Vereinigten Königreichs aus der Europäischen Union (Brexit). Seit Vollzug des Brexits handelt es sich bei dem Vereinigte Königreich um einen Drittstaat, weshalb auf eine nach dem Recht des Vereinigten Königreichs gegründete Gesellschaft wieder die Sitztheorie anzuwenden ist.[71] Nach dieser unterliegt eine Gesellschaft stets dem Recht desjenigen Staates, in dem sie ihren effektiven Verwaltungssitz hat.[72] Da das deutsche Recht eine Limited nicht kennt und die UK Limited die Gründungsvoraussetzungen deutscher Kapitalgesellschaften nicht erfüllt, sind UK Limiteds mit Verwaltungssitz in Deutschland – je nach Ausgestaltung – als GBR, OHG oder einzelkaufmännisches Unternehmen zu behandeln.[73] Damit einher geht die diesen Rechtsformen

[68] *Janisch*, Grenzüberschreitende Sitzverlegung, S. 291; Vgl. auch *Kierstein* in Maulbetsch/Klumpp/Rose, UmwG, § 20 Rn. 40; *Leonard* in Semler/Stengel/Leonard, UmwG, § 20 Rn. 67 ff.; *Oppenhoff* in Kallmayer, UmwG, § 20 Rn. 26.

[69] *Heckschen* in Widmann/Mayer, Umwandlungsrecht, Vorbemerkung zu § 122a ff. Rn. 65.13; *Keuthen* in Lutter/Bayer, Holding Handbuch, § 14 Rn. 15.363; *Janisch*, Grenzüberschreitende Sitzverlegung, S. 291; Siehe insgesamt zu steuerlichen Aspekten *Meßbacher-Hönsch* in Viskorf, GrEStG, § 1 Rn. 355 ff.

[70] Siehe weiterführend zu *change of control* Klauseln im umwandlungsrechtlichen Kontext *Vossius* in Widmann/Mayer, Umwandlungsrecht, § 21 Rn. 21 ff.

[71] Dies ergibt sich aus dem Beschluss des BGH v. 16. Februar 2021 – Az.: II ZB 25/17, nach dem sich eine nach dem Recht des Vereinigten Königreichs gegründete Gesellschaft nach dem 31. Dezember 2020 weder auf Art. 30 der Gesellschaftsrechtsrichtlinie 2017/1132 noch auf die Niederlassungsfreiheit nach Art. 49, 54 AEUV berufen kann.

[72] Siehe zur Sitztheorie statt aller *Weller* in MüKoGmbHG, Bd. 1, Einleitung, Rn. 365 ff.

[73] OLG München, Urt. v. 5. August 2021 – Az.: 29 U 2411/21, juris, Rn. 20; LG Berlin, Urt. v. 28. November 2022 – Az.: 101 O 57/22, juris, Rn. 42; *Servatius* in Noack/Servatius/Haas, GmbHG, § 4a Rn. 13.

inhärente persönliche Haftung der Gesellschafter. Um dieser persönlichen Haftung zu entgehen, kamen vor Vollzug des Brexits unter anderen ein grenzüberschreitender Formwechsel der UK Limited in eine Kapitalgesellschaft einer anderen Rechtsordnung oder eine grenzüberschreitende Verschmelzung auf eine Kapitalgesellschaft in Betracht.[74] Obwohl theoretisch möglich, schied der Formwechsel (im Gegensatz zu einer Verschmelzung) jedoch in der Praxis aus, da das englische Companies House die für den Formwechsel notwendige Eintragung der Sitzverlegung schlicht (europarechtswidrig) verweigerte.[75]

Obwohl das Ergebnis eines Formwechsels auch durch eine Verschmelzung erreichbar wäre, ist dieser Weg – abgesehen von dem gerade beschriebenen Sonderfall des Brexits – in aller Regel nicht empfehlenswert. Die einzelnen Strukturmaßnahmen des UmwG stehen nebeneinander und ergänzen sich mit klar abgrenzbaren Anwendungsbereichen.

II. Fazit

Die Verortung des Formwechsels im System der Strukturmaßnahmen hat gezeigt, dass sich dieser grundlegend von den anderen Umwandlungsformen unterscheidet. Es kommt nicht zu einer Gesamtrechtsnachfolge, vielmehr ist der Formwechsel durch Identitätsprinzip und der Vermögenskontinuität geprägt. Die für Verschmelzung und Spaltung typischen Gefahren für Gläubigerinteressen, die sich aus Vermischung bzw. Teilung von Vermögensmassen ergeben, existieren beim Formwechsel nicht. Es handelt sich um grundlegend verschiedene Instrumentarien, mit denen klar abgrenzbare Ziele verfolgt werden. Der Unterschied von Gesamtrechtsnachfolge und Identitätsprinzip ist über das Umwandlungsrecht hinaus bedeutsam, was insbesondere die steuerrechtlichen Auswirkungen zeigen.

In Anbetracht dieser Disparitäten sind auf den ersten Blick stark differenzierte Instrumente des Gläubigerschutzes zu erwarten, die auf die jeweiligen Besonderheiten von Formwechsel und den anderen Umwandlungsformen zugeschnittene Mechanismen enthalten. Auf die weitreichenden Unterschiede von Gesamtrechtsnachfolge und Identitätsprinzip könnte mit ebenso unterschiedlichen Gläubigerschutzinstrumenten reagiert werden. Es wird sich jedoch zeigen, dass

---

74 Siehe zu den möglichen Gestaltungsoptionen z.B. *Wachter*, GmbHR 2018, R260.

75 *Sparfeld* in BeckOGK UmwG, Stand 1. Oktober 2025, §226 Rn. 40; *Wachter*, GmbHR 2018, R260, R261.

der deutsche Gesetzgeber den beinahe entgegengesetzten Weg gewählt und gerade bei dem für den Gläubigerschutz zentralen § 204 UmwG eine Verweisung auf das Verschmelzungsrecht vorgezogen hat. Dies wirkt befremdlich, hielt der Gesetzgeber die Unterschiede zwischen Formwechsel und den anderen Umwandlungsmaßnahmen doch für zu erheblich, um allgemein auf das Verschmelzungsrecht zu verweisen.[76] Ob gerade beim Gläubigerschutz eine Verweisung geeignet ist, den Unterschieden zwischen den Umwandlungsformen angemessen Rechnung zu tragen, wird in Kapitel 3 untersucht werden. Bevor die maßgeblichen Schutzinstrumente beleuchtet werden, soll jedoch der Formwechsel als Strukturmaßnahme auch im europäischen Kontext eruiert werden. Auf dieser Grundlage müssen dann zunächst die bisher noch nicht erörterten potenziellen Gefahren für Gläubiger bei nationalem und grenzüberschreitendem Formwechsel herausgearbeitet werden.

B. Rechtswahl im Binnenmarkt

Die Mobilität von Gesellschaften wird allgemein als essentieller Bestandteil eines funktionierenden Binnenmarktes angesehen, weshalb das Primärrecht die Niederlassungsfreiheit seit jeher für Gesellschaften garantiert (vgl. Art. 52, 58 EWGV; Art. 43, 48 EGV, inzwischen Art 49, 54 AEUV).[77] In welchem Umfang diese Garantie jedoch auch grenzüberschreitende Strukturmaßnahmen umfasst, war immer wieder Anknüpfungspunkt des wissenschaftlichen Diskurses.[78] Von Seiten des europäischen Gesetzgebers erfolgte eine Harmonisierung nicht mit dem Nachdruck, der mit Blick auf die Bedeutung für den Binnenmarkt zu erwarten gewesen wäre. Insbesondere der EuGH fungierte jedoch als „Motor der Integration“ und trieb den grenzüberschreitenden Formwechsel durch eine Reihe richtungsweisender Entscheidungen voran.[79] Nachfolgend soll die Entwicklung des grenzüberschreitenden Formwechsels in Legislative und Rechtsprechung dargestellt und insbesondere die für den Gläubigerschutz maßgeblichen Aspekte

---

[76] BegrRegE BR-Drs. 75/94, S. 137: „Nur bei erheblicher Ähnlichkeit der Sach- und Rechtslage soll in Einzelfällen die Verweisungstechnik gewählt werden.“

[77] Vgl. Entschließung des Europäischen Parlaments vom 10. März 2009 mit Empfehlungen an die Kommission zur grenzüberschreitenden Verlegung von eingetragenen Gesellschaftssitzen, (2008/2196(INI)); *Lutter/Bayer/Schmidt*, Europäisches Unternehmens- und Kapitalmarktrecht, § 7 Rn. 7.1; *Mörsdorf*, EuZW 2009, 97.

[78] Die Diskussion wurde insbesondere in zeitlichem Zusammenhang mit Erlass des UmwG 1994 aktuell, siehe z.B. die Beiträge von *Behrens*, ZGR 1994, 1, 15 ff.; *Kronke*, ZGR 1994, 26, 30 ff.; *Lutter*, ZGR 1994, 87, 91; Das Polbud-Urteil hat die Diskussion erneut befeuert, siehe hierzu die Ausführungen in Kapitel 2, B. II. 3. b).

[79] Siehe sogleich Kapitel 2, B. II.

herausgearbeitet werden. Auf das europäische Primärrecht wird dabei nicht gesondert eingegangen, da sich die für diese Untersuchung relevanten primärrechtlichen Aspekte aus der Entwicklung der Rechtsprechung des EuGH ergeben.[80]

I. Legislatorische Harmonisierungsbestrebungen

1. Bisherige Entwicklung

Die Geschichte der legislatorischen Harmonisierungsbestrebungen im internationalen Gesellschaftsrecht reicht weit zurück. Bereits 1956 wurde mit dem Haager Übereinkommen über die Anerkennung der Rechtspersönlichkeit von ausländischen Gesellschaften, anderen Personenverbindungen und Stiftungen vom 1. Juni 1956 ein erster Versuch unternommen, der jedoch an der erforderlichen Anzahl von Ratifikationen scheiterte.[81] Als zweiter Anlauf sollte auf Basis von Art. 220 EWGV beziehungsweise Art. 293 EGV a.F. eine Vereinheitlichung durch Übereinkommen erfolgen. Das völkerrechtliche Übereinkommen über die gegenseitige Anerkennung von Gesellschaften und juristischen Personen vom 29. Februar 1968 scheiterte jedoch aufgrund der ausbleibenden Ratifizierung in den Niederlanden.[82] Ein Versuch, den grenzüberschreitenden Formwechsel zu harmonisieren, wurde erst im Jahr 1997 mit dem Vorentwurf für eine vierzehnte gesellschaftsrechtliche Richtlinie vom 20. April 1997 (die sogenannte „Sitzverlegungsrichtlinie“) in Angriff genommen.[83] Der Sache nach hatte der Vorentwurf die Verlegung des Satzungssitzes von Kapitalgesellschaften und den damit einhergehenden Formwechsel zum Gegenstand.[84] Trotz des Interesses, das dem Thema insbesondere in der Literatur entgegengebracht wurde,[85] kam der Prozess immer wieder ins Stocken. So kündigte die Kommission im Jahr 2003 noch

---

80 Siehe weiterführend zur Niederlassungsfreiheit als Prüfmaßstab für Beschränkungen der grenzüberschreitenden Sitzverlegung die ausführliche Darstellung von *Behme*, Rechtsformwahrende Sitzverlegung, S. 25 ff. sowie *Frank*, Formwechsel im Binnenmarkt, S. 60 ff.

81 Bericht von *Goldman*, BT-Drs. VI/1976, S. 23; *Kropholler*, Internationales Privatrecht, § 51 I 1; *Leible* in Michalski/Heidinger/Leible/J. Schmidt, GmbHG, Syst. Darst. 2, Rn. 57.

82 *Kropholler*, Internationales Privatrecht, § 51 I 1; *Lutter/Bayer/Schmidt*, Europäisches Unternehmens- und Kapitalmarktrecht, § 7 Rn. 7.8 f.; *v. Hein* in MüKoBGB, Bd. 12, Art. 3 EGBGB Rn. 94; Siehe zur Ratifikation durch Deutschland das Gesetz zu dem Übereinkommen v. 29. Februar 1968 über die gegenseitige Anerkennung von Gesellschaften und juristischen Personen v. 18. Mai 1972, BGBl. II Nr. 28 1972, 369.

83 Abdruck in ZIP 1997, 1721 ff.

84 Siehe ausführlich *Grundmann*, Europäisches Gesellschaftsrecht, Rn. 835 ff.; *Leible* in Michalski/Heidinger/Leible/J. Schmidt, GmbHG, Syst. Darst. 2, Rn. 61 ff.

85 Vgl. in jüngerer Zeit z.B. *Kiem*, ZHR 180 (2016), 289 ff. und weiterführend die Übersicht

an, „in Kürze" einen Vorschlag für eine Richtlinie über die Verlegung des Gesellschaftssitzes von einem Mitgliedstaat in einen anderen vorlegen zu wollen.[86] Die Arbeiten hierzu wurden jedoch 2007 mit Verweis auf die Societas Europaea und die Möglichkeit von grenzüberschreitenden Verschmelzungen als Alternative zur Sitzverlegung wieder eingestellt. Man ging davon aus, dass es an der Notwendigkeit für eine Sitzverlegungsrichtlinie fehle.[87] Dass diese Erwägungen im Ergebnis nicht überzeugen können, ergibt sich ohne weiteres aus den aufgezeigten Unterschieden von Verschmelzung und identitätswahrendem Formwechsel.[88] Abgesehen von der Verschmelzungsrichtlinie waren die legislatorischen Harmonisierungsversuche im Bereich der grenzüberschreitenden Strukturmaßnahmen demnach vor Erlass der GesR-ERL wenig erfolgreich.[89] Es überrascht deshalb nicht, dass das europäische Parlament die Kommission wiederholt zu einer zeitnahen Ausarbeitung eines neuen Vorschlages anhielt.[90] Gleichwohl dauerte es bis zum 25. April 2018, bis die Kommission schlussendlich einen Vorschlag zur Änderung der Richtlinie (EU) 2017/1132 in Bezug auf grenzüberschreitende Umwandlungen, Verschmelzungen und Spaltungen vorlegte.

2. Das Company Law Package 2018

Das Company Law Package der Kommission besteht im Kern aus zwei Änderungsvorschlägen zur Richtlinie (EU) 2017/1132 über bestimmte Aspekte des Gesellschaftsrechts (kurz „GesR-RL"), zum einen bezogen auf die Verankerung digitaler Werkzeuge und Verfahren im Gesellschaftsrecht,[91] zum anderen auf die

---

bei *Leible* in Michalski/Heidinger/Leible/Schmidt, GmbHG, Syst. Darst. 2, vor Rn. 61.

86 Ziff. 3.4 der Mitteilung der Kommission an den Rat und das Europäische Parlament – Modernisierung des Gesellschaftsrechts und Verbesserung der Corporate Governance in der Europäischen Union – Aktionsplan COM (2003)0284 final.

87 Rede des Kommissionsmitglieds *Charlie McCreevy* vom 3. Oktober 2007, Speech/07/592, abgerufen am 2. November 2025 unter http://europa.eu/rapid/press-release_SPEECH-07-592_en.htm?locale=en.

88 Siehe Kapitel 2, A. I.; Vgl. auch *Heckschen* in Widmann/Mayer, Umwandlungsrecht, 172. Ergänzungslieferung, Vorbemerkung zu § 122a ff., Rn. 65.13.

89 *Leible* in Michalski/Heidinger/Leible/Schmidt, GmbHG, Syst. Darst. 2, Rn. 57: „Vereinheitlichungsbestrebungen auf Gemeinschaftsebene blieben bisher ebenfalls größtenteils der Erfolg versagt".

90 Vgl. schon die Entschließung des Europäischen Parlaments vom 10. März 2009 mit Empfehlungen an die Kommission zur grenzüberschreitenden Verlegung von eingetragenen Gesellschaftssitzen (2008/2196(INI)), sowie die Entschließung des Europäischen Parlaments vom 2. Februar 2012 mit Empfehlungen an die Kommission zu einer 14. gesellschaftsrechtlichen Richtlinie zur grenzüberschreitenden Verlegung von Unternehmenssitzen (2011/2046(INI)) und zuletzt die Entschließung des Europäischen Parlaments vom 13. Juni 2017 zur Durchführung grenzüberschreitender Unternehmensverschmelzungen und -spaltungen (2016/2065(INI)).

91 COM (2018), 239 final.

einheitliche Gestaltung grenzüberschreitender Strukturmaßnahmen.[92] Nur der zweite Vorschlag ist Gegenstand dieser Untersuchung.

a) Entwicklung im Normgebungsverfahren

Die Kommission verfolgte mit dem Vorschlag nicht mehr den Ansatz einer isolierten Sitzverlegungsrichtlinie, sondern der Ergänzung der GesR-RL. Damit entsprach sie dem von *Jessica Schmidt* präferierten Ansatz einer ganzheitlichen Regelung der grenzüberschreitenden Strukturmaßnahmen.[93] Der Regelungsgegenstand des Kommissionsvorschlags umfasste eine Überarbeitung der in der GesR-RL bereits enthaltenen Vorschriften über die grenzüberschreitende Verschmelzung und eine erstmalige sekundärrechtliche Kodifizierung von grenzüberschreitendem Formwechsel und Spaltung.

Bezogen auf den grenzüberschreitenden Formwechsel war das Ziel, „es Gesellschaften, insbesondere Klein- und Kleinstunternehmen, zu ermöglichen, in geordneter, effizienter und wirksamer Weise grenzüberschreitende Umwandlungen vorzunehmen und dabei die am stärksten betroffenen Interessenträger, wie Arbeitnehmer, Gläubiger und Gesellschafter, in geeigneter und angemessener Weise zu schützen."[94] Zu diesem Zweck sollte ein „strukturiertes, mehrstufiges Verfahren eingeführt werden, mit dem die zuständigen Behörden sowohl des Wegzugs- als auch des Zuzugsmitgliedstaats gewährleisten, dass die Entscheidung über die Genehmigung einer grenzüberschreitenden Umwandlung fair, objektiv und diskriminierungsfrei auf der Grundlage aller relevanten Aspekte und unter Berücksichtigung aller legitimen öffentlichen Interessen getroffen wird."[95] Der Vorschlag orientierte sich dabei an den Regelungen für grenzüberschreitende Verschmelzungen.[96]

---

92 COM (2018), 241 final.

93 Diese hatte sich in der Studie „Cross-border mergers and divisions, transfers of seat: Is there a need to legislate" (2016), S. 37 gegen eine separate Richtlinie und für den Ausbau der Verschmelzungsrichtlinie zu einer „cross-border mobility directive" ausgesprochen (abgerufen am 2. November 2025 unter http://www.europarl.europa.eu/RegData/etudes/STUD/2016/556960/IPOL_STU(2016)556960_EN.pdf).

94 So wörtlich der Kommissionsvorschlag, S. 4.

95 So wiederum wörtlich der Kommissionsvorschlag, S. 40.

96 Vgl. das Impact Assessment der Kommission SWD (2018) 241 final, S. 55; Siehe auch *Knaier* GmbHR 2018, 607 ff. für eine ausführliche Beschreibung des gesamten Vorschlagsinhalts.

Schon dem Kommissionsvorschlag lag die Vorstellung einer Änderung der Rechtsform ohne Verlust der Rechtspersönlichkeit, also eines identitätswahrenden Formwechsels, zugrunde.[97] Gemäß Art. 86b Nr. 2 war die grenzüberschreitende Umwandlung als Vorgang definiert, bei dem eine Gesellschaft ihre Rechtsform unter Beibehaltung ihrer Rechtspersönlichkeit ändert. In der Norm wurde ausdrücklich klargestellt, dass die formwechselnde Gesellschaft „mindestens ihren satzungsmäßigen Sitz" ins Ausland verlagern muss. Der Anwendungsbereich des Kommissionsvorschlags erstreckte sich demnach ausdrücklich auf den Formwechsel durch isolierte Satzungssitzverlegung, woran sich im weiteren Verfahren nichts geändert hat. Bezüglich Formwechsel und Spaltung sollten die Mitgliedstaaten nach der Konzeption des Erstentwurfes gewährleisten, dass es sich bei der durchgeführten Maßnahme nicht um eine künstliche Gestaltung handelt, die darauf abzielt (unter anderem) Gläubigerrechte unrechtmäßig zu beeinträchtigen.[98] Hierfür war ein mehrstufiges System mit mehreren Verfahrensschritten geplant. Für die Verschmelzung war ein entsprechendes Verfahren indes nicht vorgesehen, obwohl Spaltung und Verschmelzung deutlich mehr gemein haben als Spaltung und Formwechsel.[99] Dennoch wurden letzteren Strukturmaßnahmen vergleichbare Risiken attestiert,[100] was in Anbetracht der grundlegend unterschiedlichen rechtlichen Merkmale und Anwendungsbereiche befremdlich wirkt. In der Endfassung der Richtlinie wurden diese Bedenken adressiert und neben weiteren erheblichen Änderungen gegenüber der Ausgangsfassung auch ein einheitliches Verfahren für alle Strukturmaßnahmen vorgesehen. Auf die Unterschiede zwischen Kommissionsvorschlag und Richtlinie wird, soweit für diese Untersuchung relevant, im weiteren Verlauf punktuell eingegangen werden.[101]

b) Mindestharmonisierung

Die Frage, ob mit der Richtline eine Voll- oder eine Mindestharmonisierung angestrebt wird, hat erhebliche Auswirkungen auf die weitere Untersuchung. Während Mitgliedstaaten im Falle der Vollharmonisierung keine divergierenden

[97] Siehe die Erwägungen im Kommissionsvorschlag, S. 40, nach denen die Anwendung der Gründungsvorschriften im Zielstaat nicht dazu führen dürfen, dass „die Kontinuität der Rechtspersönlichkeit der umgewandelten Gesellschaft" berührt wird.

[98] Siehe Art. 86c Abs. 3, 86m, 160d Abs. 3, 160o des Kommissionsvorschlages.

[99] Siehe hierzu bereits Kapitel 2, A. I.

[100] Kommissionsvorschlag, S. 10.

[101] Siehe zu den wesentlichen Änderungen der Richtlinie im Vergleich zum Kommissionsvorschlag auch *Kraft*, BB 2019, 1864 ff.

Vorschriften erlassen (oder beibehalten) dürften, steht es ihnen bei einer Mindestharmonisierung frei, den Gläubigerschutz strenger auszugestalten als in der Richtlinie vorgeschrieben. Das Mindestschutzniveau darf über- aber nicht unterschritten werden.[102] Demnach unterscheidet sich der Gestaltungsspielraum der nationalen Gesetzgeber je nach Grad der Harmonisierung erheblich.

Ausweislich der Gründe und Ziele des Kommissionsvorschlags war mit diesem eine Mindestharmonisierung beabsichtigt. Mitgliedstaaten sollten nach der Vorstellung der Kommission das in dem Vorschlag vorgesehene Schutzniveau nicht unterschreiten, aber ein höheres Schutzniveau vorsehen dürfen.[103] Den Mitgliedstaaten sollte ermöglicht werden, umfangreichere Garantien als in der Richtlinie vorzusehen, um nationalen Besonderheiten des Gläubigerschutzes Rechnung tragen zu können.[104] Es ist davon auszugehen, dass sich hieran auch in der Finalfassung der Richtlinie nichts geändert hat.[105] Hinsichtlich des Schutzes von Anteilseignern und Arbeitnehmern wird dies ausdrücklich klargestellt.[106] Bezogen auf den Gläubigerschutz wird demgegenüber in Erwägungsgrund Nr. 22 der Richtlinie lediglich erwähnt, dass divergierende Gläubigerschutzvorschriften grenzüberschreitende Strukturmaßnahmen erschweren und zu Unsicherheiten für Gläubiger und beteiligte Gesellschaften führen. Hieraus könnte man den Umkehrschluss ziehen, dass bezogen auf den Gläubigerschutz eine Vollharmonisierung beabsichtigt ist.[107] Allerdings findet sich dieser Passus nahezu wortlautgleich (auf die Verschmelzung bezogen) bereits in Erwägungsgrund Nr. 33 des Kommissionsvorschlags. Mit diesem wurde jedoch ausweislich der Gründe und Ziele nur eine Mindestharmonisierung angestrebt.[108] Gleichwohl enthielt der Passus schon im Kommissionsvorschlag keine entsprechende Klarstellung. Auch spricht der Wortlaut des Art. 86j Abs. 1 S. 1 GesR-ERL („Die Mitgliedstaaten sehen ein angemessenes Schutzsystem für die Interessen der Gläubiger vor, [...]“) dafür, dass durch die Richtlinie nur ein Mindestschutzniveau sichergestellt werden soll. Es bestehen keine Anhaltspunkte dafür, dass sich an dem ursprünglich vorgesehenen Ziel des Kommissionsvorschlages etwas geändert

102 Siehe allg. zu den Folgen einer Mindestharmonisierung *M. Schröder* in Streinz EUV/AUEV, Art. 114 AEUV Rn. 48 ff.
103 Kommissionsvorschlag, S. 23, mit diesem Verständnis auch *J. Schmidt*, ECFR 2019, 222, 261 und *Winner*, ECFR 2019, 44, 47.
104 Kommissionsvorschlag, S. 23
105 So auch *Winner*, ECFR 2019, 44, 47, noch zum Presidency Compromise Proposal vom 18. Dezember 2018 (15678/18) – die Erwägungen lassen sich jedoch auf die Finalfassung der Richtlinie übertragen.
106 Erwägungsgründe Nr. 11 und 17 der Richtlinie.
107 Vgl. *Winner*, ECFR 2019, 44, 47.
108 Kommissionsvorschlag, S. 23.

hätte.[109] Den Mitgliedstaaten steht es also frei, strengere Anforderungen als in der Richtlinie vorgesehen festzuschreiben.[110] Dies entspricht auch der Auffassung des EuGH zu Art. 146 GesR-RL zur innerstaatlichen Aufspaltung der AG,[111] der nach Meinung des Gerichtshofs ebenfalls nur ein Mindestschutzniveau regelt.[112]

Ob mit dieser Mindestharmonisierung des grenzüberschreitenden Formwechsels (aus Perspektive des Gläubigerschutzes) ein „großer Wurf" gelungen ist,[113] wird sich im weiteren Verlauf der Untersuchung zeigen. Jedenfalls versprechen die im Zuge des Gesetzgebungsverfahrens angedachten (und teilweise wieder verworfenen) Gläubigerschutzinstrumente wertvolle Erkenntnisse auch für den nationalen Formwechsel. Da die Richtlinie nur ein Mindestschutzniveau festlegt, steht es dem deutschen Gesetzgeber offen, zukünftig auch weitergehende Maßnahmen des Gläubigerschutzes zu implementieren. Die Zulässigkeit solcher Maßnahmen ist, soweit damit nicht schon gegen zwingende Regelungen der Richtlinie verstoßen wird, am Primärrecht zu messen.[114] Trotz sekundärrechtlicher Ausgestaltung bleibt die Frage, in welchem Ausmaß der grenzüberschreitende Formwechsel dem primärrechtlichen Schutz der Grundfreiheiten unterfällt, von erheblicher Relevanz für die Ausgestaltung gläubigerschützender Maßnahmen. Der EuGH hat sich hierzu in einer Reihe richtungsweisender Urteile geäußert, die Inhalt und Grenzen der Niederlassungsfreiheit konturieren und damit den Gestaltungsspielraum der Mitgliedstaaten abstecken.[115]

3. Das Gesetz zur Umsetzung der Umwandlungsrichtlinie

Die Umsetzung der GesR-ERL in das deutsche Recht erfolgte durch das am 1. März 2023 in Kraft getretene Gesetz zur Umsetzung der Umwandlungsrichtlinie und zur Änderung weiterer Gesetze.[116] Das Gesetzgebungsverfahren zum

---

109 So auch *Winner*, ECFR 2019, 44, 47 zum Presidency Compromise Proposal.

110 So auch *Bayer/Schmidt*, BB 2019, 1922, 1933; *Goette*, DStR 2023, 157, 158: „Mindestvorgaben der EU-Richtline"; *Stelmaszczyk*, notar 2021, 147, 157; *Leydecker*, Gläubigerschutz bei grenzüberschreitenden Umwandlungen, S. 182 m.w.N.

111 *Stelmaszczyk*, notar 2021, 147, 156, Fn. 73.

112 EuGH, Urt. v. 30. Januar 2020 – Rs. C-394/18, juris, Rn. 67 ff.; Vgl. dazu auch *J. Schmidt*, EuZW 2020, 372; Kritisch dazu mit a.A. (Vollharmonisierung) *Schollmeyer*, NZG 2020, 589, 591.

113 In diese Richtung *Teichmann*, NZG 2019, 241, 248.

114 *Winner*, ECFR 2019, 44, 47.

115 Siehe Kapitel 2, B. II.

116 Siehe Bundesgesetzblatt Jahrgang 2023 Teil I Nr. 51, ausgegeben am 28. Februar 2023.

UmRUG wurde in der Literatur mit regem Interesse verfolgt,[117] weshalb weiterführende Ausführungen zum Gesetzgebungsverfahren hier unterbleiben sollen. Der Gesetzesentwurf des UmRUG wurde am 20. Januar 2023 vom Bundestag angenommen (nachdem es in der Sitzung vom 15. Dezember 2022 in den Rechtsausschuss zurückverwiesen wurde)[118] und am 10. Februar 2023 vom Bundesrat gebilligt. Das UmRUG bringt zahlreiche Änderungen des UmwG mit sich, von denen die relevanteste sicherlich die Einführung des neuen sechsten Buches nach § 304 UmwG ist, in dem das Verfahren der grenzüberschreitenden Umwandlungen gebündelt geregelt wurde.[119] Auf die einzelnen Änderungen durch das UmRUG soll an dieser Stelle jedoch nicht weiter eingegangen werden. Stattdessen werden sie im Rahmen der Untersuchung der einzelnen Schutzinstrumente detailliert dargestellt.

II. Prägung des grenzüberschreitenden Formwechsels durch den EuGH

Wie bereits erwähnt, fungierte der EuGH auch im Bereich der grenzüberschreitenden Mobilität und Strukturmaßnahmen schlussendlich als „Motor der Integration".[120] Er ebnete – trotz teilweise restriktiver Tendenzen[121] – den Weg durch eine Reihe richtungsweisender Entscheidungen, die im Jahr 2017 im Polbud-Urteil ihren vorläufigen Höhepunkt gefunden hat. Die Rechtsprechung des

117 Siehe unter anderem die zahlreichen Beiträge von *Heckschen/Knaier*: Größte Reform des Umwandlungsrechts – nicht nur Richtlinienumsetzung! (Teil I in GmbHR 2022, 501, Teil II in GmbHR 2022, 613); Update zum UmRUG (GmbHR 2022, R260); Reform des Umwandlungsrechts kurz vor dem Ziel (ZIP 2022, 2205); Das UmRUG auf der Zielgeraden (GmbHR 2022, R376); Die größte Reform des Umwandlungsrechts: Endlich in Kraft! (GmbHR 2023, 317).

118 Hintergrund der Rückverweisung war, dass der zuständige Ausschuss des Bundesrates der Fristverkürzungsbitte des Bundestages nicht zugestimmt hatte, siehe https://www.bundestag.de/dokumente/textarchiv/2022/kw50-de-umwandlungsrichtlinie-924600 (abgerufen am 2. November 2025).

119 *Goette*, DStR 2023, 157.

120 *J. Schmidt*, ZVglRWiss 2017, 313, 319.

121 In der Rechtssache Daily Mail (Urt. v. 27. September 1988 – Rs. C-81/87, juris) hatte der EuGH entschieden, dass die Artikel 52 und 58 EWG-Vertrag beim (damaligen) Stand des Gemeinschaftsrechts einer Gesellschaft, die nach dem Recht eines Mitgliedstaats gegründet wurde und in diesem ihren satzungsmäßigen Sitz hat, nicht das Recht gewähren, den Sitz ihrer Geschäftsleitung in einen anderen Mitgliedstaat zu verlegen. Er erlaubte den Mitgliedstaaten also den Bestand einer nach ihrem Recht gegründeten Gesellschaft an einen inländischen Verwaltungssitz zu knüpfen – dies wurde im Rahmen der Entscheidung Cartesio bestätigt, siehe hierzu sogleich Kapitel 2, B. II. 2; Siehe zu Daily Mail auch *Grundmann*, Europäisches Gesellschaftsrecht, Rn. 777.

EuGH hatte erheblichen Einfluss auf die legislatorischen Harmonisierungsbestrebungen und damit auf den de lege lata vorgesehenen Gläubigerschutz,[122] und bleibt auch weiterhin für alle gesetzgeberischen Maßnahmen außerhalb des Anwendungsbereichs der GesR-ERL maßgeblich. Nachfolgend werden daher die Urteile dargestellt, an denen sich Gläubigerschutzinstrumente bei grenzüberschreitenden Sachverhalten messen lassen müssen.

1. Grundlagen der Mobilität – Centros, Überseering und Inspire Art

Die Entscheidungstrias Centros,[123] Überseering[124] und Inspire Art[125] wird gemeinhin als bahnbrechend für die Mobilität im Binnenmarkt angesehen.[126] In allen drei Fällen erschwerten Mitgliedstaaten die Ansiedelung einer ausländischen Gesellschaft auf die ein oder andere Weise.

Der Fall Centros hatte die auch über juristische Kreise hinaus als „Briefkastenfirma“ bekannte Gestaltung zum Gegenstand. Die Centros Ltd. wurde in England allein mit dem Zweck gegründet, ihre gesamte Geschäftstätigkeit über eine Zweigniederlassung in Dänemark zu entfalten. Der EuGH erblickte in der Weigerung der dänischen Behörden, die Zweigniederlassung einzutragen, eine unzulässige Beschränkung der Niederlassungsfreiheit. Er kam zu dem Ergebnis, dass es für sich genommen keine missbräuchliche Ausnutzung des Niederlassungsrechts darstellt, wenn ein Staatsangehöriger eines Mitgliedstaats eine Gesellschaft in dem Mitgliedstaat gründet, dessen gesellschaftsrechtliche Vorschriften ihm die größte Freiheit lassen, und in anderen Mitgliedstaaten Zweigniederlassungen gründet.[127] Allerdings stellte der EuGH es den Behörden der Mitgliedstaaten frei, geeignete Maßnahmen zu treffen, um Betrügereien Einhalt zu gebieten, insbesondere wenn Gesellschafter planen, sich mittels der Errichtung einer Gesellschaft ihren Verpflichtungen gegenüber inländischen Gläubigern zu entziehen.[128]

---

122 Siehe z.B. die Gründe und Ziele des Kommissionsvorschlags, S. 2 ff.
123 EuGH, Urt. v. 9. März 1999 – Rs. C-212/97, juris.
124 EuGH, Urt. v. 5. November 2002 – Rs. C-208/00, juris.
125 EuGH, Urt. v. 30. September 2003 – Rs. C-167/01, juris.
126 Siehe die ausführliche Darstellung und Bewertung bei *Grundmann*, Europäisches Gesellschaftsrecht, Rn. 778 ff.; Siehe außerdem statt aller *J. Schmidt*, ZvglRWiss 2017, 313, 319, die von „spektakulären Hammerschlägen“ spricht.
127 EuGH, Urt. v. 9. März 1999 – Rs. C-212/97, juris, Rn. 27.
128 Ebd., Rn. 39.

Keine vier Jahre später bedeutete das Urteil in der Rechtssache Überseering das Ende der Sitztheorie für Zuzugsfälle im Binnenmarkt. Die deutschen Gerichte sprachen der Überseering B.V., einer Gesellschaft niederländischen Rechts mit Verwaltungssitz in Deutschland, die Parteifähigkeit gemäß § 50 ZPO ab.[129] Die Gerichte stützten sich dabei auf die in Deutschland zu diesem Zeitpunkt vorherrschende Sitztheorie, nach der eine Gesellschaft stets dem Recht des Staates unterliegt, in dem sie ihren effektiven Verwaltungssitz hat.[130] Auf dieser Grundlage existierte die B.V. als Kapitalgesellschaft mangels Eintragung im deutschen Handelsregister nicht. Der EuGH erachtete dies wiederum als unzulässige Beschränkung der Niederlassungsfreiheit und entschied, dass die Rechtsfähigkeit von Gesellschaften im Binnenmarkt nach Maßgabe des Rechts ihres Gründungsstaates anzuerkennen sei.[131] Die Sitztheorie war damit für Zuzugsfälle innerhalb des Binnenmarktes Rechtshistorie.[132]

Wichtig und interessant ist das Urteil jedoch insbesondere deshalb, weil sich der EuGH genauer zur Möglichkeit der Beschränkung der Niederlassungsfreiheit äußerte. So soll es nicht auszuschließen sein, dass zwingende Gründe des Gemeinwohls, wie (unter anderem) der Schutz der Interessen der Gläubiger, unter bestimmten Umständen und Voraussetzungen eine Beschränkung der Niederlassungsfreiheit rechtfertigen können.[133] Der EuGH betonte die Gläubigerinteressen demnach noch deutlicher als in Centros als Teil des Gemeinwohls, welches eine Einschränkung der Niederlassungsfreiheit im Einzelfall zu rechtfertigen vermag.

Die Entscheidung Inspire Art hatte erneut eine Briefkastengesellschaft in Form der englischen Limited zum Gegenstand, die ihre Geschäftstätigkeit ausschließlich über eine Zweigniederlassung in den Niederlanden entfaltete. Das niederländische Recht sah für „formal ausländische Gesellschaften" einen entsprechenden Firmenzusatz zwingend vor und machte die Errichtung der Zweigniederlassung von der Erfüllung gewisser innerstaatlichen Gründungsvorschriften, insbesondere bezüglich des Mindestkapitals, abhängig.[134] Auch diese Regelung hielt der EuGH für nicht mit der Niederlassungsfreiheit vereinbar. Er

---

129 EuGH, Urt. v. 5. November 2002 – Rs. C-208/00, juris, Rn. 9.
130 Siehe zur Sitztheorie statt aller *Weller* in MüKoGmbHG, Bd. 1, Einleitung, Rn. 365 ff.
131 EuGH, Urt. v. 5. November 2002 – Rs. C-208/00, juris, Rn. 95.
132 *Grundmann*, Europäisches Gesellschaftsrecht, Rn. 789: „verwirft der EuGH ersichtlich – jedenfalls für diese Konstellation – die Sitztheorie selbst".
133 EuGH, Urt. v. 5. November 2002 – Rs. C-208/00, juris, Rn. 92.
134 EuGH, Urt. v. 30. September 2003 – Rs. C-167/01, juris, Rn. 22 ff.

betonte dabei mit Verweis auf Centros, dass es keinen Rechtsmissbrauch darstellt, eine Gesellschaft in einem Mitgliedstaat nur zu gründen, um in den Genuss vorteilhafter Rechtsvorschriften zu kommen. Dies gelte selbst dann, wenn die betreffende Gesellschaft ihre Tätigkeiten hauptsächlich oder ausschließlich in einem zweiten Staat ausübt.[135]

Zwar betrifft diese erste Entscheidungstrias nicht den grenzüberschreitenden Formwechsel als solchen, allerdings enthält sie wichtige Grundaussagen zur Bewertung der Gläubigerinteressen bei grenzüberschreitenden Strukturmaßnahmen. Obwohl in Centros und Überseering der Gläubigerschutz explizit als potenzieller Grund zur Einschränkung der Niederlassungsfreiheit genannt wird, hat der EuGH in Inspire Art doch ausdrücklich betont, dass die Gründung einer Gesellschaft unter einer vorteilhafteren Rechtsordnung grundsätzlich keinen Rechtsmissbrauch darstellt. Dieser Umstand muss insbesondere bei der Bewertung der Erforderlichkeit von Gläubigerschutzvorschriften beim grenzüberschreitenden Formwechsel – der nachträglichen Neuwahl der Rechtsordnung – beachtet werden.

2. Grenzüberschreitender Formwechsel – Cartesio und VALE

Zum grenzüberschreitenden Formwechsel äußerte sich der EuGH erstmals im Jahre 2008 in der Rechtssache Cartesio ausdrücklich.[136] Die Cartesio, eine Kommanditgesellschaft ungarischen Rechts, begehrte von dem ungarischen Handelsregistergericht Eintragung der Verlegung ihres Satzungssitzes nach Italien. Das Gericht hielt eine solche Verlegung für unzulässig und verweigerte die Eintragung.[137] Der EuGH sah hierin keine Verletzung der Niederlassungsfreiheit und bekräftigte mit Hinweis auf die Entscheidung Daily Mail,[138] dass eine nach nationalem Recht gegründete Gesellschaft jenseits der nationalen Rechtsordnung, die ihre Gründung und Existenz regelt, keine Realität hat.[139] Die Mitgliedstaaten sind demnach befugt, es Gesellschaften ihres nationalen Rechts bei Sitzverlegung ins Ausland zu untersagen, den Status als inländische Gesellschaft beizubehalten.[140] Der EuGH klammerte folglich die rechtsformwahrende

135 Ebd., Rn. 96.
136 EuGH, Urt. v. 16. Dezember 2008 – Rs. C-210/06, juris.
137 Ebd., Rn. 22 ff.
138 EuGH, Urt. v. 27. September 1988 – Rs. C-81/87, juris; Siehe zur Entscheidung Daily Mail *Grundmann*, Europäisches Gesellschaftsrecht, Rn. 777.
139 EuGH, Urt. v. 16. Dezember 2008 – Rs. C-210/06, juris, Rn. 104.
140 Ebd., Rn. 110.

grenzüberschreitende Sitzverlegung aus dem Schutzbereich der Niederlassungsfreiheit aus, was in der Literatur Kritik hervorrief.[141] Von entscheidender Bedeutung für den grenzüberscheitenden Formwechsel war jedoch das nachfolgende obiter dictum, in dem der Gerichtshof klarstellte, dass hiervon der Fall zu unterscheiden sei, dass eine Gesellschaft ihren Sitz unter Änderung des anwendbaren Rechts in einen anderen Mitgliedstaat verlegt und dabei in eine dem Recht des anderen Staates unterfallende Gesellschaftsform umgewandelt wird. Diese formwechselnde Sitzverlegung unterläge der Niederlassungsfreiheit und dürfe nur aus zwingenden Gründen des Allgemeininteresses erschwert werden.[142]

In der Rechtssache VALE erhielt der EuGH im Jahr 2012 Gelegenheit, dieses obiter dictum zu unterfüttern.[143] Um die Geschäftstätigkeit insgesamt nach Ungarn zu verlegen, meldeten die Gesellschafter der VALE Costruzioni Srl deren Erlöschen beim italienischen Handelsregister an und schlossen den Gesellschaftsvertrag der VALE Építési kft, einer Gesellschaft ungarischen Rechts. Das ungarische Handelsregistergericht verweigerte jedoch die Eintragung eines Rechtsnachfolgezusatzes, da es das Verlegen des Satzungssitzes von Italien nach Ungarn nach geltendem Recht für unmöglich hielt.[144] Der EuGH stellte fest, dass ein grenzüberschreitender Rechtsformwechsel unter sukzessiver Anwendung beider Rechtsordnungen dann möglich sein muss, wenn das jeweilige nationale Recht einen Formwechsel für inländische Gesellschaften erlaubt. In diesem Fall stelle es eine nicht zu rechtfertigende Beeinträchtigung der Niederlassungsfreiheit dar, ausländischen Gesellschaften die Möglichkeit eines Formwechsels insgesamt vorzuenthalten.[145] Einschränkend führte er jedoch aus, dass der Niederlassungsbegriff die tatsächliche Ausübung einer wirtschaftlichen Tätigkeit mittels einer festen Einrichtung auf unbestimmte Zeit impliziert. Der EuGH betonte also die tatsächliche Ansiedlung und die Ausübung einer wirklichen wirtschaftlichen Tätigkeit im Aufnahmemitgliedstaat als notwendigen Bestandteil des Niederlassungsbegriffs.[146] Der Gerichtshof verwies weiterführend auf sein

---

141 Vgl. z.B. die kritischen Beiträge von *Knop*, DZWIR 2009, 147 ff.; *Leible/Hoffmann*, BB 2009, 58 ff.; *Paefgen*, WM 2009, 529, 533, spricht von einer „Niederlassungsfreiheit minderer Güte".

142 EuGH, Urt. v. 16 Dezember 2008 – Rs. C-210/06, juris, Rn. 111 ff., siehe hierzu weiterführend die Anmerkungen von *Barthel*, EWS 2010, 316 ff.; *Teichmann*, ZIP 2009, 393 ff.; *Zimmer/Naendrup*, NJW 2009, 545 ff. Kritisch dagegen mit Hinweis auf die Unverbindlichkeit von obiter dicta des Gerichtshofs *Kindler*, NZG 2009, 130, 131.

143 EuGH, Urt. v. 12. Juli 2012 – Rs. C-378/10, juris.

144 Ebd., Rn. 10 ff.

145 Ebd., Rn. 33, 40 f.

146 EuGH, Urt. v. 12. Juli 2012 – Rs. C-378/10, juris, Rn. 34. Die Formulierung geht auf die Entscheidung EuGH, Urt. v. 25. Juli 1991 – Rs. C-221/89, juris (Factortame II) zurück. In

Urteil in Sachen Cadbury Schweppes,[147] nach dem die Bekämpfung rechtsmissbräuchlicher Praktiken als Grund für eine Beschränkung der Niederlassungsfreiheit nur ausreichen soll, wenn die Maßnahme spezifisch auf „rein künstliche, jeder wirtschaftlichen Realität bare Gestaltungen" abzielt, die der Steuervermeidung dienen.[148]

Darüber hinaus konkretisierte der EuGH die Anforderungen an eine zulässige Beschränkung der Niederlassungsfreiheit. Demnach können (nach Maßgabe der Gebhard-Formel[149]) zwingende Gründe des Allgemeininteresses Einschränkungen nur rechtfertigen, wenn die jeweilige Maßnahme zur Erreichung des verfolgten Ziels geeignet ist und nicht über das zur Erreichung Erforderliche hinausgeht.[150] Weiterhin dürfen die entsprechenden Regelungen nicht ungünstiger sein als solche, die gleichartige innerstaatliche Sachverhalte regeln (Äquivalenzgrundsatz), und die Ausübung der Niederlassungsfreiheit nicht praktisch unmöglich machen oder übermäßig erschweren (Effektivitätsgrundsatz).[151] Der EuGH hat damit ausdrücklich klargestellt, welchen Anforderungen Gläubigerschutzinstrumente im Fall eines grenzüberschreitenden Formwechsels genügen müssen.[152] Weiterhin ergibt sich aus Cadbury Schweppes, dass eine Beschränkung der Niederlassungsfreiheit zulässig sein kann, wenn rein künstliche Gestaltungen verhindert werden sollen, welche nur dazu dienen, Drittinteressen zu umgehen. Von erheblicher Bedeutung war außerdem die höchstrichterliche Klarstellung, dass grenzüberschreitende Formwechsel bis zur Umsetzung eines sekundärrechtlich harmonisierten Verfahrens durch sukzessive Anwendung der beteiligten Rechtsordnungen durchzuführen sind.[153]

3. Klarstellung durch Polbud

Obwohl mit VALE die grundsätzliche Zulässigkeit des grenzüberschreitenden Formwechsels feststand, waren noch nicht alle offenen Fragen geklärt. Am meis-

diesem Zusammenhang wird auch von dem „realen Niederlassungsbegriff" gesprochen, vgl. *Kindler*, EuZW 2012, 888, 891.

147 EuGH, Urt. v. 12. September 2006 – Rs. C-196/04, juris.

148 EuGH, Urt. v. 12. September 2006 – Rs. C-196/04, juris, Rn. 54 f.

149 Siehe zur Gebhard-Formel EuGH, Urt. v. 30. November 1995 – Rs. C-55/94, juris, Rn. 39.

150 EuGH, Urt. v. 12. Juli 2012 – Rs. C-378/10, juris, Rn. 39.

151 Ebd., Rn. 48.

152 Es kann allerdings bezweifelt werden, ob sich hieraus tatsächlich umfassendere Einschränkungen ergeben als aus dem der Niederlassungsfreiheit immanenten Diskriminierungsverbot, vgl. *Behme*, NZG 2012, 936, 939; Ähnlich *Mörsdorf/Jopen*, ZIP 2012, 1394, 1400.

153 Siehe hierzu Kapitel 2, B. III.

ten beschäftigte die Literatur die Frage, ob auch die isolierte Satzungssitzverlegung, also ein grenzüberschreitender Formwechsel ohne tatsächliche wirtschaftliche Tätigkeit im Zielstaat, vom Schutzbereich der Niederlassungsfreiheit umfasst ist. Die Diskussion drehte sich dabei um die in VALE vorgenommene Einschränkung, dass der Niederlassungsbegriff die Ausübung einer wirtschaftlichen Tätigkeit mittels fester Einrichtung im Aufnahmemitgliedstaat auf unbestimmte Zeit impliziert.[154] Dieser Passus wurde oftmals als Beschränkung des Schutzbereichs der Niederlassungsfreiheit interpretiert.[155] Als Konsequenz wäre der grenzüberschreitende Formwechsel durch isolierte Satzungs-sitzverlegung nicht in den Schutzbereich der Niederlassungsfreiheit gefallen. Dieser Ansicht liegt das Argument zugrunde, dass es ohne Niederlassung keine Niederlassungsfreiheit geben könne.[156] Die Gegenansicht erblickte in den Ausführungen des EuGH demgegenüber keine Schutzbereichsbegrenzung, sondern bezog die Ausführungen vielmehr auf die Voraussetzungen, unter denen ein beschränkender Eingriff in die Niederlassungsfreiheit gerechtfertigt werden kann. Vertreter dieser Auffassung hielten deshalb die isolierte Satzungssitzverlegung jedenfalls grundsätzlich für möglich.[157] Überdies wurde der Vergleich zur Centros Rechtsprechung des EuGH herangezogen.[158] Wenn die Eröffnung des Schutzbereiches der Niederlassungsfreiheit bei Gründung der Gesellschaft keinerlei wirtschaftliche Tätigkeit im Staat des Satzungssitzes erfordere, sei nicht einzusehen, warum dies bei einer nachträglichen Satzungssitzverlegung zur Voraussetzung gemacht werden sollte.[159] Als sich dem EuGH in der Rechtsache Polbud die Möglichkeit bot, diese Frage zu klären, wurde die Entscheidung mit Spannung erwartet.[160]

---

154 Siehe bereits Kapitel 2, B. II. 2.

155 Vgl. *Kindler*, EuZW 2012, 888, 891 ff.; *König/Bormann*, NZG 2012, 1241; *Mörsdorf/Jopen*, ZIP 2012, 1394, 1399; *G. H. Roth*, ZIP 2012, 1744 f.; *Wicke*, NZG 2017, 702, 703.

156 *Kindler*, EuZW 2012, 888, 892.

157 So insb. *Bayer/Schmidt*, ZIP 2012, 1481, 1486; Ebenso *Lutter/Bayer/Schmidt*, Europäisches Unternehmens- und Kapitalmarktrecht, § 7 Rn. 7.53 und *Schaper*, ZIP 2014, 810, 816; Auch *Behme* spricht sich dagegen aus, der Beschränkung eine zu hohe Bedeutung beizumessen, vgl. *Behme*, Rechtsformwahrende Sitzverlegung, S. 157 ff. und *ders.*, NZG 2012, 936, 939; Für die Zulässigkeit der isolierten Satzungssitzverlegung außerdem schon *Grundmann*, Europäisches Gesellschaftsrecht, Rn. 779.

158 Siehe zum Centros-Urteil schon Kapitel 2, B. II. 1.

159 Vgl. *Behme,* NZG 2012, 936, 939; *Franz*, EuZW 2016, 930, 931.

160 Die Rechtssache fand schon Beachtung in der Kommentarliteratur, bevor das Urteil erging, vgl. statt vieler *Schießl/Weiler* in Widmann/Mayer, Umwandlungsrecht, Anh. 7, Rn. 55.

a) Entscheidungsinhalt

Gegenstand der Rechtssache Polbud war die Polbud – Wykonawstwo sp. Z o.o, eine Gesellschaft beschränkter Haftung nach polnischem Recht. Die Gesellschafter beschlossen in einer außerordentlichen Gesellschafterversammlung den Satzungssitz nach Luxemburg zu verlegen, was durch Eintragung der Consoil Geotechnik S.à. r.l im luxemburgischen Handelsregister vollzogen wurde. Das polnische Registergericht verweigerte jedoch die Eintragung der Löschung, da das polnische Sachrecht eine grenzüberschreitende Sitzverlegung nur unter Auflösung und Liquidation der Gesellschaft vorsah. Die Polbud legte aber bestimmte Liquidationsdokumente unter Verweis auf den Fortbestand der Gesellschaft in Luxemburg nicht vor.[161] Der EuGH erachtet das Erfordernis der Liquidation als unzulässige Beschränkung der Niederlassungsfreiheit. Er entschied, dass diese dahingehend auszulegen ist, „dass die Niederlassungsfreiheit für die Verlegung des satzungsmäßigen Sitzes einer nach dem Recht eines Mitgliedstaats gegründeten Gesellschaft in einen anderen Mitgliedstaat gilt, durch die diese unter Einhaltung der dort geltenden Bestimmungen ohne Verlegung ihres tatsächlichen Sitzes in eine dem Recht dieses anderen Mitgliedstaats unterliegende Gesellschaft umgewandelt werden soll."[162] Der EuGH betonte zunächst erneut die den einzelnen Mitgliedstaaten zukommende Autonomie, den Anknüpfungspunkt des auf eine Gesellschaft anwendbaren nationalen Rechts selbst zu wählen. Ein grenzüberschreitender Formwechsel könne deshalb nur dann möglich sein, wenn die formwechselnde Gesellschaft die nach dem Recht des Zielstaates einschlägigen Gründungsvoraussetzungen erfüllt, insbesondere also das jeweilige Kriterium für die Verbundenheit der Gesellschaft mit der nationalen Rechtsordnung. Innerhalb dieser Grenzen sei der grenzüberschreitende Formwechsel jedoch vom Schutzbereich der Niederlassungsfreiheit erfasst.[163]

Die Niederlassungsfreiheit gewährt demnach ein Recht auf isolierte Satzungssitzverlegung ins Ausland, sofern der Zielstaat die Gesellschaftsgründung nicht von einem inländischen Verwaltungssitz oder wirtschaftlicher Tätigkeit abhängig macht.[164] Der Gerichtshof unterstellt somit den Herausformwechsel dem Schutzbereich der Niederlassungsfreiheit. Ausdrücklich merkt er dabei an, dass

---

161 Siehe zum Sachverhalt insgesamt EuGH, Urt. v. 25. Oktober 2017 – Rs. C-106/16, juris, Rn. 8 ff.

162 Ebd., Tenor.

163 Ebd., Rn. 34, 35.

164 Dies war bezogen auf den Verwaltungssitz nach deutschem Recht bis zur Änderung durch das MoMiG der Fall, siehe § 4a GmbHG a.F. und § 5 AktG a.F.

der Schutzbereich auch dann eröffnet ist, wenn das formwechselnde Unternehmen im Zielstaat keinerlei wirtschaftliche Tätigkeit entfaltet.[165] Begründet wird dieses Ergebnis mit der bereits erwähnten Parallele zur Centros-Rechtsprechung.[166] Wenn sich eine Gesellschaft auf die Niederlassungsfreiheit berufen kann, die in einem Mitgliedstaat ausschließlich zu dem Zweck gegründet wird, in einem anderen Mitgliedstaat wirtschaftlich tätig zu werden, so muss dies auch für die nachträgliche Sitzverlegung gelten.[167] Erneut erinnert der EuGH daran, dass die Art. 49 und 54 AEUV Maßnahmen eines Mitgliedstaats nicht entgegenstehen, mit denen verhindert werden soll, dass die Interessen der Gläubiger durch einen grenzüberschreitenden Formwechsel übermäßig beeinträchtigt werden.[168] Allerdings soll auch ein Formwechsel, der nur mit dem Ziel durchgeführt wird, in den Genuss günstigerer Rechtsvorschriften zu kommen, kein missbräuchliches Verhalten darstellen.[169]

b) Bewertung

Die höchstrichterliche Klärung einer in der Literatur diskutierten Frage zieht naturgemäß eine Vielzahl von Stellungnahmen nach sich. Im Fall Polbud wurde die Diskussion jedoch mit einiger Schärfe geführt, was insbesondere daran liegen dürfte, dass unternehmerische Steuervermeidungsmodelle im Vorfeld der Entscheidung des EuGHs aufgrund der Skandale rund um Paradise und Panama Papers wieder stärker in das öffentliche Bewusstsein gerückt waren. So verwundert nicht, dass das Urteil sowohl harsche Kritik,[170] als auch Beifall nach sich zog.[171]

Insbesondere auf dogmatischer Ebene besteht Uneinigkeit über die Einordnung der Entscheidung. Kritiker erblicken einen dogmatischen Bruch mit der bisherigen Rechtsprechung des EuGH und weisen darauf hin, dass die Ausübung einer

---

165 EuGH, Urt. v. 25. Oktober 2017 – Rs. C-106/16, juris, Rn. 37.
166 Siehe bereits Kapitel 2, B. II. 3.
167 EuGH, Urt. v. 25. Oktober 2017 – Rs. C-106/16, juris, Rn. 38.
168 Ebd., Rn. 55.
169 Ebd., Rn. 40.
170 *Hushahn*, RNotZ 2018, 23, 25: „fatales Signal in Zeiten von Panama- und Paradise-Papers"; *Kindler*, NZG 2018, 1, 3, 7: „geradezu anachronistische Tendenz"; „man fragt sich, ob das Urteil auf Zynismus oder Naivität beruht"; *Teichmann*, GmbHR 2017, R356, R357: „Auslandsregister auf Kaperfahrt"; Kritisch weiterhin *Mörsdorf*, ZIP 2017, 2381.
171 Mit positiven Anmerkungen beispielsweise *Kovács*, ZIP 2018, 253 ff.; *Paefgen*, WM 2018, 981 ff und 1029 ff.; *Schall*, ZfPW 2018, 176 ff.

wirtschaftlichen Tätigkeit im Zielstaat in der Rechtssache VALE noch ausdrücklich gefordert wurde.[172] Befürworter des Urteils bekräftigen dagegen die Parallele zu Centros und Inspire Art.[173]

Eine ausführliche dogmatische Auseinandersetzung mit beiden Positionen läge allerdings neben dem Schwerpunkt dieser Untersuchung, weshalb es hier bei einer knappen Bewertung bleiben soll. Der Umstand, dass die Entscheidung einerseits als folgerichtige Fortentwicklung der bisherigen Rechtsprechung angesehen,[174] es andererseits jedoch als Bruch mit eben jener eingeordnet wird,[175] zeigt, dass sich bereits die vorausgehenden Urteile nicht reibungslos in Einklang miteinander bringen lassen. Zu kritisieren ist deshalb insbesondere die Tatsache, dass der EuGH eine ausführliche Auseinandersetzung mit seinen bisherigen Entscheidungen geflissentlich unterlassen hat.[176] Bei aller Kritik an dogmatischer Einordnung und Stringenz kann es für die Bewertung des Urteils allerdings im Ergebnis nur darauf ankommen, ob man den Rückschluss auf Centros für konsequent hält – entgegen kritischen Stimmen ist dieser Schluss folgerichtig.

Akzeptiert man nach Maßgabe der Centros-Rechtsprechung die bloße Handelsregistereintragung – ohne jede weitere Ausübung tatsächlicher wirtschaftlicher Aktivität – als hinreichenden Anknüpfungspunkt für die Niederlassungsfreiheit,[177] so muss dies ebenfalls für die bloße Registereintragung des formwechselnden Rechtsträgers im Zielrechtsstaat gelten.[178] Dies gilt umso mehr, als statt eines Formwechsels eine Hinausverschmelzung auf eine ausländische Vorratsgesellschaft durchgeführt werden kann, für die das Erfordernis der Aufnahme wirtschaftlicher Tätigkeit im Zielstaat nicht einmal diskutiert wird.[179] Ganz in

---

172 *Kindler*, NZG 2018, 1, 3; Ebenso *Hushahn*, RNotZ 2018, 23, 24 und *Mörsdorf*, ZIP 2017, 2381, 2383 f.; Auf diesen Umstand hinweisend auch *Schall*, ZfPW 2018, 176, 195.

173 Siehe zu den Entscheidungen Centros und Inspire Art Kapitel 2, B. II. 1.; Vgl. auch *Paefgen*, WM 2018, 981, 984, der die Argumentation des EuGH deshalb für „überzeugend" hält; *Kovács*, ZIP 2018, 253, 255 spricht von einem „richtigerweise" erfolgten Verweis.

174 *Kovács*, ZIP 2018, 253, 255.

175 *Mörsdorf*, ZIP 2017, 2381, 2382.

176 *Mörsdorf*, ZIP 2017, 2381, 2388 sieht den EuGH in der Pflicht, eine derart bedeutsame Weiterentwicklung „zumindest ansatzweise zu begründen" und kritisiert den „Verzicht auf jede dogmatische Unterfütterung"; *Schall*, ZfPW 2018, 176, 195 hält die Urteilsbegründung für „kryptisch" und „sachlich ungenügend".

177 Siehe für eine ausführliche dogmatische Auseinandersetzung mit dem Centros-Urteil auf dem Boden der Niederlassungsfreiheit *Mörsdorf*, ZIP 2017, 2381, 2383 f.

178 In diesem Sinne wohl auch *Behme*, Rechtsformwahrende Sitzverlegung, S. 159, der dieses Verständnis jedoch nicht Centros, sondern unmittelbar dem Vale-Urteil entnimmt.

179 Vgl. *Behme*, NZG 2012, 936, 939; *Kovács*, ZIP 2018, 253, 256; Ähnlich *Schall*, ZfPW 2018, 176, 185.

diesem Sinne hat *Schön* herausgearbeitet, dass die Bewertung der Frage, ob ein bestimmter Zustand europarechtlich schutzwürdig ist, nicht von dem zufälligen Weg auf dem dieser erreicht wird, sondern nur dem Endergebnis abhängen kann.[180] Dem ist beizupflichten. Das System der durch die Niederlassungsfreiheit geschützten Strukturmaßnahmen muss schlussendlich vor allem in sich schlüssig sein. Wenn ein gewisser Endzustand europarechtlich gebilligt wird, wäre es inkonsequent, einige Wege dorthin dem Schutz der Niederlassungsfreiheit zu unterstellen, andere jedoch nicht.

Anderes ergibt sich auch nicht aus dem Umstand, dass der Formwechsel in die Auslandsgesellschaft nachträglich vorgenommen wird.[181] Kritikern sei insoweit zugestanden, dass bei einem nachträglichen Formwechsel Stakeholder-Interessen potenziell in größerem Ausmaß betroffen sein können als bei Gründung einer Auslandsgesellschaft. Allerdings bietet dieser Umstand weder Anlass dazu, die Vergleichbarkeit der Sachverhalte Centros und Polbud grundsätzlich in Abrede zu stellen,[182] noch bildet er einen tragfähigen Grund, der isolierten Satzungssitzverlegung den Schutz der Niederlassungsfreiheit zu versagen. Zunächst einmal hat der EuGH wiederholt betont, dass die Niederlassungsfreiheit aus zwingenden Gründen des Allgemeinwohls beschränkt werden kann. Zu solchen Allgemeinwohlinteressen zählen gerade betroffene Drittinteressen.[183] Ihnen ist deshalb auf Ebene der zulässigen Beschränkung der Niederlassungsfreiheit und nicht beim Schutzbereich Rechnung zu tragen. Weiterhin ist ein grenzüberschreitender Formwechsel theoretisch auch ohne die Beeinträchtigung von Drittinteressen denkbar. Gründet ein einzelner Gesellschafter eine Inlandsgesellschaft, zahlt das satzungsmäßige Kapital voll ein und verlegt sodann den Satzungssitz ins Ausland, ohne vorher überhaupt am Rechtsverkehr teilzunehmen, unterscheidet sich der Fall aus Sicht eines Dritten nicht wesentlich von der unmittelbaren Gründung einer Auslandsgesellschaft. Wenn aber Drittinteressen nicht bei jedem grenzüberschreitenden Formwechsel betroffen sein müssen, können sie nicht als Grundlage für einen generellen Schutzbereichsausschluss herangezogen werden. Obwohl dies teilweise bestritten wird, ist der Rückschluss des EuGH auf Centros ist demnach im Ergebnis konsequent und folgerichtig.

---

180 *Schön*, ZGR 2013, 333, 354; Zustimmend *Paefgen*, WM 2018, 981, 984 f.

181 A.A *Kindler*, NZG 2018, 1, 3.; *Stelmaszczyk*, EuZW 2017, 890, 893 f.

182 So allerdings sowohl *Kindler*, NZG 2018, 1, 3, als auch *Stelmaszczyk*, EuZW 2017, 890, 893 f.

183 Zuletzt wieder EuGH, Urt. v. 25. Oktober 2017 – Rs. C-106/16, juris, Rn. 52, 54.

c) Fazit

Mit der Entscheidung hat der EuGH dem Mosaik der grenzüberschreitenden Strukturmaßnahmen im Binnenmarkt ein weiteres Steinchen hinzugefügt und ein Machtwort zur umstrittenen Reichweite der Niederlassungsfreiheit gesprochen. Es dürfte jedoch Einigkeit darüber herrschen, dass der EuGH sich ausführlicher zum Verhältnis seiner früheren Urteile zueinander hätte äußern müssen. Aufgrund dieses Versäumnisses lässt die Fortentwicklung der Niederlassungsfreiheit zur Rechtswahlfreiheit eine klare dogmatische Linie vermissen.

Hiervon abgesehen stellte die Klärung der Grundsatzfrage, ob auch die isolierte Satzungssitzverlegung dem Schutzbereich der Niederlassungsfreiheit unterfällt, jedoch einen kaum zu überschätzenden Meilenstein dar. Das Urteil gewährte schon vor Umsetzung der GesR-ERL ein gutes Stück mehr Rechtssicherheit und Rechtsklarheit für die praktische Durchführung eines grenzüberschreitenden Formwechsels. Aber auch das Ergebnis der Entscheidung ist zu begrüßen. Es kann nicht angehen, dass die Rechtswahlfreiheit im Binnenmarkt unter Berufung auf potenzielle Missbrauchsgefahr auf den Gründungszeitpunkt beschränkt wird. Denn bei aller Kritik an drohender Verwaltungsarbitrage, Forum Shopping und Briefkastengesellschaften darf die zentrale Leitlinie der Rechtsprechung des EuGH nicht in Vergessenheit geraten – es stellt für sich genommen keinen Missbrauch der Niederlassungsfreiheit dar, wenn eine Gesellschaft ihren Sitz nach dem Recht eines Mitgliedstaats begründet, um in den Genuss günstigerer Rechtsvorschriften zu kommen.[184] Die anfängliche (einzig den Eigeninteressen der Gesellschafter dienende) Rechtswahl rechtfertigt nicht ohne weiteres die Annahme eines Rechtsmissbrauchs. Nichts anderes kann für die nachträgliche Rechtswahl gelten.

III. Durchführung eines grenzüberschreitenden Formwechsels vor Inkrafttreten des UmRUG

Spätestens seit der in Vale erfolgten Klarstellung, dass ein grenzüberschreitender Formwechsel unter sukzessiver Anwendung beider beteiligter Rechtsordnungen durchzuführen ist, hatte sich für die Umsetzung des Formwechsels die sogenannte „Vereinigungstheorie“ durchgesetzt.[185] Welche Vorschriften welcher

---

184 EuGH, Urt. v. 25. Oktober 2017 – Rs. C-106/16, juris, Rn. 52, 54.

185 Statt aller *Hupka* in MüKoGmbHG, Bd. 1, § 4a Rn. 93 und OLG Frankfurt a. M., Beschl. v. 3. Januar 2017 – Az.: 20 W 88/15.

Rechtsordnung wann angewendet werden, war im Einzelfall jedoch schwer zu bestimmten, da die jeweiligen nationalen Rechtsordnungen sich nicht reibungslos ergänzten. Wie *Janisch* prägnant zusammenfasst, war als Grundsatz jedoch davon auszugehen, dass die Vorschriften des Herkunftsstaates die Gesellschaft „bis zur Staatsgrenze" begleiten.[186] Die Vorschriften des (Alt-)Gläubigerschutzes richteten sich deshalb zunächst nach der Rechtsordnung des Herkunftsstaats.[187] Dies ist auch ohne weiteres nachvollziehbar, haben die Altgläubiger die Rechtsbeziehung zur formwechselnden Gesellschaft doch auch unter der Rechtsordnung des Herkunftsstaates begründet. Sie haben daher ein berechtigtes Interesse daran, dass sich ihr Schutz nach der bisher maßgeblichen Rechtsordnung richten, auf deren Anwendbarkeit sie grundsätzlich vertrauen durften.[188] Dem Zielstaat fällt es dagegen zu, Vorschriften festzulegen, welche die Gründung und Funktionsweise der Gesellschaft regeln.[189] Schutz der Neugläubiger über Vorschriften zur Kapitalaufbringung ist somit Sache des Zielstaates. Herkunfts- und Zielstaat sind dabei an die durch den EuGH postulierten Beschränkungen gebunden, also insbesondere Äquivalenz- und Effektivitätsgrundsatz.[190]

Ob darüber hinaus auch der Zielstaat Vorschriften zum Schutz der Altgläubiger erlassen darf, erscheint dagegen äußerst fraglich und ist im Ergebnis zu verneinen.[191] Denn weder wird der Zielstaat kaum jemals ein berechtigtes Interesse haben, Altgläubiger zu schützen,[192] noch können diese berechtigterweise darauf vertrauen, dass ihnen ein weitreichenderer Schutz angedeiht als der jener Rechtsordnung, unter der das Rechtsverhältnis zur Gesellschaft begründet wurde.

Unklar war jedoch, welche Vorschriften im Einzelnen auf den deutschen Teil eines grenzüberschreitenden Formwechsels anzuwenden sind.[193] Einigkeit

186 *Janisch*, Grenzüberschreitende Sitzverlegung, S. 336; Vgl. auch *Ego* in MüKoAktG, Bd. 7, 5. Auflage, B. Kap. 3. I. 4., Rn. 384.

187 *Janisch*, Grenzüberschreitende Sitzverlegung, S. 337; *Mörsdorf/Jopen*, ZIP 2012, 1394, 1400.

188 *Janisch*, Grenzüberschreitende Sitzverlegung, S. 337.

189 EuGH, Urt. v. 12. Juli 2012 – Rs. C-378/10, juris, Rn. 31; *Böttcher/Kraft*, NJW 2012, 2701, 2702; *Hupka* in MüKoGmbHG, Bd. 1, § 4a Rn. 93; *Wicke* in Wicke, GmbHG, § 4a Rn. 10b; *Wicke* in Grigoleit, AktG, § 5 Rn. 13a.

190 Statt aller OLG Frankfurt a. M., Beschl. v. 3. Januar 2017 – Az.: 20 W 88/15; Siehe zu Äquivalenz- und Effektivitätsgrundsatz bereits Kapitel 2, B. II. 2.

191 *Janisch*, Grenzüberschreitende Sitzverlegung, S. 339; *Mörsdorf/Jopen*, ZIP 2012, 1394, 1400; A.A. wohl *Bayer/Schmidt*, ZIP 2012, 1481, 1491.

192 *Janisch*, Grenzüberschreitende Sitzverlegung, S. 339.

193 Siehe insbesondere die Darstellung von *Stelmaszczyk* in Widmann/Mayer, Umwandlungsrecht, Vorb. zu §§ 333 ff. UmwG, Rn. 33 ff.

herrschte insoweit, als grundsätzlich die §§ 190 ff. UmwG (analoge) Anwendungen finden sollten, auch wenn im Einzelfall dem grenzüberschreitenden Kontext geschuldete Modifikationen notwendig sein können.[194] Überdies wurde jedoch auch eine analoge Anwendung der Vorschriften über die grenzüberschreitende Verschmelzung § 122a ff. UmwG a.F. sowie der Bestimmungen zur Sitzverlegung der SE (Art. 8 SE-VO, §§ 12 ff. SEAG) für möglich gehalten.[195] Letzterem wurde vom Kammergericht Berlin indes für den Fall eines Hereinformwechsels nach Deutschland eine deutliche Absage erteilt, da die Rechtsform des SE auf Großunternehmen zugeschnitten sei und die Anwendung der im Vergleich zu den Regeln des UmwG strengeren Vorschriften eine mit Art. 49, 54 AUEV nicht zu vereinbarende Schlechterstellung der ausländischen Gesellschaft darstelle.[196] Das OLG Saarbrücken hatte sich in einer jüngeren Entscheidung für die analoge Anwendung von § 122a ff. UmwG a.F. auf den grenzüberschreitenden Formwechsel ausgesprochen.[197]

Eine einheitliche Linie, nach der ein grenzüberschreitender Formwechsel vollkommen rechtssicher durchgeführt werden konnte, hatte sich demnach vor Erlass des UmRUG noch nicht herausgebildet.[198] Für die Praxis wurde auf die Checkliste der Richterinnen und Richter des AG Berlin-Charlottenburg – Handelsregister – betreffend die anzuwendenden Rechtsnormen bei grenzüberschreitenden Sitzverlegungen verwiesen.[199] Da es sich hierbei jedoch nicht um eine rechtsverbindliche Aufstellung handelte, verblieb stets ein Rest an Unsicherheit.[200] Vor Umsetzung der GesR-ERL durch das UmRUG war außerdem unklar, ob die GesR-ERL eine Vorwirkung für grenzüberschreitende Formwechsel entfaltet, die im Zeitraum nach Erlass der GesR-ERL, aber vor Inkrafttreten des

---

194 *Bayer/Schmidt* ZIP 2012, 1481, 1488; *Hörtnagl* in Schmitt/Hörtnagl, UmwG/UmwStG, 9. Auflage, § 1 UmwG Rn. 60a; *Kovács*, ZIP 2018, 253, 257; *Wicke* in Grigoleit, AktG, 2. Auflage, § 5 Rn. 17; Aus der Rechtsprechung OLG Frankfurt a. M., Beschl. v. 3. Januar 2017 – Az.: 20 W 88/15; KG, Beschl. v. 21. März 2016 – Az.: 22 W 64/15; OLG Nürnberg, Beschl. v. 19. Juni 2013 – Az.:12 W 520/13.

195 *Bayer/Schmidt* ZIP 2012, 1481, 1488 befürworten eine „vorsichtige partielle Analogie"; Vgl. auch *Ego* in MüKoAktG, Bd. 7, 5. Auflage, B. Kap. 3. I. 4., Rn. 384.

196 KG, Beschl. v. 21. März 2016 – Az.: 22 W 64/15.

197 OLG Saarbrücken, Beschl. v. 7. Januar 2020 – Az.: 5 W 79/19.

198 Siehe schon *Grundmann*, Europäisches Gesellschaftsrecht, Rn. 800: Nur eine Sitzverlegungsrichtlinie kann Rechtssicherheit bringen.

199 GmbHR 2014, 311, Stand August 2014; Vgl. OLG Düsseldorf, Beschl. v. 19. Juli 2017 – Az.: I-3 Wx 171/16; Siehe für eine Darstellung der einzelnen Verfahrensschritte auch *Kovács*, Der innerstaatliche und grenzüberschreitende Formwechsel, S. 167 ff.; Siehe auch die Übersicht der Rechtsprechung bei *Heckschen*, GWR 2020, 449, 450.

200 Siehe hierzu noch Kapitel 3. C. IV.

UmRUG durchgeführt wurden.[201] Klarheit hatte das Polbud-Urteil demnach nur zum „Ob“ des grenzüberschreitenden Formwechsels geschaffen. Das „Wie“ stellte weiterhin eine nicht zu unterschätzende juristische Herausforderung dar.[202] Da das UmRUG – ebenso wie die GesR-ERL – den grenzüberschreitenden Formwechsel von Personengesellschaften nicht erfasst, bleibt es für den Herein- und Hinausformwechsel von Personengesellschaften bei dieser komplexen Rechtslage.[203] Der Auffassung *Kindlers,* nach der kein Bedarf für eine Sitzverlegungs-Richtline bestand, da „auch die sinngemäße Anwendung der Vorschriften über den innerstaatlichen Rechtsformwechsel zu befriedigenden Ergebnissen führt“,[204] kann vor diesem Hintergrund kaum überzeugen.

IV. Zwischenfazit zur Rechtswahl im Binnenmarkt

Da der sekundärrechtlichen Harmonisierung des grenzüberschreitenden Formwechsels bis zum Erlass der GesR-ERL wenig Erfolg beschieden war, fiel es insbesondere dem EuGH zu, die maßgeblichen Rahmenbedingungen zur formwechselnden Satzungssitzverlegung im Binnenmarkt zu schaffen. Hierbei hat der Gerichtshof den Schutzbereich der Niederlassungsfreiheit über die Jahre – wenn auch nicht immer mit der nötigen dogmatischen Präzision – erweitert und versteht die Art. 49, 54 AEUV inzwischen im Sinne einer Rechtswahlfreiheit. Hierbei handelt es sich um eine konsequente Fortführung des mit Centros eingeschlagenen Weges. Die sich hieraus für Gläubiger ergebenden, maßgeblichen Gesichtspunkte des grenzüberschreitenden Formwechsels lassen sich wie folgt stichpunktartig zusammenfassen:

(1) Es steht fest, dass die isolierte, formwechselnde, grenzüberschreitende Satzungssitzverlegung vom Schutzbereich der Niederlassungsfreiheit erfasst ist.

(2) Bis zum Inkrafttreten des UmRUG war der grenzüberschreitende Formwechsel durch sukzessive Anwendung beider beteiligter Rechtsordnungen

---

201 Für eine solche Vorwirkung *Schulte*, GmbHR 2020, 139 ff.; Dagegen *Stelmaszczyk* in Widmann/Mayer, Umwandlungsrecht, Vorb. zu §§ 333 ff. UmwG, Rn. 38; *Heckschen*, GWR 2020, 449, 450.

202 *Hörtnagl* in Schmitt/Hörtnagl, UmwG/UmwStG, 9. Auflage, § 1 UmwG Rn. 60a ging beispielsweise davon aus, dass sich nur „einzelfallgeprägte Gestaltungen mit großem Vorbereitungs- und Abstimmungsaufwand durchführen lassen“.

203 *J. Schmidt*, NZG 2022, 579, 580: „der steinige und mit erheblichen Unsicherheiten behaftete Pfad“; *Goette*, DStR 2023, 157, 158; Siehe zum Formwechsel einer ausländischen Personengesellschaft in eine deutsche Personengesellschaft OLG Oldenburg, Beschl. v. 30. Juni 2020 – Az.: 12 W 23/20 und dazu *Stiegler*, NZG 2020, 979 ff.

204 *Kindler*, NZG 2018, 1,7.

durchzuführen. Die nationalen Gläubigerschutzinstrumente des Herkunftsstaates waren deshalb für Altgläubiger auch im europäischen Kontext noch von entscheidender Bedeutung. Da die GesR-ERL und das UmRUG den grenzüberschreitenden Formwechsel von Personengesellschaften nicht regeln, verbleibt es für diese bei der Anwendung der Vereinigungstheorie. Aufgrund der bestehenden Unsicherheit über die praktische Durchführung des grenzüberschreitenden Formwechsels von Personengesellschaften stellt dieser weiterhin eine beachtliche juristische Herausforderung dar.

(3) Der Wegzugsstaat ist grundsätzlich nicht befugt, den grenzüberschreitenden Formwechsel aus Gründen des Gläubigerschutzes gänzlich zu unterbinden. Allerdings darf er Maßnahmen ergreifen, um die missbräuchliche Beeinträchtigung von Gläubigerinteressen zu verhindern. Diese dürfen für den formwechselnden Rechtsträger allerdings nicht ungünstiger sein als diejenigen, die den innerstaatlichen Formwechsel regeln (Äquivalenzgrundsatz) und den grenzüberschreitenden Formwechsel nicht praktisch unmöglich machen oder übermäßig erschweren (Effektivitätsgrundsatz).

(4) Beschränkungen der Niederlassungsfreiheit können insbesondere zulässig sein, um rein künstliche, jeder wirtschaftlichen Realität bare Gestaltungen zu verhindern, die nur dem Zweck dienen, Gläubigerinteressen zu beeinträchtigen.

(5) Es stellt für sich genommen keinen Rechtsmissbrauch dar, wenn eine Gesellschaft ihren Satzungssitz nach dem Recht eines bestimmten Mitgliedstaats wählt, nur um in den Genuss günstigerer Rechtsvorschriften zu kommen.

(6) Diese Grundsätze bleiben weiterhin relevant für die Ausgestaltung des Gläubigerschutzes, da die GesR-ERL nur ein Mindestschutzniveau vorsieht. Die Frage, ob ein weitergehender Schutz durch die Mitgliedstaaten geboten und zulässig ist, ist weiterhin an der Niederlassungsfreiheit Art. 49, 54 AEUV zu messen.

Bei der Gestaltung und Bewertung sekundärrechtlicher Gläubigerschutzinstrumente und deren Umsetzung ins nationale Recht wird es insbesondere der vorletzte Punkt sein, der nicht aus den Augen verloren werden darf. Angesichts der jüngeren Skandale um Briefkastengesellschaften, insbesondere Panama- und Paradise Papers, mag die Versuchung groß sein, den grenzüberschreitenden Formwechsel pauschal als Instrument des Rechtsmissbrauchs anzusehen und ihn – bewusst oder unbewusst – unter dem Gesichtspunkt des Schutzes von Stakeholder-Interessen über die Gebühr einzuschränken. Die Feststellung, dass die Wahl der günstigsten Rechtsvorschriften für sich genommen keinen Rechtsmissbrauch darstellt, bildet seit über zwei Jahrzenten eine Konstante in der zur Niederlassungsfreiheit ergangenen Rechtsprechung des EuGH. Sie sollte deshalb bei der Bewertung eines jeden Gläubigerschutzinstrumentes im grenzüberschreitenden Zusammenhang im Hinterkopf behalten werden.

C. Die Beeinträchtigung von Gläubigerinteressen

Die Beantwortung der Frage, welche Gläubigerinteressen von einem Formwechsel beeinträchtigt werden können, ist von entscheidender Bedeutung für die Bewertung von Gläubigerschutzinstrumenten. Gerade der grenzüberschreitende Formwechsel sieht sich dem pauschalen Vorwurf ausgesetzt, meist nur Mittel und Werkzeug des Rechtsmissbrauchs zu sein,[205] weshalb der tatsächliche Schutzbedarf der Gläubiger sorgfältig herausgearbeitet muss.

Gläubiger begehren, unabhängig vom Rechtsgrund ihres Anspruchs, die Befriedigung ihrer Forderung.[206] Aufgrund der dem Formwechsel zugrundeliegenden Vermögenskontinuität lässt sich eine Beeinträchtigung von Gläubigerinteressen weniger leicht ausmachen als bei den übrigen Strukturmaßnahmen.[207] Von entscheidender Bedeutung für die Bewertung ist, ob es sich bei dem jeweils Betroffenen um einen Alt – oder Neugläubiger handelt, also ob die Forderung vor oder nach dem Formwechsel begründet wurde. Für einen Neugläubiger ist eine Änderung des Haftungsstatutes ohne Belang, da er sich nur mit der neuen Rechtsform konfrontiert sieht. Ob die Vorschriften zur Kapitalaufbringung in der neuen Rechtsform eingehalten wurden, ist demgegenüber relevanter.

Effiziente Schutzmechanismen müssen in jeder Konstellation vor tatsächlich vorhandenen Risiken schützen, ohne den Formwechsel übermäßig zu erschweren. Nachfolgend wird deshalb untersucht, vor welchen Gefahren Gläubiger im Einzelnen geschützt werden müssen. Dabei soll ein besonderes Augenmerk darauf liegen, ob sich lediglich ein abstraktes oder aber ein konkretes Risiko realisiert. Viele der denkbaren Gläubigerbeeinträchtigungen bestehen potenziell sowohl bei einem rein nationalen als auch bei einem grenzüberschreitenden

[205] So z.B. *Kindler*, NZG 2018, 1, 3: „Vielmehr geht es meist darum, sich seinen Gläubigern zu entziehen oder um Rechtsmissbrauch".
[206] *Janisch*, Grenzüberschreitende Sitzverlegung, S. 192.
[207] Siehe zu den Unterschieden, Kapitel 2, A. I.

Formwechsel. Es muss deshalb auch überprüft werden, welche Risiken nur im grenzüberschreitenden Kontext drohen.

I. Ausgangs- und Zielrechtsform des Formwechsels

Für die Bewertung der Beeinträchtigung von Gläubigerinteressen ist zunächst relevant, von welcher in welche Rechtsform ein Formwechsel vorgenommen werden kann. Da es bei einem Formwechsel nicht zu einer Vermischung bzw. Teilung von Vermögensmassen kommt,[208] ergeben sich die relevanten Risiken für Gläubiger – wie nachfolgend aufgezeigt wird – insbesondere aus dem Wechsel der auf den Rechtsträger einer bestimmten Rechtsform anwendbaren Vorschriften.[209] Dementsprechend ist aus Gläubigersicht zunächst relevant, welche 'Rechtskleider' dem Schuldner für einen Formwechsel zur Verfügung stehen.

Für den nationalen Formwechsel ergeben sich die einbezogenen Rechtsträger aus § 191 UmwG in Verbindung mit den Einzelvorschriften des fünften Buches des UmwG.[210] Das UmwG lässt einen Formwechsel zwischen Kapitalgesellschaften (AG und GmbH), aber auch zwischen Kapital- und Personengesellschaften (z.B. OHG in GmbH) zu.[211] Nicht dem UmwG unterfällt jedoch der Wechsel zwischen den verschiedenen Formen der Personengesellschaft (GbR, OHG und KG), der sich nach Maßgabe der Vorschriften des HBG vollzieht.[212]

Im grenzüberschreitenden Kontext ergeben sich die einbezogenen Rechtsträger aus Art. 86a Abs. 1 GesR-ERL. Dieser beschränkt den Anwendungsbereich der Regelungen zum grenzüberschreitenden Formwechsel auf Kapitalgesellschaften mit Sitz in einem Mitgliedstaat. Vom Begriff der Kapitalgesellschaft werden gemäß Art. 86b Nr. 1 GesR-ERL solche Gesellschaften erfasst, die in Anhang II der GesR-RL aufgeführt sind (aus deutscher Sicht also GmbH, AG und KGaA). Eine weitergehende Beschränkung enthält Art. 86a Abs. 1 GesR-ERL jedoch nicht, insbesondere wird die Möglichkeit des grenzüberschreitenden Formwechsels nicht auf einen Wechsel in wesensähnliche Zielrechtsformen (z.B. von der GmbH in die französische *Société à responsabilité limitée* - S.à

---

[208] Siehe bereits Kapitel 2, A. I. 1. b).

[209] Siehe zum Sonderfall von Gründungsmängeln im Zuzugsstaat *Hoger*, Kontinuität beim Formwechsel, S. 8 ff.

[210] *Schwanna* in Semler/Stengel/Leonard, UmwG, § 191 Rn. 15.

[211] Siehe die Übersicht zu zulässigen Kombinationsmöglichkeiten ebd.

[212] So wird die GbR mit Aufnahme eines Handelsgeschäfts ipso jure zur OHG, vgl. *Wertenbruch* in Ebenroth/Boujong, HGB, Bd. 1, § 105 Rn. 239 ff.; Siehe zum Statuswechsel zwischen Personengesellschaften nach dem MoPeG auch *Wertenbruch/Alm*, ZPG 2023, 201 ff.

r.l.) beschränkt. Dem entsprechend regelt auch § 334 UmwG die formwechselfähigen Gesellschaften über einen Verweis auf Anhang II der GesR-RL. Beim grenzüberschreitenden Formwechsel ist somit auch ein „Typenwechsel" zulässig, also beispielsweise ein Formwechsel von der deutschen Aktiengesellschaft in die italienische *Società a responsabilità limitata* (S.r.l.). Dies ist für Gläubiger von besonderer Relevanz, da die Vorschriften zu Gesellschaften mit beschränkter Haftung auf europäischer Ebene nicht im gleichen Maß harmonisiert sind wie bei der Aktiengesellschaft.[213] Demzufolge können sich Gläubiger beispielsweise nicht darauf verlassen, dass Vorschriften zur Kapitalentnahme in sämtlichen Jurisdiktionen einem einheitlichen Mindestschutzniveau entsprechen. Daher ist davon auszugehen, dass ein grenzüberschreitender Formwechsel zwischen den verschiedenen nationalen Ausformungen der GmbH sowie von der Aktiengesellschaft (bzw. wesensähnlichen ausländischen Rechtsformen) in eine GmbH für Gläubiger – abstrakt betrachtet – ein größeres Risiko birgt als ein Formwechsel von einer deutschen Aktiengesellschaft in eine wesensähnliche ausländische Rechtsform.

Nicht vom Anwendungsbereich der GesR-ERL (und des UmRUG, vgl. § 334 UmwG) erfasst ist demgegenüber der Rechtsformwechsel von Personengesellschaften,[214] und somit der grenzüberschreitende Formwechsel von der Personen- in die Kapitalgesellschaft. Dies bedeutet jedoch nicht, dass ein solcher Formwechsel generell unzulässig wäre. Er ist vielmehr weiterhin nach der Vereinigungstheorie unter Anwendung der Vorschriften beider involvierter Rechtsordnungen durchzuführen – mit allen damit verbundenen Unsicherheiten.[215]

II. Kapitalaufbringung und Kapitalschutz

Die Gesetzesbegründung zum UmwG 1994 nennt für den Formwechsel lediglich das Entfallen von Kapitalschutzvorschriften als denkbaren Fall der Gläubigergefährdung.[216] Nach deutschem Verständnis bilden die Vorschriften zur Kapitalaufbringung und -erhaltung ein tragendes Element der Verfassung der jeweiligen Gesellschaftsformen.[217] Grund- oder Stammkapital dient nach tra-

213 Siehe *Lieder* in BeckOGK GmbHG, Stand 1. Januar 2025, § 1 Rn. 493 ff.
214 *Goette*, DStR 2023, 157, 158.
215 Siehe bereits Kapitel 2, B. III.
216 BegrRegE BR-Drs. 75/94, S. 145.
217 Zur GmbH vgl. *Leitzen* in Michalski/Heidinger/Leible/J. Schmidt, GmbHG, § 5 Rn. 1 ff.; Siehe auch BGH, Urt. v. 30. Juni 1958 – Az.: II ZR 213/56, juris, Rn. 7: „Kernstück des

ditioneller Auffassung als Mindesthaftkapital. Es bildet den notwendigen Ausgleich zur umfassenden Haftungsbeschränkung der Gesellschafter.[218] § 5 GmbHG wird auch heute noch als eine der zentralen Gläubigerschutzvorschriften des GmbHG angesehen.[219] Das Grund- bzw. Stammkapital ist durch § 30 GmbHG und § 57 AktG vor einer Ausschüttung an die Gesellschafter geschützt.

Ob das gesetzliche Mindestkapital überhaupt geeignet ist, Gläubiger der Kapitalgesellschaft adäquat zu schützen, darf– nicht zuletzt wegen der Aufweichung des Konzepts durch Einführung der UG – durchaus bezweifelt werden. Bei GmbH und AG ist die Mindestkapitalsumme von EUR 25.000 gemäß § 5 GmbHG und EUR 50.000 gemäß § 7 AktG ohnehin nicht so hoch bemessen, dass sie der Gläubigergemeinschaft auf lange Sicht als ausreichende Haftsumme dienen könnte. Auch sonst wirkt das Grund- oder Stammkapital nicht im Sinne eines dauerhaft garantierten Mindestkapitals, sondern kann durch Verluste der Gesellschaft gemindert werden.[220] Daher dürfte es aus Gläubigersicht eher die Funktion einer Seriösitätsschwelle oder eines Seriösitätsindiz innehaben.[221] Gleichwohl ist eine Gefährdung von Gläubigerinteressen bei Änderungen im Bereich der Kapitalaufbringungs- und Erhaltungsvorschriften möglich, insbesondere wenn das statutarische Kapital über das gesetzliche Mindestkapital hinausgeht.

1. Änderung des Nennwertes von Grund- oder Stammkapitals

Zunächst wäre eine Gefährdung der Gläubigerinteressen denkbar, wenn der Nennwert des Grund- oder Stammkapitals anlässlich des Formwechsels herabgesetzt werden könnte, also beispielsweise eine AG mit hohem Grundkapital in eine GmbH mit gesetzlichem Mindestkapital umgewandelt werden dürfte.[222] Das über das neu festgesetzte Stammkapital hinausgehende Eigenkapital dürfte bei

GmbH-Rechts".

[218] *Heider* in MüKoAktG, Bd. 1, § 1 Rn. 97; *Wöstmann* in Henssler/Strohn, GesR, § 1 AktG Rn. 11; *Solveen* in Hölters/Weber, AktG, § 1 Rn. 22; *Wicke* in Wicke, GmbHG, § 5 Rn. 3.

[219] *Servatius* in Noack/Servatius/Haas, GmbHG, § 5 Rn. 1; Siehe auch *Leitzen* in Michalski/Heidinger/Leible/J. Schmidt, GmbHG, § 5 Rn. 1 m.w.N.; Kritisch gegenüber dem Mindestkapital als Gläubigerschutzinstrument insgesamt *Haas*, DStR 2006, 993 ff.

[220] Statt aller *Heider* in MüKoAktG, Bd. 1, § 7 Rn. 8.

[221] *Grundmann*, Europäisches Gesellschaftsrecht, Rn. 1061; *Altmeppen* in Altmeppen, GmbHG, § 5 Rn. 2; *Vedder* in Grigoleit, AktG, § 7 Rn. 2; Bei der AG ist oftmals von einer Sperrfunktion gegenüber Kleinunternehmern die Rede, vgl. statt aller *Heider* in MüKo-AktG, Bd. 1, § 7 Rn. 9 f.

[222] *Janisch*, Grenzüberschreitende Sitzverlegung, S. 212.

der GmbH nach Maßgabe des § 30 GmbHG ausgeschüttet werden.[223] Das deutsche Umwandlungsrecht begegnet der Problematik – so viel sei hier vorweggenommen – dadurch, dass die Kapitalziffer bei einem Formwechsel fortzuschreiben ist und nicht reduziert werden darf.[224] Eine Änderung des Nennwertes anlässlich des Formwechsels ist nur nach den hierfür vorgesehenen Vorschriften zur Kapitalerhöhung und Herabsetzung zulässig.[225] Eine Beeinträchtigung von Gläubigerinteressen wäre allenfalls denkbar, wenn die Vorschriften zur Kapitalherabsetzung in der neuen Rechtsform weniger strengen Anforderungen unterliegen, als in der bisherigen und die Gesellschafter somit den Nennwert des Kapitals einfacher herabsetzen könnten.[226] Da § 58 Nr. 1, 2 GmbHG und § 225 Abs. 1 AktG insoweit jedoch vergleichbare Regelungen enthalten, ist dies nach deutschem Recht nicht der Fall. Im grenzüberschreitenden Kontext ist eine entsprechende Beeinträchtigung jedoch möglich, soweit man davon ausgeht, dass § 247 UmwG nicht auf einen Herausformwechsel anzuwenden ist und im Ausland für die Zielrechtsform ein niedrigeres gesetzliches Mindestkapital vorgeschrieben ist, das Mindestkapital des Zuzugsstaats also unter dem Garantiekapital des Wegzugsstaats liegt.[227] Weiterhin ist eine Beeinträchtigung immer dann möglich, wenn das Gesellschaftsstatut des Zielstaates geringere Anforderungen an die Kapitalherabsetzung stellt, da eine Kapitalherabsetzung nach Eintragung des Formwechsels im Register des Zuzugsstaates bereits nach dem Sachrecht der neuen Gesellschaftsform möglich ist.[228]

2. Substitution von Grund- oder Stammkapital

Nach deutschem Recht kann es für Altgläubiger gleichwohl zu einer vergleichbaren Gefährdungslage kommen, nämlich bei Substitution von Grund- oder Stammkapital durch das Haftkapital eines Kommanditisten bei einem Formwechsel in eine Kapitalgesellschaft & Co. KG.[229] Denn das deutsche Umwandlungsrecht sieht für den Formwechsel einer Kapitalgesellschaft in eine Kommanditgesellschaft nicht vor, dass die Hafteinlage der Kommanditisten der

---

223 Siehe zu den Unterschieden zwischen § 30 GmbHG und § 57 AktG Kapitel 2, C. II. 4. a).
224 Siehe noch Kapitel 3, C. I. 1.
225 Siehe § 247 Abs. 1 und § 243 Abs. 2 UmwG.
226 *Hoger*, Kontinuität beim Formwechsel, S. 14 f., 19 ff.; *Janisch*, Grenzüberschreitende Sitzverlegung, S. 214 f.
227 *Leydecker*, Gläubigerschutz bei grenzüberschreitenden Umwandlungen, S. 69 f.
228 *Janisch*, Grenzüberschreitende Sitzverlegung, S. 231.
229 *Frank*, Formwechsel im Binnenmarkt, S. 178; *Hoger*, Kontinuität beim Formwechsel, S. 20; *Vossius* in Widmann/Mayer, Umwandlungsrecht, § 204 Rn. 20 f.

vormaligen Kapitalziffer der Kapitalgesellschaft entsprechen muss.[230] Da die Komplementärgesellschaft bei einer Kapitalgesellschaft & Co. KG in aller Regel auch nur mit dem gesetzlichen Mindestkapital ausgestattet ist, können Gesellschafter einer Kapitalgesellschaft, deren Kapitalziffer über dem Mindestbetrag liegt, durch Formwechsel in eine Kapitalgesellschaft & Co. KG zusätzliche Ausschüttungspotentiale schaffen, ohne dabei ihre Haftungsbegrenzung aufzugeben. Das gleiche Problem ergibt sich auch im umgekehrten Fall des Formwechsels von der KG in die GmbH, wenn das haftende Kommanditkapital deutlich höher ist als das nach dem Formwechsel festgesetzte Stammkapital. Wird der Differenzbetrag in die Kapitalrücklage eingestellt, steht er für eine Ausschüttung zur Verfügung.[231] § 220 Abs. 1 UmwG schreibt nur vor, dass der Nennbetrag des Stammkapitals einer GmbH nicht höher sein darf als das nach Abzug der Schulden verbleibende Vermögen der formwechselnden Gesellschaft.[232] Dies schließt eine Reduktion des Nennbetrags im Vergleich zum haftenden Kommanditkapital nicht aus.

Wenn Kapital, das zuvor den Kapitalschutzvorschriften unterlag und nur unter besonderen Voraussetzungen an die Gesellschafter ausgeschüttet werden konnte, nunmehr ohne weiteres abgezogen werden kann, ohne dass die Gläubiger auf zusätzliche Haftmasse zugreifen können, ist eine Beeinträchtigung ihrer Interessen nicht ausgeschlossen. Aus dem Formwechsel selbst resultiert dabei keine unmittelbare Gefahr, da Gläubiger allein durch die Möglichkeit der Ausschüttung noch nicht konkret betroffen sind.[233] Der Formwechsel eröffnet lediglich die Möglichkeit, das Kapital tatsächlich aus der Gesellschaft abzuziehen und hierdurch konkret Gläubigerinteressen zu beeinträchtigen. Dies wird insbesondere dann der Fall sein, wenn das Unternehmen durch die spätere Ausschüttung des zuvor gebundenen Kapitals in wirtschaftliche Schieflage gerät. Der Formwechselvorgang selbst begründet in diesem Fall eine abstrakte Gefahr, die sich durch weiteres Gesellschafterverhalten konkretisieren kann.[234]

---

230 *Drinhausen/Keinath* in Henssler/Strohn, GesR, § 234 UmwG Rn. 4; *Göthel* in Lutter, UmwG, § 234 Rn. 33.; *Rinke* in Schmitt/Hörtnagl, UmwG/UmwStG, § 234 UmwG Rn. 2.

231 *Hoger*, Kontinuität beim Formwechsel, S. 22; *Vossius* in Widmann/Mayer, Umwandlungsrecht, § 204 Rn. 22.

232 Statt aller *Schlitt* in Semler/Stengel/Leonard, UmwG, § 220 Rn. 7; Siehe zu § 220 Abs. 1 UmwG noch Kapitel 3, C. I. 2.

233 H.M., siehe statt vieler *Seulen* in Semler/Stengel/Leonard, UmwG, § 22 Rn. 25: „Solange eine Ausschüttung tatsächlich nicht erfolgt, sind die Gläubiger jedoch durch die Möglichkeit der Ausschüttung nicht betroffen"; Siehe auch *Hoger* in Lutter, UmwG, § 204 Rn. 13; *Janisch*, Grenzüberschreitende Sitzverlegung, S. 215.

234 Siehe hierzu Kapitel 3, E. I. 2.

3. Kapitalaufbringung und Haftung

Weiterhin ist eine Beeinträchtigung von Interessen der Neugläubiger sowohl im nationalen aus auch im grenzüberschreitenden Kontext denkbar, wenn die Kapitalaufbringung in der Zielrechtsform nicht sichergestellt ist, wenn also anlässlich des Formwechsels nicht überprüft wird, ob das Reinvermögen der Gesellschaft ausreicht, um das Garantiekapital der Zielrechtsform abzudecken.[235] Dies ist nach deutschem Recht gemäß § 245 Abs. 4 UmwG für den Formwechsel einer AG in eine GmbH der Fall, da „in diesem Fall der formwechselnde Rechtsträger ohnehin schärferen Kapitalschutzvorschriften unterliegt als die Gesellschaft neuer Rechtsform."[236] Diese Begründung lässt allerdings außer Acht, dass das Reinvermögen der AG durch Verluste unter den Wert des Mindestkapitals der GmbH gefallen sein kann.[237] Das Vertrauen der Neugläubiger in das gesetzliche Mindestkapital kann somit durch den Formwechsel unterlaufen werden.

Eine Beeinträchtigung der Interessen von Alt- und Neugläubigern ist weiterhin denkbar, wenn die Einlagen der Gesellschafter auf das gesetzliche Garantiekapital im Zeitpunkt des Formwechsels noch nicht voll geleistet sind und in der neuen Rechtsform weniger strenge Vorschriften bezüglich der Ausfallhaftung für Einlagenforderungen vorgesehen sind.[238] Vor einem Ausfall einer Einlagenforderung (und somit bezüglich der Aufbringung des gesetzlichen Mindestkapitals) sind Gläubiger also weniger stark geschützt. Nach deutschem Recht droht eine solche Reduzierung der Ausfallhaftung insbesondere beim Formwechsel einer GmbH in die AG.[239] Gemäß § 24 GmbHG haften die übrigen Gesellschafter für einen Fehlbetrag nach Verhältnis ihrer Geschäftsanteile, wenn eine Stammeinlage weder von den Zahlungspflichtigen eingezogen noch durch Verkauf des Geschäftsanteils gedeckt werden kann.[240] Bei der AG kommt eine Ausfallhaftung dahingegen gemäß § 46 Abs. 4 AktG nur für solche Gründer in Betracht, die die Beteiligung eines Aktionärs in Kenntnis seiner Zahlungsunfähigkeit oder Leistungsunfähigkeit angenommen haben.[241] Im grenzüberschreitenden Kontext

---

235 *Janisch*, Grenzüberschreitende Sitzverlegung, S. 213.

236 BegrRegE BR-Drs. 75/94, S. 157; Außerdem statt aller *Drinhausen/Keinath* in Henssler/Strohn, GesR, § 245 UmwG Rn. 7.

237 *Janisch*, Grenzüberschreitende Sitzverlegung, S. 213 spricht insoweit von einem „Rechtsformwechsel einer unterkapitalisierten AG in eine GmbH sehenden Auges".

238 *Hoger*, Kontinuität beim Formwechsel, S. 23 ff.; *Janisch*, Grenzüberschreitende Sitzverlegung, S. 212; *Leydecker*, Gläubigerschutz bei grenzüberschreitenden Umwandlungen, S. 62 f.

239 *Hoger*, Kontinuität beim Formwechsel, S. 24 ff.

240 Statt aller *Kersting* in Noack/Servatius/Haas, GmbHG, § 24 Rn. 2 ff.

241 Statt aller *Gerber* in BeckOGK, AktG, Stand 1. Februar 2025, § 46 Rn. 18 f.

droht eine solche Beeinträchtigung von Gläubigerinteressen ebenfalls immer dann, wenn das Gesellschaftsstatut der Zielrechtsform eine weniger strenge Ausfallhaftung vorsieht.[242]

4. Lockerung der Kapitalbindung

Der Umgang mit einer Lockerung der Kapitalbindung stellt (wie sich im weiteren Verlauf der Untersuchung noch zeigen wird) eines der meistdiskutierten Probleme im Rahmen des Gläubigerschutzes dar.[243] An dieser Stelle soll jedoch zunächst nur die maßgebliche Gefährdungslage erläutert werden.

a) Kapitalerhaltung

§ 57 Abs. 1 AktG schreibt für die AG ein strenges Ausschüttungsverbot für Eigenkapital der Gesellschaft vor, welches grundsätzlich alle Auszahlungen erfasst, die causa societatis erfolgen und über die Verteilung des Bilanzgewinns hinausgehen.[244] Bei der GmbH verbietet § 30 Abs. 1 S. 1 GmbHG dagegen nur die Auszahlung des zur Erhaltung des Stammkapitals der Gesellschaft erforderlichen Vermögens, weshalb Eigenkapital ohne Einschränkungen ausgeschüttet werden kann, sofern keine Unterbilanz besteht oder entstehen würde.[245] Bei der GmbH ist die Kapitalbindung demnach weniger streng ausgestaltet als bei der AG.[246]

Im Falle eines Formwechsels von AG zu GmbH können die Gesellschafter deshalb zuvor über § 57 AktG der Ausschüttung entzogenes Vermögen an sich auszahlen, sofern hierdurch keine Unterbilanz entsteht.[247] Verfügt eine AG über Kapitalrücklagen nach § 272 Abs. 2 Nr. 1 bis 3 HGB können durch einen Formwechsel in die GmbH Ausschüttungspotentiale geschaffen werden, da die gesetzlichen Rücklagen bei der GmbH – im Gegensatz zu der Aktiengesellschaft –

---

242 *Leydecker*, Gläubigerschutz bei grenzüberschreitenden Umwandlungen, S. 63.
243 Hierzu ausführlich Kapitel 3, E. I. 4.
244 *Grigoleit/Rachlitz*, in Grigoleit, AktG, § 57 Rn. 7 ff.; *Bayer* in MüKoAktG, Bd. 1, § 57 Rn. 8; *Cahn/v. Spannenberg* in BeckOGK, AktG, Stand 1. Oktober 2025, § 57 Rn. 17; *Paefgen* in Henssler/Strohn, GesR, § 57 AktG Rn. 3; Siehe auch schon *Karsten Schmidt*, Gesellschaftsrecht, § 29 II. 2.: Im Gegensatz zu § 30 GmbHG wirkt das Ausschüttungsverbot total.
245 BGH, Urt. v. 14. Dezember 1959 – Az.: II ZR 187/57, juris, Rn, 15 ff.; *Servatius* in Noack/Servatius/Haas, GmbHG, § 30 Rn. 15; Von dem Ausschüttungsverbot werden alle Leistungen erfasst, die wirtschaftlich das Gesellschaftsvermögen verringern, vgl. BGH, Urt. v. 21. März 2017 – Az.: II ZR 93/16, juris (Bestellung dinglicher Sicherheit); *Fleischer* in Henssler/Strohn, GesR, § 30 GmbHG Rn. 4; *Wicke* in Wicke, GmbHG, § 30 Rn. 8.
246 *Leydecker*, Gläubigerschutz bei grenzüberschreitenden Umwandlungen, S. 58.
247 Siehe auch *Janisch*, Grenzüberschreitende Sitzverlegung, S. 216.

keinen mit § 150 Abs. 3 und 4 AktG vergleichbaren Verwendungsbeschränkungen unterliegen.[248] Solange das freigewordene Kapital allerdings in der Gesellschaft verbleibt, resultiert aus der Lockerung der Kapitalbindung wiederum nur eine abstrakte Gefahr für die Gläubiger. Konkret wird die Gefährdung dann, wenn eine Ausschüttung tatsächlich erfolgt und die Fähigkeit der Gesellschaft ihre Gläubiger zu befriedigen dadurch beeinträchtigt wird.[249]

Auch im grenzüberschreitenden Kontext werden Gläubiger in gleicher Weise beeinträchtigt, wenn die Rechtsordnung der Zielrechtsform geringere Anforderungen an die Kapitalerhaltung stellt.[250] Je nach Ausgestaltung der Kapitalerhaltung kann die Gefahr höher oder niedriger sein als bei einem nationalen Formwechsel. Entsprechende Unterschiede lassen sich insbesondere im europarechtlich bisher nicht harmonisierten Recht der Gesellschaften mit beschränkter Haftung feststellen.[251] So sind Zahlungen an Gesellschafter aus dem Gesellschaftsvermögen beispielsweise nach § 88 Abs. 1 des österreichischen GmbHG nur aus dem Bilanzgewinn möglich. Dies führt beim Formwechsel aus der österreichischen in die deutsche GmbH zu einem erheblichen Abfall des Kapitalschutzes.[252] Vergleichbar weitreichende Schutzvorschriften gelten in Frankreich, Italien und den Niederlanden.[253] Insgesamt ist ein einheitliches Kapitalschutzniveau im Binnenmarkt nicht gewährleistet, da die Mitgliedstaaten den Schutz von Gläubigerinteressen durch eine ganze Reihe unterschiedlicher Instrumente gewährleisten, die teils präventiv, teils nachgelagert wirken.[254] Auch beim grenzüberschreitenden Formwechsel droht eine konkrete Gefährdung jedoch erst durch die Entscheidung der Gesellschafter, die entstandenen Ausschüttungspotentiale zu nutzen.[255]

---

[248] *Pöschke* in BeckOGK HGB, Stand 1. Februar 2026, § 272 HGB Rn. 162; *Ekkenga* in MüKoGmbHG, Bd. 1, § 29 Rn. 31.

[249] *Seulen* in Semler/Stengel/Leonard, UmwG, § 22 Rn. 25; *Hoger* in Lutter, UmwG, § 204 Rn. 13; *Janisch*, Grenzüberschreitende Sitzverlegung, S. 215; Siehe auch *Leydecker*, Gläubigerschutz bei grenzüberschreitenden Umwandlungen, S. 58 und 99.

[250] *Leydecker*, Gläubigerschutz bei grenzüberschreitenden Umwandlungen, S. 61 m.w.N.

[251] Siehe zum Stand der Harmonisierung *Lieder* in BeckOGK GmbHG, Stand 1. März 2026, § 1 Rn. 493 ff.

[252] *Winner*, ECFR 2019, 44, 51.

[253] *Ekkenga* in MüKoGmbHG, Bd. 1, § 30 Rn. 43 m.w.N.

[254] *Fleischer* in MüKoGmbHG, Bd. 1, Einleitung Rn. 332.

[255] *Polley* in Henssler/Strohn, GesR, § 314 UmwG Rn. 9: „Auch ein abstrakt geringeres Schutzniveau der Kapitalaufbringungs oder -erhaltungsregeln im EU-Ausland begründet für sich genommen noch keine Gefährdung"; Ebenso *Hörtnagl* in Schmitt/Hörtnagl, UmwG/UmwStG, § 314 Rn. 8 und *Biller/Wilk* in Kallmeyer, UmwG, §314 Rn. 15; *Hilser*, Grenzüberschreitender Formwechsel, S. 83; *Leydecker*, Gläubigerschutz bei grenzüberschreitenden Umwandlungen, S. 57.

b) Erwerb eigener Anteile, Rücklagenbildung und Barabfindung

Eine ähnliche Beeinträchtigung von Gläubigerinteressen tritt ein, wenn ein Erwerb eigener Anteile durch die Gesellschaft in der neuen Rechtsform unter vereinfachten Bedingungen möglich ist.[256] Eigene Anteile mehren den Wert des Unternehmens nicht, gleichwohl wird der Gesellschaft durch den Erwerb Barvermögen entzogen.[257] Der an geringere Anforderungen gebundene Erwerb eigener Anteile ist daher aus Gläubigersicht mit einer Lockerung der Kapitalbindung vergleichbar, da der Gesellschaft im Ergebnis Vermögen einfacher entzogen werden kann als zuvor.[258] Diese Situation droht Gläubigern nach deutschem Recht beim Formwechsel einer AG in die GmbH.[259] Der Erwerb eigener Anteile ist nach § 71 Abs. 1 AktG nur in den durch Nr. 1 bis 8 gesetzlich vorgesehenen Fällen zulässig und wird durch § 71 Abs. 2 AktG für bestimmte Fälle zusätzlich auf 10 % der Grundkapitalsumme beschränkt. § 33 Abs. 1 und 2 GmbHG schränken den Erwerb eigener Anteile dagegen nur ein, soweit die Einlagen auf die Anteile nicht voll geleistet sind, oder eine Rücklage in Höhe der Aufwendungen für den Erwerb nicht gebildet werden kann, ohne das Stammkapital oder eine nach dem Gesellschaftsvertrag zu bildende Rücklage zu mindern. § 33 GmbHG dient demnach dem Schutz des Stammkapitals.[260] Ebenso wie im Fall des § 30 GmbHG bleibt das Schutzniveau jedoch hinter dem des AktG zurück. In der GmbH kann diese Ausschüttungsalternative also in größerem Umfang genutzt werden als in der AG. Im grenzüberschreitenden Kontext gilt gleiches immer dann, wenn das Gesellschaftsstatut der Zielrechtsform einen Erwerb eigener Anteile unter weniger strengen Bedingungen zulässt.

Im Zusammenhang mit einem Formwechsel kann es insbesondere dann zu einem Erwerb eigener Aktien kommen, wenn einzelne Gesellschafter dem Formwechsel nicht zustimmen und gegen Barabfindung aus der Gesellschaft ausscheiden.[261] So sieht beispielsweise der durch das UmRUG neu eingeführte

---

256 *Janisch*, Grenzüberschreitende Sitzverlegung, S. 217f.; *Hoger*, Kontinuität beim Formwechsel, S. 40 f.; *Veil*, Umwandlung einer Aktiengesellschaft, S. 231; *Leydecker*, Gläubigerschutz bei grenzüberschreitenden Umwandlungen, S. 64 f.

257 *Cahn* in BeckOGK, AktG, Stand 1. Oktober 2025, § 71 Rn. 15; *Grigoleit/Rachlitz*, in Grigoleit, AktG, § 71 Rn. 10; *Oechsler* in MüKoAktG, Bd. 1, § 71 Rn. 19 ff.

258 Vgl. z.B. *Fleischer* in Henssler/Strohn, GesR, § 33 GmbHG Rn. 2: „Ausschüttungsalternative".

259 *Janisch*, Grenzüberschreitende Sitzverlegung, S. 218.

260 *Kersting* in Noack/Servatius/Haas, GmbHG, § 33 Rn. 1; *Klein*, NZG 2016, 1241; *Roßkopf/Notz* in MüKoGmbHG, Bd. 1, § 33 Rn. 1.

261 *Hilser*, Grenzüberschreitender Formwechsel, S. 83; *Leydecker*, Gläubigerschutz bei grenzüberschreitenden Umwandlungen, S. 87 f.; *Janisch*, Grenzüberschreitende Sitzverlegung, S. 221.

§ 340 Abs. 1 UmwG für den grenzüberschreitenden Formwechsel vor, dass die formwechselnde Gesellschaft im Formwechselplan oder seinem Entwurf jedem Anteilsinhaber, der gegen den Zustimmungsbeschluss der Anteilsinhaber Widerspruch zur Niederschrift erklärt, den Erwerb seiner Anteile oder Mitgliedschaften gegen eine angemessene Barabfindung anzubieten hat. Nehmen Anteilsinhaber dieses Angebot form- und fristgerecht an, kommt es zu einem Erwerb eigener Anteile durch die formwechselnde Gesellschaft.[262] Der Wert dieser eigenen Anteile realisiert sich aus Gläubigersicht jedoch erst, wenn die Gesellschaft diese weiterveräußert.[263]

Eine weitere mögliche Beeinträchtigung von Gläubigerinteressen droht, wenn anlässlich des Formwechsels die Verpflichtung entfällt, gesetzliche Kapitalrücklagen zu bilden. Das ist nach deutschem Recht beim Formwechsel aus der AG in die GmbH der Fall, da die Verpflichtung aus § 150 AktG erlischt.[264] Auch ausländische Rechtsordnungen sehen nicht zwingend eine mit § 150 AktG vergleichbare Pflicht zur Rücklagenbildung vor.[265]

5. Wegfall der Kapitalbindung

Der gänzliche Wegfall der Kapitalbindung, der auch in der Gesetzesbegründung zum UmwG 1994 als potenzieller Gefährdungstatbestand genannt ist,[266] ist die Folge eines Formwechsels von Kapital- zur Personengesellschaft. Das Personengesellschaftsrecht kennt keine Kapitalbindung im Sinne des AktG oder des GmbHG. Auch § 172 Abs. 4 S. 1 HGB statuiert kein Verbot der Rückzahlung der Kommanditeinlage an den Kommanditisten, sondern führt nur zu einem Wiederaufleben der persönlichen Haftung in Höhe der Rückzahlung.[267] Beim Wechsel von Kapital- zu Personengesellschaft kommt es also zu einem Wechsel des Gläubigerschutzkonzeptes, Kapitalbindung wird durch persönliche Haftung der Gesellschafter substituiert.[268] Ob und in welchem Umfang Gläubiger durch diesen Wegfall der Kapitalbindung tatsächlich abstrakt oder konkret gefährdet werden,

---

262 *Luy* in BeckOGK UmwG, Stand 1. Oktober 2025, § 340 Rn. 41.
263 *Hilser*, Grenzüberschreitender Formwechsel, S. 83.
264 *Janisch*, Grenzüberschreitende Sitzverlegung, S. 218 f.; *Hoger*, Kontinuität beim Formwechsel, S. 39; *Veith*, Gläubigerschutz beim Formwechsel, S. 231 f.
265 Siehe *Leydecker*, Gläubigerschutz bei grenzüberschreitenden Umwandlungen, S. 63 f. mit Verweis auf das polnische Recht.
266 BegrRegE BR-Drs. 75/94 S. 145: „[…] weil durch den Formwechsel die Beachtung von Kapitalschutzvorschriften (vgl. § 30 GmbHG, § 57 AktG) entfallen kann".
267 Statt aller *Grüneberg* in MüKoHGB, Bd. 2, § 172 Rn. 23.
268 Siehe grundlegend zur Funktion der persönlichen Haftung und ihrem Verhältnis zur Kapitalsicherung *Karsten Schmidt*, Gesellschaftsrecht, § 18 IV. 2.

wird in der Literatur nicht einheitlich beantwortet. Insbesondere *Petersen* geht von einer grundsätzlichen „Gleichachtung" von Kapitalbindung und persönlicher Haftung aus, will aber aufgrund des in die Haftungssituation des Schuldners gesetzten Vertrauen den umwandlungsrechtlichen Schutzmechanismen nicht gänzlich die Geltung versagen. Stattdessen möchte er diesen „die grundsätzliche Gleichachtung von persönlicher Haftung und gesetzlicher Kapitalbindung gewissermaßen als gesetzliche Leitidee" zugrunde legen.[269] Auch *Vossius* hält Gläubigerschutzvorschriften des UmwG für „in der Regel nicht anwendbar".[270] Anderseits wird auch davon ausgegangen, dass persönliche Haftung und Kapitalbindung für den Gläubigerschutz schon grundsätzlich nicht gleichwertig sind.[271]

Ob beide Konzepte gleichwertig sind oder nicht, lässt sich kaum allgemeingültig beantworten. Bei einer GmbH, die über das gesetzliche Mindestkapital hinaus über kein nennenswertes Eigenkapital (mehr) verfügt, werden Gläubiger durch die Möglichkeit, gemäß § 126 S. 1 HGB auf das Privatvermögen zumindest eines persönlich haftenden (solventen) Gesellschafters zugreifen zu können, besser gestellt. Andererseits treten Gesellschaftsgläubiger nach dem Formwechsel bezüglich der tatsächlich vorhandenen Haftmasse in Konkurrenz zu Privatgläubigern des persönlich haftenden Gesellschafters.[272] Die Haftung des Gesellschafters ist für Gesellschaftsgläubiger wertlos, wenn sein Vermögen schon durch Ansprüche seiner Privatgläubiger überschuldet ist. Eine generelle Gleichachtung von Kapitalbindung und persönlicher Haftung lässt sich deshalb nur schwerlich begründen.[273] Ob Gläubiger durch den Wechsel des Haftungskonzepts schlechter gestellt werden, ist eine Frage des Einzelfalls sowie der Vermögenssituation von Gesellschaft und Gesellschafter. Selbst wenn Gesellschafter nicht in der Lage sind, Gesellschaftsverbindlichkeiten mit ihrem Privatvermögen abzudecken, können Privatgläubiger der Gesellschafter nicht unmittelbar auf das Vermögen

---

269 *Petersen*, Der Gläubigerschutz im Umwandlungsrecht, S. 39.

270 Dies soll jedenfalls dann gelten, wenn die Gesellschafter über entsprechendes Privatvermögen verfügen, siehe *Vossius* in Widmann/Mayer, Umwandlungsrecht, § 22 Rn. 34 f.

271 So z.B. *Seulen* in Semler/Stengel/Leonard, UmwG, § 22 Rn. 26: „Die persönliche Haftung ist für den Gläubigerschutz einer sonst bestehenden Kapitalbindung nicht gleichwertig"; auch *Karsten Schmidt*, Gesellschaftsrecht, § 13 II. d): „die nunmehr einsetzende persönliche Haftung gibt nicht in allen Fällen einen gleichwertigen Schutz".

272 *Vossius* in Widmann/Mayer, Umwandlungsrecht, § 204 Rn. 19.

273 Kritisch auch *Hoger*, Kontinuität beim Formwechsel, S. 140 f.

der Gesellschaft zugreifen, da § 126 S. 1 HGB nur die gesamtschuldnerische Haftung des Gesellschafters für Ansprüche gegen die Gesellschaft regelt.[274] Eine faktische Reduzierung der Haftmasse droht aus Sicht der Gesellschaftsgläubiger also erst dann, wenn Gesellschafter Vermögen aus der Gesellschaft entnehmen und so dem Zugriff der Privatgläubiger preisgeben.[275]

Zusammengefasst ergibt sich also folgendes Bild: Eine Gläubigerbeeinträchtigung ist ausgeschlossen, wenn Kapitalbindung durch dauerhaft werthaltige Haftung der Gesellschafter ersetzt wird. Ist das Privatvermögen der haftenden Gesellschafter bereits überschuldet oder reicht es nicht aus, um sowohl Ansprüche der Privat- als auch der Gesellschaftsgläubiger zu bedienen, entsteht für die Gesellschaftsgläubiger eine abstrakte Gefahr mit ihrer Forderung auszufallen. Da die Privatgläubiger jedoch grundsätzlich nicht auf das Gesellschaftsvermögen zugreifen können, konkretisiert sich die Gefahr erst dann, wenn Gesellschafts- in Privatvermögen überführt wird.[276]

6. Zwischenfazit zum Kapitalschutz

Das Entfallen (beziehungsweise die Lockerung) der Kapitalbindung stellt den einzigen vom Gesetzgeber des UmwG 1994 explizit genannten Fall der potenziellen Gläubigergefährdung bei einem Formwechsel dar. In allen maßgeblichen Konstellationen resultiert hieraus jedoch nur eine abstrakte Gefahr für die Gläubiger – sowohl im nationalen als auch im grenzüberschreitenden Kontext. Eine abstrakte Beeinträchtigung von Gläubigerinteressen droht immer, wenn die entsprechenden Vorschriften der Zielrechtsform Kapitalentnahmen an geringere Voraussetzungen knüpfen, als es vor dem Formwechsel der Fall war. Im grenzüberschreitenden Kontext droht eine solche Schlechterstellung insbesondere bei einem Formwechsel in eine der zahlreichen der GmbH entsprechenden Rechtsformen, da die Harmonisierung in diesem Bereich weniger weit fortgeschritten ist als im Aktienrecht.[277] Eine konkrete Gefährdung der Gläubiger ist dann denkbar, wenn Gesellschafter die durch den Formwechsel geschaffenen Ausschüttungspotentiale tatsächlich nutzen. Selbst dann werden Gesellschaftsgläubiger jedoch erst konkret gefährdet, wenn eine Befriedigung aufgrund der Ausschüttung nicht mehr sichergestellt ist. Dieses Verständnis findet sich auch

274 Statt aller *Roth* in Hopt, HGB, § 126 Rn. 2.
275 *Hoger*, Kontinuität beim Formwechsel, S. 15.
276 Zum ähnlich gelagerten Fall der gelockerten Kapitalbindung siehe Kapitel 2, C. II. 4.
277 Vgl. statt aller *Lieder* in BeckOGK GmbHG, Stand 1. Januar 2025, § 1 Rn. 493 ff.

in der Gesetzesbegründung des UmwG 1994, nach der Gläubiger durch den Wegfall von Kapitalschutzvorschriften gefährdet werden können, da dieser Wegfall eine Vermögensentnahme zum Nachteil der Gläubiger ermöglicht.[278] Auch der Gesetzgeber hat demnach die eigentliche Kapitalentnahme als zentrales Problem angesehen.

III. Wegfall persönlicher Haftung

1. Persönlich haftende Gesellschafter

Der Formwechsel von Personengesellschaft zu Kapitalgesellschaft ist die Kehrseite des zuvor dargestellten Falls – persönliche Haftung wird durch Kapitalbindung und -erhaltung substituiert. Dass es hierbei nicht bleiben kann, ist offensichtlich, da es Gesellschaftern einer Personengesellschaft ansonsten offen stünde, sich durch einen Formwechsel ihrer persönlichen Haftung zu entziehen. Das deutsche Umwandlungsrecht löst das Problem – insofern sei hier vorweggegriffen – durch die Fortdauer der persönlichen Haftung für im Zeitpunkt des Formwechsels bereits begründete Verbindlichkeiten (§ 224 Abs. 1, 2 UmwG).[279]

Ob trotz der in § 224 UmwG vorgesehenen Haftungsfortdauer eine weitergehende Gefährdung der Gläubiger durch den Formwechsel in die Kapitalgesellschaft denkbar ist, wird nicht einheitlich beantwortet. Die Diskussion dreht sich insbesondere darum, ob eine formwechselspezifische Beeinträchtigung von Gläubigerinteressen in Fällen angenommen werden kann, in denen Ansprüche der Gläubiger erst nach Ablauf der Nachhaftung fällig werden.[280] Dagegen wird eingewandt, dass eine aus dem Formwechsel resultierende Beeinträchtigung nicht vorliegt, weil die Enthaftung nach fünf Jahren auch bei Ausscheiden der persönlich haftenden Gesellschafter dem gesetzlichen Regelfall entspricht.[281]

---

278 BegrRegE BR-Drs 75/94, S. 145.

279 Siehe hierzu ausführlich Kapitel 3, I. I.

280 So insbesondere *Vossius* Widmann/Mayer, Umwandlungsrecht, § 204 Rn. 19: „Forderung unterliegt nicht mehr der Nachhaftung nach §§ 224, 237, 249 UmwG (etwa, weil ihre Fälligkeit erst nach mehr als fünf Jahren zu erwarten ist)"; Ähnlich *Hoger* in Lutter, UmwG, § 204 Rn. 14: „Allenfalls in Fällen, in denen Ansprüche der Gläubiger erst nach mehr als fünf Jahren fällig werden und deshalb der Nachhaftung nicht unterliegen, kommt bei gleichzeitig bestehender Unterbilanz des Rechtsträgers neuer Rechtsform eine Gefährdung der Erfüllung in Betracht".

281 *Maulbetsch* in Maulbetsch/Klumpp/Rose, UmwG, § 22 Rn. 14; *Seulen* in Semler/Stengel/Leonard, UmwG, § 22 Rn. 27; In diese Richtung auch *Hoger/Lieder*, ZHR 2016, 613, 635 f., die § 122j UmwG nicht analog auf eine grenzüberschreitende Anwachsung anwenden wollen, da sie den Schutz des § 160 HGB (a.F.) für ausreichend halten.

Der zweiten Auffassung ist zuzustimmen. § 224 Abs. 2 UmwG entspricht der Haftungsregelung des § 137 Abs. 1 HGB.[282] In der Enthaftung der Gesellschafter mit Ablauf von fünf Jahren nach Austritt aus der Gesellschaft liegt demnach ein allgemein im Personengesellschaftsrecht angelegtes Risiko der Gläubiger, das durch den Formwechsel nicht wesentlich erhöht wird. Es wäre widersinnig, den Gläubiger im Falle eines Formwechsels zu schützen, wo er bei Austritt des Gesellschafters schutzlos gestellt wäre. Wegen § 137 Abs. 1 HGB können die Gläubiger ohnehin nicht darauf vertrauen, dass ihnen das Privatvermögen eines bestimmten Gesellschafters dauerhaft als Haftungsmasse zur Verfügung steht. Hiergegen wendet *Hoger* ein, eine Vergleichbarkeit beider Sachverhalte sei nicht gegeben, da im Falle des Austritts eines oder mehrerer Gesellschafter stets zumindest ein persönlich haftender Gesellschafter in der Gesellschaft verbleibt, während bei einem Formwechsel alle ausscheiden.[283] Allerdings kann es sich bei diesem letzten Gesellschafter auch um eine haftungsbeschränkte Kapitalgesellschaft (im Extremfall eine UG mit einem Euro Stammkapital) handeln. Die Anteilseigner können diesen Fall sogar planmäßig herbeiführen – nämlich durch entsprechende Strukturmaßnahmen außerhalb des UmwG (Aufnahme einer Kapitalgesellschaft als zusätzliche Gesellschafterin, Ausscheiden der übrigen persönlich haftenden Gesellschafter). In diesem Fall stünden Gläubiger ebenso gut oder schlecht dar wie bei einem Formwechsel, da nach Ablauf der Fünfjahresfrist jeglicher Zugriff auf Privatvermögen verwehrt wird. Gleichwohl besteht auch hier nur die Nachhaftung nach § 137 Abs. 1 HGB. Auch *Hoger* räumt ein, dass sich der Unterschied zwischen beiden Varianten relativiert, wenn der verbleibende Gesellschafter vermögenslos ist.[284] Da Anteilseigner eine identische Situation jedoch durch Anwachsung auf eine UG oder eine vergleichbare ausländische Rechtsform herbeiführen können, besteht eine entsprechende Gefährdungslage nicht nur bei einem Formwechsel. Das im Personengesellschaftsrecht allgemein angelegte Enthaftungsrisiko wird im Ergebnis also durch einen Formwechsel nach dem UmwG nicht in spezifischer Art und Weise erhöht.

Dies gilt nach aktueller Rechtslage weiterhin im grenzüberschreitenden Kontext. Da GesR-ERL und UmRUG den grenzüberschreitenden Formwechsel unter Beteiligung von Personengesellschaften nicht regeln,[285] sind für einen solchen

---

[282] Der durch das MoPeG eingeführte § 137 HGB hat § 160 HGB a.F. ersetzt und enthält eine Nachhaftungsregelung, vgl. *Drescher* in MüKoHGB, Bd. 2, § 137 Rn. 1.
[283] *Hoger*, Kontinuität beim Formwechsel, S. 137.
[284] *Hoger*, Kontinuität beim Formwechsel, S. 137.
[285] *Goette*, DStR 2023, 157, 158.

Formwechsel nach der seit dem VALE Urteil ganz herrschenden Vereinigungstheorie beide Rechtsordnungen sukzessiv anzuwenden.[286] Der Altgläubigerschutz fällt dabei dem Herkunftsstaat zu.[287] Die Weiterhaftung der Gesellschafter bei Formwechsel von Personen- in Kapitalgesellschaft muss sich deshalb nach der Rechtsordnung richten, unter der die Haftung ursprünglich begründet wurde. § 224 Abs. 2 UmwG ist daher entsprechend anzuwenden, wenn es sich bei der Zielrechtsform um eine ausländische Kapitalgesellschaft handelt.[288] Eine formwechselspezifische Gefährdung von Gläubigern, deren Forderungen erst nach Ablauf der Fünfjahresfrist fällig werden, ist auch im grenzüberschreitenden Kontext nicht anzuerkennen.

2. Sonderfall der Durchgriffshaftung

Eine Schlechterstellung der Gläubiger ist im Hinblick auf eine weniger strenge Ausgestaltung der Durchgriffshaftung in der Zielrechtform denkbar.[289] Dem deutschen Kapitalgesellschaftsrecht liegt der Gedanke der Trennung von Kapitalgesellschaft als Rechtssubjekt und den dahinter stehenden Gesellschaftern zugrunde (das sogenannte Trennungsprinzip).[290] Insbesondere in der Literatur wird eine Durchbrechung dieses Grundsatzes jedoch in Einzelfällen befürwortet.[291] Der BGH hielt eine Durchgriffs(außen)haftung zunächst in eng begrenzten Ausnahmefällen für möglich.[292] Hierzu zählte insbesondere der sogenannte „existenzvernichtende Eingriff“ also ein „kompensationsloser, zur Insolvenz führender oder diese vertiefender Eingriff in das auch als Haftungsfonds für die Gläubiger dienende Gesellschaftsvermögen“.[293] In der Trihotel-Entscheidung erteilte der BGH dem direkten Haftungsdurchgriff auf Gesellschafter jedoch eine deutliche Absage und gestaltete die Existenzvernichtungshaftung als Innenhaftung der Gesellschafter gegenüber der Gesellschaft gemäß § 826 BGB aus.[294] Es wird davon ausgegangen, dass diese Innenhaftung sowohl auf GmbH als auch AG anzuwenden ist.[295] Die Gläubiger werden deshalb beim Formwechsel von AG

---

286 Siehe zum Urteil in der Rechtssache VALE bereits Kapitel 2, B. II. 2.
287 Siehe hierzu Kapitel 2, B. III.
288 *Frank*, Formwechsel im Binnenmarkt, S. 193.
289 *Janisch*, Grenzüberschreitende Sitzverlegung, S. 219 f.
290 Statt aller *Beurskens* in Noack/Servatius/Haas, GmbHG, § 13 Rn. 10.
291 Siehe grundlegend zum Durchgriffsproblem *Karsten Schmidt*, Gesellschaftsrecht, § 9 m.w.N. und allgemein zum Begriff des Haftungsdurchgriffs *Merkt* in MüKoGmbHG, Bd. 1, § 13 Rn. 361 ff.
292 BGH, Urt. v. 24. Juni 2002 – Az.: II ZR 300/00, juris.
293 BGH, Urt. v. 16. Juli 2007 – Az.: II ZR 3/04, juris, Rn. 16.
294 BGH, Urt. v. 16. Juli 2007 – Az.: II ZR 3/04, juris, Rn. 17.
295 *Wüsthoff* in BeckOGK AktG, Stand 1. Oktober 2025, § 1 Rn. 65; *Koch* in Koch, AktG, § 1

zu GmbH nicht durch einen Verlust der Durchgriffshaftung bzw. Innenhaftung schlechter gestellt. Im grenzüberschreitenden Kontext droht eine Beeinträchtigung von Gläubigerinteressen jedoch dann, wenn dem Gesellschaftsstatut der Zielrechtsform eine entsprechende Innenhaftung nicht oder in geringerem Ausmaß als das deutsche Recht zulässt.[296] Konkret würde eine Gefährdung erst dann, wenn tatsächlich ein entsprechender Haftungsfall eintritt.

IV. Zwischenfazit zur Beeinträchtigung von Gläubigerinteressen

Ein Formwechsel kann erhebliche Auswirkungen auf die Gläubigerinteressen haben. Mit dem Wechsel des Rechtskleids geht die Diskontinuität der Rechtsordnung einher.[297] In aller Regel ändern sich dabei dem Gläubigerschutz dienende Vorschriften zur Kapitalaufbringung, Kapitalerhaltung und Haftung. Dies ist für Gläubiger immer dann nachteilig, wenn das Gesellschaftsstatut der Zielrechtsform weniger strenge Vorschriften vorsieht als die Rechtsform vor dem Formwechsel. Nach deutschem Recht ist eine derartige Schlechterstellung insbesondere beim Formwechsel aus der AG naheliegend. Auch im grenzüberschreitenden Kontext sind, gerade im Recht der Gesellschaften mit beschränkter Haftung, Unterschiede im Schutzniveau nicht nur denkbar, sondern wegen der mangelnden Harmonisierung nahezu zwingend.[298] Den aufgezeigten Gefährdungstatbeständen ist jedoch – im nationalen wie grenzüberschreitenden Fall – gemein, dass eine konkrete Gefährdung von Gläubigerinteressen nicht ohne weiteres durch den Formwechselvorgang selbst hervorgerufen wird.

Eine Schlechterstellung der Gläubiger droht insbesondere, wenn die Gesellschafter des formwechselnden Rechtsträgers der Gesellschaft Kapital in einem Ausmaß entziehen, welches vor dem Formwechsel nicht möglich gewesen wäre. Solange das freigewordene Kapital in der Gesellschaft verbleibt, steht es den Gläubigern weiterhin als Haftungsmasse zur Verfügung. Hierin liegt der maßgebliche Unterschied zu den anderen Strukturmaßnahmen, bei denen sich eine konkrete Gefährdung des Erfüllungsinteresses durch eine Vermögensvermischung oder Teilung begründen lässt. Diesem Umstand angemessen Rechnung

Rn. 30.

296 *Leydecker*, Gläubigerschutz bei grenzüberschreitenden Umwandlungen, S. 86 f.

297 Siehe hierzu bereits Kapitel 2, A. I. 1. b).

298 Siehe zum Stand der Harmonisierung *Lieder* in BeckOGK GmbHG, Stand 1. Januar 2025, § 1 Rn. 493 ff.

zu tragen bereitet der Rechtswissenschaft, wie sich noch zeigen wird, erhebliche Schwierigkeiten.[299]

V. Spezifische Risiken des grenzüberschreitenden Formwechsels

Den bisher dargestellten Risiken ist gemein, dass sie sowohl einem nationalen als auch einem grenzüberschreitenden Formwechsel innewohnen können. Es handelt sich nicht um Beeinträchtigungen, die Resultat der rechtsformwechselnden Verlegung des Satzungssitzes ins Ausland sind. Sie können sich im Einzelfall, je nach Ausgestaltung des maßgeblichen Gesellschaftsstatut des Zielstaates, graduell unterscheiden, jedoch grundsätzlich auch im nationalen Kontext auftreten. Nachfolgend soll deshalb untersucht werden, welche Gefährdungen spezifisches Resultat eines grenzüberschreitenden Formwechsels sind. Es soll aufgedeckt werden, ob und inwiefern für diesen Fall Gläubigerschutzvorschriften notwendig sind, die über die Schutzmechanismen im nationalen Zusammenhang hinausgehen.

1. Beeinträchtigung der insolvenzrechtlichen Stellung der Gläubiger

Denkbar ist zunächst eine Änderung der insolvenzrechtlichen Zuständigkeit durch den Formwechsel.[300] Diese ist auf europäischer Ebene durch die Verordnung (EU) 2015/848 des Europäischen Parlaments und des Rates vom 20. Mai 2015 über Insolvenzverfahren (Neufassung) geregelt, die am 26. Juni 2017 in Kraft getreten ist.[301] Die Verordnung bildet den Kern des bisher kaum harmonisierten europäischen Insolvenzrechts.[302] Ziel der Neufassung war insbesondere, effiziente und wirksame grenzüberschreitende Insolvenzverfahren sicherzustellen und zu verhindern, „dass es für Beteiligte vorteilhafter ist, Vermögensgegenstände oder Gerichtsverfahren von einem Mitgliedstaat in einen anderen zu verlagern, um auf diese Weise eine günstigere Rechtsstellung zum Nachteil der Gesamtheit der Gläubiger zu erlangen.“[303] Erreicht werden soll dies

299 Siehe insbesondere noch Kapitel 3, E. I.

300 Siehe insbesondere *Janisch*, Grenzüberschreitende Sitzverlegung, S. 205 ff., allerdings noch zur EuInsVO (2000).

301 Es handelt sich um die Neufassung der allgemein als europäische Insolvenzverordnung (EuInsVO) bezeichneten Verordnung (EG) Nr. 1346/2000 des Rates vom 29. Mai 2000 über Insolvenzverfahren. Die Bezeichnung EuInsVO soll hier auch für die Neufassung verwendet werden. Wo nötig, werden die Fassungen über die Jahreszahlen (2000) und (2015) differenziert.

302 *Mock* in BeckOK Insolvenzrecht, EuInsVO 2017, Art. 1 Rn. 3.

303 Erwägungsgründe Nr. 3 und 5 der EuInsVO (2015).

insbesondere durch den zentralen Art. 3 EuInsVO, in dem die internationale Zuständigkeit für die Eröffnung des Insolvenzverfahrens geregelt ist.[304] Die Änderung der insolvenzrechtlichen Zuständigkeit kann zu einer Beeinträchtigung von Gläubigerinteressen führen, da die insolvenzrechtlichen Vorschriften im Zuzugsstaat für Gläubiger möglicherweise weniger günstig sind als im Wegzugsstaat.[305]

a) Mittelpunkt des Interesses als Anknüpfungspunkt

Kernelement der Zuständigkeitsbestimmung unter der EuInsVO bildet der Begriff des „Mittelpunkt des hauptsächlichen Interesses" (COMI),[306] der gemäß Art. 3 Abs. 1 S. 2 EuInsVO definiert ist als der Ort, an dem der Schuldner gewöhnlich der Verwaltung seiner Interessen nachgeht und der für Dritte feststellbar ist. Maßgeblicher Zeitpunkt für die Bestimmung dieses Mittelpunktes ist die Stellung des Insolvenzantrages, darauffolgende Änderungen sind unbeachtlich. Die internationale Zuständigkeit wird also durch Antragstellung perpetuiert.[307] Der COMI ist nach Art. 7 EuInsVO auch für das anwendbare Insolvenzrecht entscheidend.[308]

Allerdings wird der COMI durch eine isolierte Satzungssitzverlegung nicht beeinflusst, da hierbei weder wirtschaftliche Aktivität noch Verwaltungssitz verlegt werden. Nach dem EuGH soll insbesondere der Ort der Hauptverwaltung als Zuständigkeitskriterium maßgeblich sein.[309] Weiterhin werden Kriterien wie Belegenheitsort von Vermögensgegenständen, Ort der Handelsaktivitäten oder von Geschäftsräumen und Fabrikationsanlagen herangezogen.[310] Der Gläubiger muss deshalb vor dem Hintergrund des Art. 3 Abs. 1 S. 2 EuInsVO grundsätzlich nur dann mit einem Wechsel des anwendbaren Insolvenzrechts rechnen, wenn zusammen mit dem Satzungssitz auch der COMI verlegt wird.[311] Hierin liegt jedoch keine formwechselspezifische Beeinträchtigung, da COMI und Satzungssitz

---

304 *Thole* in MüKoInsO, VO (EU) 2015/848, Art. 3 Rn. 1.

305 *Frank*, Formwechsel im Binnenmarkt, S. 181; *Leydecker*, Gläubigerschutz bei grenzüberschreitenden Umwandlungen, S. 82.

306 In Anlehnung an den in der englischen Sprachfassung genutzten Begriff des „Centre of Main Interest" wird allgemein die Abkürzung „COMI" verwendet, was auch hier geschehen soll, vgl. statt aller *Mankowski* in Mankowski/Müller/J. Schmidt, EuInsVO 2017, Art. 3 Rn. 6.

307 *Mock* in BeckOK Insolvenzrecht, EuInsVO 2017, Art. 3 Rn. 6.

308 *Kindler* in MüKoBGB, Bd. 13, Vor. Art. 7 EuInsVO, Rn. 3.

309 EuGH, Urt. v. 20. Oktober 2011 – Rs. C-396/09, juris, Rn. 59.

310 *Mock* in BeckOK InsO, EuInsVO 2017, Art. 3 Rn. 14.1 f.; Siehe weiterführend außerdem *Mankowski* in Mankowski/Müller/J. Schmidt, EuInsVO 2017, Art. 3 Rn. 84 ff.

311 *Janisch*, Grenzüberschreitende Sitzverlegung, S. 208.

aus umwandlungsrechtlicher Sicht wegen der Zulässigkeit der isolierten Satzungssitzverlegung ins Ausland nicht miteinander verknüpft sind.[312]

b) Gläubigerbeeinträchtigung durch Vermutungsregelung

Von gesteigerter Bedeutung für den grenzüberschreitenden Formwechsel ist nicht die tatsächliche Feststellung des COMI, sondern die Vermutungsregel des Art. 3 Abs. 1 UAbs. 2 S. 1 EuInsVO. Nach diesem wird bei Gesellschaften oder juristischen Personen bis zum Beweis des Gegenteils vermutet, dass der Mittelpunkt ihrer hauptsächlichen Interessen der Ort ihres Sitzes ist. Gemeint ist damit der Satzungssitz.[313] Diese Vermutungsregel kann für Gläubiger dann von maßgeblicher Bedeutung sein, wenn sich der COMI nach Maßgabe der genannten Kriterien nicht eindeutig bestimmen lässt. Die Regelung dürfte aufgrund der zunehmenden Dezentralisierungs- und Internationalisierungstrends, die das Gesellschaftsrecht unter anderem im Zusammenhang mit dezentralisierten autonomen Organisationen (DAO) vor neue Herausforderungen stellt,[314] noch mehr an Bedeutung gewinnen. Aber auch bei klassischen Gesellschaftsformen ist denkbar, dass im Einzelfall verschiedene Anknüpfungspunkte zu unterschiedlichen Mitgliedstaaten bestehen, ohne dass einer dieser Anknüpfungspunkte klar überwiegt.

Eine Schuldnergesellschaft in wirtschaftlicher Not könnte versucht sein, diese Vermutungswirkung durch grenzüberschreitenden Formwechsel fruchtbar zu machen, um durch eine Verlegung des Satzungssitzes in den Genuss von vermeintlich „günstigeren" Insolvenzvorschriften zu gelangen.[315] Unabhängig von dolosen Absichten ändert sich aus Sicht der Gläubiger jedenfalls die Richtung der Vermutung. Bestand im Zeitpunkt der Anspruchsbegründung ein Gleichlauf von Satzungs- und Verwaltungssitz beziehungsweise COMI, führen beide Varianten zur Anwendung des gleichen Insolvenzrechts. Durch die nachträgliche Satzungssitzverlegung wird dieser Gleichlauf jedoch aufgehoben, was dazu führt, dass die Vermutungsregel widerlegt werden muss. Dies kann Gläubiger im Ein-

---

312 So auch *Hilser*, Grenzüberschreitender Formwechsel, S. 87 (solange die Verlegung des Satzungssitzes nicht durch den Zielstaat vorgeschrieben ist); A.A. möglicherweise *Leydecker*, Gläubigerschutz bei grenzüberschreitenden Umwandlungen, S. 81, der von einem „umwandlungsspezifischen" (nicht jedoch explizit formwechselspezifischen) Risiko ausgeht.

313 Statt aller *Mock* in BeckOK Insolvenzrecht, EuInsVO 2017, Art. 3 Rn. 11.

314 Siehe einführend zu DAOs *Mann*, NZG 2017, 1014 ff.

315 Vgl. mit entsprechenden Erwägungen zur Verlegung des COMI *Janisch*, Grenzüberschreitende Sitzverlegung, S. 209.

zelfall beeinträchtigen, wenn die Widerlegung nicht gelingt und die insolvenzrechtlichen Normen im Zielrechtsstaat aus Gläubigersicht ungünstiger ausgestaltet sind. Doch selbst wenn die Widerlegung gelingt, ist hierfür in aller Regel ein größerer Aufwand notwendig als für die Ermittlung des Satzungssitzes, da sich dieser zumeist aus öffentlichen Registern oder jedenfalls aus dem einsehbaren Gesellschaftsvertrag ergibt.[316]

Diese Möglichkeit wurde auch vom europäischen Normgeber erkannt. Abhilfe sollte der mit Neufassung der Verordnung neu eingefügte Art. 3 Abs. 1 UAbs. 2 S. 2 EuInsVO schaffen, nach dem die Vermutungsregelung nicht gilt, wenn der Satzungssitz in den letzten drei Monaten vor Antragstellung verlegt wurde. Aus dem Erwägungsgrund Nr. 31 (2015) ergibt sich klar, dass mit dieser Einschränkung das missbräuchliche Forum Shopping beziehungsweise Insolvenztourismus unterbunden werden sollte.[317] Der Normgeber hat die aufgezeigte potenzielle Gläubigerbeeinträchtigung demnach erkannt und auf insolvenzrechtlicher Ebene geregelt. Ob diese Regelung ausreichend ist, darf allerdings bezweifelt werden. Die Frist von drei Monaten ist kurz bemessen. Es liegt nahe, dass die drohende wirtschaftliche Schieflage von Geschäftsführern oder Gesellschaftern des Rechtsträgers im Einzelfall schon früher als drei Monate vor Antragsstellung erkannt wird. Insbesondere wegen der Bestrebungen, den grenzüberschreitenden Formwechsel (und somit die grenzüberschreitende Satzungssitzverlegung) rechtssicher und kostengünstiger zu ermöglichen,[318] drängt sich die Frage auf, ob drei Monate tatsächlich ausreichend sind. Zu lang erscheint jedoch eine Frist von einem Jahr, wie sie teilweise gefordert wurde.[319] Die Lösung müsste wohl im Mittelweg, also einer sechsmonatigen Frist, gefunden werden. Hierbei handelt es sich jedoch um ein Problem des Insolvenzrechts, weshalb hier nicht weiter darauf eingegangen werden soll.

c) Fazit zur insolvenzrechtlichen Stellung der Gläubiger

Eine Schlechterstellung der Gläubiger durch eine grenzüberschreitende Sitzverlegung bei drohender Insolvenz des formwechselnden Rechtsträgers ist nicht ausgeschlossen. Allerdings besteht mit Art. 3 Abs. 2 UAbs. 2 S. 2 EuInsVO ein

---

316 *Garcimartín*, ZEuP 2015, 694, 706.
317 *Mankowski* in Mankowski/Müller/J. Schmidt, EuInsVO 2017, Art. 3 Rn. 33; *Mock* in BeckOK Insolvenzrecht, EuInsVO 2017, Art. 3 Rn. 16.
318 Vgl. Gründe und Ziele des Kommissionsvorschlags, S. 12.
319 Vgl. INSOL Europe, Revision of the European Insolvency Regulation, 2011, S. 38 f., abgerufen am 2. November 2025 unter https://www.insol-europe.org/download/documents/588.

insolvenzrechtlicher Schutzmechanismus. Ein weitergehender Schutz auf umwandlungsrechtlicher Ebene ist demgegenüber nicht angezeigt, sieht der europäische Gesetzgeber das Problem doch im Insolvenzrecht verortet. Dies ist folgerichtig, da das Problem in der EuInsVO begründet liegt.[320] Zusammenfassend lässt sich festhalten, dass insolvenzrechtliches Forum Shopping durch grenzüberschreitenden Formwechsel im Einzelfall zur Beeinträchtigung von Gläubigerinteressen führen kann, die Lösung für dieses Problem jedoch nicht im Umwandlungsrecht zu suchen ist. Dies muss insbesondere dann berücksichtigt werden, wenn der grenzüberschreitende Formwechsel unter Gläubigerschutzgesichtspunkten im Zusammenhang mit drohenden Insolvenzverfahren beschränkt werden soll.[321]

2. Beeinträchtigung von Forderungsdurchsetzung und Vollstreckung

Von Kritikern der isolierten grenzüberschreitenden Satzungssitzverlegung wird nicht zuletzt die potenzielle Beeinträchtigung von Forderungsdurchsetzung und Vollstreckung als problematisch empfunden.[322] Die gerichtliche Durchsetzung und nachfolgende Vollstreckung von Forderungen sind für Gläubiger von kaum zu überschätzender Bedeutung. Eine materiellrechtlich bestehende Forderung ist wirtschaftlich wertlos, wenn sie nicht durchgesetzt und vollstreckt werden kann. Die Höhe des Prozessrisikos, also desjenigen Risikos, mit der Durchsetzung einer bestehenden Forderung zu scheitern, ist maßgeblich für die Bewertung der Frage, ob sich eine gerichtliche Durchsetzung überhaupt lohnt. Je größer die prozessualen Unwägbarkeiten, desto eher werden sich Gläubiger gezwungen sehen, von der Durchsetzung ihrer Forderungen abzusehen. Muss eine Forderung im Ausland durchgesetzt werden, kann dieses Prozessrisiko in mehrfacher Hinsicht steigen. Zunächst können die verfahrensrechtlichen Vorschriften für den Gläubiger ungünstiger sein (zum Beispiel in Fragen des Beweisrechts, bestehender prozessualer Vermutungsregeln oder Regeln zur Kostentragung).[323] Darüber hinaus ist möglich, bzw. sogar zu erwarten, dass dem Kläger die neue Rechtsordnung kaum oder jedenfalls weniger gut bekannt ist als

---

[320] Mit diesem Verständnis zur Verlegung des COMI unter der EuInsVO (2000) auch *Janisch*, Grenzüberschreitende Sitzverlegung, S. 209.

[321] Siehe hierzu noch ausführlich in Kapitel 3, B.

[322] Z.B. *Kindler*, NZG 2018, 1, 6: „Selbst die Befürworter eines Ausbaus der Unternehmensmobilität in der EU räumen ein, dass mit der Sitzverlegung für Gesellschaftsgläubiger die Notwendigkeit zur – zeit und kostenintensiven – Rechtsdurchsetzung im Ausland entstehen kann".

[323] Vgl. *Leydecker*, Gläubigerschutz bei grenzüberschreitenden Umwandlungen, S. 74 und dort Fn. 436 m.w.N.

dem Beklagten. Weiterhin werden Sprachbarrieren regelmäßig dazu führen, dass der Kläger die Forderung nicht ohne Hilfe von externen Beratern durchsetzen kann.[324] Der von *Frank* gezogene Schluss, in dem letztgenannten Umstand sei kein Nachteil der Gläubiger zu erblicken, da auch die deutsche Zivilprozessordnung nach § 78 Abs. 1 ZPO regelmäßig einen Rechtsanwalt als Prozessvertreter vorsieht,[325] kann nicht überzeugen. Zunächst besteht eine Anwaltspflicht gemäß § 78 Abs. 1 ZPO nur vor dem Landgericht, also oberhalb eines Streitwertes von EUR 5.000 (§§ 23 Nr. 1, 71 GVG). Weiterhin zeigt sich in der Praxis, dass Verfahren mit Auslandsbezug regelmäßig mit erheblichen Übersetzungskosten einhergehen, da die Verfahrensbeteiligten ein (berechtigtes) Interesse daran haben, prozessrelevante Dokumente wie Schriftsätze und gerichtliche Verfügungen in einer ihnen verständlichen Sprache zu erhalten. Es lässt sich demnach nicht von der Hand weisen, dass die Notwendigkeit im Ausland zu klagen Gläubiger in gewisser Weise beeinträchtigt.

Zu klären ist deshalb, ob und in welchem Umfang Gläubigern durch den grenzüberschreitenden Formwechsel ein Gerichtsstand im Ausland aufgezwungen werden kann. Einleuchtend ist, dass eine Beeinträchtigung von Gläubigerinteressen nicht aus einer Änderung des Forderungsstatuts resultiert.[326] Das geltende Recht wird im Vertrags- und Deliktsrecht im Zeitpunkt des Vertragsschlusses beziehungsweise des Schadenseintritts bestimmt. Insbesondere die nachträgliche Änderung des Satzungssitzes beeinflusst das Forderungsstatut nicht.[327]

a) Internationaler Gerichtsstand

Der internationale Gerichtsstand ist innerhalb der EU durch die EuGVVO geregelt.[328] Nach Art. 4 Abs. 1, Art. 63 Abs. 1 (a) EuGVVO stellt der Satzungssitz einen der möglichen Gerichtsstände einer beklagten Gesellschaft dar. Bei Verlegung des Satzungssitzes kann sich dieser Gerichtsstand demnach ändern, da für

---

324 In diese Richtung auch *Hilser*, Grenzüberschreitender, S. 85; *Leydecker*, Gläubigerschutz bei grenzüberschreitenden Umwandlungen, S. 74.

325 *Frank*, Formwechsel im Binnenmarkt, S. 204.

326 *Janisch*, Grenzüberschreitende Sitzverlegung, S. 195 ff; *Leydecker*, Gläubigerschutz bei grenzüberschreitenden Umwandlungen, S. 71 f.

327 *Martiny* in MüKoBGB, Bd. 13, Art. 4 Rom I-VO Rn. 206; Vgl. auch *Köhler* in BeckOGK Rom I-VO, Stand 1. August 2025, Art. 4 Rn. 171; Zum Deliktsrecht *Junker* in MüKoBGB, Bd. 13, Art. 4 Rom II-VO Rn. 61.

328 Verordnung (EU) 1215/2012 des Europäischen Parlaments und des Rates v. 12. Dezember 2012 über die gerichtliche Zuständigkeit und die Anerkennung und Vollstreckung von Entscheidungen in Zivil- und Handelssachen.

die Feststellung des maßgeblichen Satzungssitzes auf den Zeitpunkt der Klageerhebung abzustellen ist.[329] Damit ist aber noch nicht gesagt, dass dem Gläubiger auch die Möglichkeit genommen wird, im Herkunftsstaat zu klagen.[330] Denn Art. 63 Abs. 1 EuGVVO bietet darüber hinaus noch die weiteren Varianten Hauptverwaltung (Ort der eigentlichen unternehmerischen Leitung[331]) und Hauptniederlassung (Schwerpunkt des unternehmensexternen Geschäftsverkehrs[332]) zur Bestimmung des allgemeinen Gerichtsstandes. Die Norm belässt dem Kläger ein Wahlrecht, an welchem der drei Orte geklagt werden soll.[333] Hieraus kann jedoch nicht der Schluss gezogen werden, zum Verlust des allgemeinen inländischen Gerichtsstandes könne es nur kommen, wenn sowohl Satzungssitz als auch Hauptverwaltung und Hauptniederlassung der Gesellschaft aus dem Wegzugsstaat herausverlegt werden.[334] Dies würde unberücksichtigt lassen, dass sich die drei Anknüpfungspunkte im Zeitpunkt der Sitzverlegung keinesfalls überschneiden müssen.

Seit der Centros-Entscheidung des EuGH ist das anfängliche Auseinanderfallen von Satzungs- und Verwaltungssitz im Binnenmarkt eine gängige Gestaltungsoption, die aus deutscher Sicht bis zum Brexit insbesondere in Rechtsform der englischen Limited praktiziert wurde.[335] Es ist zumindest theoretisch denkbar, dass nach dem Modell Centros eine Gesellschaft mit Satzungssitz in einem Mitgliedstaat gegründet wird, Verwaltungssitz und Hauptniederlassung in einem anderen Mitgliedstaat begründet werden und Leistungen (z.B. Versandhandel oder Online-Dienstleistungen) an Kunden im Staat des Satzungssitzes erbracht werden. Möglich ist diese Konstellation, wenn der Staat des Satzungssitzes eine Trennung von Satzungssitz und tatsächlichem Verwaltungssitz zulässt, was in Deutschland der Fall ist.[336] So könnte z.B. eine Aktiengesellschaft mit Satzungssitz in Deutschland gegründet werden, die Verwaltungssitz und Hauptniederlassung in Frankreich hat. Erfolgt in dieser Situation eine grenz-

---

329 *Thode* in BeckOK ZPO, Art. 63 Brüssel Ia-VO Rn. 6.
330 *Janisch*, Grenzüberschreitende Sitzverlegung, S. 195.
331 *Thode* in BeckOK ZPO, Art. 63 Brüssel Ia-VO Rn. 8.
332 OLG München, Urt. v. 6. Juli 2011 – Az.: 5 U 710/20, juris, Rn. 37; Vgl. auch *Thode* in BeckOK ZPO, Art. 63 Brüssel Ia-VO Rn. 9.
333 Statt aller *Stadler/Krüger* in Musielak/Voit, ZPO, Art. 63 EuGVVO Rn. 1.
334 In diese Richtung *Janisch*, Grenzüberschreitende Sitzverlegung, S. 196.
335 Siehe zur Centros Rechtsprechung, Kapitel 2, B. II. 1. und zur Auswirkung des Brexits auf UK Limiteds mit Verwaltungssitz in Deutschland bereits Kapitel 2, A. I. 2.
336 Vgl. für die Aktiengesellschaft *Wicke* in Grigoleit, AktG, § 5 Rn. 6.

überschreitende Verlegung des Satzungssitzes, könnten in Deutschland ansässige Kläger den einzigen allgemeinen Beklagtengerichtsstand im Inland verlieren.

aa) Verlust des inländischen Gerichtsstandes

Durch den Verlust des allgemeinen Beklagtengerichtsstandes im Inland würden die Interessen der Gläubiger nur beeinträchtigt, soweit kein weiterer (spezieller) Gerichtsstand besteht, der eine Klage im Inland ermöglicht. Insbesondere *Janisch* ist der Auffassung, dass Gläubiger in aller Regel weiterhin die Möglichkeit haben im vorherigen Sitzstaat der Gesellschaft zu klagen, weshalb es an einem besonderen Schutzbedürfnis fehlen soll.[337] Er begründet dieses Ergebnis insbesondere damit, dass Vertragsgläubiger bei fehlendem allgemeinen Gerichtsstand im Inland aufgrund von Art. 5 Nr. 1 a) und b) EuGVVO a.F. (inzwischen Art. 7 Nr. 1 a) und b) n. F.) auch am Leistungsort klagen können.[338] Gemäß Art. 5 Nr. 3 EuGVVO a.F. (Art. 7 Nr. 3 n. F.) können Ansprüche aus unerlaubter Handlung in dem Land eingeklagt werden, in dem das schädigende Ereignis eintritt, potenziell also auch im Inland. Vertragliche und deliktische Gläubiger können daher, so *Janisch*, „in aller Regel" im Wegzugsstaat klagen – oder zumindest in dem Staat, in dem bisher ein Gerichtsstand eröffnet war.[339] Schließlich können Verbraucher auf Grundlage von Art. 16 Abs. 1 EuGVVO a. F. (inzwischen Art. 18 n. F.) am eigenen Wohnsitz klagen.[340]

Bei genauerer Betrachtung lässt sich diese Aussage, insbesondere bezogen auf vertragliche Gläubiger, nicht vollumfänglich aufrechterhalten. Wie auch *Janisch* einräumt, besteht die Möglichkeit vertragliche Vereinbarungen über den Erfüllungsort zu treffen.[341] Entfällt im oben dargestellten Fall der allgemeine Gerichtsstand im Inland durch Sitzverlegung und besteht eine Vereinbarung über den Erfüllungsort, die diesen ins Ausland verlegt, entfällt für den Gläubiger die Möglichkeit im Inland zu klagen. Weiterhin ist nicht gesagt, dass der Erfüllungsort bei dem jeweiligen Vertragstyp überhaupt im Inland liegen muss. Liegt dieser im Ausland, verliert der Gläubiger im zugrunde gelegten Beispiel ebenfalls den einzigen inländischen Gerichtsstand. Gerade bei Dienstleistungen, die ausschließlich über das Internet oder über sonstige Telekommunikationsmedien erbracht werden (beispielsweise Beratungsleistungen), kann

---

337 *Janisch*, Grenzüberschreitende Sitzverlegung, S. 199.
338 Ebd., S. 196.
339 Ebd., S. 199.
340 Ebd., S. 198.
341 Siehe hierzu statt aller *Stadler/Krüger* in Musielak/Voit, ZPO, Art. 7 EuGVVO Rn. 15.

die Bestimmung des tatsächlichen Leistungsortes im Einzelfall Schwierigkeiten bereiten. Im Zweifelsfall soll der gewöhnliche Aufenthaltsort des Dienstleisters maßgeblich sein.[342] Im Fall von juristischen Personen wird man hierunter den Ort der effektiven Hauptverwaltung, nicht den Satzungssitz verstehen müssen.[343] Es zeigt sich also, dass der Erfüllungsort nicht zwingend im Inland liegen muss, sondern in dem gerade bemühten Beispiel auch im Land von Hauptverwaltung und Niederlassung verortet sein kann.

Auch wenn es sich hierbei um ein konstruiertes Beispiel handelt, ist keinesfalls ausgeschlossen, dass sich vergleichbare Fälle tatsächlich zutragen. Obwohl ein solcher Verlust in aller Regel nicht droht – wenn Gläubiger allein durch eine grenzüberschreitende Verlegung des Satzungssitzes den einzigen inländischen Gerichtsstand verlieren, ist ein entsprechendes Schutzbedürfnis nicht von vorneherein abzusprechen. Anderes würde nur gelten, wenn die Gefahr, den inländischen Gerichtsstand zu verlieren, auch außerhalb des Formwechsels in identischer Weise bestünde. In diesem Fall würde es sich nicht um ein formwechselspezifisches Problem handeln, dessen Lösung folglich auch nicht im Umwandlungsrecht zu suchen wäre.

bb) Formwechselspezifisches Risiko

Für Klagen gegen natürliche Personen richtet sich der allgemeine Gerichtsstand gemäß Art. 4 EuGVVO nach dem Wohnsitz des Beklagten. Bei grenzüberschreitendem Umzug des Beklagten folgt diesem der allgemeine Gerichtsstand ebenfalls ins Ausland. Zu einer Perpetuierung des Gerichtsstandes nach allgemein anerkannten Grundsätzen kommt es im Anwendungsbereich der EuGVVO erst mit Klageerhebung, also im Zeitpunkt der Anhängigkeit der Klage.[344] Gläubiger tragen demnach immer das Risiko, dass der Schuldner seinen Wohnsitz (nach deutschem Verständnis also den räumlichen Schwerpunkt seiner Lebensverhältnisse[345]) vor Klageerhebung ins Ausland verlegt und hierdurch der allgemeine Gerichtsstand im Inland entfällt. Allerdings besteht bei dem grenzüberschreitenden Formwechsel die Besonderheit, dass ein solcher Umzug

---

342 *Gottwald* in MüKoZPO, Bd. 3, Art. 7 Brüssel Ia-VO Rn. 31.

343 Siehe zur Rom I-VO *Rass-Masson* in BeckOGK ROM I-VO, Stand 1. September 2021, Art. 19 Rn. 15.

344 *Dörner* in Saenger, ZPO, Art 4 EuGVVO Rn. 4; *Gottwald* in MüKoZPO, Bd. 3, Art. 4 Brüssel Ia-VO Rn. 25; *Stadler* in Musielak/Voit, ZPO, Art. 4 EuGVVO Rn. 6.

345 H.M., vgl. statt aller *Hau* in BeckOK BGB, § 7 Rn. 11.

unter dem Schutz der Niederlassungsfreiheit durch isolierte Satzungssitzverlegung durchgeführt werden kann.[346] Während die Verlegung des Wohnsitzes ins Ausland (oder des Verwaltungssitzes einer Gesellschaft) mit einer tatsächlichen Vermögensverlagerung (Umzug) verbunden ist, stellt sich die isolierte Satzungssitzverlegung als rein registerrechtlicher Vorgang dar. Die Möglichkeit, den Satzungssitz ohne Vermögensverlagerung ins Ausland zu verlegen, unterscheidet den Formwechsel von einem tatsächlichen Umzug des Schuldners. Verglichen mit dem möglichen Verlust des inländischen Gerichtsstandes nach Art. 4 EuGVVO besteht demnach eine formwechselspezifische Besonderheit. Der Schluss, der Wechsel der gesetzlichen Verbandsverfassung alleine würde den Verlust des inländischen Gerichtsstandes nicht herbeiführen, weshalb es sich nicht um ein formwechselspezifisches Risiko handeln soll,[347] lässt sich, soweit es um eine isolierten Satzungssitzverlegung geht, nicht aufrecht halten.

Der grenzüberschreitende Formwechsel durch isolierte Satzungssitzverlegung kann demnach im (seltenen) Einzelfall zu einer durch den Formwechsel bedingten Beeinträchtigung von Gläubigerinteressen führen. Die Frage, ob ein hierauf zugeschnittenes Schutzinstrument implementiert werden sollte, kann nicht pauschal mit Verweis auf die (unbestreitbar) geringe Wahrscheinlichkeit der Gefährdung verneint werden. Vielmehr ist zu fragen, ob ein entsprechendes Instrument einen der Gefährdung angemessenen Schutz bietet, ohne die Interessen des formwechselnden Rechtsträgers übermäßig zu beeinträchtigen.[348]

b) Gerichtsstandsvereinbarung

Der Verlust des inländischen Gerichtsstands kann nicht nur unter den allgemeinen Bestimmungen der EuGVVO eintreten, sondern auch aufgrund von zulässigerweise geschlossenen Gerichtsstandsvereinbarungen. Solche sind auch auf europäischer Ebene auf Grundlage von Art. 25 EuGVVO möglich. Demnach können Parteien vertraglich bestimmen, dass ein Gericht oder die Gerichte eines Mitgliedstaats über Rechtsstreitigkeiten aus einem bestimmten Rechtsverhältnis entscheiden sollen. Erforderlich ist, dass eine tatsächlich (formgerechte) Willenseinigung zwischen den Parteien vorliegt, aus der sich ein Gerichtsstand zumindest anhand objektiver Kriterien bestimmen lässt.[349] Der nach Art. 25

[346] Siehe Kapitel 2, B. II. 3.
[347] Siehe *Frank*, Formwechsel im Binnenmarkt, S. 181; Hierzu auch *Hilser*, Grenzüberschreitender Formwechsel, S. 85.
[348] Siehe hierzu ausführlich Kapitel 3, J.
[349] Statt aller *Stadler/Krüger* in Musielak/Voit, ZPO, Art. 25 EuGVVO Rn. 4; Siehe weiter-

EuGVVO wirksam vereinbarte Gerichtsstand verdrängt (vorbehaltlich eines erkennbaren abweichenden Parteiwillens) den allgemeinen und alle sonstigen (nicht ausschließlichen) Gerichtsstände.[350] Wenn die Parteien kein gesondertes Prorogationsstatut vereinbart haben, richtet sich die Auslegung der Gerichtsstandsvereinbarung in der Regel nach dem Statut des entsprechenden Hauptvertrages.[351]

Zu einem Verlust des Satzungssitzes im Inland durch eine Gerichtsstandsvereinbarung kann es demnach kommen, wenn die Auslegung der Vereinbarung ergibt, dass Gerichtsstand stets am aktuellen Satzungssitz im Zeitpunkt der Klageerhebung sein soll. Das OLG Bremen hat entschieden, dass eine Gerichtsstandsvereinbarung, nach der als Gerichtsstand der Hauptsitz des Auftraggebers bestimmt wird, im Zweifelsfall dahingehend auszulegen sein soll, dass die Parteien sich nicht im Zeitpunkt des Vertragsschlusses auf einen bestimmten Ort festlegen wollten, sondern den jeweiligen Geschäftssitz im Zeitpunkt der Klageerhebung für maßgeblich hielten.[352] Gleiches wird man für entsprechende Formulierungen bezüglich des Satzungssitzes annehmen können.[353] Jedenfalls wenn die Formulierung „jeweiliger Satzungssitz" in die Gerichtsstandsvereinbarung aufgenommen wird, ist dieses Verständnis im nationalen Kontext zwingend. Ob von den Parteien jedoch auch eine Verlagerung des Gerichtsstands ins Ausland gewollt ist, ist weniger eindeutig zu bestimmen. Regelmäßig wird man davon ausgehen müssen, dass die Parteien nicht wollen, dass Vertragsstatut und internationale Zuständigkeit durch nachträgliche Sitzverlegung auseinanderfallen. Zwingend ist dies jedoch nicht. Maßgeblich ist stets die Auslegung der Gerichtsstandsklausel im Einzelfall. Auch wenn vertragliche Vereinbarungen, nach denen der internationale Gerichtsstand dem Satzungssitz ins Ausland folgt, eher die Ausnahme darstellen dürften, sind sie keinesfalls undenkbar.

führend zur autonomen Auslegung des Begriffs der Gerichtsstandsvereinbarung im europäischen Kontext außerdem EuGH, Urt. V. 10. März 1992 – Rs- C 214/89, juris, Rn. 13 f. (noch zu Art. 17 EuGVÜ) sowie *Dörner* in Saenger, ZPO, Art. 25 EuGVVO Rn. 10 und *Gottwald* in MüKoZPO, Bd. 3, Art. 25 Brüssel Ia-VO Rn. 14.

350 Statt aller *Dörner* in Saenger, ZPO, Art. 25 EuGVVO Rn. 37.

351 BGH, Urt. v. 21. November 1996 – Az.: IX ZR 264/95, juris, Rn. 39; *Gottwald* in MüKoZPO, Bd. 3, Art. 25 Brüssel Ia-VO Rn. 22.

352 OLG Bremen, Beschl. v 28. Dezember 2011 – Az.: 2 W 123/11.

353 *Weber*, ZvglRWiss 2008, 193, 200 geht davon aus, dass dies nur dann gilt, wenn die Gerichtsstandsvereinbarung einzig dem Interesse der beklagten Partei dient, was in der hier untersuchten Konstellation regelmäßig zu bejahen sein dürfte.

Durch eine isolierte Satzungssitzverlegung könnten Gläubiger demnach bei entsprechender Vereinbarung den inländischen Gerichtsstand verlieren, weshalb eine Beeinträchtigung ihrer Interessen möglich ist. Allerdings ist zu beachten, dass Gläubiger sich vor diesem Risiko (theoretisch) selbst schützen können, indem sie einen Vertrag mit entsprechender Klausel nicht unterzeichnen. In Geschäftsfeldern mit großem Gefälle in der Verhandlungsmacht dürfte das Wegverhandeln einer entsprechenden Klausel jedoch regelmäßig nicht möglich sein. Bei der Abwägung zu der Frage, ob diese potenzielle Gefährdung über ein entsprechendes Schutzinstrument abgedeckt werden sollte, ist dennoch zu berücksichtigen, dass der jeweilige Gläubiger die Gefährdungslage mitgeschaffen hat.

c) Vollstreckung

Die Vollstreckung von Urteilen in den Mitgliedstaaten ist ebenfalls in der seit dem 10. Januar 2015 geltenden Neufassung der EuGVVO geregelt. Die Reformierung der Regelungen zur Vollstreckung stellte eine der wesentlichen Änderungen der Neufassung dar.[354] Die alte Fassung der EuGVVO garantierte nach Art. 33 Abs. 1 EuGVVO a.F. die europaweite Anerkennung von in den Mitgliedstaaten ergangenen Gerichtsentscheidungen nur hinsichtlich der prozessualen Wirkung der Entscheidungen.[355] Für die Zwangsvollstreckung war gemäß Art. 38 EuGVVO a.F. ein gesondertes Exequaturverfahren vorgesehen, nach dem ausländische Urteile durch förmlichen Verfahren im Vollstreckungsstaat für vollstreckbar erklärt werden mussten.[356]

Dieses Verfahren wurde durch die Neufassung insgesamt abgeschafft. Art. 39 EuGVVO sieht inzwischen vor, dass gerichtliche Entscheidungen, die nach dem Recht dieses Mitgliedstaats vollstreckbar wären, auch ohne gesonderte Vollstreckbarerklärung in den anderen Mitgliedstaaten vollstreckt werden können.[357] Die Belastung der Gläubiger durch die Notwendigkeit einer Vollstreckung im Ausland wurde folglich weiter reduziert. Man wird jedoch nicht bestreiten

---

354 *Alio*, NJW 2014, 2395; *Dörner* in Saenger, ZPO, Vorbemerkung zur EuGVVO, Rn. 3; *Stadler/Krüger* in Musielak/Voit, ZPO, Art. 39 EuGVVO Rn. 1: „rechtspolitisch wichtiger Verzicht".

355 Vgl. statt aller zum inhaltsgleichen Art. 36 Abs. 1 n.F. *Stadler/Krüger* in Musielak/Voit, ZPO, Art. 36 EuGVVO Rn. 2: „Anerkannt werden demnach die materielle Rechtskraft, die Präklusionswirkung, die Gestaltungswirkung und prozessuale Drittwirkungen, die Interventions- und Streitverkündungswirkung".

356 Vgl. zur Rechtslage nach der alten Fassung *Alio*, NJW 2014, 2395, 2396 sowie *Janisch*, Grenzüberschreitende Sitzverlegung, S. 200 ff.

357 *Gottwald* in MüKoZPO, Bd. 3, Art. 39 Brüssel Ia-VO Rn. 1.

können, dass sich eine Vollstreckung im Ausland (allein aufgrund der Sprachbarrieren) aufwändiger gestaltet als im Inland.[358] Selbst wenn der Vollstreckungstitel ohne weiteres anerkannt wird, muss der Gläubiger sich dennoch mit einem ihm unbekannten Vollstreckungsverfahren auseinandersetzen.

Hierbei handelt es sich allerdings nicht um eine kausal durch den Formwechsel verursachte Beeinträchtigung. Denn der grenzüberschreitende Formwechsel erfordert gerade keine grenzüberschreitende Verlagerung wirtschaftlicher Aktivität.[359] Art. 86b Nr. 2 der GesR-ERL erlaubt nach Maßgabe des Polbud-Urteils die isolierte Satzungssitzverlegung. Die Belegenheit der Wirtschaftsgüter, auf die der Gläubiger im Wege der Zwangsvollstreckung zugreifen kann, ändert sich nur durch weiteres Zutun von Seiten der Schuldnergesellschaft, weshalb es an einer zwingenden Kausalität fehlt.[360] Gegenteiliges lässt sich auch nicht aus den vom deutschen Gesetzgeber zur Sitzverlegung einer Societas Europaea angestellten Überlegungen ableiten. Der Gesetzgeber ging davon aus, dass eine Gefährdung von Gläubigern anlässlich der Sitzverlegung einer SE regelmäßig aus der Verlagerung wesentlicher Vermögensbestandteile ins Ausland resultieren könne.[361] Im Fall der Societas Europaea lässt sich wegen der nach Art. 7 SE-VO zwingenden Sitzeinheit argumentieren, die notwendige Verwaltungssitzverlegung würde die allgemeine Gefahr einer Vermögensverlagerung in spezifischer Weise erhöhen.[362] Für den grenzüberschreitenden Formwechsel überzeugt diese Erwägung jedoch gerade nicht, da die isolierte Satzungssitzverlegung zulässig ist. Soweit es überhaupt zu einer Vermögensverlagerung kommt, wird diese nicht kausal durch den Formwechsel verursacht.[363] Der Einwand von *Leydecker*, dass grenzüberschreitende Umwandlungsvorgänge „regelmäßig" mit einer Verlagerung des Verwaltungssitzes ins Ausland einhergehen, weshalb es sich bei der Vermögensverlagerung ins Ausland um ein umwandlungsspezifisches Problem handeln soll,[364] kann bezogen auf den Formwechsel nicht überzeugen. Ob bei einem grenzüberschreitenden Formwechsel auch eine Verlegung des Verwaltungssitzes erfolgt, wird in der Praxis regelmäßig von steuerrechtlichen Erwägungen abhängen. Es kann deshalb nicht ohne weiteres davon ausgegangen werden,

---

358 *Leydecker*, Gläubigerschutz bei grenzüberschreitenden Umwandlungen, S. 78; *Janisch*, Grenzüberschreitende Sitzverlegung, S. 204.
359 Siehe hierzu Kapitel 2, B. II. 3.
360 So auch *Hilser*, Grenzüberschreitender Formwechsel, S. 85.
361 BegrRegE BT-Drs. 15/3405, S. 35.
362 *Oechsler* in MüKoAktG, Bd. 7, Art. 8 SE-VO Rn. 48.
363 Ebenso *Hilser*, Grenzüberschreitender Formwechsel, S. 85.
364 *Leydecker*, Gläubigerschutz bei grenzüberschreitenden Umwandlungen, S. 79.

dass der Verwaltungssitz zusammen mit dem Satzungssitz verlegt wird.[365] Eine Verlagerung wesentlicher Vermögenswerte ins Ausland ist eine Gefahr, mit der Gläubiger prinzipiell immer zu rechnen haben. Der formwechselnde Rechtsträger wäre auch außerhalb des Formwechsels in der Lage, eine entsprechende Reallokation vorzunehmen. Auf zwangsvollstreckungsrechtlicher Ebene besteht demnach keine Gefährdungslage für Gläubiger, auf die mit einem entsprechenden umwandlungsrechtlichen Schutzinstrument reagiert werden müsste.

3. Zwischenfazit zum grenzüberschreitenden Formwechsel

Die spezifisch aus dem grenzüberschreitenden Charakter eines Formwechsels resultierenden Beeinträchtigungen von Gläubigerinteressen sind im Ergebnis überschaubar. Dem Problem von Insolvenztourismus durch grenzüberschreitende Satzungssitzverlegung begegnet der europäische Gesetzgeber auf insolvenzrechtlicher Ebene. Selbst wenn man die Regelung des Art. 3 Abs. 2 UAbs. 2 S. 2 EuInsVO wegen der nur dreimonatigen Frist als wenig effektiv ansehen mag, sollte der Gläubigerschutz nicht durch eine weitergehende Regelung im Umwandlungsrecht gewährleistet werden. Auch im Bereich der Zwangsvollstreckung werden Gläubiger durch einen grenzüberschreitenden Formwechsel nicht wesentlich schlechter gestellt. Art. 39 EuGVVO gewährleistet die Vollstreckbarkeit von innerhalb der EU ergangenen Urteilen ex lege. Soweit Gläubigern im Zusammenhang mit der Vollstreckung im Ausland gleichwohl ein Mehraufwand entsteht (z.B. Übersetzungs- oder Beratungskosten), liegt dieser nicht kausal im Formwechsel selbst begründet, da sich der Formwechsel (als rein rechtlicher Vorgang) nicht auf den Belegenheitsort des Haftungsvermögens auswirkt. Eine unmittelbar aus dem grenzüberschreitenden Charakter eines Formwechsels resultierende Gläubigerbeeinträchtigung kann sich jedoch in seltenen Einzelfällen aus dem Verlust des einzigen inländischen Gerichtsstandes ergeben. Ob dieser Umstand ein gesondertes Schutzinstrument rechtfertig, ist durch Interessenabwägung zu ermitteln.[366]

---

365 *Reers/Kraut*, DK 2022, 357, 362 gehen im Gegenteil sogar davon aus, dass wegen etwaiger steuerlicher Implikationen in der Regel keine Vermögensverlagerung ins Ausland erfolgen wird.

366 Siehe hierzu Kapitel 3, J. III. 1. c).

VI. Ergebnis zur Beeinträchtigung von Gläubigerinteressen

Die vorangegangene Untersuchung hat gezeigt, dass sich eine konkrete Gefährdung von Gläubigerinteressen durch einen Formwechsel nicht ohne weiteres begründen lässt. Dies gilt sowohl im nationalen als auch im grenzüberschreitenden Kontext. Die Kontinuität des Gesellschaftsvermögens macht eine konkrete Beeinträchtigung der Gläubiger zunächst unwahrscheinlich. Der Gesetzgeber nennt als gläubigergefährdende Komponente des Formwechsels in der Begründung zum UmwG 1994 lediglich den Wegfall der Kapitalbindung. Dieser ist, wie aufgezeigt, sowohl beim Wechsel von der Kapital- in die Personengesellschaft als auch (in Form der Lockerung) beim Wechsel von AG in die GmbH möglich.[367] Eine vergleichbare Situation besteht, wenn der Erwerb eigener Anteile in der neuen Gesellschaftsform unter weniger strengen Voraussetzungen möglich ist.[368] In allen Fällen ändern sich dem Gläubigerschutz dienende Vorschriften zur Kapitalaufbringung, Kapitalerhaltung und Haftung zum Nachteil der Gläubiger. Den verschiedenen Fallgruppen der Gläubigerbeeinträchtigung ist gemein, dass die Gesellschafter des formwechselnden Rechtsträgers in die Lage versetzt werden, in einem zuvor nicht möglichen Ausmaß Kapital aus der Gesellschaft abzuziehen. Der Formwechsel schafft eine abstrakte Gefährdungssituation, die sich durch eine weitere Handlung der Gesellschafter jederzeit konkretisieren kann. Aus Gläubigersicht liegt der zentrale Gefährdungstatbestand demnach in der rechtsformbedingt gesteigerten Einwirkungsmöglichkeit der Anteilseigner auf die Vermögenslage des formwechselnden Rechtsträgers. Von einer konkreten Gefährdungslage schon im Zeitpunkt des Formwechsels ist vor diesem Hintergrund nur dann auszugehen, wenn die Anteilseigner einen Kapitalabzug beabsichtigen, der Formwechsel also nur durchgeführt wird, um eine geplante Verringerung der Haftungsmasse zu ermöglichen. Dieses Verständnis ist auch in der Gesetzesbegründung angedeutet, nach der Gläubigerschutz notwendig ist, weil der Formwechsel eine Vermögensentnahme zum Nachtteil der Gläubiger ermöglichen kann.[369] Auch der Gesetzgeber hat demnach die eigentliche Kapitalentnahme als zentrales Problem gesehen. Sonderfällen wie die weniger strenge Haftung für offene Einlagenforderungen oder Durchgriffshaftung kommt hingegen geringere Bedeutung zu.

---

367 Siehe Kapitel 2, C. II 4. und 5.
368 Siehe Kapitel 2, C. II 4. b).
369 BegrRegE BR-Drs 75/94, S. 145.

Auch im grenzüberschreitenden Kontext werden Gläubiger insbesondere durch weniger günstige Kapitalerhaltungsvorschriften im Zielrechtsstaat und die Nutzung des hieraus resultierenden Ausschüttungspotentials gefährdet.[370] Weiterhin ist nicht gänzlich ausgeschlossen, dass Gläubiger in seltenen Einzelfällen den einzigen inländischen Gerichtsstand verlieren und zur kosten- und zeitaufwendigen Rechtsdurchsetzung im Ausland gezwungen werden.[371] Die Erschwerung der Zwangsvollstreckung durch Verlagerung des Vermögens ins Ausland stellt allerdings kein formwechselspezifisches Risiko dar.[372] Der Gefahr von Insolvenztourismus ist auf dem Gebiet des Insolvenz- und nicht des Umwandlungsrechts zu begegnen.[373]

Es lässt sich also zusammenfassen, dass Gläubiger im Falle eines nationalen oder grenzüberschreitenden Formwechsels regelmäßig nur abstrakten Gefahren ausgesetzt sind, die durch weitere Ereignisse konkretisiert werden (können). Dem muss bei Ausgestaltung der Schutzinstrumente Rechnung getragen werden. Die besondere Herausforderung liegt dabei darin, dass sich das konkrete Ausmaß der Gefährdung im Zeitpunkt des Formwechsels kaum an objektiven Kriterien festmachen lässt, sondern durch das weitere Verhalten der Gesellschafter bestimmt wird. Die wesentliche Gefährdung für Gläubiger ist darin zu sehen, dass die Anteilseigner einen Formwechsel durchführen, um die Kapitalschutzvorschriften der Ausgangsrechtsform außer Kraft zu setzen und dem Rechtsträger nach dem Formwechsel Kapital entziehen – also in einer Umgehung der Kapitalschutzvorschriften.

---

370 Allein durch abstrakt geringeres Schutzniveau der Kapitalaufbringungs- oder -erhaltungsregeln wird jedoch auch im grenzüberschreitenden Kontext noch keine konkrete Gefährdung begründet, siehe Kapitel 2, C. II. 4. a) und statt vieler *Polley* in Henssler/Strohn, GesR, § 314 UmwG Rn. 9.

371 Siehe Kapitel 2, C. V. 2.

372 Siehe Kapitel 2, C. V. 2. c).

373 Siehe Kapitel 2, C. V. 1. c).

Kapitel 3

Gläubigerschutz und Rechtswahl

Nachdem die rechtlichen Rahmenbedingungen des nationalen und grenzüberschreitenden Formwechsels und die hieraus resultierenden Gefahren für Gläubiger dargelegt wurden, sollen nun auf dieser Grundlage die einzelnen gesetzlich verankerten und de lege ferenda denkbaren Gläubigerschutzinstrumentarien untersucht werden.

Dem Grunde nach lassen sich umwandlungsrechtliche Gläubigerschutzinstrumente mit *Karsten Schmidt* in zwei Kategorien einteilen. Solche, die dem institutionellen und solche die dem individuellen Gläubigerschutz dienen. Nach diesem Verständnis basiert institutioneller Gläubigerschutz auf „rein objektivem Recht, ist generalpräventiv angelegt und handelt nicht von subjektiven Rechten einzelner Gläubiger."[374] Individueller Gläubigerschutz hat demgegenüber „Haftungs- und Sicherstellungsansprüche zugunsten individualisierbarer Unternehmensgläubiger" zum Gegenstand.[375] Obgleich die Ansätze sich in ihrem Anknüpfungspunkt unterscheiden, können sie jeweils in subjektiven Gläubigerrechten resultieren.[376] Man könnte eine vergleichbare Kategorisierung auch danach vornehmen, ob das jeweilige Gläubigerschutzinstrument auch ohne Mitwirkung des Gläubigers greift (passives Schutzinstrument), oder der Gläubiger seinerseits tätig werden muss (aktives Schutzinstrument). Weiterhin können Schutzinstrumente sowohl unmittelbar in den umwandlungsrechtlichen Vorschriften verankert, oder aber in anderen Gesetzen verortet sein und über Verweise zur Anwendung gebracht werden. Zuletzt kann auch danach differenziert werden, ob der jeweilige Mechanismus Alt- oder Neugläubiger schützt. In einem ganzheitlichen System des Gläubigerschutzes stehen diese einzelnen Kategorien jedoch nicht nebeneinander oder schließen sich aus. Ganz im Gegenteil können sie ineinandergreifen, sich überschneiden oder wechselseitig ergänzen. Ziel eines funktionierenden Gläubigerschutzsystems muss es deshalb sein, die einzelnen Instrumentarien dergestalt ineinander zu verzahnen, dass sie ein schlüssiges Gesamtsystem bilden.

---

374 *Schmidt*, ZGR 1993, 367.
375 Ebd.
376 Ebd., 368.

A. Krieg, *Gläubigerschutz und Rechtswahl*, Juridicum – Schriftenreihe zum Wirtschafts-, Unternehmens- und Bankrecht / Series on Business, Corporate and Banking Law, https://doi.org/10.1007/978-3-658-53170-6_3

A. Rechtsformzwänge außerhalb des UmwG

Obwohl sie sich nicht unmittelbar aus dem UmwG ergeben sollen spezialgesetzlich geregelte Rechtsformzwänge als Instrumente des institutionellen Gläubigerschutzes nicht gänzlich unerwähnt bleiben, da sie der Formwechselfreiheit teilweise (faktische) Grenzen setzen. Derartige Rechtsformzwänge finden sich beispielsweise für Versicherungsunternehmen in § 8 Abs. 2 VAG, nach dem die Erlaubnis zum Betrieb eines Versicherungsunternehmens nur Aktiengesellschaften einschließlich der Europäischen Gesellschaft, Versicherungsvereinen auf Gegenseitigkeit sowie Körperschaften und Anstalten des öffentlichen Rechts erteilt werden darf. Hintergrund dieses Numerus clausus der Rechtsformen im Versicherungsaufsichtsrecht ist die Überlegung, dass das Versicherungsgeschäft zum Schutz der Versicherten (d.h. der Gläubiger) nur von Gesellschaften mit solchen Rechtsformen betrieben werden soll, die den Erhalt des Eigenkapitals in besonderer Weise gewährleisten.[377] Ein weiteres Beispiel für Rechtsformzwänge findet sich in § 18 Abs. 1 KAGB, nach dem externe Kapitalverwaltungsgesellschaften nur in der Rechtsform der Aktiengesellschaft, der Gesellschaft mit beschränkter Haftung oder der Kommanditgesellschaft, bei der persönlich haftender Gesellschafter ausschließlich eine Gesellschaft mit beschränkter Haftung ist, betrieben werden dürfen. Mit diesem Rechtsformzwang sollte ursprünglich die Veröffentlichung des Jahresabschlusses und der Kapitalschutz sichergestellt werden.[378]

I. Auswirkungen auf den Formwechsel

Die Auswirkungen eines spezialgesetzlichen Rechtsformzwangs auf den Formwechsel sind im UmwG nicht allgemein geregelt. Für den Versicherungsverein auf Gegenseitigkeit (VVaG) sieht § 291 UmwG vor, dass ein Formwechsel in die Rechtsform einer Aktiengesellschaft möglich ist, sofern es sich bei dem formwechselnden Rechtsträger nicht um einen kleineren Verein im Sinne des § 210 des Versicherungsaufsichtsgesetzes handelt. Die Norm gewährleistet den numerus clausus der Rechtsformen für Versicherungsunternehmen aus umwandlungsrechtlicher Perspektive.[379] Überdies erlaubt § 291 UmwG einen Formwechsel nur für einen großen VVaG. Kleineren VVaG, die nach der gesetz-

---

377 *Pohlmann* in Kaulbach/Bähr/Pohlmann, VAG, § 8 Rn. 14.
378 *Winterhalter* in Weitnauer/Boxberger/Anders, KAGB, § 18 Rn. 7.
379 *Niemeyer* in Semler/Stengel/Leonard, UmwG, § 291 Rn. 2.

lichen Konzeption des § 210 Abs. 1 VAG einen sachlich, örtlich oder dem Personenkreis nach eng begrenzten Wirkungskreis haben, ist der Formwechsel in eine Aktiengesellschaft verwehrt.[380] Hierdurch soll sichergestellt werden, dass kleinere VVaG nicht allein aufgrund eines Formwechsels sämtlichen Vorschriften des Versicherungsaufsichtsrechts unterstellt werden.[381]

Der Rechtsformzwang des § 18 Abs. 1 KAGB hat demgegenüber keine direkte Auswirkung auf den Formwechsel durch Einschränkung der Zielrechtsform. Dies leuchtet ein, da für externe Kapitalverwaltungsgesellschaften keine dezidierte Rechtsform wie der VVaG zur Verfügung steht, sondern der Betrieb von Kapitalverwaltungsgesellschaften lediglich an die Rechtsform einer Kapitalgesellschaft geknüpft ist. Die Rechtsform selbst ist jedoch kein Tatbestandsmerkmal der Kapitalverwaltungsgesellschaft im Sinne des KAGB, weshalb ein Unternehmen auch dann eine Kapitalverwaltungsgesellschaft sein kann, wenn es in einer unzulässigen Rechtsform betrieben wird.[382] Dementsprechend kann eine Kapitalverwaltungsgesellschaft einen Formwechsel in eine nach § 18 Abs. 1 KAGB unzulässige Rechtsform durchführen. Allerdings berechtigt ein solcher nachträglicher Wechsel aus den nach § 18 Abs. 1 KAGB zulässigen Rechtsformen die BaFin zum Widerruf der Betriebserlaubnis des Unternehmens.[383]

Für grenzüberschreitende Umwandlungen wurde durch das UmRUG eine weitergehende Klarstellung für erlaubnispflichtige Geschäftstätigkeiten unter KWG, ZAG, WpIG, KAGB und VAG aufgenommen.[384] Danach erlischt eine nach den einschlägigen Normen des jeweiligen Gesetzes erteilte Erlaubnis im Fall einer Herausumwandlung automatisch und im Falle einer Hereinumwandlung muss das jeweilige Zulassungsverfahren durchlaufen werden.[385] Die jeweiligen Gesetze schließen einen (grenzüberschreitenden) Formwechsel somit nicht grundsätzlich aus, knüpfen an einen solchen Formwechsel jedoch faktische Folgen (den Verlust der Erlaubnis für die Geschäftstätigkeit), die regelmäßig dazu führen dürften, dass die Attraktivität des Formwechsels aus Sicht der Gesellschaft abnimmt.

---

380 *Rinke* in Schmitt/Hörtnagl, UmwG/ UmwStG, § 291 Rn. 2; Siehe zur Frage der analogen Anwendung auf kleine Versicherungsunternehmen im Sinne des § 211 VAG *Scheel/Harzenetter* in BeckOGK UmwG, Stand 1. Juli 2024, § 291 Rn. 16.1.

381 *Niemeyer* in Semler/Stengel/Leonard, UmwG § 291 Rn. 4; *Rinke* in Schmitt/Hörtnagl, UmwG/ UmwStG, § 291 Rn. 2.

382 *Winterhalder*, in Weitnauer/Boxberger/Anders, KAGB, § 18 Rn. 6.

383 Ebd.

384 *J. Schmidt*, NZG 2022, 986.

385 *Bungert/Strothotte*, DB 2022, 1818, 1822; *J. Schmidt*, NZG 2022, 986.

II. Bewertung

Inwiefern ein Rechtsformzwang zum Schutz von Stakeholder-Interessen (und somit zum Gläubigerschutz) geeignet und erforderlich ist, hängt insbesondere von der Frage ab, ob der mit dem Formzwang verfolgte Schutzzweck nicht (auch oder sogar besser) mit einer spezialgesetzlichen Regelung erreicht werden kann. Im Versicherungsaufsichtsrecht wird der Rechtsformzwang als gerechtfertigt und notwendig angesehen. Als Argument hierfür werden unter anderem das besondere öffentliche Interesse am dauerhaften Bestand und der Leistungsfähigkeit von Versicherungsunternehmen,[386] die strukturell höhere Missbrauchsanfälligkeit von GmbH und Personengesellschaften,[387] sowie die Notwendigkeit, den Eigenkapitalschutz in besonderer Weise zu gewähren,[388] genannt. Der im KAGB vorgeschriebene Rechtsformzwang sieht sich dagegen Kritik ausgesetzt, da die ursprünglich mit der Vorschrift verfolgten Ziele inzwischen durch andere, spezialgesetzliche Vorschriften erfüllt werden. So wird der Zweck, die gesetzliche Verpflichtung zur Prüfung und Veröffentlichung des Jahresabschlusses sicherzustellen, inzwischen von § 38 KAGB erreicht und der mit dem Rechtsformzwang weiterhin beabsichtigte Kapitalschutz durch § 25 KAGB gewährleistet.[389]

Aus verfassungsrechtlicher Sicht stellen Rechtsformzwänge Eingriffe in den Schutzbereich der Vereinigungsfreiheit Art. 9 Abs. 1 GG, der Berufsfreiheit Art. 12 GG und des Eigentums Art. 14 GG dar.[390] Ob dieser Eingriff verfassungsrechtlich zulässig ist, hängt davon ab, ob er durch ausreichende Gründe gerechtfertigt ist und dem Grundsatz der Verhältnismäßigkeit entspricht, also insbesondere zur Erreichung des verfolgten Zwecks geeignet, erforderlich und angemessen ist.[391] Ob dies der Fall ist, hängt maßgeblich von dem jeweils mit dem Rechtsformzwang verfolgten Zweck und der dem jeweiligen Rechtsgebiet zugrundeliegenden Gefährdungssituation der Stakeholder ab.

Eine weiterführende Untersuchung und Bewertung der spezialgesetzlichen Rechtsformzwänge soll hier jedoch unterbleiben, da der Formzwang jeweils an

---

386 *Schwarz* in BeckOK VAG, § 8 Rn. 1.
387 *Brand* in Brand/Baroch Castellvi, VAG, § 8 Rn. 11.
388 *Pohlmann* in Kaulbach/Bähr/Pohlmann, VAG, § 8 Rn. 14.
389 *Thole* in Emde/Dornseifer/Dreibus, KAGB, § 18 Rn. 3; *Winterhalder*, in Weitnauer/Boxberger/Anders, KAGB, § 18 Rn. 7.
390 Vgl. zu § 8 VAG *Brand* in Brand/Baroch Castellvi, VAG, § 8 Rn. 11 m.w.N.
391 Siehe zur Rechtfertigung von Eingriffen in Art. 12 GG insb. BVerfG, Beschl. v. 22. Mai 1996 – Az.: 1 BvR 744/88, NJW 1996, 3067, 3068.

die Ausübung einer bestimmten (erlaubnispflichtigen) Geschäftstätigkeit gekoppelt ist und sich Angemessenheit und Erforderlichkeit nur vor Hintergrund der jeweiligen Geschäftstätigkeit erörtern lassen. Eine vertiefte Aufarbeitung der einzelnen Rechtsformzwänge würde daher vom Schwerpunkt der eigentlichen Untersuchung wegführen. Es muss daher an dieser Stelle bei der allgemeinen Feststellung bleiben, dass die Erforderlichkeit (und damit die verfassungsrechtliche Zulässigkeit) eines Rechtsformzwangs immer dann in besonderem Maße in Frage steht, wenn weitere spezialgesetzliche Schutzmechanismen bestehen, die in eine ähnliche Richtung zielen wie der Rechtsformzwang.[392]

B. Untersagung des Formwechsels

Die generelle Untersagung eines Formwechsels stellt die denkbar drastischste Form des institutionellen Gläubigerschutzes dar. Hierdurch können Fallgruppen, in denen abstrakt eine übermäßige Beeinträchtigung von Gläubigerinteressen droht, ohne Rücksicht auf den konkreten Einzelfall geregelt werden. Dabei drängt sich auf, dass sich die Anzahl der entsprechenden Fallgruppen in engen Grenzen halten muss, da ein abstraktes Totalverbot erheblich in die Interessen des formwechselnden Rechtsträgers (beziehungsweise dessen Gesellschaftern) eingreift. Ein Totalverbot ist nur dort angebracht, wo eine erhebliche Beeinträchtigung von Gläubigerinteressen zu befürchten ist. Entsprechende abstrakte Verbote finden sich sowohl im UmwG als auch in der GesR-ERL. Sie stellen einerseits das weitreichendste Schutzinstrument dar und nehmen andererseits eine Sonderstellung im System des Gläubigerschutzes ein. Wo ein Totalverbot greift, entfällt die Notwendigkeit für alle weiteren Schutzinstrumente. Es steht demnach in seiner Wirkweise isoliert von den übrigen Mechanismen.

I. § 191 Abs. 3 UmwG – partielles Verbot für aufgelöste Rechtsträger

§ 191 Abs. 1 und 2 UmwG enthalten eine abschließende Aufzählung der Rechtsträger, die an einem Formwechsel beteiligt sein können.[393] Der Gesetzgeber hat einen numerus clausus der zulässigen Formwechselvorgänge vorgegeben.[394] Dieser Katalog wird jedoch durch § 191 Abs. 3 UmwG hinsichtlich aufgelöster Gesellschaften partiell eingeschränkt. Ein Formwechsel ist bei aufgelösten

392 Für eine Verfassungswidrigkeit von § 18 KAGB deshalb *Schücking* in Moritz/Klebeck/Jesch, FK-KapAnlR, Bd. 1, § 18 Rn. 11 f.

393 Statt aller *Zessel/Schwanna* in Semler/Stengel/Leonard, UmwG, § 191 Rn. 1.

394 Siehe grundlegend zum dem in § 1 Abs. 2 UmwG verankerten, allgemeinen numerus clausus des UmwG *Karsten Schmidt*, Gesellschaftsrecht, § 13 I. 3.

Rechtsträgern nur möglich, sofern die Fortsetzung in der bisherigen Rechtsform noch beschlossen werden kann. Maßgeblich ist nicht der Beschluss, sondern die Möglichkeit der Fortsetzung.[395] Ob eine Fortsetzung möglich ist, ist nach den auf den formwechselnden Rechtsträger anwendbaren Vorschriften zu bestimmen.[396] Mit § 191 Abs. 3 UmwG soll sichergestellt werden, dass im Zeitpunkt des Formwechsels noch Vermögen besteht, das den Gläubigern nach dem Formwechsel weiterhin zur Verfügung steht.[397] Der Formwechsel wird demnach aus Gründen des Gläubigerschutzes für aufgelöste Rechtsträger grundsätzlich eingeschränkt. Aufgrund des Verweises auf die Möglichkeit der Fortsetzung ergeben sich für das Formwechselverbot jedoch rechtsformspezifische Unterschiede.

1. Fortsetzung der Aktiengesellschaft

Bei der AG erfordert die Fortführung gemäß § 274 Abs. 1 S. 1 AktG dass noch nicht mit der Verteilung des Vermögens an die Aktionäre begonnen wurde.[398] Dies ist konsequent, gilt bei der AG doch das strenge Verbot der Einlagenrückgewähr § 57 AktG.[399] § 274 Abs. 1 S. 1 AktG sichert diese gläubigerschützende Kapitalerhaltung auch über den Auflösungszeitpunkt hinaus gegen Umgehungsversuche ab.[400] § 191 Abs. 3 UmwG und § 274 Abs. 1 S. 1 AktG stellen demnach sicher, dass das Haftkapital im Zeitpunkt des Formwechsels unabhängig von der zwischenzeitlichen Auflösung der Gesellschaft noch in voller Höhe vorhanden ist. Mangels entsprechender Anordnung in § 274 Abs. 1 AktG ist jedoch nach ganz überwiegender Auffassung nicht erforderlich, dass das Aktivvermögen der AG das satzungsmäßige Grundkapital oder das gesetzliche Mindestkapital erreicht. Lediglich die Überschuldung der Gesellschaft schließt eine Fortsetzung aus.[401] Das ist nur folgerichtig, da dem Grundkapital gerade nicht die Funktion eines Garantiekapitals zukommt. Gläubiger können demnach

[395] *Klaaßen-Kaiser* in MünchHB GesR, Bd. 8, § 32 Einbezogene Rechtsträger, Rn. 54; *Zessel/Schwanna* in Semler/Stengel/Leonard, UmwG, § 191 Rn. 16, Fn. 39; *Winter* in Schmitt/Hörtnagl, UmwG/UmwStG, § 191 UmwG Rn. 35.

[396] Statt aller *Drinhausen/Keinath* in Henssler/Strohn GesR, § 191 UmwG Rn. 8.

[397] *Hoger* in Lutter, UmwG, § 191 Rn. 9; *Klaaßen-Kaiser* in MünchHB GesR, Bd. 8, § 32 Einbezogene Rechtsträger, Rn. 54; *Zessel/Schwanna* in Semler/Stengel/Leonard, UmwG, § 191 Rn. 16.

[398] Statt aller *Bachmann* in BeckOGK AktG, Stand 1. Oktober 2025, § 274 Rn. 7.

[399] Siehe hierzu bereits Kapitel 2, C. II. 4. a).

[400] *Bachmann* in BeckOGK AktG, Stand 1. Oktober 2025, § 274 Rn. 7: „Scheinliquidation"; *Drygala* in Lutter, UmwG, § 3 Rn. 25; *Koch* in MüKoAktG, Bd. 4, § 274 Rn. 20.

[401] *Bachmann* in BeckOGK AktG, Stand 1. Oktober 2025, § 274 Rn. 8; *Drescher* in Henssler/Strohn, GesR, § 274 AktG Rn. 3; *Koch* in MüKoAktG, Bd. 4, § 274 Rn. 22; Anderes gilt jedoch, wenn die Fortsetzung zugleich auch eine wirtschaftliche Neugründung darstellt, vgl. BGH, Vers. Urt. v. 10. Dezember 2013 – Az.: II ZR 53/12, juris (zur GmbH).

ohnehin nicht darauf vertrauen, dass es nicht von Verlusten aufgezehrt wurde.[402] Nach allgemeiner Auffassung ist das Verbot der Vermögensverteilung strikt zu beachten. Die nachträgliche Rückführung von verteiltem Vermögen lässt die Möglichkeit der Fortsetzung und somit des Formwechsels nicht mehr aufleben.[403] § 291 Abs. 3 UmwG in Verbindung mit § 274 Abs. 1 S. 1 AktG verbietet einen Formwechsel also dann, wenn bei einer in Liquidation befindlichen AG die Vorgaben zur Kapitalerhaltung nicht strikt eingehalten wurden.

2. Fortsetzung bei der GmbH

a) Streitstand

Ob ein vergleichbares Verbot auch für die GmbH gilt, ist umstritten. Nach überwiegender Meinung schließt die Verteilung von Vermögen auch bei der GmbH die Fortführung aus.[404] Für diese an § 274 Abs. 1 S. 1 orientierte Auffassung wird insbesondere der Gedanke der Rechtssicherheit und Rechtsklarheit sowie das Fehlen einer der Gründungskontrolle vergleichbaren Kontrolle beim Formwechsel ins Feld geführt.[405] Die Gegenauffassung hält demgegenüber eine Fortsetzung auch bei erfolgter Auszahlung von Kapital an Gesellschafter für möglich, solange in der Ausschüttung kein Verstoß gegen § 30 GmbHG liegt.[406] Eng damit verknüpft ist die Frage, ob die Gesellschaft zur Fortsetzung (und somit auch für den Formwechsel) über das gesetzliche Mindestkapital oder sogar über das satzungsmäßig festgelegte Nominalkapital verfügen muss, oder ob es vielmehr ausreicht, dass die Gesellschaft nicht

---

402 Siehe bereits Kapitel 2, C. II.

403 Dies stellt eine bewusste gesetzgeberische Abkehr von der Rechtsprechung des Reichgerichts dar, welche grundsätzlich eine nachträgliche Rückführung des Vermögens ausreichen ließ, vgl. RGZ 118, 337, 340; *Bachmann* in BeckOGK AktG, Stand 1. Oktober 2025, § 274 Rn. 7; *Koch* in MüKoAktG, Bd. 4, § 274 Rn. 2; *Koch* in Koch, AktG, § 274 Rn. 4.

404 OLG Celle, Beschl. v. 3. Januar 2008 – Az.: 9 W 124/07; Vgl. *Haas* in Noack/Servatius/Haas, GmbHG, § 60 Rn. 121 m.w.N; inzwischen auch der der BGH, siehe den Beschl. v. 8. April 2020 – Az.: II ZB 3/19.

405 *Arnold* in Henssler/Strohn, GesR, § 60 GmbHG Rn. 64; *Casper* in Habersack/Casper/Löbbe, GmbHG, Bd. 3, § 60 Rn. 131; *Haas* in Noack/Servatius/Haas, GmbHG § 60 Rn. 121: „[…] weil dadurch die Schranke zwischen GesVermögen und GfterVermögen nachhaltig durchbrochen ist"; Im Ergebnis inzwischen auch *Berner* in MüKoGmbHG, Bd. 3, § 60 Rn. 254.

406 *Wicke* in Wicke GmbHG, § 60 Rn. 12; Weitergehend *Altmeppen* in Altmeppen, GmbHG, § 60 Rn. 44: „Es reicht aus, dass der Auflösungsgrund beseitigt und die Gesellschaft weder insolvenzreif noch masselos ist"; Siehe auch *Berner* in MüKoGmbHG, Bd. 3, § 60 Rn. 253 m.w.N.

überschuldet ist.[407] Der BGH hat klargestellt, dass die Grundsätze der wirtschaftlichen Neugründung auch in der Liquidation einer GmbH Anwendung finden,[408] das Stammkapital also bei einer solchen Neugründung bestehen muss. Hieraus wird der Umkehrschluss gezogen, dass es in allen anderen Fällen auf eine Deckung des Stammkapitals nicht ankommen kann.[409]

b) Stellungnahme

Zunächst ist festzuhalten, dass es für die Fortsetzung einer GmbH nicht darauf ankommen kann, dass das gesetzliche Mindest- oder satzungsmäßiges Stammkapital noch vorhanden ist.[410] Anderes kann nur gelten, wenn der Fall einer wirtschaftlichen Neugründung vorliegt.[411] Denn das Stammkapital bildet, ebenso wie das Grundkapital der AG, kein dauerhaftes Garantiekapital, auf dessen Erhalt Gläubiger vertrauen könnten.[412] Die Fortsetzung der Gesellschaft stellt aber grundsätzlich nur eine Änderung der Zweckbestimmung, keine erneute Gründung dar,[413] weshalb Gläubiger gerade keine Unversehrtheit des Stammkapitals erwarten können.[414] Außerdem ist zu beachten, dass die herrschende Meinung im Rahmen des § 274 Abs. 1 S. 1 AktG keine Deckung des Grundkapitals fordert.[415] Bei der GmbH – die grundsätzlich durch weniger strenge Kapitalaufbringungs- und Erhaltungsvorschriften geprägt ist – kann nichts anderes gelten. Im umwandlungsrechtlichen Kontext ist diese Frage jedoch weniger entscheidend, da der Schutz der Gläubiger hinsichtlich des statutarischen Kapitals nach dem Formwechsel ohnehin zusätzlich durch Kapitalfortschreibung § 247 Abs. 1 UmwG und das Gebot der Reinvermögensdeckung § 220 Abs. 1 UmwG gewährleistet wird.[416]

---

407 Vgl. *Berner* in MüKoGmbHG, Bd. 3, § 60 Rn. 255 ff. und *Haas* in Noack/Servatius/Haas, GmbHG, § 60 Rn. 122 m.w.N.

408 BGH, Vers. Urt. v. 10. Dezember 2013 – Az.: II ZR 53/12, juris.

409 *Karsten Schmidt*, DB 2014, 701 f.; Ihm folgend *Altmeppen* in Altmeppen, GmbHG, § 60 Rn. 39.

410 So inzwischen auch ausdrücklich der BGH, siehe den Beschl. v. 8. April 2020 – Az.: II ZB 3/19.

411 BGH, Vers. Urt. v. 10. Dezember 2013 – Az.: II ZR 53/12, juris; *Scheller* in Scholz, GmbHG, Bd. 3, § 60 Rn. 100.

412 Siehe hierzu bereits Kapitel 2, C. II.

413 BGH, Beschl. v. 8. April 2020 – Az.: II ZB 3/19; Siehe zu den Rechtsfolgen der Fortsetzung *Berner* in MüKoGmbHG, Bd. 3, § 60 Rn. 244.

414 *Casper* in Habersack/Casper/Löbbe, GmbHG, Bd. 3, § 60 Rn. 132; A.A. *Berner* in MüKoGmbHG, Bd. 3, § 60 Rn. 257.

415 Siehe Kapitel 3, B. I. 1.

416 Siehe hierzu Kapitel 3, C. I.

Hinsichtlich der Verteilung von Vermögen ist richtigerweise davon auszugehen, dass die Verteilung nicht zu einem generellen Ausschluss der Fortsetzung führen kann, da sich Ausmaße der Gläubigerbeeinträchtigung bei GmbH und AG grundlegend unterscheiden. § 274 Abs. 1 S. 1 AktG schützt vor einer Umgehung der Kapitalerhaltungsvorschrift § 57 AktG.[417] Der Schutz muss also ebenso weit wie der des § 57 AktG gehen, der grundsätzlich jede Ausschüttung von Gesellschaftsvermögen außerhalb der Gewinnverteilung untersagt.[418] Wendet man diesen Grundgedanken entsprechend auf die GmbH an, folgt daraus, dass nur eine das Stammkapital beeinträchtigende Vermögensverteilung zu einem Ausschluss der Fortsetzung führen kann.[419] Die Gläubiger können auch vor Auflösungsbeschluss nicht darauf vertrauen, dass über das satzungsmäßige Stammkapital hinausgehendes Vermögen nicht ausgeschüttet wird. Es hätte im Rahmen des § 30 GmbHG ohnehin abgezogen werden können. Der von § 274 Abs. 1 S. 1 AktG bezweckte Umgehungsschutz darf jedoch auch bei entsprechender Übertragung auf die GmbH als verlängerter Arm der Kapitalerhaltung nicht weiter gehen, als das Kapitalerhaltungskonzept des GmbHG selbst.[420] Im Ergebnis sollte deshalb eine Fortsetzung der GmbH trotz Verteilung von Vermögen entgegen der herrschenden Meinung in Literatur und Rechtsprechung immer dann möglich sein, wenn das Stammkapital durch die Verteilung nicht beeinträchtigt wurde.[421] Ein weitergehender Ausschluss der Fortsetzung der Gesellschaft und damit des Formwechsels ist unter Gläubigerschutzgesichtspunkten nicht geboten. In der praktischen Umsetzung ist den Gesellschaftern trotz erfolgter Vermögensverteilung zu gestatten, dem Registergericht gegenüber nachzuweisen, dass das Stammkapital aufgebracht ist.[422] Nach hiesigem Verständnis sichert § 191 Abs. 3 UmwG zusammen mit (dem bei der GmbH entsprechend anzuwendenden) § 274 Abs. 1 S. 1 AktG, dass im Zeitpunkt der Umwandlung ein den Grundsätzen der Kapitalerhaltung in der jeweiligen Rechtsform entsprechendes Kapital in der Gesellschaft vorhanden ist. Vor Hintergrund der Umsetzung von Art. 86a Abs.

---

[417] Siehe *Bachmann* in BeckOGK AktG, Stand 1. Oktober 2025, § 274 Rn. 7; *Drygala* in Lutter, UmwG, § 3 Rn. 25; *Koch* in MüKoAktG, Bd. 4, § 274 Rn. 20.

[418] Siehe zu § 57 AktG bereits Kapitel 2, C. II. 4. a).

[419] So schon *Fichtelmann*, GmbHR 2003, 67, 68.

[420] Siehe auch *Altmeppen* in Altmeppen, GmbHG, § 60 Rn. 42: keine „Vorbildfunktion" des § 274 Abs. 1 AktG für die Fortsetzungsproblematik in der GmbH.

[421] Noch weitergehend *Altmeppen* in Altmeppen, GmbHG, § 60 Rn. 44; Für die Möglichkeit der Fortsetzung bei Rückzahlung des ausgekehrten Kapitals *Scheller* in Scholz, GmbHG, Bd. 3, § 60 Rn. 99.

[422] *Altmeppen* in Altmeppen, GmbHG, § 60 Rn. 43.

3a GesR-ERL durch das UmRUG erscheint jedoch zweifelhaft, ob der deutsche Gesetzgeber diese Auffassung teilt.[423]

3. Ausnahme für den Formwechsel in eine Personengesellschaft?

Fraglich ist, ob die soeben dargestellten Grundsätze überhaupt zur Anwendung kommen sollten, wenn Zielrechtsform des Formwechsels eine Personengesellschaft ist. *Veith* ist der Auffassung, ein Formwechsel in eine Personengesellschaft sollte unabhängig von einer Verteilung von Vermögen immer möglich sein, da eine Kapitalbindung in der Personengesellschaft nicht existiert.[424] Somit mache es für Gläubiger keinen Unterschied, ob das Kapital vor oder nach dem Formwechsel entzogen wird. *Veith* fordert daher die Gesetzesfassung zu ändern, da sie zu undifferenziert sei.[425]

Dem ist jedoch nicht beizupflichten. Zunächst verringert sich auch beim Formwechsel von der AG in die GmbH die Kapitalbindung, so dass der Formwechsel aus der AG bei einer Ausschüttung jedes Betrages oberhalb des nach § 30 GmbHG geschützten Stammkapitals zuzulassen wäre. Man müsste den § 191 Abs. 3 UmwG deshalb ebenso bezüglich des Formwechsels von der AG in die GmbH ausdifferenzieren. Weiterhin wird mit dem Formwechsel in die Personengesellschaft regelmäßig die Fortsetzung des Betriebs beabsichtigt sein, nachdem der Gesellschaftszweck zuvor auf die Abwicklung der Gesellschaft gerichtet war. Durch den Formwechsel wird außerdem die direkte persönliche Haftung mindestens eines Gesellschafters begründet. Aufgrund dieser Umstände wird sich das Entnahmeverhalten der Anteilseigner vor und nach Formwechsel oftmals unterscheiden. Es muss deshalb dabei verbleiben, dass § 193 Abs. 1 UmwG in Verbindung mit § 274 Abs. 1 S. 1 AktG (analog) ein den Kapitalerhaltungsvorschriften der jeweiligen Rechtsform entsprechendes Kapital im Zeitpunkt des Formwechsels schützt, ohne dass spätere Ausschüttungspotentiale zu berücksichtigen sind. Durch die undifferenzierte Geltung werden die Gesellschafter auch nicht unbillig benachteiligt, da sie selbst über die Verteilung des Vermögens entscheiden und den Eintritt des Verbotes demnach selbst steuern können.

---

423 Siehe hierzu Kapitel 3, B. III. 1.
424 *Veith*, Gläubigerschutz beim Formwechsel, S. 268.
425 Ebd.

4. Fortsetzung bei Personengesellschaften

Bei Personengesellschaften ist eine Fortführung – vorbehaltlich abweichender Vereinbarungen – möglich, solange die Gesellschaft nicht vollbeendet ist.[426] Ein mit § 274 Abs. 1 S. 1 AktG vergleichbares Verbot der Verteilung von Vermögen existiert nicht. Dies fügt sich nahtlos in die Systematik der Fortsetzung von AG und GmbH ein, da es bei Personengesellschaften auch keinen entsprechenden Kapitalschutz gibt, der umgangen werden könnte.

Allerdings enthält § 214 Abs. 2 UmwG eine weitergehende Einschränkung für den Formwechsel von Personengesellschaften. Ein Formwechsel ist dann nicht möglich, wenn die Gesellschaft aufgelöst wurde und eine andere Form der Auseinandersetzung als Abwicklung durch Liquidation oder als den Formwechsel vereinbart ist. Hierbei handelt es sich um eine Einschränkung aus Gründen des Gläubigerschutzes.[427] Der Gesetzgeber ging davon aus, dass bei Vereinbarungen nach § 145 HGB a.F. (inzw. § 143 Abs. 2 HGB) nicht gewährleistet sei, dass im Zeitpunkt des Umwandlungsbeschlusses noch Vermögen in der Gesellschaft vorhanden ist. Demgegenüber sei eine generelle Liquidationspflicht, wie noch in §§ 40 Abs. 2, 46 S. 2 UmwG 1969 vorgesehen, überflüssig, da die Gläubiger über die Anwendung der Kapitalaufbringungsgrundsätze gemäß § 220 UmwG und die Nachhaftung der Gesellschafter § 224 UmwG geschützt seien.[428]

Die Norm wird insbesondere unter Verweis auf eben jene Gesetzesbegründung als rechtspolitisch verfehlt kritisiert. Wo Gläubiger beim Formwechsel von der Personen- in die Kapitalgesellschaft über §§ 220, 224 UmwG geschützt sind, ist ein weitergehender Schutz nicht notwendig.[429] Die Gesetzesbegründung ist widersprüchlich, wenn sie einerseits im eine Liquidationspflicht für entbehrlich hält, andererseits jedoch ein weitergehendes Formwechselverbot aus Gläubigerschutzerwägungen für notwendig erachtet.[430]

Außerdem ist § 214 Abs. 2 UmwG insbesondere deshalb zu kritisieren, weil die Norm im Vergleich zu § 191 Abs. 3 UmwG beim Formwechsel aus der AG oder GmbH systemfremd ist. Nach hiesigem Verständnis stellt § 191 Abs. 3 UmwG in

---

426 Statt aller *Zessel/Schwanna* in Semler/Stengel/Leonard, UmwG, § 191 Rn. 17.

427 Allg. M., vgl. statt aller *Drinhausen/Keinath* in Henssler/Strohn GesR, § 214 UmwG Rn. 9.

428 BegrRegE BR-Drs. 75/94 S. 148; Siehe zu § 220 UmwG Kapitel 3, C. I. 2. und zur Nachhaftung § 224 UmwG Kapitel 3, I.

429 *Blasche* in Kallmeyer, UmwG, § 214 Rn. 12; *Hoger* in Lutter, UmwG, § 214 Rn. 7; *Schlitt* in Semler/Stengel/Leonard, UmwG, § 214 Rn. 26; *Veith*, Gläubigerschutz beim Formwechsel, S. 270.

430 *Veith*, Gläubigerschutz beim Formwechsel, S. 269.

Verbindung mit § 271 AktG (in entsprechender Anwendung bei der GmbH) sicher, dass im Zeitpunkt des Umwandlungsbeschlusses Kapital noch in dem Umfang vorhanden ist, auf den Gläubiger auf Grundlage der Kapitalerhaltungsvorschriften der jeweiligen Rechtsform vertrauen dürfen.[431] Vergleichbare Kapitalerhaltungsvorschriften existieren jedoch für Personengesellschaften nicht. Gläubiger können grundsätzlich nie darauf vertrauen, dass Kapital nicht aus der Gesellschaft entnommen wird. Die Vorstellung eines in der Gesellschaft vorhandenen und vor der Ausschüttung geschützten Kapitals ist dem Recht der Personengesellschaften grundsätzlich fremd. Gläubigerschutz wird durch persönliche Haftung und eben nicht durch Kapitalschutz gewährleistet. Durch § 214 Abs. 2 UmwG wird der Gedanke eines Haftkapitals in systemwidriger Weise auch bei Personengesellschaften verankert. Sinn und Zweck von § 191 Abs. 3 UmwG kann und darf jedoch nur sein, dass Gläubiger im Zeitpunkt des Umwandlungsbeschlusses durch die Auflösung der Gesellschaft nicht schlechter gestellt sind, als sie es ohne Auflösung wären. § 214 Abs. 2 UmwG will demgegenüber nach Auflösung das Vorhandensein von Vermögen in der Gesellschaft sicherstellen, wo es vor Auflösung zur freien Disposition der Gesellschafter gestanden hätte. Die Norm geht also zugunsten der Gläubiger über den vor dem Zeitpunkt der Auflösung bestehenden Schutz hinaus und belastet die Gesellschafter dabei ohne Not.[432] Sie ist systemfremd und überflüssig und sollte deshalb insgesamt aus dem Gesetz gestrichen werden.

5. Zwischenfazit

Es zeigt sich, dass das deutsche Umwandlungsgesetz den Formwechsel dort durch ein generelles Verbot einschränkt, wo das Aktivvermögen einer Gesellschaft in Liquidation durch kapitalerhaltungswidrige Auszahlungen reduziert wurde. Auf eine konkrete Gefährdung der Gläubiger kommt es dabei nicht an, sogar die Verteilung von Kleinstbeträgen führt bei der AG zu einem Verbot des Formwechsels. Dieses Verbot ist konsequent, da es die lückenlose Einhaltung der

---

431 Siehe bereits Kapitel 3, B. I. 2. b).

432 Für die Gesellschafter besteht grundsätzlich die Möglichkeit, die abweichende Vereinbarung aufzuheben. Wenn der Formwechsel nach § 217 Abs. 1 S. 2, 3 UmwG mit ¾ Mehrheit beschlossen werden kann, für eine Aufhebung der abweichenden Vereinbarung nach Gesellschaftsvertrag aber ein einstimmiger Beschluss notwendig ist, können Gesellschafter mit ¾ der Stimmrechte (die den Formwechsel beschließen könnten) die Formwechselfähigkeit der Gesellschaft ohne Mitwirkung der übrigen Gesellschafter nicht mehr herstellen, siehe *Schlitt* in Semler/Stengel/Leonard, UmwG, § 214 Rn. 28 f.

ebenfalls von konkreten Gläubigergefährdungen unabhängigen Kapitalerhaltung schützt. Eine wesentliche Beeinträchtigung der Gesellschafter entsteht durch dieses Verbot nicht, da die Anteilseigner dadurch nur bis zum Zeitpunkt des Umwandlungsbeschlusses an den in der alten Rechtsform geltenden Kapitalschutz gebunden werden. § 214 Abs. 2 UmwG bricht mit diesem Grundsatz in systemwidriger Weise und sollte deshalb aus dem Gesetz entfernt werden.

6. Fortsetzung in der Insolvenz

Die Eröffnung des Insolvenzverfahrens stellt einen wichtigen Sonderfall der Auflösung einer Gesellschaft und damit des Ausschlusses eines Formwechsels dar. Nach § 191 Abs. 3 UmwG i.V.m. § 60 Abs. 1 Nr. 4 GmbHG und § 274 Abs. 2 Nr. 1 AktG ist eine Fortsetzung der Gesellschaft (und damit die Durchführung eines Formwechsels) möglich, wenn das Verfahren auf Antrag des Schuldners nach §§ 212, 213 InsO eingestellt, oder nach der Bestätigung eines Insolvenzplans, der den Fortbestand der Gesellschaft vorsieht, aufgehoben wird und der Insolvenzgrund beseitigt wurde.[433] Nach herrschender Meinung stellt § 60 Abs. 1 Nr. 4 GmbHG eine abschließende Regelung dar, welche die Fortsetzungsmöglichkeit in anderen Fällen der Insolvenzbeendigung ausschließt.[434] Begründet wird diese Auffassung mit Gläubigerschutzerwägungen, da in anderen als den in § 60 Abs. 1 Nr. 4 GmbHG geregelten Fällen nicht sichergestellt ist, dass die Gesellschaft noch über Vermögen verfügt, welches die Fortsetzung der Gesellschaft ohne Gefährdung der Gläubiger rechtfertigen könnte.[435] In den in § 60 Abs. 1 Nr. 4 GmbHG geregelten Fällen bewältigt das Unternehmen die unternehmerische Krise (unter Mitwirkung der Gläubiger),[436] weshalb keine Bedenken gegen die Fortsetzung bestehen.

Die Bedeutung von Umwandlungen als Teil des Insolvenzverfahrens wurde durch das Gesetz zur weiteren Erleichterung der Sanierung von Unternehmen vom 13. Dezember 2011 (ESUG) erheblich erhöht.[437] Nach § 60 Abs. 1 Nr. 4 Var. 3

433 *Altmeppen* in Altmeppen, GmbHG, § 60 Rn. 51; *Berner* in MüKoGmbHG, Bd. 3, § 60 Rn. 279; *Fronhöfer* in Widmann/Mayer, Umwandlungsrecht, § 3 Rn. 56.

434 Siehe *Berner* in MüKoGmbHG, Bd. 3, § 60 Rn. 280 m.w.N.; So auch ausdrücklich der BGH, siehe den Beschl. v. 28. April 2015 – Az.: II ZB 13/14; A.A. beispielsweise *Altmeppen* in Altmeppen, § 60 Rn. 51.

435 BGH, Beschl. v. 28. April 2015 – Az.: II ZB 13/14, Rn. 10.

436 Ebd.

437 Siehe *Drygala* in Lutter, Umwandlungsgesetz, § 3 Rn. 26: Die früher vertretene Ansicht, dass der von der Insolvenz betroffene Rechtsträger nicht verschmelzungsfähig ist, ist durch § 225a InsO überholt.

GmbHG (und § 274 Abs. 2 Nr. 1 Var. 3 AktG) ist die Fortsetzung des Unternehmens – wie gerade dargestellt – möglich, wenn die Insolvenz durch Bestätigung eines Insolvenzplans, der die Fortsetzung vorsieht, aufgehoben wird. Hinsichtlich der Durchführung von Restrukturierungsmaßnahmen zur Rettung der Gesellschaft war jedoch vor Einführung des ESUG problematisch, dass der Fortsetzungsbeschluss durch die Gesellschafter des Rechtsträgers außerhalb des Plans gefasst werden musste, was zu einem erheblichen Blockadepotenzial der Altgesellschafter führte.[438] Gemäß dem durch das ESUG neu eingefügten § 225a Abs. 3 InsO können im Insolvenzplan inzwischen alle Regelungen getroffen werden, die gesellschaftsrechtlich zulässig sind, insbesondere die Fortsetzung einer aufgelösten Gesellschaft.[439] Die Neuregelung soll es auch in der Insolvenz ermöglichen, „die gesellschaftsrechtlichen Strukturen des Schuldners auch außerhalb eines Debt-Equity-Swaps grundlegend umzugestalten."[440] Die Fortsetzung kann also im Insolvenzplan beschlossen werden, ohne dass für Altgesellschafter eine wesentliche Blockadeposition besteht.[441] Auch Maßnahmen nach dem Umwandlungsgesetz sind nach herrschender Meinung „allgemein gesellschaftsrechtlich zulässig", weshalb schon im Insolvenzplan ein Formwechsel beschlossen werden kann.[442] Hiergegen wendet *Kovács* ein, der Gesetzgeber habe mit § 225a InsO keine Beseitigung des umwandlungsrechtlichen Grundsatzes, dass eine Umwandlung erst nach Beseitigung des Auflösungsgrundes möglich ist, intendiert.[443] Nach dieser Auffassung soll ein Formwechsel deshalb weiterhin erst zulässig sein, wenn das Insolvenzverfahren eingestellt oder aufgehoben wurde. Dagegen spricht jedoch, dass § 225a InsO ausweislich der Gesetzesbegründung gerade die Möglichkeit zur grundlegenden Umgestaltung der Gesellschaftsstruktur im Insolvenzverfahren gewährleisten soll.[444] Im Ergebnis ist deshalb der herrschenden Meinung beizupflichten. Die durch § 225a Abs. 3 InsO ermöglichte

---

438 *Spahlinger* in Kübler/Prütting/Bork/Jacoby, InsO, § 225a Rn. 65.

439 *Spahlinger* in Kübler/Prütting/Bork/Jacoby, InsO, § 225a Rn. 63.

440 BegrRegE BT-Drs. 17/5712, S. 32.

441 *Drygala* in Lutter, UmwG, § 3 Rn. 27: „jede insolvente Gesellschaft potenziell fortsetzungsfähig"; *Eidenmüller* in MüKoInsO, Bd. 3, § 225a Rn. 84; *Stengel* in Semler/Stengel/Leonard, UmwG, § 3 Rn. 44; Vgl. auch *Wachter*, NZG 2015, 858, 860: „somit besteht bei jeder (!) insolventen Gesellschaft die Möglichkeit, dass bereits im Insolvenzplan deren Fortsetzung vorgesehen wird".

442 *Eidenmüller* in MüKoInsO, Bd. 3, § 225a Rn. 97; *Hirte* in Uhlenbruck, InsO, § 225a Rn. 44; *Spahlinger* in Kübler/Prütting/Bork/Jacoby, InsO, § 225a Rn. 75; Siehe auch LG Berlin, Beschl. v. 20. Oktober 2014 – Az.: 51 T 696/14, sowie BVerfG, Beschl. v. 18. Dezember 2014 – Az.: 2 BvR 1978/13: Formwechsel im Insolvenzplan rechtfertigt kein Eilverfahren nach § 32 Abs. 1 BVerfGG.

443 *Kovács,* Der innerstaatliche und grenzüberschreitende Formwechsel, S. 116.

444 Siehe BegrRegE BT-Drs. 17/5712, S. 32.

Durchführung von Umstrukturierungen kann von erheblicher Bedeutung für Sanierungsbemühungen im Insolvenzfall sein. So kann ein Formwechsel insbesondere genutzt werden, um die Corporate Governance-Struktur attraktiver für neue Investoren zu gestalten,[445] einen Börsengang der Gesellschaft zu ermöglichen, oder von steuerlichen Vorteilen zu profitieren.[446] Im aufsehenerregenden Insolvenzverfahren der Suhrkamp Verlag GmbH & Co. KG wurde ein Formwechsel in die AG genutzt, um eine Sperrminorität und Sonderrechte der Minderheitsgesellschafterin aufzuheben.[447] Die zeitnahe und blockadefreie Umsetzung von Strukturmaßnahmen kann im Einzelfall zwischen erfolgreicher Sanierung und Liquidation entscheiden. Weiterhin können Strukturmaßnahmen in einer „strategischen Insolvenz“ genutzt werden, um wirtschaftliche Bedrohungen für ein Unternehmen zu bewältigen.[448] Der deutsche Gesetzgeber hat es ermöglicht, diese Vorteile – bei Zustimmung der Gläubiger – auch ohne Zutun der Gesellschafter zu nutzen. Der hierin liegende Eingriff in die Rechte der Anteilseigner ist grundsätzlich hinzunehmen, geht es im Insolvenzverfahren doch insbesondere um die bestmögliche Befriedigung der Gläubigerinteressen.[449] Es zeigt sich, dass der Formwechsel selbst zum Instrument der Durchsetzung von Gläubigerinteressen werden kann. Der Formwechsel in Zeiten wirtschaftlicher Not stellt also keinesfalls nur ein Mittel der gezielten Gläubigerbenachteiligung dar, sondern bildet vielmehr auch nach Auffassung des deutschen Gesetzgebers ein legitimes Mittel der Krisenbewältigung.

II. Formwechselverbote nach der GesR-ERL

1. Beschränkter Anwendungsbereich gemäß Art. 86a GesR-ERL

Gemäß Art. 86a Abs. 1 GesR-ERL beschränkt sich der Anwendungsbereich der Regelungen zum grenzüberschreitenden Formwechsel auf Kapitalgesellschaften mit Sitz in einem Mitgliedstaat. Vom Begriff der Kapitalgesellschaft werden gemäß Art. 86b Nr. 1 nur solche Kapitalgesellschaften erfasst, die in Anhang II der GesR-RL aufgeführt sind, aus deutscher Sicht also GmbH, AG

[445] *Eidenmüller* in MüKoInsO, Bd. 3, § 225a Rn. 98; *Simon/Merkelbach*, NZG 2012, 121, 128; *Madaus*, ZIP 2012, 2133, 2135.

[446] *Spahlinger* in Kübler/Prütting/Bork/Jacoby, InsO, § 225a Rn. 75.

[447] Siehe zur Causa Suhrkamp ausführlich *Schäfer*, ZIP 2015, 1208 ff. und *Westermann*, NZG 2015, 134 ff.

[448] Siehe zu dem Begriff und den Vorteilen einer strategischen Insolvenz *Seibt/Bulgrin*, ZIP 2017, 353 ff.

[449] Zu den Grenzen der gesellschaftsrechtlichen Zulässigkeit von Maßnahmen im Insolvenzplan statt aller *Eidenmüller* in MüKoInsO, Bd. 3, § 225a Rn. 76 ff.

und KGaA.[450] Erfasst werden somit keine Personengesellschaften. Das Ausklammern der Personengesellschaften war dem Umstand geschuldet, dass nach Auffassung der Kommission die Möglichkeit grenzüberschreitender Verschmelzungen kaum von anderen Rechtsträgern als Kapitalgesellschaften genutzt wird. Weiterhin befürchtete man, die Erstreckung des Entwurfs auf Personengesellschaften könne zu praktischen Schwierigkeiten mit gesellschaftsrechtlichen Vorschriften und den Rechnungslegungsvorschriften der EU führen, da diese nur für Kapitalgesellschaften gelten.[451] Der eingeschränkte Anwendungsbereich führt jedoch nicht zu einem europarechtlichen Verbot des grenzüberschreitenden Formwechsels für Personengesellschaften, sondern lediglich dazu, dass die Vorschriften der GesR-ERL nicht auf einen solchen Formwechsel anzuwenden sind.[452] Die Ausnahme für OGAW-Gesellschaften in Art. 86a Abs. 2 GesR-ERL entspricht wortlautgleich Art. 120 Abs. 3 GesR-RL und ist dem Umstand geschuldet, dass für Kapitalanlagegesellschaften zahlreiche Sondervorschriften bestehen.[453]

2. Verbot für Gesellschaften in Liquidation und wirtschaftlichen Schwierigkeiten nach der GesR-ERL

Art. 86a Abs. 3 GesR-ERL schränkt, ähnlich wie § 191 Abs. 3 UmwG, die Möglichkeit des Formwechsels für Gesellschaften ein, die sich in Abwicklung befinden. Die Reichweite dieser Einschränkung hat sich im Vergleich von Kommissionsvorschlag zu finaler Richtlinie erheblich geändert. Da sich aus der ursprünglich vorgesehenen Regelung jedoch Rückschlüsse für die Bewertung der Umsetzung des Art. 86a GesR-ERL durch den deutschen Gesetzgeber ziehen lassen, sollen hier beide Fassungen der Klausel untersucht werden.

a) Art. 86c im Kommissionsvorschlag

Die Erstfassung des Kommissionsvorschlages stellte in Art. 86c Abs. 2 ein weitrechendes Verbot für den Formwechsel von Gesellschaften in wirtschaftlichen

---

450 *Knaier*, GmbHR 2018, 607, 617; *Paefgen*, WM 2018, 981, 1029, 1036; *Wicke*, DStR 2018, 2642, 2643.

451 Kommissionsvorschlag, S. 22; Kritisch zu dieser Einschränkung u.a. *Paefgen* WM 2018, 981, 1029, 1036; *Wicke*, DStR 2018, 2642, 2643; Stellungnahme des DAV, NZG 2018, 857; Stellungnahme des DNotV v. 4. Juli 2018, Abschnitt B. II. 1. a) aa), abgerufen am 2. November 2025 unter https://www.dnotv.de/stellungnahmen/vorschlaege-der-eu-kommission-zum-company-law-package/.

452 Siehe zur deshalb maßgeblichen Vereinigungstheorie, Kapitel 2, B. III.

453 Vgl. *Hörtnagl* in Schmitt/Hörtnagl, UmwG, § 306 Rn. 18 zur wortlautgleichen Ausnahme für den Fall der grenzüberschreitenden Verschmelzung.

Schwierigkeiten auf. Ein solcher sollte unzulässig sein, wenn ein Liquidations-, Insolvenz- oder ähnliches Verfahren eröffnet wurde. Die weiteren vorgesehenen Ausschlussgründe erfassten darüber hinaus auch schon vorgelagerte Fälle, wie die Durchführung eines präventiven Restrukturierungsverfahrens zur Vermeidung der Insolvenz, die vorläufige Einstellung von Zahlungen oder präventive Maßnahmen nationaler Behörden, um entsprechende Verfahren zu vermeiden. Es war also ein weitreichendes Verbot des Formwechsels bereits bei drohender Insolvenz vorgesehen. Die legislatorische Motivation hinter diesem Verbot wurde in der Begründung zum Kommissionsvorschlag nicht ausführlich erläutert.[454] Vermutlich sollte es verhindern, dass grenzüberschreitende Strukturmaßnahmen als missbräuchliches Sanierungsinstrument verwendet und Gläubiger hierdurch benachteiligt werden.[455] Der Erstvorschlag ähnelte Art. 8 Abs. 15 SE-VO, nach dem die Sitzverlegung ebenfalls unzulässig ist, wenn ein Verfahren wegen Auflösung, Liquidation, Zahlungsunfähigkeit, vorläufiger Zahlungseinstellung oder ein ähnliches Verfahren eröffnet worden ist. Art. 8 Abs. 15 SE-VO soll Gläubiger vor dem Wegzug einer in Zahlungsschwierigkeiten befindlichen Gesellschaft und damit der Erschwerung der Anspruchsdurchsetzung schützen.[456] Nach diesem Konzept ist ein Formwechsel (oder eine Sitzverlegung) erst dann wieder möglich, wenn die Fortsetzung der Gesellschaft wirksam beschlossen und dadurch das Liquidationsverfahren beendet wurde.[457] Dies kostet insbesondere dann wertvolle Zeit, wenn der Fortsetzungsbeschluss mit konstitutiver Wirksamkeit ins Handelsregister eingetragen werden muss.[458]

Im Gegensatz dazu ist der Formwechsel im deutschen Recht gemäß § 191 Abs. 3 UmwG an die Möglichkeit der Fortsetzung der Gesellschaft geknüpft. Hierdurch werden die Interessen der Gläubiger ausreichend berücksichtigt, da sie in ihrem berechtigten Vertrauen auf die Einhaltung der Kapitalerhaltungsgrundsätze geschützt werden.[459] Die Erstfassung des Kommissionsvorschlages schränkte

---

454 Vgl. nur S. 28 der Begründung: „Eine Umwandlung auf der Grundlage dieser Richtlinie ist beispielsweise dann nicht möglich, wenn gegen die betreffende Gesellschaft ein Insolvenzverfahren oder ein vergleichbares Verfahren eröffnet wurde."

455 *Knaier*, GmbHR 2018, 607, 612; Ebenso *J. Schmidt*, DK 2018, 229, 239 und *Wachter*, GmbHStB 2018, 283, 287.

456 *Oechsler* in MüKoAktG, Bd. 7, Art. 8 SE-VO Rn. 35; *Hoger*, Kontinuität beim Formwechsel, S. 287 f.

457 Siehe *Diekmann* in Habersack/Drinhausen, SE-Recht, Art. 8 SE-VO Rn. 116.

458 So zum Kommissionsvorschlag die Stellungnahme des DNotV v. 4. Juli 2018, Abschnitt B. II. 1. a) bb): „Das behindert den Einsatz grenzüberschreitender Umwandlungsmaßnahmen zu Sanierungszwecken".

459 Siehe insbesondere Kapitel 3, B. I. 5 und 6.

grenzüberschreitende Formwechsel stärker ein, als es für den nationalen Formwechsel der Fall ist,[460] was zu Kritik und der Forderung einer Angleichung an das deutsche Recht führte.[461]

Nach dem vom EuGH postulierten Äquivalenzgrundsatz dürfen Vorschriften für den grenzüberschreitenden Formwechsel nicht ungünstiger sein als diejenigen, die den innerstaatlichen Formwechsel regeln.[462] Das hierin zum Ausdruck gebrachte Grundverständnis zur Einschränkung der Niederlassungsfreiheit wirft die Frage auf, ob es einer derart weitreichenden Einschränkung im grenzüberschreitenden Kontext tatsächlich bedarf. Die Untersuchung der spezifisch dem grenzüberschreitenden Formwechsel anhaftenden Gefahren hat gezeigt, dass weder ein Verlust des inländischen Gerichtsstandes noch die Notwendigkeit der Vollstreckung im Ausland zwingend droht (wobei diese über Art. 39 EuGVVO erheblich vereinfacht wurde).[463] Dem Problem des Insolvenztourismus ist auf Ebene des Insolvenzrechts zu begegnen, so dass es hinsichtlich der Gefahr von Forum Shopping keines generellen Umwandlungsverbotes bedarf.[464] Ob Gläubigern eines Unternehmens in wirtschaftlichen Schwierigkeiten eine Erschwerung der Durchsetzung ihrer Ansprüche in einem Ausmaß droht, welches die in Erstentwurf der Richtlinie vorgesehene Einschränkung des Formwechsels rechtfertigt, muss deshalb bezweifelt werden. Das gilt umso mehr, als bedacht werden muss, dass bei Zulässigkeit des Formwechsels weitere Schutzmechanismen zugunsten der Gläubiger greifen, sie also mitnichten schutzlos gestellt sind.[465] Der Ausschluss des Formwechsels schon im Vorfeld der Insolvenz kann deren Abwendung durch grenzüberschreitende Restrukturierung im Einzelfall sogar gänzlich unmöglichen machen und Gläubigern so mehr schaden als nutzen.[466] Eine Einschränkung von der ursprünglich vorgesehenen Reichweite wäre deshalb allenfalls angezeigt gewesen, wenn grenzüberschreitenden Strukturmaßnahmen von Unternehmen in wirtschaftlichen Schwierigkeiten ein generell rechtsmissbräuchlicher Charakter unterstellt werden könnte – wovon jedoch keine Rede sein kann.[467] Die Möglichkeit, ein Unternehmen durch Strukturmaßnahmen für

---

460 *Wachter*, GmbHStB 2018, 283, 287.

461 So gefordert von *Wicke*, DStR 2018, 2642, 2644; Siehe auch die Stellungnahme des DNotV v. 4. Juli 2018, Abschnitt B. II. 1. a) bb).

462 Siehe Kapitel 2, B. II. 2.

463 Siehe Kapitel 2, C. V. 2.

464 Siehe Kapitel 2, C. V. 1.

465 In diesem Sinne auch *Oechsler* in MüKoAktG, Bd. 7, Art. 8 SE-VO Rn. 42.

466 Siehe zu den möglichen Vorteilen eines Formwechsels im Zuge des Insolvenzverfahrens bereits Kapitel 3, B. I. 6.

467 So zutreffend auch *J. Schmidt*, ECFR 2019, 222, 236: „In particular, excluding companies subject to preventive restructuring proceedings may be economically counterproductive

Investoren attraktiv zu gestalten, sollte gerade in Zeiten wirtschaftlicher Schwierigkeiten nicht ohne zwingende Gründe beschnitten werden. Gläubiger profitieren von einer erfolgreichen Sanierung des Schuldnerunternehmens in größerem Ausmaß als von der Liquidation, da regelmäßig der Fortführungs- über dem Zerschlagungswert liegt.[468] Dieses Ergebnis wird von einem Blick ins Ausland gestützt. Dieser zeigt, dass insolvente Gesellschaften keinesfalls überall rigoros von einem Formwechsel ausgeschlossen werden. So ist beispielsweise nach italienischem Recht ein Formwechsel auch nach Beginn des Insolvenzverfahrens möglich, sofern er nicht mit Zweck und Stand des Verfahrens unvereinbar ist.[469]

b) Art. 86a Abs. 3 und 4 in der finalen Fassung der GesR-ERL

Die im vorangegangenen Abschnitt dargestellten Erkenntnisse haben sich im Zuge der Revision des Kommissionsvorschlages zumindest teilweise durchgesetzt. Die Finalfassung der Richtlinie enthält demgemäß erhebliche Änderungen gegenüber dem Erstentwurf. Ausgenommen vom Anwendungsbereich und damit von einem grenzüberschreitenden Formwechsel sind gemäß Art. 86a Abs. 3 a) Gesellschaften, die sich in Liquidation befinden, wenn schon mit Verteilung von Vermögen an die Gesellschafter begonnen wurde. Eine weitere zwingende Einschränkung enthält Art. 86a Abs. 3 b) für Gesellschaften, die Gegenstand von in Titel IV der Richtlinie 2014/59/EU oder in Titel V der Verordnung (EU) 2021/23 vorgesehenen Abwicklungsinstrumenten, -befugnissen und -mechanismen sind.[470] Die weitergehenden Einschränkungen, beispielsweise für Gesellschaften in der Insolvenz, präventiven Restrukturierungsmaßnahmen, anderen Liquidations- oder Krisenpräventionsverfahren, wurden dagegen gemäß Art. 86a Abs. 4 a) bis c) GesR-ERL ausdrücklich zur Disposition der Mitgliedstaaten gestellt.[471] Die Endfassung stellt eine erhebliche Verbesserung gegenüber dem unnötig restriktiven Kommissionsvorschlag dar. Allerdings ist auch die finale Fassung nicht durchweg positiv zu bewerten.

because a cross-border merger, division or conversion can also serve as an important restructuring tool"; Ähnlich *Garcimartín/Gandía*, ECFR 2019, 15, 21.

468 BegrRegE BT-Drs. 17/5712, S. 17; *Seibt/Bulgrin*, ZIP 2017, 353.

469 Art. 2499 des italienischen Zivilgesetzbuches, vgl. *Falco* in Wegen/Spahlinger/Barth, Gesellschaftsrecht des Auslands, Italien, Rn. 241.

470 Richtlinie und Verordnung enthalten Sonderregelungen für die Sanierung und Abwicklung von Kreditinstituten und Wertpapierfirmen sowie von zentralen Gegenparteien.

471 Erwägungsgrund Nr. 9 der Richtlinie; Kritisch zu dieser weitreichenden Einschränkung gegenüber dem Erstentwurf *Bormann/Stelmaszczyk*, ZIP 2019, 300, 302.

Die Untersuchung des Formwechsels einer aufgelösten GmbH hat gezeigt, dass die Verteilung von Vermögen im Liquidationsverfahren eine Fortsetzung der Gesellschaft und damit den Formwechsel (nach zutreffender Auffassung) nicht generell ausschließt. Ein solcher Ausschluss ist unter Gläubigerschutzgesichtspunkten nicht notwendig, wenn die jeweiligen Kapitalschutzvorschriften (auf deren Einhaltung die Gläubiger gerade nur vertrauen durften) nicht verletzt wurden.[472] Bei der GmbH in Liquidation sollte ein Formwechsel demnach richtigerweise nur ausgeschlossen sein, wenn Kapital unter Verletzung von § 30 GmbHG ausgeschüttet wurde.[473] Die Regelung der Richtlinie geht hierüber hinaus und schließt einen Formwechsel bei Verteilung von Vermögen allgemein (wie nach deutschem Recht bei der AG und herrschender Auffassung auch bei der GmbH) aus. Statt eines starren Ausschlusses wäre ein Anknüpfen an die Möglichkeit der Fortsetzung der Gesellschaft unter den nationalen Rechtsordnungen vorzugswürdig gewesen.[474] Hierdurch hätte Unterschieden in der Fortsetzungsfähigkeit einzelner Rechtsformen genüge getan werden können, ohne Gläubiger unbillig zu benachteiligen, da diese auch im nationalen Kontext mit der Fortführung der Gesellschaft und damit einem Formwechsel rechnen müssten. Eine zusätzliche Gläubigerbelastung im grenzüberschreitenden Kontext, die einen weitergehenden Ausschluss rechtfertigen könnte, ist nicht ersichtlich.

III. Umsetzung durch das UmRUG

Das UmwG in der durch das UmRUG geänderten Fassung regelt den Formwechsel von Gesellschaften in Liquidation oder wirtschaftlichen Schwierigkeiten zum einen durch einen Verweis auf § 191 Abs. 3 UmwG, zum anderen durch eine neue Versicherung der Mitglieder des Vertretungsorgans bei Anmeldung des grenzüberschreitenden Formwechsels.

1. Verweis auf § 191 Abs. 3 UmwG

Der neue § 334 UmwG (Formwechselfähige Gesellschaften) enthält keine eigene Regelung für den Formwechsel von Gesellschaften in Liquidation. Gemäß § 333 Abs. 2 Nr. 1 UmwG sind jedoch die Vorschriften des Ersten Teils des fünften Buches des UmwG auf den grenzüberschreitenden Formwechsel entsprechend anzuwenden. Demnach ist ein grenzüberschreitender Formwechsel aufgelöster

---

472 Siehe hierzu Kapitel 3, B. I. 2.

473 Anders jedoch die herrschende Meinung, siehe Kapitel 3, B. I. 2.

474 Siehe für einen entsprechenden Formulierungsvorschlag die Stellungnahme des DNotV v. 4. Juli 2018, Abschnitt B. II. 1. a) bb).

Rechtsträger gemäß § 191 Abs. 3 UmwG dann möglich, wenn die Fortsetzung in der bisherigen Rechtsform beschlossen werden kann.[475] Gemäß Art. 86a Abs. 3 a) GesR-ERL muss ein Formwechsel im grenzüberschreitenden Kontext jedoch immer dann unzulässig sein, wenn schon mit Verteilung von Vermögen an die Gesellschafter begonnen wurde. Nach hier vertretener Auffassung sollte bei der GmbH die Fortsetzung auch nach Beginn der Verteilung von Vermögen an die Gesellschafter beschlossen werden können, sofern hierdurch das satzungsmäßige Stammkapital nicht beeinträchtigt wird.[476] Aus dem Umstand, dass der deutsche Gesetzgeber die Vorgaben des Art. 86a Abs. 3 a) GesR-ERL über einen Verweis auf § 191 Abs. 3 UmwG geregelt hat, muss daher geschlossen werden, dass das Problem der Fortsetzungsfähigkeit der GmbH im Gesetzgebungsverfahren entweder nicht gesehen wurde, oder der Gesetzgeber davon ausging, dass auch bei der GmbH die Verteilung von Vermögen die Fortsetzung ausschließt und § 191 Abs. 3 UmwG in seiner derzeitigen Fassung deshalb den Anforderungen des Art. 86a Abs. 3 a) GesR-ERL genügt. Welche von beiden Alternativen zutrifft, lässt sich den Gesetzgebungsmaterialien nicht entnehmen.[477] Aufgrund der zwingenden Vorgabe des Art. 86a Abs. 3 a) GesR-ERL ist § 191 Abs. 3 UmwG im grenzüberschreitenden Kontext jedoch jedenfalls europarechtskonform dahingehend auszulegen, dass auch bei der GmbH die Verteilung von jeglichem Vermögen den Formwechsel ausschließt. Aus Gründen der Rechtsklarheit wäre jedoch eine ausdrückliche Regelung zur Fortsetzungsfähigkeit der GmbH durch den Gesetzgeber wünschenswert und ist für die Zukunft zu fordern.

2. Versicherung der Mitglieder des Vertretungsorgans § 342 Abs. 3 S. 1 Nr. 4 UmwG

Gemäß dem neuen § 342 Abs. 3 S. 1 Nr. 4 UmwG haben die Mitglieder des Vertretungsorgans des formwechselnden Rechtsträgers bei Anmeldung des grenzüberschreitenden Formwechsels zu versichern, dass sich die Gesellschaft nicht im Zustand der Zahlungsunfähigkeit, der drohenden Zahlungsunfähigkeit oder der Überschuldung gemäß §§ 17 Abs. 2, 18 Abs. 2 oder 19 Abs. 2 InsO befindet. Kann diese Versicherung nicht abgegeben werden, hat das Vertretungsorgan nach § 342 Abs. 3 S. 2 UmwG mitzuteilen, welcher der dort genannten Tatbestände erfüllt ist und ob ein Insolvenzverfahren beantragt oder eröffnet wurde.

---

475 *Luy* in BeckOGK UmwG, Stand 1. Oktober 2025, § 334 Rn. 25.
476 Siehe hierzu bereits Kapitel 3, B. I. 2.
477 Die Umsetzung von Art. 86a Abs. 3 GesR-ERL wird in der Gesetzesbegründung nicht ausdrücklich thematisiert, vgl. BegrRegE BT-Drs. 20/3822, S. 115 f.

Nach Eröffnung des Insolvenzverfahrens trifft diese Pflicht gemäß nach § 342 Abs. 3 S. 3 UmwG den Insolvenzverwalter. Sofern ein vorläufiger Insolvenzverwalter bestellt und dem Schuldner ein allgemeines Verfügungsverbot auferlegt wurde, trifft diese Pflicht den vorläufigen Insolvenzverwalter. Der deutsche Gesetzgeber hat Gesellschaften in wirtschaftlichen Schwierigkeiten demnach nicht generell von einem grenzüberschreitenden Formwechsel ausgeschlossen. Er erkennt ausdrücklich an, dass grenzüberschreitende Umwandlungsmaßnahmen der Sanierung von notleidenden Gesellschaften dienen können.[478]

Nach der Konzeption des Gesetzgebers soll die Versicherung der Vertretungsorgane dem Registergericht die Prüfung ermöglichen, ob die geplante Umwandlungsmaßnahme unter dem Gesichtspunkt des Insolvenzrechts missbräuchlich ist und durchgeführt wird, um sich gläubigerschützenden Vorschriften des deutschen Rechts zu entziehen.[479] Dabei sollen missbräuchliche, gläubigerbenachteiligende Absichten in der Regel dann anzunehmen sein, wenn die Versicherung über das Nichtvorliegen von Insolvenzgründen nicht abgegeben werden kann, sofern nicht das Insolvenzverfahren bereits beantragt oder eröffnet wurde und dem Registergericht die Sanierungsperspektive ausreichend nachgewiesen wird.[480] Entsprechende Absichten sollen außerdem dann nahe liegen, wenn die Anmeldung im Rahmen einer Insolvenzverschleppung erfolgt, weil trotz Insolvenzreife noch kein Antrag auf Eröffnung eines Insolvenzverfahrens gestellt wurde.[481] Nach Vorstellung des deutschen Gesetzgebers sollen die Gläubiger demnach durch die registergerichtliche Missbrauchsprüfung vor den Risiken eines grenzüberschreitenden Formwechsels von Gesellschaften in wirtschaftlichen Schwierigkeiten geschützt werden.[482]

Es ist zu begrüßen, dass der deutsche Gesetzgeber von einer – durch Art. 86a Abs. 4 GesR-ERL grundsätzlich gedeckten – weitgehenden Einschränkung der Zulässigkeit des Formwechsels für Gesellschaften in wirtschaftlichen Schwierig-

---

478 Vgl. BegrRegE BT-Drs. 20/3822, S. 99 f. (zu § 315 UmwG): „Zwar können grenzüberschreitende Umwandlungsmaßnahmen der Sanierung von Gesellschaften, die unter wirtschaftlichen Schwierigkeiten leiden, dienen".

479 BegrRegE BT-Drs. 20/3822, S. 100; *Luy* in BeckOGK UmwG, Stand 1. Oktober 2025, § 342 Rn. 30; Siehe hierzu auch *Harig/Hader*, NZG 2022, 1435, 1437; Weiterführend zur Missbrauchsprüfung des Registergerichts nach § 343 Abs. 3 UmwG außerdem Kapitel 3, H. II. 3.

480 BegrRegE BT-Drs. 20/3822, S. 103.

481 Ebd.

482 *Harig/Hader*, NZG 2022, 1435, 1437.

keiten abgesehen hat. Eine solche Einschränkung wäre, wie bereits dargestellt,[483] weder zweckdienlich noch unter Gläubigerschutzgesichtspunkten erforderlich gewesen. Gleichwohl ist das in § 342 Abs. 3 S. 1 Nr. 4 UmwG vorgesehene Schutzkonzept nicht durchweg positiv zu bewerten.

Zunächst stellt sich die Frage, ob es für den Formwechsel eines Schutzinstruments mit insolvenzrechtlicher Zielrichtung überhaupt bedurft hätte. Die Notwendigkeit von § 342 Abs. 3 S. 1 Nr. 4 UmwG wurde im Gesetzgebungsverfahren nicht gesondert begründet, es wurde lediglich auf die Ausführungen zu § 315 Abs. 3 S. 1 Nr. 4 UmwG zur grenzüberschreitenden Verschmelzung verwiesen.[484] Verhindert werden soll demnach auch mit § 342 Abs. 3 S. 1 Nr. 4 UmwG, dass der Formwechsel genutzt wird um sich gläubigerschützenden Vorschriften des deutschen Rechts zu entziehen.[485] Nicht näher wird ausgeführt, um welche Vorschriften es sich dabei im Einzelnen handeln soll. Die Untersuchung zur Beeinträchtigung der insolvenzrechtlichen Stellung der Gläubiger hat gezeigt, dass dem Risiko von missbräuchlichem Forum Shopping bzw. Insolvenztourismus schon auf insolvenzrechtlicher Ebene durch Art. 3 Abs. 1 UAbs. 2 S. 2 EuInsVO begegnet werden soll.[486] Da dem Formwechsel – ganz im Gegensatz zur Verschmelzung – das Konzept der Vermögenskontinuität zugrunde liegt,[487] und sich die Vermögenslage der Gesellschaft allein durch den Formwechsel nicht ändert, erscheint zweifelhaft, ob es daneben dem weiteren, insolvenzrechtlich geprägten Schutzmechanismus des § 342 Abs. 3 S. 1 Nr. 4 UmwG bedurft hätte.

Darüber hinaus ist die konkrete Ausgestaltung der Versicherung zu kritisieren, da sie im deutlichen Widerspruch zu den Erwägungen des deutschen Gesetzgebers zur Solvenzerklärung nach Art. 86j Abs. 2 GesR-ERL steht.[488] Von einer Umsetzung der Solvenzerklärung wurde abgesehen, da die Abgabe einer (auf der subjektiven Einschätzung des Vertretungsorgans beruhenden) strafbewehrten Versicherung zur Vermögenslage der Gesellschaft aufgrund der damit verbundenen Unwägbarkeiten „kaum vom Vertretungsorgan verlangt werden" könne.[489] Auch sei das Erfordernis der Abgabe einer solchen Erklärung der grenzüber-

483 Siehe Kapitel 3, B. II. 2. a).
484 BegrRegE BT-Drs. 20/3822, S. 119.
485 BegrRegE BT-Drs. 20/3822, S. 100.
486 Siehe hierzu Kapitel 2, C. V. 1.
487 Siehe hierzu Kapitel 2, A. I. 1.
488 Siehe zur Solvenzerklärung ausführlich Kapitel 3, F.
489 BegrRegE BT-Drs. 20/3822, S. 97 (zu § 314 UmwG).

schreitenden Unternehmensmobilität abträglich, da Vertretungsorgane regelmäßig nicht bereit sein dürften, eine solche Erklärung abzugeben.[490] Über § 342 Abs. 3 S. 1 Nr. 4 Var. 2 UmwG wurde nun aber eine sehr ähnliche Versicherung ins Gesetz aufgenommen. Danach haben die Vertretungsorgane bei Anmeldung des Formwechsels zu versichern, dass sich die Gesellschaft nicht im Zustand der drohenden Zahlungsunfähigkeit gemäß § 18 Abs. 2 InsO befindet. Drohende Zahlungsunfähigkeit liegt nach § 18 Abs. 2 Satz. 1 InsO vor, wenn das Unternehmen voraussichtlich nicht in der Lage sein wird, die bestehenden Zahlungspflichten im Zeitpunkt der Fälligkeit zu erfüllen. Für die Ermittlung der drohenden Zahlungsunfähigkeit ist, basierend auf der Finanzplanung des Unternehmens, eine Prognose anzustellen, welche die gesamte Finanzlage des Unternehmens bis zur Fälligkeit aller bestehenden Verbindlichkeiten berücksichtig.[491] Ist am Ende des Prognosezeitraums mit einer Wahrscheinlichkeit von über 50 % von Zahlungsunfähigkeit auszugehen, liegt am Stichtag drohende Zahlungsunfähigkeit im Sinne des § 18 InsO vor.[492] Nach § 18 Abs. 2 InsO ist der Bewertung in aller Regel ein Prognosezeitraum von 24 Monaten zugrunde zu legen. Die unrichtige Abgabe der Versicherung zur drohenden Zahlungsunfähigkeit ist gemäß § 348 Nr. 1 UmwG strafbar und kann mit Freiheitsstrafe von bis zu drei Jahren oder mit Geldstrafe geahndet werden.[493] Es wurde also eine – strafbewehrte – Versicherung mit Prognosecharakter ins Gesetz aufgenommen, obwohl eine ähnliche Versicherung (in Form der Solvenzerklärung) nach Auffassung des deutschen Gesetzgebers „kaum vom Vertretungsorgan verlangt werden“ kann.[494] Es ist zu erwarten, dass diese Regelung gerade den Beratungsaufwand nach sich ziehen wird, der durch die Nichtumsetzung der Solvenzerklärung ins deutsche Recht gerade vermieden werden sollte.[495] Auch geht der Schutz des § 342 Abs. 3 S. 1 Nr. 4 Var. 2 UmwG weiter als der durch die Insolvenzordnung intendierte Gläubigerschutz, da die nur drohende Zahlungsunfähigkeit nach der Insolvenzordnung gerade noch keine Insolvenzantragspflicht nach sich zieht.[496]

Im Ergebnis hat der deutsche Gesetzgeber demnach über § 342 Abs. 3 S. 1 Nr. 4 Var. 2 UmwG 'durch die Hintertür' eine der Solvenzerklärung nach Art. 86j Abs.

---

490 Ebd.
491 BGH, Urt. v. 5. Dezember 2013 – Az.: IX ZR 93/11, juris, Rn. 10; Statt aller *Wolfer* in BeckOK Insolvenzrecht, § 18 InsO Rn. 21 ff.
492 Statt aller *Wolfer* in BeckOK Insolvenzrecht, § 18 InsO Rn. 24.
493 Siehe zu § 348 UmwG noch Kapitel 3, G. III.
494 Siehe BegrRegE BT-Drs. 20/3822, S. 97 (zu § 314 UmwG).
495 *Harig/Hader*, NZG 2022, 1435, 1438.
496 Ebd.

2 GesR-ERL nicht unähnliche Versicherung eingeführt, obwohl er sich ausdrücklich gegen die Umsetzung der Solvenzerklärung entschieden hat. Aufgrund der notwendigen Prognose im Rahmen des § 18 Abs. 2 InsO und der Strafbarkeit einer unrichtigen Versicherung nach §§ 342 Abs. 3 S. 1 Nr. 4 Var. 2, 348 Nr. 1 UmwG sprechen die Erwägungen des Gesetzgebers gegen die Solvenzerklärung ebenso gegen die Negativversicherung zur drohenden Zahlungsunfähigkeit. Vor diesem Hintergrund wäre es bezogen auf den grenzüberschreitenden Formwechsel eher konsequent gewesen, die Solvenzerklärung als eigenständiges Schutzinstrument umzusetzen und den insolvenzrechtlichen Umgehungsschutz weiterhin über Art. 3 Abs. 1 UAbs. 2 S. 2 EuInsVO zu gewährleisten.[497] Bei der insolvenzrechtlich relevanten Verlegung des COMI handelt es sich, wie bereits dargestellt, nicht um ein formwechselspezifisches Risiko.[498] Jedenfalls müsste der deutsche Gesetzgeber, sofern er hinter den Erwägungen zur Nichtumsetzung der Solvenzerklärung steht, die Tatbestandsvariante „drohende Zahlungsunfähigkeit" wieder aus § 342 Abs. 3 S. 1 Nr. 4 UmwG streichen.[499]

IV. Bewertung und Fazit

Die vorausgehende Untersuchung hat gezeigt, dass die Frage, ob und wann ein genereller Ausschluss eines Formwechsels aus Gründen des Gläubigerschutzes geboten ist, durchaus kontrovers diskutiert werden kann. Ein solcher Ausschluss stellt ein wenig flexibles Instrumentarium dar, das sich nur für typisierbare Gefährdungslagen eignet. Der große Vorteil des Schutzmechanismus ist dabei auch seine gravierendste Schwäche – er ist unabhängig von dem tatsächlichen Ausmaß der Gefährdung im Einzelfall. In Situationen, die für Gläubiger abstrakt mit einem erhöhten Gefährdungspotential verbunden sind, wird eine weitere (potenzielle) Beeinträchtigung durch einen Formwechsel verhindert. Dabei ist unerheblich, ob tatsächlich eine Beeinträchtigung von Gläubigerinteressen droht. Es entfällt der gegebenenfalls schwer zu erbringende Nachweis einer Gefährdung schutzwürdiger Interessen (oder die Widerlegung einer solchen), was das Formwechselverbot als Sicherungsinstrument äußerst effektiv macht. Nachgeschaltete Schutzinstrumente, die den Gläubigerschutz ebenfalls sicherstellen könnten, kommen nicht mehr zur Anwendung. Der Schutz wird final über das Verbot gewährleistet. In dieser Effizienz liegt allerdings auch der wesentliche

---

497 Siehe zur Solvenzerklärung ausführlich Kapitel 3, F.
498 Siehe bereits Kapitel 2, C. V. 1. a).
499 So zum Regierungsentwurf des UmRUG im Ergebnis auch *Harig/Hader*, NZG 2022, 1435, 1439.

Nachteil des Totalverbotes – möglicherweise wird der Formwechsel untersagt, wo Gläubigerinteressen überhaupt nicht beeinträchtigt würden, oder wo einer solchen Gefährdung ohne weiteres durch andere Schutzmechanismen adäquat begegnet werden könnte. Fallgruppen, in denen der Formwechsel zwingend immer zu einer konkreten Gefährdung der Gläubiger führt, sind kaum denkbar. Aufgrund des mit einem Totalverbot einhergehenden, erheblichen Eingriffs in die Interessen der Anteilseigner des formwechselnden Rechtsträgers ist dem Konzept deshalb grundsätzlich kritisch zu begegnen. Insgesamt wird ein abstrakt typisiertes Verbot den widerstreitenden Interessen in den seltensten Fällen gerecht werden, weshalb das Instrument de lege ferenda auf die bereits geregelten Fälle beschränkt bleiben sollte.[500] Soweit Art. 86a Abs. 3 a) den grenzüberschreitenden Formwechsel aufgelöster Gesellschaften nur insoweit erlaubt, als noch nicht mit der Verteilung von Vermögen begonnen wurde, geht dieser Ausschluss für die GmbH zu weit,[501] ist jedoch beim grenzüberschreitenden Formwechsel aufgrund der zwingenden Richtlinienvorgabe hinzunehmen. Unabhängig davon sollte der deutsche Gesetzgeber die Fortführungsfähigkeit der GmbH klarstellend regeln. Im Bereich des sekundärrechtlich nicht geregelten Formwechsels von Personengesellschaften sollte § 214 Abs. 2 UmwG insgesamt aus dem Gesetz gestrichen werden, da die Vorschrift rechtspolitisch und systematisch verfehlt ist.[502]

C. Anwendung von Gründungsvorschriften und Kapitaldeckung

Die Anwendung von Gründungsvorschriften der neuen Rechtsform auf den Formwechselvorgang nimmt ebenfalls eine Sonderrolle im System des Gläubigerschutzes ein, da hierdurch in gewissem Maße mit dem Identitätsprinzip gebrochen wird. Ruft man sich in Erinnerung, dass der Gesetzgeber bei Ausgestaltung des Formwechsels dem Grundgedanken von wirtschaftlicher, rechtlicher und personeller Identität folgte,[503] verwundert es zunächst, dass eine generelle Anwendung der Gründungsvorschriften überhaupt in Betracht gezogen wird. Eine „Neugründung“ im Zuge des Formwechsels lässt sich nur schwerlich mit dem Gedanken der Kontinuität vereinbaren. Jedoch befürchtete der Gesetzgeber eine Umgehung der (strengeren) Gründungsvorschriften der neuen

---

500 Tendenziell zurückhaltend auch *Hilser*, Grenzüberschreitender Formwechsel, S. 197 f.
501 Siehe Kapitel 3, B. I. 2.
502 Siehe Kapitel 3, B. I. 4.
503 *Bärwaldt* in Semler/Stengel/Leonard, UmwG, § 197 Rn. 1; Siehe zur Rechtsfigur der Identität *Karsten Schmidt*, Gesellschaftsrecht, § 12 IV. 2.

Rechtsform, weshalb er eine Anwendung der Gründungsvorschriften gleichwohl für notwendig erachtete.[504] Demgemäß verpflichtet § 197 S. 1 UmwG dazu, die für die neue Rechtsform geltenden Gründungsvorschriften auf den Formwechsel anzuwenden, soweit sich aus dem Umwandlungsgesetz nichts anderes ergibt. Obwohl es sich dem Wortlaut nach um eine partiell eingeschränkte Gesamtverweisung handelt, existieren im UmwG kaum Spezialregelungen zur Anwendung von Gründungsvorschriften,[505] was zu umfangreichen Diskussionen über die dogmatische Einordnung des Formwechsels geführt hat.[506] Von erheblich größerer praktischer Relevanz als die korrekte dogmatische Einordnung des Formwechsels ist jedoch der nicht geklärte Umfang der Verweisung.[507] Weitgehende Klarheit besteht nur dort, wo der Gesetzgeber ausdrückliche Regelungen im UmwG getroffen hat.[508] Abseits der im UmwG ausdrücklich festgelegten Anforderungen besteht Einigkeit darüber, dass die Gründungsvorschriften insoweit restriktiv anzuwenden sind, als der Verweis in § 197 UmwG nicht zu einer faktischen Neugründung führen darf.[509] Der unspezifische Verweis resultiert in Rechtsunsicherheit bezüglich der Anwendbarkeit verschiedener Gründungsvorschriften. Aus diesem Themenkomplex sollen hier zwei aus Gläubigersicht besonders wichtige Fragen herausgegriffen werden – die nach der Auswirkung des Formwechsels auf das statutarische Nennkapital sowie nach der Anwendung der Kapitalaufbringungsvorschriften anlässlich des Formwechsels.

I. Behandlung des statutarischen Kapitals im Rahmen des Formwechsels

Aufgrund der besonderen Bedeutung, die den Grundsätzen von Mindestkapital und Kapitalaufbringung im Recht der Kapitalgesellschaften beigemessen

---

504 BegrRegE BR-Drs 75/94, S. 141.

505 *Bärwaldt* in Semler/Stengel/Leonard, UmwG, § 197 Rn. 2.

506 Statt vieler *Bärwaldt* Semler/Stengel/Leonard, UmwG, § 197 Rn. 2 f. m.w.N.; Siehe auch *Simons* in BeckOGK UmwG, Stand 1. Oktober 2025, § 197 Rn. 3 f.

507 Siehe *Hoger* in Lutter, UmwG, § 197 Rn. 4; *Wansleben* in MünchHB GesR, Bd. 8, § 34 Formwechselbeschluss, Rn. 54: „Was dies im Einzelnen bedeutet, ist unklar“.

508 So ist beispielsweise zur Sicherstellung der Kapitalaufbringung beim Formwechsel von der Personengesellschaft in die GmbH gemäß § 220 UmwG zwingend ein (erweiterter) Gründungsbericht im Sinne des § 5 Abs. 4 UmwG zu erstellen. Gleiches gilt für den Formwechsel der GmbH in die AG, §§ 245 Abs. 1, 220 Abs. 2 UmwG i.V.m. §§ 32, 33 AktG.

509 *Drinhausen/Keinath* in Henssler/Strohn, GesR, § 197 UmwG Rn. 1; *Hoger* in Lutter, UmwG, § 197 Rn. 6; *Berger* in Kallmeyer, UmwG, § 197 Rn.7; *Wansleben* in MünchHB GesR, Bd. 8, § 34 Formwechselbeschluss, Rn. 54: „höchst restriktiv auszulegen“; *Winter* in Schmitt/Hörtnagl, UmwG, § 197 Rn. 3: nicht „sklavisch zu beachten“; *Simons* in BeckOGK UmwG, Stand 1. Oktober 2025, § 197 Rn. 4.

wird,[510] verwundert nicht, dass sie auch im Fall des Formwechsels in eine Kapitalgesellschaft kontrovers diskutiert werden. Aus dem Verweis in § 197 S. 1 UmwG ergibt sich zunächst, dass die bei Gründung geltenden Vorschriften bezüglich der Kapitalausstattung der Zielrechtsform einzuhalten sind. Hieraus folgt für den praktisch besonders wichtigen Formwechsel in GmbH oder AG, dass der Betrag von Grund- oder Stammkapital nach § 3 Abs. 1 Nr. 3 GmbHG und § 23 Abs. 3 Nr. 3 AktG in der Satzung anzugeben ist.[511] Verglichen mit der Neugründung einer Gesellschaft sind die Anteilseigner jedoch bei Festlegung des statutarischen Kapitals erheblich eingeschränkt. Die Grundsätze von Kapitalfortschreibung und Reinvermögensdeckung begrenzen den Gestaltungsspielraum der Gesellschafter sowohl nach oben als auch nach unten.

1. Kapitalfortschreibung

§ 247 Abs. 1 UmwG sieht für den Fall eines Formwechsels zwischen GmbH und AG vor, dass das Grundkapital einer formwechselnden AG zum Stammkapital der GmbH wird und umgekehrt. Hierbei handelt es sich um eine gesetzlich ausformulierte Folge der Identität des Rechtsträgers.[512] Das Gesetz gebietet die Kontinuität der Nennkapitalziffer.[513] Diese ist zwingend fortzuschreiben – eine Reduzierung des Nennkapitalbetrages ist gemäß § 243 Abs. 2 UmwG nur nach den für die jeweilige Rechtsform vorgesehenen Vorschriften möglich.[514] § 247 Abs. 1 UmwG schränkt den Verweis auf die Gründungsvorschriften in § 197 S. 1 UmwG demnach hinsichtlich der Entscheidungsfreiheit der Anteilseigner über die Höhe des statutarischen Kapitals ausdrücklich ein. Hierdurch wird verhindert, dass anlässlich des Formwechsels eine Kapitalherabsetzung außerhalb der dafür vorgesehenen Vorschriften durchgeführt wird, eine AG also beispielsweise ihr Grundkapital von 50.000 Euro auf 25.000 Euro Stammkapital reduziert.[515] Umgekehrt führt § 247 Abs. 1 UmwG jedoch nicht dazu, dass das Mindestnennkapital nicht einzuhalten wäre, weshalb der Verweis auf die Gründungsvorschriften beim Formwechsel von der GmbH in die AG eine zwingende

---

510 Siehe Kapitel 2, C. II.
511 Statt aller *Bärwaldt* in Semler/Stengel/Leonard, UmwG, § 197 Rn. 22, 40.
512 *Scheel* in Semler/Stengel/Leonard, UmwG, § 247 Rn. 1 verwendet den Begriff der „erhöhten Identität".
513 Allg. M., vgl. statt aller *Drinhausen/Keinath* in Henssler/Strohn, GesR, § 247 UmwG Rn. 2.
514 Statt aller *Herfs/Link* in BeckOGK UmwG, Stand 1. Juli 2024, § 247 Rn. 8.
515 Siehe bereits Kapitel 2, C. II. 1.

Kapitalerhöhung notwendig macht, sofern das bisherige Stammkapital den Mindestbetrag des § 7 AktG unterschreitet.[516] Keine Anwendung findet § 247 Abs. 1 UmwG ausweislich des eindeutigen Wortlauts jedoch bei einem Formwechsel von einer Personengesellschaft in die Kapitalgesellschaft oder umgekehrt. Dies führt dazu, dass Haftkapital der Kommanditisten und Nennkapital im Verhältnis zueinander auch niedriger festgesetzt werden können, woraus eine abstrakte Gläubigergefährdung resultieren kann.[517] Vereinzelt wurde vertreten, dieses Problem durch eine zwingende Kapitalfortschreibung auch im Falle des Formwechsels in und aus der KG zu lösen.[518] Das von *Petersen* angemahnte Szenario, in dem eine AG mit zehn Aktionären (davon eine GmbH) und einer Million DM Grundkapital zum Zwecke der Ausschüttung dieses Kapitals in eine GmbH & Co. KG mit neun Kommanditisten mit jeweils einer DM Haftkapital umgewandelt wird, ist richtigerweise über eine entsprechende Ausgestaltung des Anspruchs auf Sicherheitsleistung §§ 204, 22 UmwG und entsprechende Offenlegungspflichten zu lösen.[519] Hierfür spricht, dass bei einem Formwechsel von AG zu GmbH ebenfalls die Kapitalbindung sinkt und Beträge zur Ausschüttung frei werden können,[520] ohne dass dieser Umstand durch hinzutretende Haftung kompensiert wird. Ausweislich der Gesetzesbegründung zum UmwG 1994 hat der Gesetzgeber das Problem wegfallender Kapitalbindung und gläubigerbeeinträchtigender Entnahmen aus dem Gesellschaftsvermögen als Anwendungsfall des § 204 UmwG gesehen.[521] Für einen gesetzlich nicht vorgesehenen Gleichlauf von Haft- und Nennkapital ist daher kein Raum. Die Fortschreibung der Nennkapitalziffer als Ausfluss des Identitätsprinzips sichert eine Kontinuität der Nennkapitalziffer konsequenterweise lediglich dort, wo diese sowohl vor als auch nach dem Formwechsel existiert.

2. Reinvermögensdeckung

Eine weitere Einschränkung der Gestaltungsfreiheit der Anteilseigner sieht § 220 Abs. 1 UmwG in Form eines Höchstbetrages für die statutarische Kapitalziffer vor. Bei einem Formwechsel in eine GmbH oder AG muss das nach Abzug der Schulden verbleibende Vermögen mindestens dem Nennwert von Grund-

516 Allg. M., vgl. statt aller *Scheel* in Semler/Stengel/Leonard, UmwG, § 247 Rn. 4 und *Blasche* in Kallmeyer, UmwG, § 243 Rn. 7.
517 Siehe hierzu bereits Kapitel 2, C. II. 2.
518 *Petersen*, Der Gläubigerschutz im Umwandlungsrecht, S. 114.
519 Siehe Kapitel 3, E. I. 5.
520 Siehe Kapitel 2, C. II. 4.
521 BegrRegE BR-Drs 75/94, S. 145.

oder Stammkapital entsprechen. Hieraus folgt im Umkehrschluss, dass die Nennkapitalziffer nicht höher festgesetzt werden darf als das in der Gesellschaft vorhandene Vermögen.[522] Die Regelung soll zum Schutz der Gläubiger die Deckung des Stamm- oder Grundkapitals der Gesellschaft neuer Rechtsform sichern.[523] Die Notwendigkeit einer solchen Sicherung wird mit dem Umstand begründet, dass die Kapitalaufbringung bei Personengesellschaften keiner Kontrolle unterliegt.[524] Abzustellen ist bei der Bewertung nach inzwischen allgemeiner Meinung auf den tatsächlichen Verkehrswert des Vermögens, nicht auf den Buchwert.[525] Wo der Verkehrswert des Vermögens hinter dem satzungsmäßigen Kapital zurückbleibt und die Gesellschafter nicht bereit sind, eine Zuzahlung in das Gesellschaftsvermögen in Höhe der Differenz zu leisten, scheidet ein Formwechsel aus.[526] Das Gebot der Reinvermögensdeckung gilt gemäß des Verweises in § 245 Abs. 1 UmwG auch für den Formwechsel der GmbH in die AG, ausweislich des § 245 Abs. 4 UmwG jedoch nicht im umgekehrten Fall, was den Formwechsel einer unterkapitalisierten AG in eine GmbH ermöglicht.[527] Begründet hat der Gesetzgeber diesen Umstand mit der Erwägung, dass die AG ohnehin strengeren Kapitalerhaltungsvorschriften unterliegt als die GmbH.[528] Bezogen auf das statuarische Kapital modifiziert das UmwG den allgemeinen Verweis auf die Gründungsvorschriften demnach sowohl durch eine Unter- als auch eine Obergrenze für die Kapitalziffer.

II. Kapitalaufbringung anlässlich des Formwechsels

Die Erkenntnis, dass der Gesetzgeber die Deckung des Stamm- oder Grundkapitals im Zuge des Formwechsels über § 220 Abs. 1 UmwG gewährleistet, wirft im nächsten Schritt die Frage auf, in welchem Umfang die Kapitalaufbringungsvorschriften der jeweiligen Rechtsform über § 197 UmwG neben § 220 Abs. 1 UmwG Anwendung finden. Das Problem stellt sich insbesondere bei einem

---

522 Statt aller *Bärwaldt* in Semler/Stengel/Leonard, UmwG, § 197 Rn. 22.

523 BegrRegE BR-Drs 75/94, S. 150.

524 *Schlitt* in Semler/Stengel/Leonard, UmwG, § 220 Rn. 1.

525 Die Auffassung, die auf den Buchwert des Vermögens abstellte, kann insoweit als überholt angesehen werden, vgl. *Blasche/Lanfermann* in Kallmeyer, UmwG, § 220 Rn. 6f.; *Drinhausen/Keinath* in Henssler/Strohn GesR, § 220 UmwG Rn. 4; *Hoger* in Lutter, UmwG, § 220 Rn. 10; *Sagasser/Luke* in Sagasser/Bula, Umwandlungen, § 30 Rn. 101; *Schlitt* in Semler/Stengel/Leonard, UmwG, § 220 Rn. 13; *Rinke* in Schmitt/Hörtnagl, UmwG/UmwStG, § 220 UmwG Rn. 9; Aus der Rechtsprechung OLG Frankfurt am Main, Beschl. v. 19. März 2015 – Az.: 20 W 160/13.

526 *Schlitt* in Semler/Stengel/Leonard, UmwG, § 220 Rn. 1.

527 Allg. M., vgl. statt aller *Blasche* in Kallmeyer, UmwG, § 245 Rn. 8.

528 BegrRegE BR-Drs 75/94, S. 157.

Formwechsel von der Personengesellschaft in eine Kapitalgesellschaft, wenn der formwechselnde Rechtsträger im Zeitpunkt des Formwechsels noch über offene Einlageforderungen gegen die Gesellschafter verfügt.[529]

Teilweise wird der Formwechsel ungeachtet der Identität des Rechtsträgers als Sachgründung eingeordnet, mit der Folge, dass aufgrund § 7 Abs. 3 GmbHG und § 36a Abs. 2 S. 1 AktG ein Volleinzahlungsgebot bezüglich offener Einlagen bestehen soll.[530] Die herrschende Meinung verweist demgegenüber darauf, dass der Formwechsel nicht strengeren Anforderungen unterliegen dürfe als eine Bargründung einer entsprechenden Gesellschaft, weshalb Bar- und Sacheinlagen nach allgemeinen Grundsätzen zu leisten seien, Bareinlagen also in Einklang mit § 7 Abs. 2 S. 1 GmbHG und § 36a Abs. 1 AktG nur in Höhe von 25 %.[531] Nur vereinzelt wird demgegenüber vertreten, dass eine Anwendung der Einzahlungsverpflichtungen im Rahmen des Formwechsels von Personengesellschaften komplett ausscheiden muss.[532]

Obwohl die herrschende Meinung ein Volleinzahlungsgebot ablehnt, ist die damit verbundene Pflicht, sämtliche offene Einlagen einzubringen, für Gläubiger selbstverständlich vorteilhaft. Ein Blick ins Ausland zeigt, dass derartige Einzahlungsgebote anlässlich des Formwechsels durchaus nicht unbekannt sind. So ist nach Art. 131 des portugiesischen Handelsgesetzbuchs (*Código das Sociedades Comerciais*) ein Formwechsel unzulässig, wenn das Gesellschaftskapital nicht vollständig eingebracht oder ausstehende Kapitalbeiträge nicht vollständig geleistet wurden.[533] Nach spanischem Recht ist für jede Art des Formwechsels die Volleinzahlung des Kapitals zwingend erforderlich.[534] Auch das ungarische Recht kennt ein entsprechendes Volleinzahlungsgebot.[535] Will man einen best-

529 *Simons* in BeckOGK UmwG, Stand 1. Oktober 2025, § 197 Rn. 11.

530 Siehe *Hoger* in Lutter, UmwG, § 220 Rn. 12 und *Blasche* in Kallmeyer, UmwG, § 220 Rn. 10 m.w.N. zu dieser Auffassung.

531 *Bärwaldt* in Semler/Stengel/Leonard, UmwG, § 197 Rn. 29; *Hoger* in Lutter, UmwG, § 197 Rn. 14; *Drinhausen/Keinath* in Henssler/Strohn GesR, § 197 UmwG Rn. 3; *Herfs/Link* in BeckOGK UmwG, Stand 1. Juli 2024, § 245 Rn. 52 ff.; *Berger* in Kallmeyer, UmwG, § 197 Rn. 24; *Schlitt* in Semler/Stengel/Leonard, UmwG, § 220 Rn. 16.

532 So insbesondere *Mayer* in Widmann/Mayer, Umwandlungsrecht, § 197 Rn. 57 mit der Begründung, dass bei einem Formwechsel aus der Personengesellschaft die Anwendung von Kapitalaufbringungsvorschriften sachfremd sei; Dem zustimmend *Simons* in BeckOGK UmwG, Stand 1. Oktober 2025, § 197 Rn. 11.

533 *Coutinho/Antunes* in Wegen/Spahlinger/Barth, Gesellschaftsrecht des Auslands, Portugal, Rn. 275.

534 *Lozano/Fernández* in Süß/Wachter, Handbuch des internationalen GmbH-Rechts, Spanien, Rn. 228.

535 *Kovács,* Der innerstaatliche und grenzüberschreitende Formwechsel, S. 116.

möglichen Schutz der Neugläubiger erreichen, erscheint ein Volleinzahlungsgebot sinnvoll, da hierdurch der Kapitalbestand in der Gesellschaft maximiert wird.

Richtigerweise muss ein Volleinzahlungsgebot aber schon allein deshalb ausscheiden, weil Gläubiger durch ein Volleinzahlungsgebot zusätzlich zur Reinvermögensdeckung anlässlich des Formwechsels bessergestellt würden als bei einer Neugründung, wofür kein Anlass besteht. Bei einem Formwechsel aus der Personengesellschaft muss weitergehend die Anwendung der § 7 Abs. 2 S. 1 GmbHG und § 36a Abs. 1 AktG im Fall von offenen Einlageforderungen gegen die Gesellschafter gänzlich ausscheiden, weil sie neben dem Gebot der Reinvermögensdeckung zum Schutz der Gläubiger schlicht nicht erforderlich ist.[536] Zweck der Kapitalaufbringungsvorschriften ist der Nachweis eines Mindestmaßes an finanzieller Leistungsfähigkeit der Gesellschaft, also die Sicherung der Kapitalausstattung.[537] Im Zuge des Formwechsels dient das Gebot der Reinvermögensdeckung § 220 Abs. 1 UmwG nach allgemeiner Ansicht der Sicherung der Kapitaldeckung und damit ebenfalls der Sicherstellung der (erfolgten) Kapitalaufbringung.[538] Wenn aber durch § 220 Abs. 1 UmwG sichergestellt ist, dass dem Grund- beziehungsweise Stammkapital entsprechendes Vermögen in der Gesellschaft vorhanden ist, besteht keine Notwendigkeit, die Gesellschafter einer Personengesellschaft noch weitergehenden Kapitalaufbringungsregularien zu unterwerfen.[539] § 197 S. 1 UmwG dient dem Umgehungsschutz.[540] Wo sich ausweislich der Reinvermögensdeckung ausreichend Kapital in der Gesellschaft befindet, scheidet eine Gläubigergefährdung durch Umgehung der Kapitalaufbringungsvorschriften aus. Aus Gläubigersicht ist nicht maßgeblich, ob das Vermögen der Gesellschaft durch Einzahlung ausstehender Einlagen zugeführt wird, sondern vielmehr, ob sich ein dem Stamm- bzw. Grundkapital entsprechender Gegenwert tatsächlich in der Gesellschaft befindet.[541] § 220 Abs. 1 UmwG

[536] So auch *Simons* in BeckOGK UmwG, Stand 1. Oktober 2025, § 197 Rn. 11 und *Mayer* in Widmann/Mayer, Umwandlungsrecht, § 197 Rn. 57.

[537] BegrRegE, zu § 7 GmbHG, BT-Drs. 8/1347, S. 32; *Herrler* in MüKoGmbHG, Bd. 1, § 7 Rn. 4 f.; Vgl. auch *Pentz* in MüKoAktG, Bd. 1, § 36a Rn. 3: „Beide Teile des § 36a bezwecken die Sicherung der Kapitalaufbringung".

[538] *Blasche/Lanfermann* in Kallmeyer, UmwG, § 220 Rn. 1; *Drinhausen/Keinath* in Henssler/Strohn GesR, § 220 UmwG Rn. 1; *Schlitt* in Semler/Stengel/Leonard, UmwG, § 220 Rn. 1; *Hoger* in Lutter, UmwG, § 220 Rn. 2; *Rinke* in Schmitt/Hörtnagl, UmwG/UmwStG, § 220 UmwG Rn. 1.

[539] *Mayer* in Widmann/Mayer, Umwandlungsrecht, § 197 Rn. 57.

[540] BegrRegE BR-Drs 75/94, S. 141.

[541] So auch *Simons* in BeckOGK, UmwG, Stand 1. Oktober 2025, § 197 Rn. 11 und *Mayer* in Widmann/Mayer, Umwandlungsrecht, § 197 Rn. 57.

erfüllt den Zweck der § 7 Abs. 2 GmbHG und § 36a Abs. 1 AktG bei einem Formwechsel aus der Personengesellschaft damit vollumfassend und geht sogar über deren Inhalt hinaus, da das Stammkapital in voller Höhe durch Reinvermögen gedeckt und nicht nur in Höhe von 25 % eingezahlt sein muss. Es bedarf keiner Doppelung des Schutzes durch Anwendung der Vorschriften des GmbHG und AktG neben dem umwandlungsrechtlichen Schutzmechanismus. Ist sichergestellt, dass die Gesellschaft über Haftsubstrat in Höhe des Stammkapitals verfügt, ist das schutzwürdige Vertrauen der Gläubiger in die Grundsätze der Kapitalaufbringung gewahrt.

Entgegen der herrschenden Meinung muss § 220 Abs. 1 UmwG deshalb bei einem Formwechsel aus der Personengesellschaft als abschließende Regelung angesehen werden, die einer weitergehenden Anwendung der Kapitalaufbringungsvorschriften entgegensteht. Aus § 220 Abs. 1 UmwG ergibt sich demnach bei einem Formwechsel aus der Personengesellschaft „etwas anderes" im Sinne des § 197 S. 1 UmwG.[542] Wegen der bestehenden dogmatischen Spannung zwischen Identitätsgrundsatz und Verweis auf die Gründungsvorschriften ist eine restriktive Anwendung ebendieser geboten, um den Formwechsel nicht faktisch der Neugründung gleichzustellen. Wo die Anwendung einer gläubigerschützenden Gründungsnorm unter Gläubigerschutzgesichtspunkten nicht erforderlich ist, hat die Anwendung daher zu unterbleiben. So verstanden schützt das Gebot der Reinvermögensdeckung Gläubiger auch davor, dass die Ausfallhaftung für Einlageforderungen in der neuen Rechtsform weniger streng ausgestaltet ist als in der Ausgangsrechtsform.[543] Denn auch die Ausfallhaftung § 24 GmbHG, § 46 Abs. 4 AktG dient der Sicherstellung der Kapitalaufbringung.[544] Sofern das statutarische Kapital durch Reinvermögen gedeckt ist, haben Gläubiger kein schützenswertes Interesse daran, dass es der Gesellschaft zusätzlich durch Ausfallhaftung zugeführt wird. Wo der Normzweck einer Gründungsvorschrift bereits durch einen formwechselspezifischen Mechanismus ausgefüllt wird, muss es dabei verbleiben.

---

542 Vgl. *Mayer* in Widmann/Mayer, Umwandlungsrecht, § 197 Rn. 57, „Insoweit modifiziert § 220 UmwG das nach § 197 UmwG berufene Gründungsrecht".
543 Zur Gefährdung von Gläubigerinteressen durch eine solche Änderung, Kapitel 2, C. II. 3.
544 Statt aller *Kersting* in Noack/Servatius/Haas, GmbHG, § 24 Rn. 1.

III. Bewertung

Die Untersuchung der Behandlung des statutarischen Kapitals im Rahmen des Formwechsels hat die Nachteile einer Generalverweisung auf das Gründungsrecht – wie in § 197 Abs. 1 UmwG verankert – offengelegt. Der unspezifische Verweis hat hinsichtlich der Frage der Behandlung offener Einlageverpflichtungen insbesondere beim Formwechsel aus der Personengesellschaft zu drei erheblich abweichenden Auffassungen geführt – Volleinzahlung, Anwendung der § 7 Abs. 2 GmbHG und § 36a Abs. 1 AktG und der hier vertretene abschließende Charakter des § 220 Abs. 1 UmwG.

Die bestehenden Diskrepanzen zu so wichtigen Fragen wie der Kapitalaufbringung zeigen, dass die vom deutschen Gesetzgeber gewählte Verweisungstechnik zwar einerseits eine umfassende Aufzählung von anzuwendenden Gründungsvorschriften vermeidet, andererseits jedoch wenig zur Rechtsklarheit beiträgt. Der mit dem Verweis bezweckte Umgehungsschutz geht dort zu weit, wo (wie im Fall des § 220 Abs. 1 UmwG) andere umwandlungsrechtliche Mechanismen den gleichen Zweck wie eine Gründungsvorschrift erfüllen. Auch steht der Generalverweis auf alle Gründungsvorschriften in einem dogmatischen Spannungsverhältnis mit dem Leitbild der Identität des Rechtsträgers und lässt den Formwechsel inhaltlich näher an eine Neugründung heranrücken. Die durch den Gesetzgeber geäußerte Absicht, durch die Möglichkeit eines Formwechsels eine „Neugründung zu ersparen“ passt schwerlich dazu, als allgemeinen Grundsatz die Anwendung der Gründungsvorschriften vorzusehen.[545]

IV. Anwendung der Gründungsvorschriften bei grenzüberscheitendem Hereinformwechsel

Dass auch ein grenzüberschreitender Hereinformwechsel die Anwendung der Gründungsvorschriften in gewissem Umfang zwingend erfordert, erschließt sich ohne weiteres. Die Gesellschaft existiert unter der Rechtsordnung des Zielrechtsstaates bisher nicht, weshalb sichergestellt werden muss, dass der formwechselnde Rechtsträger gewissen Anforderungen der neuen Rechtsform entspricht, also beispielsweise durch Bestellung eines entsprechenden Vertretungsorgans

545 So aber ausdrücklich die Gesetzesbegründung zu § 197 UmwG, BegrRegE BR-Drs. 75/94, S. 141.

handlungsfähig ist. Abschließende Regelungen diesbezüglich konnte die Richtlinie nicht enthalten, da es grundsätzlich der Regelungshoheit der Mitgliedstaaten unterliegt, die Voraussetzung für eine Gesellschaftsgründung unter ihrem Recht festzulegen.[546] Entsprechend sieht Art. 86o Abs. 1 UAbs. 2 GesR-ERL vor, dass der Zuzugsstaat die Einhaltung der für die neue Rechtsform geltenden Anforderungen an Gründung und Eintragung sicherzustellen hat.

Der deutsche Gesetzgeber ist dem im Zuge der Umsetzung des Art. 86o Abs. 1 GesR-ERL (erwartungsgemäß) durch Anwendung der „bekannten und bewährten" Verweisungstechnik des UmwG nachgekommen.[547] § 333 Abs. 2 UmwG sieht entsprechend nunmehr vor, dass auf den grenzüberschreitenden Formwechsel die für einen nationalen Formwechsel geltenden Vorschriften anzuwenden sind, sofern sich nicht aus den Sonderregelungen der §§ 333 ff. UmwG etwas anderes ergibt.[548] Dies entspricht der herrschenden Meinung zur Durchführung eines Hereinformwechsels vor Inkrafttreten des UmRUG.[549] Erfreulicherweise hat der Gesetzgeber zusätzlich zu dem allgemeinen Verweis in § 333 Abs. 3 UmwG weitere Konkretisierungen zu der (Nicht-)Anwendbarkeit bestimmter Vorschriften vorgenommen. Zu begrüßen ist in diesem Zusammenhang insbesondere die Klarstellung in § 333 Abs. 3 S. 2 UmwG, nach dem § 245 Abs. 4 UmwG (Entbehrlichkeit eines Sachgründungsberichts bei Formwechsel aus der AG in die GmbH) dann anzuwenden ist, wenn die formwechselnde Gesellschaft eine der im Anhang I zur GesR-RL genannten Rechtsformen hat (also einer deutschen Aktiengesellschaft entspricht). Diese Klarstellung ist unter Gesichtspunkten der Rechtssicherheit wichtig, da zur Anwendung von § 245 Abs. 4 UmwG auf hereinformwechselnde Gesellschaften unterschiedliche Auffassungen bestanden. So sah die Checkliste der Richterinnen und Richter des AG Charlottenburg noch die Nichtanwendbarkeit von § 245 Abs. 4 UmwG vor,[550] während das KG Berlin die

---

546 Dies hat der EuGH in seiner Cartesio-Entscheidung auch für den weiteren Bestand der Gesellschaft bekräftigt, siehe hierzu Kapitel 2, B. II. 2.

547 *J. Schmidt*, NZG 2022, 579.

548 *J. Schmidt*, NZG 2022, 579, 580.

549 OLG Nürnberg, Beschl. v. 19. Juni 2013 – Az.: 12 W 520/13, Rn. 40: „Weiterhin sind die für den Formwechsel vorgesehenen Verfahrensschritte sowie die für eine Gründung des neuen Rechtsträgers nach deutschem Recht einzuhaltenden Regeln auch bei der grenzüberschreitenden Umwandlung entsprechend § 197 UmwG zu beachten"; Siehe auch KG Berlin, Beschl. v. 21. März 2016 – Az.: 22 W 64/15; *Hoger* in Lutter, UmwG, 6. Auflage, Einführung zum 5. Buch, Rn. 39; *Vossius* in Widmann/Mayer, Umwandlungsrecht, § 191 Rn. 57.

550 Vgl. GmbHR 2014, R311, R312.

Norm grundsätzlich für anwendbar hielt, wenn die ausländische Gesellschaft einer deutschen AG entsprach.[551] § 333 Abs. 3 S. 2 UmwG klärt diese Frage nunmehr in europarechtskonformer Art und Weise, da eine Nichtanwendung von § 245 Abs. 4 UmwG im Fall von einer deutschen Aktiengesellschaft entsprechenden europäischen Gesellschaften nicht mit der Niederlassungsfreiheit Art. 49, 54 AEUV vereinbar gewesen wäre. Die Untersuchung der Ausgestaltung der Niederlassungsfreiheit durch den EuGH hat gezeigt, dass Gläubigerschutzvorschriften im Rahmen eines grenzüberschreitenden Formwechsels grundsätzlich nicht ungünstiger sein dürfen als solche, die den innerstaatlichen Formwechsel regeln.[552] Dies wäre jedoch der Fall, wollte man § 245 Abs. 4 UmwG nicht auf ausländische (Aktien-)Gesellschaften anwenden.

Trotz dieser zu begrüßenden Klarstellung dürften auch für den grenzüberschreitenden Formwechsel noch nicht alle Zweifelsfragen im Zusammenhang mit den anwendbaren Gründungsvorschriften geklärt sein. So kann sich auch im grenzüberschreitenden Kontext die Frage stellen, ob offene Einlagenforderungen der Gesellschaft anlässlich des Formwechsels nach Maßgabe von § 7 Abs. 2 GmbHG und § 36a Abs. 1 AktG – jedenfalls bis zu einer Höhe von 25 % – geleistet werden müssen, wenn das ausländische Recht für Gesellschaften mit beschränkter Haftung beispielsweise die Einzahlung von weniger als 25 % des Nennbetrags der Geschäftsanteile bei Gesellschaftsgründung vorsieht. Diesbezüglich lassen sich die Erwägungen zum Formwechsel einer deutschen Personengesellschaft in die Kapitalgesellschaft übertragen. Obwohl die Harmonisierung des grenzüberschreitenden Formwechsels eine erhebliche Steigerung der Rechtsicherheit mit sich bringt, ist also zu erwarten, dass sich Literatur und Praxis auch zukünftig mit Einzelfragen zu den anwendbaren Gründungsvorschriften beschäftigen werden. Dieser Rest von Rechtsunsicherheit ist der vom deutschen Gesetzgeber gewählten Verweisungstechnik (allgemeine Verweisung mit punktuellen Ausnahmen) allerdings bis zu einem gewissen Maß immanent. Gleichwohl wäre eine ausdrückliche Klärung von bereits bekannten Fragen – wie beispielsweise der Behandlung von offenen Einlageforderungen – durch den Gesetzgeber wünschenswert. Dies würde einen weiteren Beitrag zum erklärten Ziel der GesR-ERL leisten, einen grenzüberschreitenden Formwechsel rechtssicher zu ermöglichen.[553]

---

551 KG Berlin, Beschl. v. 21. März 2016 – Az.: 22 W 64/15.

552 EuGH, Urt. v. 12. Juli 2012 – Rs. C-378/10, juris, Rn. 48; Siehe bereits Kapitel 2, B. II. 2.

553 Kommissionsvorschlag, S. 12: der Vorschlag soll „durch die verbesserte Rechtssicherheit und die dadurch sinkenden Rechtsberatungskosten und den Wegfall der Notwendigkeit,

V. Fazit

Erkennt man an, dass Gründungsvorschriften der Kapitalgesellschaften insbesondere dem Gläubigerschutz dienen,[554] ist das Ansinnen, Gläubiger vor einer Umgehung dieser Vorschriften zu schützen, ohne weiteres nachvollziehbar. Gründungsvorschriften würden in erheblichem Maße entwertet, wenn schlicht eine Personengesellschaft gegründet und in direktem Anschluss in eine Kapitalgesellschaft formgewechselt werden könnte, ohne zumindest einen Teil der für die Gründung der Kapitalgesellschaft maßgeblichen Vorschriften einzuhalten. § 197 S. 1 UmwG stellt als Instrument des institutionellen Neugläubigerschutzes sicher, dass Anspruchsgegner des formwechselnden Rechtsträgers nicht schlechter stehen, als wenn sie ein Rechtsverhältnis mit einer neu gegründeten Gesellschaft eingegangen wären. Die Anwendung von Gründungsvorschriften stellt eine der Umgehungsgefahr geschuldete Notwendigkeit dar, die jedoch in einem Spannungsverhältnis zu der dem Formwechsel zugrundeliegenden These der Identität des Rechtsträgers steht.[555] In Anbetracht dessen wäre eine punktuelle Verweisung auf jene Gründungsnormen zu erwarten, deren Umgehung der Gesetzgeber verhindern will. Das Umwandlungsgesetz sieht jedoch die Anwendung der Gründungsvorschriften als Regel und eine Ausnahme hiervon nur in Einzelfällen vor, was zu Unsicherheit über die tatsächlich anwendbaren Vorschriften führt. Das Verhältnis von Grundsatz der Reinvermögensdeckung zur Anwendung der Kapitalaufbringungsvorschriften hat gezeigt, dass eine unnötige Dopplung des Neugläubigerschutzes droht, wenn der durch Gründungsvorschriften intendierte Schutz bereits durch Mechanismen des UmwG gewährleistet wird.

Im Rahmen der Umsetzung der GesR-ERL ist der deutsche Gesetzgeber der „bekannten und bewährten" Verweisungstechnik des UmwG treu geblieben.[556] Diese hat den Vorteil, dass der Gesetzestext nicht durch eine enumerative Aufzählung der entsprechend anwendbaren Vorschriften aufgebläht wird. Gerade in Bezug auf die Anwendung von Gründungsvorschriften beim grenzüberschreitenden Formwechsel erweist sich der doppelte Verweis – zunächst aus § 333 Abs. 2 UmwG auf die Vorschriften des Ersten Teils sowie die Vorschriften des ersten und dritten Unterabschnitts des zweiten Abschnitts des zweiten Teils des fünften

---

nicht harmonisierte Vorschriften der Mitgliedstaaten zu befolgen – auch die grenzüberschreitende Geschäftstätigkeit verstärken".

[554] Siehe hierzu bereits Kapitel 2, C. II.

[555] Siehe zum Identitätsprinzip Kapitel 2, A. I. 1. b).

[556] *J. Schmidt*, NZG 2022, 579.

Buches des UmwG – was den Verweis in § 197 S. 1 UmwG auf die für die neue Rechtsform geltenden Gründungsvorschriften umfasst – in der Rechtsanwendung als sperrig, da nicht ohne weiteres ersichtlich ist, welche Gründungsvorschriften anlässlich des Formwechsels Anwendung finden. Vor dem Hintergrund, dass der genaue Umfang der Verweisung auf die Gründungsvorschriften noch immer nicht abschließend geklärt ist,[557] trägt die unspezifische Verweisungskette auf die Gründungsvorschriften der jeweiligen Rechtsform gerade im grenzüberschreitenden Kontext nicht eben zur Rechtssicherheit und Rechtsklarheit bei. Für die Rechtspraxis ist daher auch für die Zukunft davon auszugehen, dass ein grenzüberschreitender Formwechsel erheblichen Beratungsaufwand erfordern wird.

D. Schutz durch Information

Der Schutz bestimmter Teilnehmer des Rechtsverkehrs durch Information ist ein im gesamten deutschen Zivilrecht weit verbreitetes Konzept und schon lange Gegenstand des rechtswissenschaftlichen Diskurses.[558] Das Problem der Ungleichverteilung von Informationen ist allgegenwärtig. Akteure im Rechtsverkehr können Informationsvorsprünge ausnutzen, um sich Vorteile gegenüber Kunden, Mitbewerbern oder anderen Marktteilnehmern zu verschaffen.[559] Allerdings bedarf nicht jedes Informationsgefälle einer Korrektur, da ansonsten auch die redliche Nutzung mühsam erarbeiteter Informationsvorsprünge unmöglich würde.[560] Eine Ungleichverteilung von Informationen ist nur problematisch, wo sie zu einer unbilligen Übervorteilung der weniger gut informierten Partei führt. Auf legislativer Ebene wird eine solche Situation regelmäßig durch ausdrückliche Offenlegungs- oder Informationspflichten adressiert.[561] Aber auch abseits der gesetzlich normierten Fälle sind Aufklärungspflichten im Einzelfall als vertragliche Nebenpflicht nach § 241 Abs. 2 BGB allgemein anerkannt.[562] Die Fülle

---

557 Siehe eingangs Kapitel 3, C.

558 Siehe weiterführend die rechtshistorischen Ausführungen von *Fleischer*, Informationsasymmetrie im Vertragsrecht, S. 19 ff.

559 Das Problem lässt sich am einfachsten am Beispiel des Gebrauchtwagenkaufs verbildlichen – der Verkäufer kennt das Fahrzeug in aller Regel besser als der Käufer und kann diesen Informationsvorsprung (beispielsweise durch Verschweigen eines Unfalls) ausnutzen, um einen für sich vorteilhaften Preis zu erzielen.

560 Siehe zum ökonomischen Hintergrund von Aufklärungspflichten *Bachmann* in MüKoBGB, Bd. 2, § 241 Rn. 193.

561 Eine ganze Fülle von entsprechenden Vorschriften finden sich insbesondere im Bereich des Verbraucherrechts, beispielsweise die weitreichenden vorvertraglichen Informationspflichten bei Verbraucherdarlehensverträgen § 491a BGB i.V.m. Art. 247 EGBGB.

562 Vgl. statt aller *Sutschet* in BeckOK BGB, § 241 Rn. 77 ff.

hierzu ergangener Einzelfallentscheidungen und entwickelter Fallgruppen lässt sich inzwischen schlicht nicht mehr überblicken,[563] was die enorme praktische Relevanz von Informationspflichten verdeutlicht. Sie sind als Instrument des Interessenausgleichs im Rechtsverkehr nicht mehr wegzudenken.

Das Konzept des Schutzes durch Information ist nicht nur im allgemeinen Zivilrecht, sondern auch im europäischen Gesellschaftsrecht tief verwurzelt. Das Informationsmodell, nach dem Rechtsverkehr und Interessenträger durch Zugang zu verständlichen und verlässlichen Informationen über Gesellschaften in die Lage versetzt werden sollen, ihre Interessen zu wahren, stellt ein Leitprinzip des europäischen Gesellschaftsrechts dar.[564]

Die Herausforderung liegt jedoch in der praktischen Fruchtbarmachung dieses Konzepts für den Gläubigerschutz im umwandlungsrechtlichen Kontext. Altgläubiger haben im Fall eines Formwechsels nicht die Möglichkeit, sich durch Absehen vom Vertragsschluss selbst zu schützen.[565] Informationspflichten können für Altgläubiger daher im Umwandlungsrecht auf den ersten Blick nur als Teil eines größeren Gläubigerschutzkonzepts (d.h. zusammen mit weiteren Schutzinstrumenten) funktionieren.[566] Im Nachfolgenden wird auf dieser Grundlage untersucht, ob bei einem Formwechsel unbillige Informationsasymmetrien bestehen und in welchem Umfang der Schutz durch Information in UmwG und GesR-ERL genutzt wird, um der Ungleichverteilung von Informationen entgegenzuwirken. Die jeweiligen Vorschriften müssen dabei sowohl im deutschen als auch im europäischen Kontext immer im Zusammenhang mit dem Schutzinstrument des Anspruchs auf Sicherheitsleitung §§ 205, 22 UmwG beziehungsweise Art. 86j GesR-ERL und §§ 341, 314 UmwG gesehen werden, da diese Instrumente (worauf noch einzugehen sein wird) im Einzelfall die Darlegung einer aus dem Formwechsel resultierenden Schlechterstellung der Gläubiger notwendig

563 Siehe hierzu den Überblick bei *Sutschet* in BeckOK BGB, § 311 Rn. 84 ff.: „Ein nur einigermaßen vollständiger Überblick über die einzelnen Aufklärungspflichten kann auf Grund der Ausdehnung, die sie vor allem in der Rspr. erfahren haben, kaum noch gegeben werden".

564 *Kalss/Deutsch* in Ludwigs, EU-WirtschaftsR-HdB, Kapitel 5, § 20 GesR, D. Informationsmodell, Rn. 253; Siehe weiterführend auch die Darstellung von *Grundmann*, Europäisches Gesellschaftsrecht, Rn. 228 ff. sowie *Eidenmüller*, Ausl. Kapitalgesellschaften, § 3 Beschränkungen der Niederlassungsfreiheit und ihre Rechtfertigung, Rn. 33 ff.; Siehe zur Entwicklung des Informationsmodells im europäischen Gesellschaftsrecht außerdem *Grundmann*, DStR 2004, 232 ff.

565 *Janisch*, Grenzüberschreitende Sitzverlegung, S. 397; *Hilser*, Grenzüberschreitender Formwechsel, S. 193.

566 Siehe zur isolierten Schutzfunktion von Offenlegungspflichten, Kapitel 3, D. VII. 1.

machen. Zu untersuchen ist deshalb insbesondere, ob bestehende Informationsrechte Gläubiger in die Lage versetzen, eine Gefährdung ihrer Ansprüche darzulegen.

I. Informationsasymmetrien beim Formwechselvorgang

Bei einem Formwechsel bestehen regelmäßig erhebliche Informationsasymmetrien zwischen Gesellschaftern oder Vertretungsorganen des formwechselnden Rechtsträgers und seinen Gläubigern. Aber auch innerhalb der Sphäre des formwechselnden Rechtsträgers ist ein Informationsgefälle denkbar, da gerade bei Gesellschaften mit vielen Anteilseignern eine Gleichverteilung von Informationen typischerweise nicht zu erwarten ist.[567] Allerdings ist unzweifelhaft, dass die Informationsbasis auf Seiten der Gesellschaft besser ist als auf Seiten der Gläubiger.[568] Selbstverständlich kann insoweit nur eine generalisierte Betrachtung erfolgen, da ein Informationsvorsprung einzelner Gläubiger nie ausgeschlossen werden kann.

Generell sind auf Seiten der Gesellschaft Hintergründe des Formwechsels sowie der damit verfolgte Zweck bekannt. Außerdem besteht – jedenfalls bei Vertretungs- und Aufsichtsorgan – typischerweise Kenntnis von der Vermögenslage der Gesellschaft. Beim grenzüberschreitenden Formwechsel ist sowohl bekannt, warum gerade eine spezifische ausländische Rechtsordnung gewählt wird, als auch die damit zusammenhängenden gesellschaftsrechtlichen Fragen wie Haftung und Kapitalerhaltung in der Zielrechtsform. Überdies hat die Analyse der denkbaren Gläubigerbeeinträchtigungen gezeigt, dass eine konkrete Gefährdung von Gläubigerinteressen regelmäßig Folge eines dem Formwechsel nachgelagerten Gesellschafterverhaltens (Entnahme von Kapital aus der Gesellschaft) ist.[569] Ob ein solches Vorgehen im Zeitpunkt des Formwechsels geplant ist, ist naturgemäß nur den Gesellschaftern bekannt. All diese Faktoren werden Gläubigern typischerweise nicht oder jedenfalls in erheblich geringerem Umfang bekannt sein als den Organen oder Anteilseignern des formwechselnden Rechtsträgers. Es besteht demnach ein signifikantes Informationsgefälle zwischen der Gesellschaft und ihren Gläubigern. Regelmäßig wird es sich dabei auch um eine unbillige Ungleichverteilung von Informationen handeln, da Gläubiger sich aufgrund einer

---

[567] *Bärwaldt* in Semler/Stengel/Leonard, UmwG, § 192 Rn. 2.
[568] Siehe beispielsweise *Hoger*, Kontinuität beim Formwechsel, S. 197: „schlechte Informationsbasis" der Gläubiger.
[569] Siehe Kapitel 2, C. IV.

einseitigen Entscheidung der Anteilseigner ihres Schuldners mit dem Formwechsel konfrontiert sehen.

II. Informationspflichten beim nationalen Formwechsel nach dem UmwG

1. Mangel an gläubigerspezifischen Informationspflichten

Speziell auf den Formwechsel zugeschnittene Informationspflichten sind im UmwG nur schwer zu finden. § 192 Abs. 1 UmwG regelt die Aufstellung des Formwechselberichts durch das Vertretungsorgan des formwechselnden Rechtsträgers, in dem der Formwechsel und insbesondere die künftige Beteiligung der Anteilsinhaber an dem Rechtsträger rechtlich und wirtschaftlich erläutert und begründet werden müssen.[570] Hierbei müssen unter anderem die Gründe für den Formwechsel im konkreten Fall dargestellt und zudem erläutert werden, warum die angestrebte Rechtsform zur Erreichung des verfolgten Ziels geeignet ist.[571] Weiterhin müssen Vor- und Nachteile der alten und neuen Rechtsform gegenübergestellt und rechtliche und wirtschaftliche Folgen des Formwechsels dargestellt werden.[572] Diese Angaben wären dem Grunde nach geeignet, Gläubigern eine Darlegung einer Gefährdung durch den Formwechsel zumindest zu erleichtern, indem sie Einblick in den wirtschaftlichen Hintergrund und Kontext des Formwechsels gewähren. Dieser Bericht ist jedoch nicht bekannt zu machen,[573] sowie nach § 192 Abs. 2 UmwG nicht erforderlich, wenn es nur einen Anteilseigner gibt oder alle Anteilseigner notariell auf ihn verzichten.[574] Als formalisiertes Informationsrecht dient der Formwechselbericht lediglich dem Schutz der Anteilseigner.[575] Anspruchsgegnern des formwechselnden Rechtsträgers sind nach der Konzeption des Umwandlungsgesetzes, wie nachfolgend aufgezeigt wird, unmittelbar keine Informationen über wirtschaftliche und rechtliche Hintergründe und Folgen des Formwechsels zur Verfügung zu stellen.

---

570 Statt aller *Winter* in Schmitt/Hörtnagl, UmwG/UmwStG, § 192 Rn. 2.
571 *Drinhausen/Keinath* in Henssler/Strohn GesR, § 192 UmwG Rn. 4.
572 Ebd., Rn. 5; Siehe weiterführend zum Inhalt des Umwandlungsberichts außerdem *Hoger* in Lutter, UmwG, § 192 Rn. 8 ff.
573 Siehe statt aller *Sparfeld* in BeckOGK UmwG, Stand 1. Oktober 2025, § 230 Rn. 19.
574 Siehe hierzu Kapitel 3, D. II. 3. a).
575 *Bärwaldt* in Semler/Stengel/Leonard, UmwG, § 192 Rn. 2; *Berger* in Kallmeyer, UmwG, § 192 Rn. 2; *Winter* in Schmitt/Hörtnagl, UmwG/UmwStG, § 192 Rn. 1.

2. Hinweispflicht nach §§ 204, 22 Abs. 1 S. 3 UmwG

Eine ausdrückliche Hinweispflicht zugunsten der Gläubiger findet sich über den Verweis des § 204 UmwG in § 22 Abs. 1 S. 3 UmwG. Demnach sind Gläubiger bei Bekanntmachung der Eintragung des Formwechsels im Handelsregister auf ihr Recht hinzuweisen, unter den Voraussetzungen des § 22 UmwG Sicherheit zu verlangen. Diese Pflicht trifft jedoch das Registergericht und nicht den formwechselnden Rechtsträger oder dessen Vertretungsorgan.[576] Umfangreiche Erläuterungen, beispielsweise zu den Voraussetzungen für die Gewährung einer solchen Sicherheit, sind jedoch nicht vorgesehen.[577] Als Rechtsfolge bei Verletzung dieser Hinweispflicht wird neben potenziellen Amtshaftungsansprüchen gemäß § 839 BGB auch ein eigenständiger Haftungsanspruch gegen die Organe des Rechtsträgers gemäß § 25 Abs. 1 UmwG (für den Formwechsel i.V.m. § 205 Abs. 1 UmwG) für möglich gehalten, wenn die Organe ein Verschulden an der Unterlassung der Bekanntmachung trifft und dem Gläubiger hierdurch ein Schaden entsteht.[578] Dem ist aber schon deshalb nicht zu folgen, weil die Hinweispflicht des § 22 Abs. 1 S. 3 UmwG das Registergericht und nicht die Gesellschaft oder deren Organe trifft.[579] Es besteht kein Grund, die Organe der Gesellschaft für die Verletzung einer Pflicht haftbar zu machen, deren Einhaltung ausdrücklich nicht ihrem Pflichtenkreis unterliegt.

Unabhängig von der Frage der Haftung ist der Informationsgehalt des Hinweises nach §§ 204, 22 Abs. 1 S. 3 UmwG jedoch denkbar gering. Der Umstand, dass das Umwandlungsgesetz für den nationalen Formwechsel über §§ 204, 22 Abs. 1 S. 3 UmwG hinaus keine ausdrücklichen Informationspflichten der Gesellschaft zugunsten der Gläubiger vorsieht, bedeutet jedoch – wie nachfolgend dargestellt – nicht, dass Gläubiger insgesamt keine Möglichkeit hätten, an Informationen über den Formwechsel zu gelangen.

3. Einsichtnahme in das Handelsregister nach § 9 HGB

Den Gläubigern bleibt mangels ausdrücklich zu ihren Gunsten normierter Informationspflichten nur der Rückgriff auf öffentlich zugängliche Informationen. Hierzu zählen neben im Unternehmensregister einsehbaren Jahresabschlüssen

---

[576] Statt aller *Rieder* in BeckOGK UmwG, Stand 1. Oktober 2025, § 22 Rn. 41.

[577] Vgl. den Formulierungsvorschlag von *Vossius* in Widmann/Mayer, Umwandlungsrecht, § 22 Rn. 74.

[578] *Winter* in Schmitt/Hörtnagl, UmwG/UmwStG, § 22 Rn. 10.

[579] Statt aller *Rieder* in BeckOGK UmwG, Stand 1. Oktober 2025, § 22 Rn. 41.

zuvörderst die beim Handelsregister eingereichten Dokumente.[580] Gemäß § 9 Abs. 1 S. 1 HGB ist jedem die Einsichtnahme in das Handelsregister sowie in die zum Handelsregister eingereichten Dokumente zu Informationszwecken gestattet. Bis zum Inkrafttreten des Gesetzes zur Umsetzung der Digitalisierungsrichtlinie (DiRUG) war ein Zugriff auf die im Handelsregister hinterlegten Dokumente allerdings nur nach Registrierung und gegen Gebühr (pro Dokument) möglich,[581] was den Zugang zu Registerdokumenten faktisch einschränkte. Seit Inkrafttreten des DiRUG zum 1. August 2022 wird der Abruf aller Registerinhalte aus dem Handelsregister über das Gemeinsame Registerportal der Länder kostenfrei und ohne Registrierung angeboten.[582] Gläubiger können inzwischen also jederzeit unkompliziert und kostenlos auf die eingereichten Dokumente, also Formwechselbericht (vorbehaltlich Entbehrlichkeit oder Verzicht), Formwechselbeschluss und (Sach-)Gründungsbericht (sofern erforderlich) zugreifen.

a) Formwechselbericht § 192 Abs. 1 UmwG

Gemäß §§ 198, 199 UmwG ist der Formwechselbericht oder die Erklärung über den Verzicht auf seine Erstellung im Zuge der Anmeldung des Formwechsels beim Handelsregister einzureichen. Die im Formwechselbericht enthaltenen Informationen zu wirtschaftlichen und rechtlichen Hintergründen und Folgen des Formwechsels sind Gläubigern somit nicht generell unzugänglich,[583] sondern können über § 9 HGB eingesehen werden. Das große Problem stellt aus Gläubigersicht jedoch die Verzichtmöglichkeit gemäß § 192 Abs. 2 S. 1 Alt. 2 UmwG dar. Durch notarielle Urkunde können die Anteilseigner gemeinsam auf die Erstattung eines Formwechselberichts verzichten.[584] Die Informationsquelle steht vollends zur Disposition der Anteilseigner des formwechselnden Rechtsträgers. Wo diese den Gläubigern die nach § 192 Abs. 1 UmwG zu machenden Angaben vorenthalten wollen, können sie schlicht auf die Erstellung des Berichts verzichten. Überdies ist ein Bericht gemäß § 192 Abs. 2 S. 1 Alt. 1 UmwG überhaupt nicht notwendig, wenn die Gesellschaft nur einen Anteilseigner hat. Bei einem Formwechsel innerhalb von Konzernstrukturen stellt – sofern mehrere Konzerngesellschaften an dem formwechselnden Rechtsträger beteiligt sind – der Verzicht auf den Formwechselbericht wegen der damit verbundenen Kostenersparnis in der

580 Siehe *Simons* in BeckOGK UmwG, Stand 1. Oktober 2025, § 199 Rn. 26.
581 Siehe zur alten Rechtslage *Krafka* in MüKoHGB, Bd. 1, § 9 Rn. 18.
582 *Beurskens* in BeckOGK HGB, Stand 1. September 2025, § 9 Rn. 38.
583 Siehe einleitend zum Inhalt des Formwechselberichts Kapitel 3, D. II. 1.
584 Siehe statt aller *Winter* in Schmitt/Hörtnagl, UmwG/UmStG, § 192 Rn. 22.

Praxis ohnehin die Regel dar. Insgesamt ist der Zugang zu den Informationen im Formwechselbericht für Gläubiger also alles andere als gesichert.

b) Formwechselbeschluss §§ 193, 194 UmwG

Weiterhin nach § 199 UmwG einzureichen ist der Formwechselbeschluss § 193 UmwG. Dieser muss gemäß § 194 Abs. 1 Nr. 1 bis 7 Angaben enthalten, die für Gläubiger von Interesse sein können. So ist nach Nr. 1 die neue Rechtsform des Rechtsträgers anzugeben, nach Nr. 3 und 4 die Beteiligung der bisherigen Anteilseigner sowie Details zu Zahl, Art und Umfang der Anteile und nach Nr. 5 Sonderrechte einzelner Gesellschafter. Hierdurch erhalten Gläubiger Einblicke in die gesellschaftsrechtlichen Strukturen des Rechtsträgers und insbesondere in das rechtsformabhängige Haftungskonzept nach dem Formwechsel. Von besonderem Interesse ist außerdem Nr. 6, nach welcher Angaben zu einem Abfindungsangebot gemäß § 207 UmwG an die dem Formwechsel widersprechenden Anteilseigner gemacht werden müssen.[585] Zwar ist für Gläubiger nicht erkennbar, in welchem Umfang tatsächlich Kapital auf Grundlage des § 207 UmwG abfließen wird, da das Angebot im Umwandlungsbeschluss gemäß § 209 UmwG bis zwei Monate nach Eintragung des Formwechsels angenommen werden kann, allerdings lassen sich aus den Ausführungen zur Barabfindung Rückschlüsse auf den tatsächlichen Wert des formwechselnden Unternehmens ziehen.[586] Da beim Formwechsel keine Bilanz aufzustellen ist,[587] die Gläubigern als Entscheidungshilfe dafür dienen könnte, ob sie gemäß §§ 204, 22 UmwG Sicherheit verlangen sollen,[588] können die Angaben nach Nr. 6 – soweit sie nicht entbehrlich sind – Gläubigern helfen, zumindest ein grobes Bild des Unternehmenswertes im Zeitpunkt des Formwechsels zu erhalten. Gleichwohl sind die nach § 194 Abs. 1 Nr. 1 bis 7 UmwG vorgesehenen Angaben nicht auf das Informationsbedürfnis der Gläubiger zugeschnitten, da die Angaben lediglich dem Zweck dienen, die Gesellschafter über die wesentlichen Bedingungen des Formwechsels zu informieren.[589]

---

585 Siehe hierzu statt aller *Hoger* in Lutter, UmwG, § 194 Rn. 20 ff.

586 Vgl. *Vossius* in Widmann/Mayer, Umwandlungsrecht, § 190 Rn. 64.

587 Ebd., Rn. 54.

588 Siehe zum Zweck der Schlussbilanz bei der Verschmelzung *Decher* in Lutter, UmwG, § 17 Rn. 7; *Hörtnagl* in Schmitt/Hörtnagl, UmwG/UmwStG, § 17 Rn. 11; *Schwanna* in Semler/Stengel/Leonard, UmwG, § 17 Rn. 13; Siehe zum Anspruch auf Sicherheitsleistung noch ausführlich Kapitel 3, E.

589 Vgl. *Drinhausen/Keinath* in Henssler/Strohn, GesR, § 194 UmwG Rn. 2.

c) (Sach-)Gründungsbericht § 5 Abs. 4 GmbHG, § 32 AktG

Eine weitere Informationsquelle kann für Gläubiger ein im Zuge des Formwechsels zu erstellender (Sach-)Gründungsbericht sein. Gemäß § 197 S. 1 UmwG sind auf einen Formwechsel grundsätzlich die für die neue Rechtsform geltenden Gründungsvorschriften anzuwenden.[590] So soll verhindert werden, dass die (strengeren) Gründungsvorschriften einer Rechtsform durch einen Formwechsel unterlaufen werden.[591] § 197 S. 1 UmwG verweist nach allgemeiner Auffassung auch auf die Vorschriften zum (Sach-)Gründungsbericht bei GmbH und AG, § 5 Abs. 4 GmbHG und § 32 AktG.[592] Dieser allgemeine Verweis wird rechtsformspezifisch durch weitere Normen ergänzt oder eingeschränkt. So ist beim Wechsel aus einer Personengesellschaft in eine Kapitalgesellschaft zunächst aufgrund des Verweises in § 220 Abs. 2 UmwG ein (Sach-)Gründungsbericht zu erstellen.[593] Dieser hat unter anderem Angaben zu Vorbereitung und Auswirkungen des Formwechsels zu enthalten.[594] Gemäß § 220 Abs. 2 UmwG ist darüberhinausgehend auch der bisherige Geschäftsverlauf und die Lage der formwechselnden Gesellschaft darzulegen. Auf die Erstellung eines (Sach-)Gründungsberichtes können die Anteilseigner nicht verzichten.[595] Er ist zum Handelsregister einzureichen und kann dort von Gläubigern nach allgemeinen Grundsätzen eingesehen werden.[596] Der Inhalt könnte Gläubigern demnach grundsätzlich als Informationsquelle beziehungsweise Anhaltspunkt zur Darlegung einer Beeinträchtigung ihrer Interessen durch den Formwechsel dienen.

Praktisch ist der (Sach-)Gründungsbericht jedoch als Informationsquelle ungeeignet. Dies gilt unabhängig von seinem Inhalt aufgrund der Struktur der Gefährdungslage. Wie festgestellt, ist eine Beeinträchtigung von Gläubigerinteressen insbesondere dann zu befürchten, wenn die kapitalbindenden Vorschriften der neuen Rechtsform weniger streng sind und Anteilseigner die Möglichkeit erhalten, in größerem Ausmaß auf die Vermögenslage der Gesellschaft

---

590 Siehe hierzu Kapitel 3, C.

591 BegrRegE BR-Drs. 75/94, S. 141; *Bärwaldt* in Semler/Stengel/Leonard, UmwG, § 197 Rn. 1 ff.

592 Statt aller *Winter* in Schmitt/Hörtnagl, UmwG/UmwStG, § 197 Rn. 19.

593 *Drinhausen/Keinath* in Henssler/Strohn, GesR, § 197 UmwG Rn. 3; *Schlitt* Semler/Stengel/Leonard, UmwG, § 220 Rn. 24, 27.

594 *Schlitt* in Semler/Stengel/Leonard, UmwG, § 220 Rn. 24.

595 *Schlitt* in Semler/Stengel/Leonard, UmwG, § 220 Rn. 26 m.w.N.

596 Siehe hierzu bereits Kapitel 3, D. II 3.

einzuwirken.[597] Wo dies der Fall ist, ist jedoch nach den jeweiligen Gründungsvorschriften und dem Konzept des Umwandlungsgesetzes gerade kein (Sach-)Gründungsbericht zu erstellen. Zunächst ist beim Wechsel von der Kapital- in die Personengesellschaft überhaupt kein Gründungsbericht zu erstellen, da ein solcher bei Gründung einer Personengesellschaft schlicht nicht vorgesehen ist. Ebenfalls entbehrlich ist dieser im Fall eines Formwechsels von AG, KGaA, eG und rechtsfähigem Verein in die GmbH.[598] Hintergrund ist zum einen, dass der Verweis auf die Gründungsvorschriften konzeptionell dem Umgehungsschutz dient.[599] Der Gesetzgeber hielt die Erstellung eines Sachgründungsberichts dann für entbehrlich, wenn der formwechselnde Rechtsträger ohnehin schärferen Kapitalschutzvorschriften unterliegt als die neue Rechtsform.[600] Weiterhin wollte er vermeiden, dass Mitglieder einer formwechselnden EG oder eines rechtsfähigen Vereins als Gründer anzusehen sind und damit der Gründerhaftung unterfallen.[601] Gerade in den Fällen der potenziellen Gläubigerbeeinträchtigung durch Absenkung des Kapitalschutzniveaus (insbesondere im praktisch wichtigen Fall des Formwechsels einer AG in die GmbH) ist folglich kein Bericht zu erstellen. Der (Sach-)Gründungsbericht stellt demnach gerade dort keine geeignete Informationsquelle dar, wo Gläubiger Informationen am dringendsten benötigen.

4. Zwischenfazit

Die Untersuchung der dem Gläubigerschutz dienenden Informationspflichten beim Formwechsel nach dem UmwG hat gezeigt, dass Gläubiger kaum Zugriff auf relevante Informationen haben. Die einzig verlässliche Informationsquelle stellt die Einsichtnahme in den Formwechselbeschluss dar, dessen Informationsgehalt jedoch begrenzt ist. Die Informationsgrundlage der Gläubiger ist demnach denkbar schlecht – insbesondere vor dem Hintergrund, dass im Rahmen des Anspruchs auf Sicherheitsleistung §§ 204, 22 UmwG nach der gesetzlichen Konzeption eine konkrete Gefährdung glaubhaft gemacht werden muss.[602]

---

597 Siehe hierzu insbesondere das Zwischenfazit in Kapitel 2, C. II. 6.
598 Vgl. §§ 245 Abs. 4, 264 Abs. 2, 277 UmwG.
599 Siehe ausführlich bereits Kapitel 3, C.
600 BegrRegE BR-Drs. 75/94, S. 157.
601 BegrRegE BR-Drs. 75/94, S. 162, 167.
602 Siehe hierzu noch Kapitel 3, E. I. 2.

III. Informationspflichten bei der grenzüberschreitenden Verschmelzung nach §§ 122a ff. UmwG a.F.

Vor Untersuchung der jüngsten Änderungen durch die GesR-ERL und das UmRUG soll überprüft werden, in welchem Maß gläubigerschützende Informationspflichten bereits in den auf der GesR-RL basierenden deutschen Regelungen zur grenzüberschreitenden Verschmelzung in §§ 122a bis 122m UmwG a.F. enthalten waren. Die Vorschriften gehen auf die „Verschmelzungsrichtlinie" zurück und bildeten vor GesR-ERL und UmRUG die jüngste umfangreiche gesetzgeberische Maßnahme im Bereich des Umwandlungsrechts.[603] Durch das UmRUG wurden die §§ 122a bis 122m UmwG a.F. aufgehoben und als §§ 305 bis 319 UmwG neu verortet, weitergeführt und fortentwickelt sowie um die weiteren Vorschriften zu den grenzüberschreitenden Strukturmaßnahmen ergänzt.[604] Vor diesem Hintergrund soll untersucht werden, ob das Informationsmodell als Gläubigerschutzinstrument in § 122a ff. UmwG a.F. mehr Berücksichtigung gefunden hat als beim innerdeutschen Formwechsel.

1. Bekanntgabe des Verschmelzungsplans § 122d UmwG a. F.

Eine erste Informationsquelle für Gläubiger bildete vor Inkrafttreten des UmRUG der Verschmelzungsplan, der das Äquivalent zum Umwandlungsbeschluss darstellte. Der Verschmelzungsplan war nach § 122d S. 1 UmwG a.F. in Endfassung oder Entwurf spätestens einen Monat vor der Versammlung der Anteilsinhaber, die über die Zustimmung entscheiden soll, zum Register einzureichen und bekanntzugeben. Dieser Unterschied zum Verfahren des nationalen Formwechsels war dem Umstand geschuldet, dass bei der grenzüberschreitenden Verschmelzung schon unter den §§ 122a ff. UmwG a.F. ein vorgelagerter Gläubigerschutz durch Sicherheitsleistung vorgesehen war.[605] Inhaltlich galt zum Verschmelzungsplan (§ 122c UmwG a.F.) das zum Formwechselbeschluss Gesagte entsprechend.[606] Zwar konnte der Inhalt des Verschmelzungsplans für Gläubiger durchaus von Interesse sein, die in § 122c UmwG a.F. vorgesehenen

---

[603] Die Richtlinie 2005/56/EG des Europäischen Parlaments und des Rates vom 26. Oktober 2005 wird allgemein als Verschmelzungsrichtlinie bezeichnet. Die Vorschriften wurden zwischenzeitlich in die GesR-RL übernommen und schlussendlich durch die GesR-ERL ersetzt und ergänzt.

[604] *Noack*, MDR 2023, 465, 466.

[605] *Bayer* in Lutter, UmwG, 6. Auflage, § 122j Rn. 1; Siehe zur Vorverlagerung des Gläubigerschutzes im grenzüberschreitenden Kontext noch Kapitel 3, E. II. 2.

[606] Siehe Kapitel 3, D. II. 3. b)

Informationen waren jedoch nicht auf das Informationsinteresse der Gläubiger zugeschnitten.

Nach § 122d Abs. 1 Nr. 4 UmwG waren Gläubiger durch das Registergericht auf die Modalitäten für die Ausübung ihrer Rechte sowie auf die Anschrift, unter der vollständige Auskünfte über diese Modalitäten kostenlos eingeholt werden können, hinzuweisen. Unter besagten Modalitäten wurde wenigstens die Wiedergabe der jeweils einschlägigen Gläubigerschutzvorschriften verstanden, also (abhängig davon, ob es sich um eine Heraus- oder Hereinverschmelzung handelt) entweder § 122j UmwG a.F. oder § 22 UmwG.[607] Weitergehend wurden auch eine Kurzerläuterung dieser Vorschriften sowie Ausführungen zu Voraussetzungen für die Ausübung der betreffenden Rechte für nötig gehalten.[608] Die Modalitäten betrafen demnach insbesondere Art und Weise sowie Fristen, in denen der Anspruch geltend gemacht werden konnte.[609] § 122d Abs. 1 Nr. 4 UmwG a.F. ging somit inhaltlich marginal über die Hinweispflicht des Registergerichts nach §§ 204, 22 Abs. 1 S. 3 UmwG hinaus. Informationen, die Gläubigern helfen könnten, ihren Anspruch auf Sicherheitsleistung zu begründen, waren hiervon jedoch ebenfalls nicht erfasst. Gläubigern blieb demnach, Rückschlüsse aus dem Inhalt des Verschmelzungsplans § 122c UmwG a.F. zu ziehen, der jedoch keine spezifisch dem Gläubigerschutz dienenden Informationen enthielt.

2. Verschmelzungsbericht § 122e UmwG a.F.

Eine weitere potenzielle Informationsquelle bot der zu erstellende Verschmelzungsbericht. Gemäß § 122e S. 1 UmwG a.F. waren in diesem Bericht – im Gegensatz zu dem Formwechselbericht § 192 UmwG – auch Auswirkungen auf die Gläubiger der an der Verschmelzung beteiligten Gesellschaften darzustellen. Zu erläutern war insbesondere der Anspruch der Gläubiger auf Sicherheitsleistung nach § 122j UmwG a.F.[610] Gefordert wurden weiterhin Angaben zur künftigen Durchsetzbarkeit von Ansprüchen, beispielsweise zum künftigen Gerichtsstand

[607] *Klett* in BeckOGK, UmwG, Stand 1. Januar 2023, § 122d Rn. 28 hielt eine „verständliche Darstellung“ für ausreichend, die „nicht wesentlich über den Wortlaut von § 122j bzw. § 22 hinausgehen muss“.

[608] *Kiem* in Habersack/Drinhausen, SE-Recht, 3. Auflage, § 122d UmwG Rn. 18; *Polley* in Henssler/Strohn, GesR, 5. Auflage, § 122d UmwG Rn. 12; Ähnlich *Bayer* in Lutter, UmwG, 6. Auflage, § 122d Rn. 15: „kurze Erläuterung notwendig“.

[609] *Klett* in BeckOGK, UmwG, Stand 1. Januar 2023, § 122d Rn. 28.

[610] *Klett* in BeckOGK, UmwG, Stand 1. Januar 2023, § 122e Rn. 17.

und Gläubigerschutzregelungen, einschließlich des anwendbaren Insolvenzrechts.[611] Der Bericht enthielt demnach ausdrücklich gläubigerbezogene Informationen, die zur Darlegung einer Beeinträchtigung von Gläubigerinteressen genutzt werden konnten, jedenfalls jedoch zur vorgelagerten Bewertung der Frage, ob eine solche droht. Auf die Erstellung des Verschmelzungsberichtes konnten die Anteilseigner grundsätzlich auch nicht verzichten, da gemäß § 122e S. 3 UmwG a.F. der § 8 Abs. 3 UmwG, welcher den Verzicht im Falle der nationalen Verschmelzung regelt, ausdrücklich nicht anwendbar war.[612] Eine Ausnahme galt seit dem 1. Januar 2019 für grenzüberschreitende Verschmelzungen, an denen Personengesellschaften beteiligt waren. Der deutsche Gesetzgeber hatte mit dem vierten Gesetz zur Änderung des Umwandlungsgesetzes auf den drohenden Brexit reagiert und dabei den Anwendungsbereich der Vorschriften zur grenzüberschreitenden Verschmelzung auch auf Personengesellschaften ausgeweitet.[613] Hierbei wurde die Verzichtbarkeit des Verschmelzungsberichts nach Vorbild des § 8 Abs. 3 UmwG geregelt, da die Verschmelzung unter Beteiligung von Personengesellschaften nicht europarechtlich harmonisiert ist.[614] Für grenzüberschreitende Verschmelzungen von Kapitalgesellschaften verblieb es jedoch weiterhin bei der in § 122e S. 3 UmwG a.F. normierten Unverzichtbarkeit des Verschmelzungsberichts. Allerdings unterlag der Verschmelzungsbericht nicht der Offenlegungspflicht gemäß § 122d UmwG a.F., weshalb verbreitet angenommen wurde, dass er nicht oder jedenfalls nur mittelbar dem Schutz der Gläubiger diente.[615]

a) Weitergehende Informationspflichten?

Nach Auffassung einiger Autoren erschöpfte sich die Informationsfunktion des Verschmelzungsberichts nicht in Angaben zum Anspruch auf Sicherheitsleistung und zur Durchsetzbarkeit von Ansprüchen. So wurde angenommen, dass Gläubiger informiert werden müssten, wenn im Rahmen der grenzüberschreitenden Verschmelzung nur negatives Vermögen übertragen wird.[616] Insbesondere *Mayer*

---

611 *Hörtnagl* in Schmitt/Hörtnagl, UmwG, 9. Auflage, § 122e Rn. 8; *Polley* in Henssler/Strohn, GesR, 5. Auflage, § 122e UmwG Rn. 5.
612 Siehe weiterführend zur Diskussion um eine teleologische Reduktion des § 122e S. 3 UmwG a.F. statt aller *Drinhausen* in Semler/Stengel, UmwG, 5. Auflage, § 122e Rn. 13.
613 Siehe weiterführend *Klett*, NZG 2019, 292 ff.
614 BegrRegE BT-Drs. 19/5463, S. 10.
615 Statt vieler *Drinhausen* in Semler/Stengel, UmwG, 5. Auflage, § 122e Rn. 2 m.w.N.
616 *Mayer* in Widmann/Mayer, Umwandlungsrecht, § 122e Rn. 31; Ebenso *Polley* in Henssler/Strohn, GesR, 5. Auflage, § 122e UmwG Rn. 5; Wohl auch *Hörtnagl* in Schmitt/Hörtnagl, UmwG/UmwStG, 9. Auflage, § 122e UmwG Rn. 9.

war der Auffassung, ganz allgemein müssten Gläubiger einer übernehmenden deutschen Kapitalgesellschaft darauf hingewiesen werden, dass ihre Forderungen durch die Verschmelzung gefährdet sein können.[617] Er ging von einer Pflicht aus, Informationen offenzulegen, die ausreichend sind um zu beurteilen, „ob der Gläubiger im Fall der Hineinverschmelzung auf eine übernehmende deutsche Kapitalgesellschaft von seinem Recht auf Sicherheitsleistung nach § 122a Abs. 2 i.V.m. § 22 UmwG Gebrauch machen will.“[618] Für den Fall der Hinausverschmelzung sollte dies ebenfalls gelten.[619] *Mayer* hielt Informationen für nötig, die es Gläubigern ermöglichen, eine etwaige Gefährdung ihrer Ansprüche zu bewerten und auf dieser Grundlage Sicherheitsleistung zu verlangen.

Dieser Auffassung ist in ihrer Absicht zu folgen. Der Versuch, die Informationsgrundlage der Gläubiger zu stärken, ist zu begrüßen, werden diese doch ohne eigenes Zutun mit der Verschmelzung ihres Schuldners konfrontiert und tragen dennoch die Last, eine Gefährdung ihrer Ansprüche glaubhaft machen zu müssen.[620] Ihr Einblick in den Vorgang der Verschmelzung bleibt jedoch deutlich hinter denen der Geschäftsführer und Anteilseigner der verschmelzenden Rechtsträger zurück.[621] Ein schützenswertes Interesse an der Geheimhaltung von Umständen, die zu einer unmittelbaren Gläubigerbenachteiligung führen können, dürfte auf Seiten des formwechselnden Rechtsträgers kaum jemals bestehen. Eine Beseitigung der bestehenden Informationsasymmetrie ist demnach angezeigt. Um dieses Ziel zu erreichen war der Verschmelzungsbericht jedoch nur bedingt geeignet, da er nicht offengelegt werden musste und bei einer grenzüberschreitenden Herausverschmelzung – wie nachfolgend aufgezeigt – nicht gesichert war, dass Gläubiger ihn rechtzeitig nach § 9 HGB im Handelsregister einsehen konnten.

Gläubiger hatten bei einer Herausverschmelzung ihren Anspruch auf Sicherheitsleistung gemäß § 122j Abs 1 S. 1 UmwG a.F. binnen zwei Monaten ab dem Tag anzumelden, an dem der Verschmelzungsplan oder sein Entwurf bekannt gemacht worden ist. Bei der Anmeldung der Verschmelzung hatten die Mitglieder des Vertretungsorgans gemäß § 122k Abs. 1 S. 3 UmwG a.F. eine Versicherung abzugeben, dass all jenen Gläubigern Sicherheit gewährt wurde, die nach

617 *Mayer* in Widmann/Mayer, Umwandlungsrecht, 172. Ergänzungslieferung, § 122e Rn. 31.
618 *Mayer* in Widmann/Mayer, Umwandlungsrecht, 172. Ergänzungslieferung, § 122e Rn. 31, auch m.w.N.
619 *Mayer* in Widmann/Mayer, Umwandlungsrecht, 172. Ergänzungslieferung, § 122e Rn. 32.
620 Siehe hierzu Kapitel 3, E. I. 2.
621 Siehe bereits Kapitel 3, D. I.

§ 122j UmwG a.F. einen Anspruch auf Sicherheitsleistung haben.[622] Die Verschmelzung wurde in der Praxis deshalb regelmäßig erst dann angemeldet, wenn die zweimonatige Frist des § 122j UmwG bereits abgelaufen war.[623] Außerdem musste die Bekanntgabe des Verschmelzungsplans, welche die Frist des § 122j UmwG a.F. in Gang setzte, gemäß § 122d S. 1 UmwG a.F. einen Monat vor dem Verschmelzungsbeschluss erfolgen. Die Klagefrist gegen diesen Beschluss betrug gemäß § 14 Abs. 1 UmwG einen Monat. Hieraus folgte, dass die Verschmelzung (außer bei Klageverzicht) typischerweise erst nach Ablauf der zweimonatigen Frist des § 122j UmwG a.F. angemeldet wurde.[624] Jedenfalls hatten es die Anteilseigner beziehungsweise Vertretungsorgane der verschmelzenden Rechtsträger in der Hand, den Gläubigern eine rechtzeitige Einsichtnahme durch eine entsprechend späte Anmeldung der Verschmelzung unmöglich zu machen. Der nach § 122k Abs. 1 S. 2 UmwG a.F. i.V.m. § 17 Abs. 1 UmwG beim Handelsregister einzureichende Verschmelzungsbericht konnte Gläubigern die Darlegung ihres Sicherungsbedürfnisses im Falle des Herausformwechsels deshalb regelmäßig nicht mehr erleichtern. Die von *Mayer* angedachte Informationspflicht war deshalb – obwohl im Kern zu befürworten – nicht geeignet, ein einheitliches Gläubigerschutzniveau zu gewährleisten. Obwohl Auswirkungen auf Gläubiger bei der grenzüberschreitenden Verschmelzung ausdrücklich im Umwandlungsbericht dargelegt werden mussten, standen Gläubiger im Ergebnis also oftmals nicht besser als bei einem nationalen Formwechsel.

b) Informationsgefälle zwischen Gläubigergruppen

Weiterhin fällt ins Auge, dass externe Gläubiger aufgrund des § 122e UmwG a.F. deutlich schlechter standen als Anteilseigner, die zugleich Gläubiger der Gesellschaft waren. Denn auch Anteilseigner haben einen Anspruch auf Sicherungsleistung, soweit sie der Gesellschaft mit ihrem Anspruch wie ein Dritter gegenüberstehen, es sich also nicht um einen Anspruch gesellschaftsrechtlicher Natur handelt.[625] Sie konnten zur Darlegung ihres Anspruchs auf alle im Verschmelzungsbericht aufgenommenen Informationen zurückgreifen, die externen

[622] Siehe hierzu *Klett* in BeckOGK, UmwG, Stand 1. Januar 2023, § 122k Rn. 33.

[623] Eine Anmeldung vor Ablauf der Frist und entsprechend vorläufig ohne Erklärung nach § 122k Abs. 1 S. 3 UmwG a.F. erfolgte i.d.R. nur, wenn die Achtmonatsfrist im Hinblick auf die Verschmelzungsbilanz § 17 Abs. 2 S. 4 UmwG ansonsten nicht eingehalten werden konnte, siehe hierzu *Klett* in BeckOGK, UmwG, Stand 1. Januar 2023, § 122k Rn. 34.

[624] Handelsrechtsausschuss des DAV, NZG 2006, 737, 742; *Hörtnagl* in Schmitt/Hörtnagl, UmwG/UmwStG, 9. Auflage, § 122j UmwG Rn. 7; *Polley* in Henssler/Strohn GesR, 5. Auflage, § 122j UmwG Rn. 7.

[625] Allg. M., vgl. statt aller *Winter* in Schmitt/Hörtnagl, UmwG/UmwStG, § 22 UmwG Rn. 4.

Gläubigern regelmäßig nicht (rechtzeitig) zur Verfügung standen. Diese Ungleichbehandlung ließ sich nicht rechtfertigen, da externe Gläubiger die Informationen ohnehin, wenn auch später, gemäß § 9 HGB im Handelsregister einsehen konnten. Es gab keinen Grund, ihnen während der zweimonatigen Frist des § 122j UmwG a.F. den Zugang zu verwehren.

IV. Zwischenfazit zum UmwG vor dem UmRUG

Die Untersuchung der bestehenden Informationspflichten vor Inkrafttreten des UmRUG zeigt, dass das Informationsmodell im Umwandlungsgesetz zum Schutz der Altgläubiger beim Formwechsel kaum verankert war. Gläubiger konnten nur in äußerst beschränktem Maß auf Informationen zurückgreifen, die ihnen die Darlegung eines Anspruchs auf Sicherheitsleistung ermöglichen oder vereinfachen würden. Ein vergleichbares Bild zeigt sich auch bei den inzwischen aufgehobenen – und in die § 305 ff. UmwG verlagerten – Vorschriften zur grenzüberschreitenden Verschmelzung in § 122a ff. UmwG a.F. Die weitergehenden Informationspflichten im Verschmelzungsbericht kamen (freilich ohne dass dies intendiert gewesen wäre) regelmäßig lediglich Gläubigern zugute, die gleichzeitig Gesellschafter des formwechselnden Rechtsträgers waren.[626]

Insgesamt sind Gläubiger nach den Vorschriften zum nationalen Formwechsel gezwungen, ihre Rechte auf einer denkbar schlechten Informationsgrundlage geltend zu machen. Dieses Ergebnis muss in Anbetracht der erheblichen Informationsasymmetrie zwischen Gläubigern und den Anteilseignern beziehungsweise Vertretungsorganen des formwechselnden Rechtsträgers überraschen. Als gesellschaftsfernste Interessenträger bleiben Gläubiger nach der gesetzlichen Konzeption auch die am schlechtesten informierten. Die gesetzlich ausdrücklich vorgesehenen Informationspflichten beschränken sich auf einen Hinweis des Registergerichts auf bestehende Rechte.[627] Ansonsten verbleibt nur die Einsichtnahme ins Handelsregister.[628] Die dort verfügbaren Informationen sind jedoch nicht auf die dem Formwechsel innewohnenden Gefahren für Gläubiger zugeschnitten, weshalb der tatsächliche Nutzen eingeschränkt ist.[629] Eine Beeinträchtigung von Gläubigerinteressen kann bei einem Formwechsel insbesondere

[626] Siehe Kapitel 3, D. III. 2. b).
[627] Siehe Kapitel 3, D. II. 2.
[628] Siehe Kapitel 3, D. II. 3.
[629] Siehe zur Beeinträchtigung von Gläubigerinteressen durch den Formwechsel, Kapitel 2, C.

aus dem zukünftigen Verhalten der Anteilseigner resultieren – gerade diesbezüglich sieht das UmwG jedoch keine Offenlegungspflichten zugunsten der Gläubiger vor. Insgesamt bildete das Informationsmodell demnach vor Umsetzung der GesR-ERL durch das UmRUG keine tragende Säule des (Alt-)Gläubigerschutzes bei einem nationalen Formwechsel oder einer grenzüberschreitenden Verschmelzung.

V. Informationspflichten nach der SE-VO

Das Verfahren zur Sitzverlegung einer SE nach Art. 8 der SE-VO[630] weist erhebliche Gemeinsamkeiten zum (grenzüberschreitenden) Formwechsel auf, da die Verweisungstechnik der SE-VO auf nationale Rechtsordnung am Satzungssitz der SE dazu führt, dass sich eine Satzungssitzverlegung ähnlich wie ein Wechsel der Rechtsform auswirkt.[631] Es soll deshalb vergleichend überprüft werden, ob dem Informationsmodell in der SE-VO ein höherer Stellenwert zukommt als in den Vorschriften zum nationalen Formwechsel und der grenzüberschreitenden Verschmelzung nach § 122j UmwG a.F.

1. Angaben zur Besicherung der Gläubiger Art. 8 Abs. 2 S. 2 e) SE-VO

Wie bei der grenzüberschreitenden Verschmelzung ist bei einer Sitzverlegung nach der SE-VO ein Plan zu erstellen, der offengelegt werden muss. Gemäß Art. 8 Abs. 2 S. 2 e) SE-VO sind in diesem Plan Angaben zu etwaigen zum Schutz der Aktionäre und/oder Gläubiger vorgesehenen Rechte zu machen. Hierunter wird ein Hinweis auf die gesetzlichen Sicherungsrechte der Gläubiger verstanden, in Deutschland also § 13 SEAG.[632] Die Angaben im Sitzverlegungsplan erfüllen demnach die gleiche Funktion wie der Hinweis des Handelsregisters nach § 22 Abs. 1 S. 3 UmwG.[633] Allerdings sieht die SE-VO im Sitzverlegungsbericht weitergehende Informationspflichten zugunsten der Gläubiger vor.

---

[630] Verordnung (EG) Nr. 2157/2001 des Rates vom 8. Oktober 2001 über das Statut der Europäischen Gesellschaft (SE) („SE-VO").

[631] *Casper* in BeckOGK SE-VO, Stand 1. Oktober 2025, Art. 8 Rn. 2; *Oechsler* in MüKoAktG, Bd. 7, Art. 8 SE-VO Rn. 4; *Grundmann*, Europäisches Gesellschaftsrecht, Rn. 1061.

[632] Statt aller *Oechsler* in MüKoAktG, Bd. 7, Art. 8 SE-VO Rn. 21, der eine „enge Ausrichtung am Wortlaut dieser Normen" rät.

[633] Siehe auch § 13 Abs. 1 S. 3 SEAG.

2. Sitzverlegungsbericht Art. 8 Abs. 3 SE-VO

Gemäß Art. 8 Abs. 3 SE-VO ist ein Bericht zu erstellen, in dem die rechtlichen und wirtschaftlichen Aspekte der Verlegung erläutert und begründet und die Auswirkungen der Verlegung für die Aktionäre, die Gläubiger sowie die Arbeitnehmer im Einzelnen dargelegt werden. Im Gegensatz zu § 122e UmwG a.F. gewährt Art. 8 Abs. 4 SE-VO Gläubigern jedoch ein Einsichtsrecht in den Bericht, der für mindestens einen Monat vor Beschlussfassung über die Sitzverlegung am Sitz der Gesellschaft ausgelegt werden muss. Der Bericht zielt somit (auch) auf einen A-Priori-Schutz der Gläubiger durch Information.[634] Notwendig ist eine zusammenfassende Darstellung mit den wesentlichen Vor- und Nachteilen, welche Gläubigern durch die Sitzverlegung entstehen.[635] Von Relevanz und deshalb anzugeben sind insbesondere die Folgen des Rechtsformwechsels, Veränderung oder Verlust von schuldrechtlichen Beteiligungen an Gewinn oder Vermögen der Gesellschaft sowie Veränderungen bezüglich der Durchsetzung von Forderungen nach Sitzverlegung.[636] In der SE-VO sind demnach Informationspflichten verankert, die die bestehende Informationsasymmetrie verringern und Gläubigern die Bewertung der Frage, ob ihre Ansprüche möglicherweise gefährdet sind, zumindest teilweise erleichtern.[637] Jedenfalls werden die Informationskosten der Gläubiger gesenkt, da sie die offengelegten Informationen, also insbesondere Informationen zu Nachteilen der ausländischen SE-Verfassung, nicht mehr selbst beschaffen müssen. Es zeigt sich also, dass der Bericht in der SE-VO als zentrales Informationsinstrument für alle Interessenträger vorgesehen ist.

Warum in der Verschmelzungsrichtlinie auf ein entsprechendes Einsichtsrecht der Gläubiger verzichtet wurde, geht aus den Unterlagen zum Gesetzgebungsverfahren nicht klar hervor. Ersichtlich ist, dass der Verschmelzungsbericht im Erstentwurf nicht vorgesehen war und erst im Laufe des Verfahrens aus Gründen des Arbeitnehmerschutzes eingefügt wurde.[638] Der Rückschritt bei Informationsrechten der Gläubiger ist angesichts der bestehenden (unbilligen)

634 Vgl. *Oechsler* in MüKoAktG, Bd. 7, Art. 8 SE-VO Rn. 22.

635 *Casper* in BeckOGK SE-VO, Stand 1. Oktober 2025, Art. 8 Rn. 12; Vgl. auch *Brandt*, NZG 2002, 991, 994.

636 *Oechsler* in MüKoAktG, Bd. 7, Art. 8 SE-VO Rn. 25.

637 So auch *Hoger*, Kontinuität beim Formwechsel, S. 278: „immerhin ein Vorteil gegenüber dem Formwechsel".

638 Vgl. die Begründung im Bericht des Rechtsausschusses vom 25. April 2005, A6-0089/2005 (final), S. 19: „Es ist ein grundlegendes Recht der Arbeitnehmer und ihrer Vertreter, über die (meistens äußerst komplexen, unsicheren und weitreichenden) Konsequenzen einer grenzüberschreitenden Verschmelzung unterrichtet zu werden".

Informationsasymmetrie insgesamt bedauerlich, besteht doch kein nachvollziehbarer Grund, die Gläubiger bei der grenzüberschreitenden Verschmelzung weniger gut zu informieren als bei der Sitzverlegung einer SE.

VI. Verankerung des Informationsmodells in GesR-ERL und UmRUG

Die Untersuchung der auf der Verschmelzungsrichtlinie basierenden Vorschriften der §§ 122a ff. UmwG a.F. hat gezeigt, dass das Informationsmodell auch im grenzüberschreitenden Kontext bisher kaum als Gläubigerschutzinstrument etabliert war. Verglichen mit der SE-VO stellte die Verschmelzungsrichtlinie sogar einen Rückschritt dar. Eine einheitliche Linie im Umgang mit den dargestellten Informationsasymmetrien hat sich bisher nicht eingestellt. Wie nachfolgend aufgezeigt wird, bringen GesR-ERL und UmRUG erneut Änderungen im Hinblick auf die Informationspflichten mit sich.

1. Inhalt des Formwechselplans § 335 UmwG, Art. 86d GesR-ERL

a) Mindestinhalt des Formwechselplans

Gemäß § 335 Abs. 1 UmwG hat das Vertretungsorgan der grenzüberschreitend formwechselnden Gesellschaft einen Formwechselplan aufzustellen, dem die Anteilsinhaber nach § 339 UmwG i.V.m. § 193 UmwG zustimmen müssen. § 335 Abs. 2 UmwG enthält den verpflichtenden Mindestinhalt des Plans. Die Vorschrift setzt Art. 86d der GesR-ERL um. Im Interesse der Rechtsklarheit wurde dabei auf eine Verweisung verzichtet und der Mindestinhalt des Formwechselplans enumerativ aufgeführt.[639] Der Plan muss gemäß § 336 UmwG i.V.m. § 308 Abs. 1 UmwG bekannt gemacht werden (entspricht Art. 86g Abs. 1 a) GesR-ERL). Der Inhalt des § 335 Abs. 2 UmwG richtet sich grundsätzlich nach den Buchstaben a) bis k) des Art. 86d GesR-ERL, allerdings ist der deutsche Gesetzgeber im Hinblick auf die Angabe von Beteiligungsverhältnissen in § 335 Abs. 2 Nr. 6 UmwG – in Anlehnung an § 194 Abs. 1 Nr. 3 und 4 UmwG – über das sekundärrechtlich vorgeschriebene Mindestmaß hinausgegangen.[640] Neu und aus Gläubigersicht von besonderem Interesse ist die Verpflichtung, gemäß § 335 Abs. 2 Nr. 8 UmwG (entsprechend Art. 86d f) GesR-ERL) Angaben zu „Sicherheiten, die den Gläubigern angeboten werden“ zu machen. Die Regelung ist im Zusammenhang mit Art. 86j Abs. 1 UAbs. 2 GesR-ERL (bzw. §§ 341, 314 UmwG) zu sehen. Dort

---

639 *J. Schmidt*, NZG 2022, 635, 636.
640 *J. Schmidt*, NZG 2022, 635, 636; *Heckschen/Knaier*, GmbHR 2022, 613, 618.

ist vorgesehen, dass Gläubiger, die die im Plan angebotenen Sicherheiten für nicht zufriedenstellend erachten, innerhalb von drei Monaten nach der Offenlegung bei der zuständigen Verwaltungs- oder Justizbehörde angemessene Sicherheiten beantragen können.[641] Der Formwechselplan beim grenzüberschreitenden Formwechsel enthält demnach – im Gegensatz zum Formwechselbeschluss bei einem nationalen Formwechsel – eine Komponente des Gläubigerschutzes. Allerdings enthalten weder Wortlaut von § 335 Abs. 2 Nr. 8 UmwG oder Art. 86d f) GesR-ERL, noch die Erwägungsgründe des UmRUG oder der GesR-ERL ausdrückliche Angaben dazu, welche Angaben im Zusammenhang mit den angebotenen Sicherheiten genau zu machen sind.[642] Welche Angaben aus Perspektive des formwechselnden Rechtsträgers zu empfehlen sind, muss daher auf Grundlage des Normzwecks ermittelt werden. Grundgedanke von Art. 86d f) GesR-ERL ist, dass es die Gesellschaft selbst in der Hand hat, das gerichtliche Verfahren zur Bestimmung einer angemessenen Sicherheitsleistung zu vermeiden, indem gefährdeten Altgläubigern Sicherheiten angeboten werden.[643] Vor diesem Hintergrund sollen nachfolgend Handlungs-empfehlungen an die Praxis formuliert werden.

b) Handlungsempfehlung für die Praxis

Nach Art. 86j Abs. 1 UAbs. 2 GesR-ERL bzw. §§ 341 Abs. 1, 314 UmwG können Gläubiger, die die im Formwechselplan angebotenen Sicherheiten für nicht zufriedenstellend erachten, vorbehaltlich weiterer Voraussetzungen einen Anspruch auf Sicherheitsleistung geltend machen.[644] Die nach § 335 Abs. 2 Nr. 8 UmwG (Art. 86d f) GesR-ERL) zu machenden Angaben dienen demnach als Entscheidungsgrundlage der Gläubiger. Da Gläubiger aufgrund des vorgelagerten Schutzsystems der §§ 341 Abs. 1, 314 UmwG über ein erhebliches Obstruktionspotential verfügen,[645] ist die formwechselnde Gesellschaft gut beraten, die Angaben nach § 335 Abs. 2 Nr. 8 UmwG nicht zu knapp zu halten.[646]

---

641 Hierzu noch ausführlich Kapitel 3, E. II.

642 Auch die im Zuge der Erarbeitung des Company Law Package und der GesR-ERL veröffentlichen Beiträge setzten sich damit überwiegend kaum auseinander, vgl. z.B. *J. Schmidt*, DK 2018, 229, 239 (zur Verschmelzung); *Knaier*, GmbHR 2018, 607, 613, 618 f.; *Wachter*, GmbHStB 2018, 317, 319; *Wicke*, DStR 2018, 2642, 2644; Siehe zu Erwägungen bezüglich der materiellen und formellen Voraussetzung, unter denen ein Gläubiger von dem Angebot Gebrauch machen kann *Schollmeyer*, ZGR 2020, 62, 73.

643 *J. Schmidt*, NZG 2022, 579, 586; *Schollmeyer*, ZGR 2020, 62, 74.

644 Siehe hierzu Kapitel 3, E. II.

645 Siehe ausführlich Kapitel 3, E. II. 2. c).

646 Vgl. auch *Wachter*, GmbHStB 2018, 317, 319 der empfiehlt, im Plan „möglichst konkrete Ausführungen zu allen im Gesetz angesprochenen Punkten“ zu machen.

Nötig ist zunächst die Angabe, ob überhaupt Sicherheiten angeboten werden, da dies jedenfalls nach Wortlaut und Zweck von § 335 Abs. 2 Nr. 8 UmwG und Art. 86d f) GesR-ERL nicht zwingend ist.[647] Nach der Gesetzesbegründung des UmRUG hat die Gesellschaft ihren Gläubigern allerdings bereits im Formwechselplan Sicherheiten anzubieten, wenn die Voraussetzungen für einen Anspruch auf Sicherheitsleistung vorliegen.[648] Wenn die Gesellschaft zu dem Ergebnis kommt, dass diese Voraussetzungen nicht vorliegen, wäre grundsätzlich eine reine Negativerklärung ausreichend. Um das Risiko zu reduzieren, dass Gläubiger den Formwechselprozess durch gerichtliche Geltendmachung von Sicherungsansprüchen verzögern, sollte die Entscheidung, im Formwechselplan keine Sicherheiten anzubieten, jedoch näher begründet werden. Es empfiehlt sich darzustellen, aus welchen Gründen die Gesellschaft eine Gewährung von Sicherheiten für nicht notwendig hält. Insoweit sollte auf die typische Gefährdungslage bei einem grenzüberschreitenden Formwechsel und die aus Gläubigersicht zentralen Merkmale der ausländischen Zielrechtsform (also insbesondere die Grundsätze zur Kapitalaufbringung und Erhaltung) eingegangen werden. Anschließend sollte erläutert werden, warum aus Sicht der Gesellschaft gerade keine Gläubigergefährdung droht (beispielsweise vergleichbare Kapitalaufbringungs- und Erhaltungsgrundsätze im Ausland).[649] Diese Informationen sind auf Seiten der formwechselnden Gesellschaft ohnehin vorhanden, so dass mit entsprechenden Erläuterungen im Formwechselbeschluss nur ein überschaubarer Mehraufwand verbunden ist.

Entscheidet sich die Gesellschaft dafür, den Gläubigern Sicherheiten anzubieten, muss zunächst die angebotene Sicherheit selbst erläutert werden, also Angaben zu Art, Umfang und Modalitäten der Geltendmachung der angebotenen Sicherheiten. Überdies ist aus Sicht des formwechselnden Rechtsträgers zweckmäßig und empfehlenswert, die Gründe für die Entscheidung bezüglich der gewährten Sicherheiten darzulegen. Auch hier sollte die aus dem Formwechsel resultierende Gefährdungslage dargestellt und darauf eingegangen werden, weshalb gerade die angebotene Sicherheit aus Sicht der Gesellschaft adäquat ist.

[647] Vgl. auch *J. Schmidt*, NZG 2022, 579, 586; *ECLE* in ECFR 2019, 196, 205.
[648] BegrRegE BT-Drs. 20/3822, S. 97 (zu § 314 UmwG); Siehe hierzu *Thomale/Schmid*, NotBZ 2023, 91, 100 und insb. dort Fn. 152.
[649] Siehe zu dem hier vertretenen Ansatz von Offenlegungspflichten bezüglich geplanter Kapitalmaßnahmen ausführlich Kapitel 3, E. I. 5.

In rechtspraktischer Hinsicht ist zu erwarten, dass die überwiegende Zahl von formwechselnden Gesellschaften ihren Gläubigern keine Sicherheit im Formwechselplan anbieten wird. Dies liegt zum einen daran, dass Gläubiger einen Anspruch auf Sicherheitsleistung gemäß §§ 341 Abs. 1, 314 Abs. 2 UmwG nur geltend machen können, wenn sie eine konkrete Gefährdung ihrer Ansprüche glaubhaft darlegen können, was de lege lata kaum möglich ist.[650] Zum anderen werden 'räuberische Gläubiger', die den vorgelagerten Rechtsschutz beim grenzüberschreitenden Formwechsel zu ihrem Vorteil nutzen wollen,[651] Sicherungsansprüche unabhängig von einem Angebot der Gesellschaft im Formwechselplan geltend machen.

Mit Art. 86d f) GesR-ERL und § 335 Abs. 2 Nr. 8 UmwG finden sich in Richtlinie und den neuen Vorschriften des UmwG somit Anknüpfungspunkte des Informationsmodells, die eine Verringerung der Informationsasymmetrie zwischen Anteilseignern und Vertretungsorganen des formwechselnden Rechtsträgers einerseits und Gläubigern andererseits ermöglichen könnten. Es handelt sich jedoch nur um eine Möglichkeit des formwechselnden Rechtsträgers, nicht um eine Pflicht, Gläubiger umfassend über potenzielle Gefahren des Formwechsels zu informieren. Es steht der formwechselnden Gesellschaft auch frei, schlicht keine Sicherheiten anzubieten und es bei einem Hinweis darauf bewenden zu lassen.[652] Eine zwingende Verbesserung der Informationsgrundlage der Gläubiger ist mit Art. 86d GesR-ERL und § 335 Abs. 2 Nr. 8 UmwG demnach nicht verbunden. Dennoch ist der Ansatz insgesamt zu begrüßen. Er bietet zumindest Anreize, einer vorbeugenden Beantragung von Sicherheiten durch Gläubiger entgegenzuwirken, indem über die bestehende Gefährdungslage aufgeklärt wird. Hierdurch können Verzögerungen im weiteren Prozess vermieden werden (soweit sie nicht von räuberischen Gläubigern ausgehen), was nur im Interesse des formwechselnden Unternehmens sein kann.

---

650 Siehe hierzu ausführlich Kapitel 3, E. II.

651 Siehe hierzu Kapitel 3, E. II. 2. c).

652 *Stelmaszczyk* in Widmann/Mayer, Umwandlungsrecht, § 341 Rn. 19 sowie *Wollin*, ZIP 2022, 989, 992; Siehe zur GesR-ERL auch *Hilser*, Grenzüberschreitender Formwechsel, S. 212 f. und *Leydecker*, Gläubigerschutz bei grenzüberschreitenden Umwandlungen, S. 183; A.A. wohl *Thomale/Schmid*, NotBZ 2023, 91 Fn. 152, die insoweit von einer überschießenden Umsetzung durch das UmRUG auszugehen scheinen.

2. Berichtspflichten nach §§ 337, 338 UmwG, Art. 86e und 86f GesR-ERL

Die §§ 337, 338 UmwG (bzw. Art. 86e und 86f GesR-ERL) enthalten mit Sachverständigenbericht und Bericht der Vertretungsorgane Instrumentarien, die schon vom nationalen Formwechsel (Formwechselbericht § 192 UmwG) bzw. den Vorschriften zur grenzüberschreitenden Verschmelzung der GesR-RL (§§ 122e und 122f UmwG a.F., Verschmelzungsbericht und Verschmelzungsprüfung) bekannt sind.

a) Prüfungsbericht des sachverständigen Prüfers

Die Informationsfunktion des nunmehr in § 338 UmwG auch für den grenzüberschreitenden Formwechsel vorgesehenen Sachverständigenberichts hat im Laufe des Normgebungsverfahrens der GesR-ERL einen erheblichen Wandel erlebt. Nach Konzeption des Kommissionsvorschlages sollte der zwingend erforderliche Bericht noch als Grundlage für die Bewertung des Formwechsels durch die zuständigen Behörden dienen und im Register öffentlich zugänglich gemacht werden.[653] Der vorgesehene Mindestkatalog an Informationen bezweckte demnach mittelbar den Gläubigerschutz.[654] In der finalen Fassung der Richtlinie wurde die ursprünglich vorgesehene Rolle des Sachverständigen jedoch wieder auf das schon zuvor in Art. 96 GesR-RL für die grenzüberschreitende Verschmelzung vorgesehene Ausmaß reduziert.[655] Der Fokus der Formwechselprüfung liegt, wie sich aus Art. 86f Abs. 2 GesR-ERL ergibt, auf der Angemessenheit der den Anteilsinhabern der formwechselnden Gesellschaft anzubietenden Barabfindung.[656] Der nach § 338 Abs. 2 i.V.m. §§ 9 Abs. 2, 8 Abs. 3 UmwG verzichtbare Prüfbericht dient also, wie schon nach altem Recht, ausschließlich der Information der Anteilseigner.[657] Er ist daher gemäß § 338 Abs. 1 S. 2 UmwG auch nur

---

653 Der Bericht sollte alle relevanten Informationen über die Gesellschaft und den grenzüberschreitenden Formwechsel enthalten, um der Behörde die Bewertung zu ermöglichen, ob es sich bei dem Formwechsel um eine rechtsmissbräuchliche Maßnahme handelt, vgl. Kommissionsvorschlag, S. 27.

654 So auch *Teichmann*, NZG 2019, 241, 244.

655 Vgl. *J. Schmidt*, NZG 2022, 635, 638 und ZEuP 2020, 565, 572.

656 *Brandi/Schmidt*, DB 2022, 1880, 1884.

657 Zur grenzüberschreitenden Verschmelzung vor Inkrafttreten des UmRUG statt aller *Drinhausen* in Semler/Stengel/Leonard, UmwG, 5. Auflage, § 122f Rn. 1; A.A. wohl *Schurr*, EuZW 2019, 539, 542, der von einer gläubigerschützenden Wirkung des Berichts auszugehen scheint. Dies lässt allerdings die erhebliche Änderung außer Acht, welche die Rolle des Sachverständigen in der Finalfassung der Richtlinie erfahren hat.

den Anteilseignern elektronisch zugänglich zu machen. Denkbar ist insoweit insbesondere eine Zuleitung per E-Mail.[658] Für Aktiengesellschaften gilt § 63 Abs. 1 Nr. 5 und Abs. 4 UmwG.[659]

b) Formwechselbericht

§ 337 UmwG i.V.m. § 309 Abs. 1 bis 3 und Abs. 5 UmwG sieht (basierend auf Art. 86e GesR-ERL) außerdem den schon aus Art. 124 GesR-RL und § 122e UmwG a.F. von der grenzüberschreitenden Verschmelzung bekannten Bericht der Vertretungsorgane für Gesellschafter und Arbeitnehmer vor. Entsprechend der Konzeption des Art. 86e GesR-ERL besteht der Bericht gemäß § 337 Abs. 1 UmwG i.V.m. § 309 Abs. 2 UmwG aus drei Teilen: einem allgemeinen Teil, einem Abschnitt für die Anteilseigner und einem Abschnitt für die Arbeitnehmer.[660] Neben der ausdrücklichen Aufteilung in eigene Abschnitte (bzw. Berichte, vgl. § 309 Abs. 3 S. 1 UmwG) für Anteilseigner und Arbeitnehmer wurden durch GesR-ERL und UmRUG aber auch die inhaltlichen Anforderungen an den Bericht modifiziert. Während § 122e UmwG a.F. noch pauschal die Erläuterung von Auswirkungen der Verschmelzung auf die Arbeitnehmer vorschrieb, enthält § 309 Abs. 5 UmwG (entsprechend Art. 86e Abs. 5 GesR-ERL) eine Aufzählung von Mindestangaben, die in den Bericht aufzunehmen sind. Weitere Erläuterung zu den notwendigen Angaben finden sich in Erwägungsgrund Nr. 13 der Richtlinie.[661] Aus Sicht der Gläubiger relevanter ist jedoch, dass die in Art. 124 GesR-RL und § 122e UmwG a.F. noch vorgesehen Angaben zur Beeinträchtigung von Gläubigern ersatzlos aus dem notwendigen Inhalt des Berichts gestrichen wurden.[662] Diese Streichung stellt klar, dass der Bericht der Vertretungsorgane nach Vorstellung des europäischen Normgebers weder dem Schutz noch der Information der Gläubiger dient. Außerdem sieht § 337 Abs. 3 UmwG nunmehr die Möglichkeit eines Verzichts auf den Bericht vor,[663] was zusätzlich unterstreicht, dass der Formwechselbericht und die darin enthaltenen Informationen nicht dem Schutz der Gläubiger dienen. Während dem Informationsbedürfnis der Arbeitnehmer also durch Konkretisierung der Informationspflicht explizit Rechnung getragen

---

658 BegrRegE BT-Drs. 20/3822, S. 92 (zu § 310 UmwG).
659 BegrRegE BT-Drs. 20/3822, S. 93.
660 *Thomale/Schmid*, NotBZ 2023, 125, 128 f.; *Brandi/Schmidt*, DB 2022, 1880, 1884; Vgl. auch *Schollmeyer*, AG 2019, 541, 543 ff.
661 Siehe zum arbeitnehmerspezifischen Abschnitt des Berichts weiterführend *Klett* in BeckOGK UmwG, Stand 1. Oktober 2025, § 309 Rn. 21 ff.
662 *Schollmeyer*, AG 2019, 541, 546.
663 *Luy* in BeckOGK UmwG, Stand 1. Oktober 2025, § 337 Rn. 33.

wurde, wurde die Informationsbasis der Gläubiger im Vergleich zur GesR-RL sogar noch reduziert. Im Gesamtbild von SE-VO, GesR-RL und GesR-ERL zeigt sich demnach eine kontinuierliche Reduktion der Bedeutung des Berichts für den Gläubigerschutz. Während der Sitzverlegungsbericht nach der SE-VO jedenfalls auch auf einen A-Priori-Schutz der Gläubiger durch Information abzielt,[664] diente der Verschmelzungsbericht nach 122e UmwG a.F. allenfalls mittelbar dem Gläubigerschutz,[665] während dem Umwandlungsbericht nach Art. 86e GesR-ERL keinerlei gläubigerschützende Wirkung zukommt. Im Hinblick auf die Informationsfunktion des Berichts der Vertretungsorgane gestaltet sich die Lage der Gläubiger demnach bei einem grenzüberschreitenden Formwechsel schlechter denn je.

Im Ergebnis wurden die in der GesR-ERL für den grenzüberschreitenden Formwechsel vorgesehenen und durch das UmRUG in das UmwG überführten Berichte somit nicht als Anknüpfungspunkte für das Informationsmodell als Gläubigerschutzinstrument genutzt.

3. Hinweis auf Bemerkungen zum Formwechselplan §§ 336, 308 UmwG, Art. 86g Abs. 1 b) GesR-ERL

Gemäß Art. 86g Abs. 1 b) GesR-ERL haben die Mitgliedstaaten sicherzustellen, dass einen Monat vor dem Tag der Gesellschafterversammlung, die über den grenzüberschreitenden Formwechsel entscheidet, eine Bekanntmachung offengelegt und im Register des Wegzugsmitgliedstaats öffentlich zugänglich gemacht wird. Darin wird den Gesellschaftern, Gläubigern und Arbeitnehmervertretern der Gesellschaft (oder, wenn es solche Vertreter nicht gibt, den Arbeitnehmern selbst) mitgeteilt, dass sie der Gesellschaft spätestens fünf Arbeitstage vor dem Tag der Gesellschafterversammlung Bemerkungen zu dem Plan für die grenzüberschreitende Umwandlung übermitteln können.

Eine entsprechende Pflicht zur Bekanntmachung durch das Registergericht hat der deutsche Gesetzgeber mit dem UmRUG in §§ 336, 308 Abs. 1 Nr. 4 UmwG eingeführt. Ein Hinweis auf die Modalitäten für die Ausübung der Gläubigerechte (wie für den nationalen Formwechsel in §§ 204, 22 Abs. 1 S. 3 UmwG geregelt) ist demgegenüber für den grenzüberschreitenden Formwechsel nicht vorgesehen.[666] Insofern wurden gläubigerschützende Informationspflichten (im

---

[664] Siehe Kapitel 3, D. V. 2.
[665] Siehe Kapitel 3, D. III. 2.
[666] Siehe zur grenzüberschreitenden Verschmelzung *J. Schmidt*, NZG 2022, 635, 636.

Vergleich zum nationalen Formwechsel) weiter reduziert. Da der Informationsgehalt des in §§ 204, 22 Abs. 1 S. 3 UmwG vorgesehen Hinweis jedoch ohnehin nur begrenzt ist,[667] geht damit keine wesentliche Verkürzung des Gläubigerschutzes einher.

Davon abgesehen dürfte das Recht, Anmerkungen zum Formwechselplan zu machen, aus Gläubigersicht nur wenig praktischen Nutzen haben. Etwaige Anmerkungen der Gläubiger sind gemäß § 342 Abs. 2 Nr. 1 b) bei der Anmeldung des grenzüberschreitenden Formwechsels zum Handelsregister einzureichen und können vom Registergericht bei der Überprüfung des Formwechsels auf Rechtsmissbrauch nach § 343 Abs. 3 UmwG berücksichtigt werden.[668] Es ist jedoch davon auszugehen, dass Gläubiger regelmäßig nicht in der Lage sein werden, die Rechtsmissbräuchlichkeit des Formwechsel darzulegen oder das Ergebnis des Formwechselbeschlusses durch ihre Anmerkungen zu beeinflussen.

4. Solvenzerklärung Art. 86j Abs. 2 GesR-ERL als Informationsquelle?

Mit der Solvenzerklärung findet sich in Art. 86j Abs. 2 S. 1 und 2 GesR-ERL ein aus deutscher Sicht grundlegend neues Konzept des Gläubigerschutzes.[669] Danach können Mitgliedstaaten vorschreiben, dass das Leitungs- oder Verwaltungsorgan der Gesellschaft eine Erklärung abgibt, die die gegenwärtige finanzielle Lage der Gesellschaft zum Zeitpunkt der Erklärung, der nicht mehr als einen Monat vor Offenlegung liegen darf, genau wiedergibt (Satz 1). Inhalt der Erklärung soll dabei sein, dass aus Sicht des Organs nach angemessenen Nachforschungen zum Zeitpunkt der Erklärung kein Grund zur Annahme besteht, dass die Gesellschaft nach dem Formwechsel nicht in der Lage sein könnte, ihre Verbindlichkeiten zu erfüllen (Satz 2). Die Solvenzerklärung ist zusammen mit dem Umwandlungsplan offenzulegen. Die Folgen einer fehlerhaften Erklärung und insbesondere Ausgestaltung der Haftung für diesen Fall bleibt den Mitgliedstaaten überlassen.[670] Da Mitgliedstaaten im Hinblick auf den mit der Richtlinie verfolgten Mindestschutz eine entsprechende Erklärung auch ohne sekundärrechtliche Ermächtigung vorsehen könnten, sollten die Mitgliedstaaten durch Art. 86j Abs. 2 S. 1 und 2 GesR-ERL wohl zur Umsetzung angeregt werden, ohne eine Einigung über den Inhalt der Richtlinie zu gefährden.[671] Eine derartige

---

667 Siehe hierzu bereits Kapitel 3, D. II. 2.
668 Siehe zur Missbrauchsprüfung noch ausführlich Kapitel 3, H.
669 Dieses Konzept wurde jedoch im Zuge des UmRUG nicht in das deutsche Recht übernommen, siehe hierzu Kapitel 3, F.
670 Vgl. Erwägungsgrund Nr. 25 der Richtlinie; Siehe hierzu insbesondere Kapitel 3, F. III. 3.
671 *Winner*, ECFR 2019, 44, 54.

Solvenzerklärung ist dem deutschen Gesellschaftsrecht bisher fremd,[672] weshalb ihr teilweise schon früh nur geringe Chancen auf Übernahme in das deutsche Recht beigemessen wurde.[673] Ob und in welchem Maß der europäische Gesetzgeber mit der Solvenzerklärung allerdings (auch) eine Verbesserung der Informationsbasis der Gläubiger bezweckte, ergibt sich nicht eindeutig aus dem Wortlaut des Art. 86j Abs. 2 GesR-ERL.

Bezüglich der Solvenzerklärung wurde insbesondere der in Art. 86j Abs. 2 S. 2 GesR-ERL vorgegebene Inhalt, also die Fähigkeit der Gesellschaft, ihre Verbindlichkeiten zu begleichen, diskutiert.[674] Auf Basis dieser Erklärung erhielten Gläubiger zumindest die Information, dass die Solvenz der Gesellschaft aus Sicht der Geschäftsführung nicht gefährdet ist. Diese Einschätzung aus der Sicht des formwechselnden Rechtsträgers geht über sonst verfügbare Informationen hinaus. Es handelt sich – was aus Gläubigersicht besonders bedeutsam ist – um eine Prognose. Da eine Beeinträchtigung von Gläubigerinteressen insbesondere im Zusammenhang mit dem zukünftigen Entnahmeverhalten der Gesellschafter droht,[675] hat eine zukunftsgerichtete Einschätzung für Gläubiger einen besonderen Mehrwert. Allerdings ermöglicht die Erklärung es Gläubigern nicht, die Lage der Gesellschaft selbst zu bewerten – sie müssen sich auf die Einschätzung des Vertretungsorgans verlassen, ohne diese konkret verifizieren zu können.

Aus Art. 86j Abs. 2 S. 1 GesR-ERL könnte sich jedoch ergeben, dass der europäische Gesetzgeber mit der Solvenzerklärung einen weitergehenden Inhalt verbunden hat. Soweit ersichtlich, wird diesem Satz keine wirkliche Bedeutung beigemessen, obwohl sein Inhalt dem Wortlaut nach („[…] ihre aktuelle finanzielle Lage […] genau wiedergibt“) über eine bloße Solvenzerklärung hinauszugehen scheint. Allerdings legt der Beginn des nächsten Satzes („Inhalt der Erklärung muss sein […]“) nahe, dass Art. 86j Abs. 2 S. 2 GesR-ERL den Inhalt der Erklärung vollumfänglich wiedergibt. Ein vergleichender Blick ins englische Recht, wo die Solvenzerklärung als Sicherungsrecht bei Kapitalherabsetzungen verankert ist,[676] stützt dieses Verständnis. Der Inhalt der Erklärung ist dort auf

---

672 *Wicke*, DStR 2018, 2703, 2707.

673 *Wachter*, GmbHStB 2018, 317, 322 ging davon aus, dass eine "Einführung nicht zu erwarten“ ist; Ähnlich *Winner*, ECFR 2019, 44, 54; Optimistischer war dagegen *J. Schmidt*, DK 2018, 229, 239 „interessante Option“, sowie *Wicke*, DStR 2018, 2703, 2707.

674 Statt vieler *J. Schmidt*, ECFR 2019, 222, 262.

675 Siehe zusammenfassend Kapitel 2, C. IV.

676 Vgl. Sec. 643 Companies Act 2006; Hierzu weiterführend noch Kapitel 3, F. I.

die Aussage zur Fähigkeit der Gesellschaft, ihre Forderungen zu begleichen, beschränkt.[677] Auch wird in den Erwägungsgründen der Richtlinie die Formulierung des Satzes 1, im Gegensatz zu der des Satzes 2, nicht gebraucht.[678]

Andererseits ist die Erklärung, dass die Gesellschaft nach Auffassung des Vertretungsorgans auch nach dem Formwechsel ihre Verbindlichkeiten erfüllen können wird, keine „genaue Wiedergabe“ der finanziellen Lage, sondern eine Aussage zur zukünftigen Zahlungsfähigkeit. Es handelt sich dabei mehr um eine Prognose als um eine Wiedergabe der aktuellen Lage. Ginge man davon aus, dass sich der Inhalt der Erklärung im Umfang des Satzes 2 erschöpft, verbliebe der erste Satz von Art. 86j Abs. 2 GesR-ERL als Floskel, auf die man hätte verzichten können. Der Umstand, dass Satz 1 im Zuge des Normgebungsverfahrens inhaltlich ergänzt wurde (so wurde im Vergleich zum Kommissionsvorschlag unter anderem klargestellt, dass die „aktuelle“ finanzielle Lage genau wiedergegeben werden muss[679]), spricht außerdem dafür, dass der Formulierung eine eigenständige Bedeutung beigemessen wurde. Der zweite Satz könnte daher auch so zu verstehen sein, dass die Solvenzerklärung eine genaue Wiedergabe der aktuellen finanziellen Lage (beispielsweise in Form einer Vermögensaufstellung) und die Erklärung zur zukünftigen Fähigkeit der Gesellschaft, ihre Schulden zu begleichen, zu enthalten hat. Im Ergebnis lassen sich jedoch weder für die eine noch die andere Interpretation absolut zwingende Argumente aus Wortlaut und Materialien ableiten. Allerdings ergibt sich aus dem Zweck der Solvenzerklärung, dass eine Vermögensaufstellung nicht erforderlich ist, um den beabsichtigten Sicherungszweck für Gläubiger zu erreichen. Zwar würde die Informationsbasis der Gläubiger allgemein durch eine Vermögensaufstellung verbessert, da sie eine aktuelle Momentaufnahme der Vermögenslage ihres Schuldners erhielten – eine Information, die de lege lata im Rahmen des Formwechsels nicht offengelegt werden muss. Hierdurch könnten sie grundsätzlich die wirtschaftliche Lage des Schuldnerunternehmens bei der Frage berücksichtigen, ob ein Anspruch aus Sicherheitsleistung geltend gemacht werden sollte.[680] Jedoch wird die aktuelle Vermögenslage der Gesellschaft durch den Formwechsel grundsätzlich nicht

---

677 Zusätzlich muss allerdings ein „statement of capital“ eingereicht werden, aus dem sich das nach der Kapitalherabsetzung verbleibende „issued share capital“ ergibt, siehe *Peschke* in Saenger/Aderhold/Lenkaitis/Speckmann, Handels- und Gesellschaftsrecht, 2. Teil: Gesellschaftsrecht, § 8 Rn. 599.

678 Vgl. Erwägungsgrund Nr. 25 der Richtlinie.

679 Siehe Art. 86k Abs. 1 S. 1 des Kommissionsvorschlags, der den Verweis auf die „aktuelle“ Lage noch nicht enthielt.

680 Siehe zum Anspruch auf Sicherheitsleistung, Kapitel 3, E.

beeinträchtigt.[681] Selbst wenn sich das Unternehmen in wirtschaftlichen Schwierigkeiten befindet, wird dieser Umstand durch den Formwechsel nicht ohne weiteres verstärkt – die Lage ist schlecht und bleibt schlecht. Allein auf eine schlechte Vermögenslage im Zeitpunkt des Formwechsels können Gläubiger eine Beeinträchtigung ihrer Interessen demnach ohnehin nicht stützen, da die Geltendmachung eines Anspruchs auf Sicherheitsleistung sowohl im nationalen als auch im grenzüberschreitenden Kontext die Glaubhaftmachung einer Gefährdung gerade durch den Formwechsel erfordert.[682] Deutlich interessanter wäre eine Erklärung zu geplanten künftigen Einwirkungen auf den Vermögensbestand, da regelmäßig nur solche eine konkrete Beeinträchtigung der Durchsetzung von Ansprüchen gegen die Gesellschaft verursacht.[683] Sofern der europäische Gesetzgeber jedoch die Informationsbasis der Gläubiger hätte stärken wollen, wäre die optionale Solvenzerklärung hierfür ohnehin der falsche Ort gewesen. Maßgeblich kann daher nur sein, ob die in Art. 86j Abs. 2 S. 2 GesR-ERL vorgesehene Erklärung zur zukünftigen Zahlungsfähigkeit (die das Kernelement der Solvenzerklärung bildet) ihren Zweck nur in Kombination mit einer aktuellen Vermögensaufstellung erfüllen kann – und dies ist nicht der Fall. Bei der Aussage zur Fähigkeit der Gesellschaft, ihre Verbindlichkeiten nach dem Formwechsel zu begleichen, handelt es sich um eine Prognose. Die hierfür getroffenen Annahmen und Erwägungen lassen sich ohnehin nicht ohne weiteres aus einer reinen Vermögensaufstellung ableiten. Da aber der Wortlaut von Art. 86j Abs. 2 GesR-ERL keine Anhaltspunkte dafür bietet, dass die Prognose weiterführend erläutert werden müsste, besteht auch kein Anlass, eine aktuelle Vermögensaufstellung zum Teil der Erklärung zu machen, da die eigentliche Solvenzerklärung auf Basis einer Vermögensaufstellung ohne weiterführende Erläuterungen ohnehin nicht verifiziert werden könnte. Im Ergebnis ist deshalb davon auszugehen, dass mit Art 86j Abs. 2 S. 1 GesR-ERL keine über Art 86j Abs. 2 S. 2 GesR-ERL hinausgehende Information der Gläubiger bezweckt wird.

---

[681] Siehe zur Vermögenskontinuität beim Formwechsel bereits Kapitel 2, A. I. 1. b).
[682] Siehe hierzu Kapitel 3, E. I. 3 und II. 1.
[683] Siehe das Ergebnis zur Untersuchung der Gläubigerbeeinträchtigung, Kapitel 2, C. VI.

VII. Konsequenzen für die Ausgestaltung de lege ferenda – Offenlegungspflichten als isoliertes Gläubigerschutzinstrument?

Informationspflichten spielen als Instrument des Altgläubigerschutzes – auch nach Umsetzung der GesR-ERL durch das UmRUG – im UmwG kaum eine Rolle. Anlass, Hintergrund und Auswirkungen des Formwechsels müssen den Anspruchsgegnern des formwechselnden Rechtsträgers nicht ausdrücklich offengelegt werden. Auf europäischer Ebene wurde mit Art. 86d f) GesR-ERL zwar ein Anknüpfungspunkt des Informationsmodells verankert, eine Pflicht, Gläubiger umfassend über den Formwechsel zu informieren, ist jedoch auch damit nicht verbunden.[684] Entsprechend sieht auch § 335 Abs. 2 Nr. 8 UmwG nur vor, dass im Formwechselbeschluss Angaben zu den Sicherheiten, die den Gläubigern angeboten werden, zu machen sind. Weiterführende Informationen sind zwar möglich und ratsam,[685] aber gesetzlich nicht vorgeschrieben.

1. Isolierte Schutzfunktion von Offenlegungspflichten

Es stellt sich die Frage, ob weitergehende Offenlegungspflichten de lege ferenda als Gläubigerschutzinstrument für Altgläubiger genutzt werden könnten, ob also beispielsweise eine Pflicht des formwechselnden Rechtsträgers, Gläubigern das mit dem Formwechsel verfolgte Ziel (insbesondere Absichten bzgl. zukünftigen Kapitalmaßnahmen[686]) ausdrücklich offenzulegen und zu erläutern, schon für sich genommen zum Gläubigerschutz beitragen könnte.

Dagegen scheint zu sprechen, dass Altgläubiger, im Gegensatz zu Neugläubigern, allein durch Informationen nicht mehr in die Lage versetzt werden können, ihre Interessen durch das Treffen einer informierten Entscheidung zu wahren.[687] Sofern einzelne Gläubiger nicht über eine entsprechende Verhandlungsposition verfügen, können sie die bestehende vertragliche Situation anlässlich des Formwechsels in aller Regel nicht mehr auf der Basis von neuen Informationen beeinflussen.[688] Vor diesem Hintergrund könnte man meinen, dass Offenlegungspflichten des formwechselnden Rechtsträgers für sich genommen nicht geeignet

---

684 Siehe Kapitel 3, D. VI. 1.

685 Siehe hierzu bereits Kapitel 3, D. VI. 1. b).

686 Siehe zur maßgeblichen Gläubigergefährdung durch Lockerung und Wegfall der Kapitalbindung, Kapitel 2, C. II. 4 und 5.

687 *Janisch*, Grenzüberschreitende Sitzverlegung, S. 397.

688 Siehe zum Sonderproblem der Blockadestellung „räuberischer“ Gläubiger, Kapitel 3, E. II. 2. c).

sind, zum Schutz der Altgläubiger beizutragen. Ein solcher Schluss griffe allerdings zu kurz, da er außer Acht lässt, dass mit der öffentlichen Bekanntmachung von Informationen im Rechtsverkehr – jedenfalls bis zu einem gewissen Grad – eine 'faktische' Bindungswirkung einhergeht. Auf Seiten einer Gesellschaft bzw. ihrer Anteilseigner, die sich öffentlich zu den mit dem Formwechsel verfolgten Zielen und insbesondere geplanten Kapitalmaßnahmen geäußert haben, dürfte regelmäßig eine gewisse Hemmschwelle bestehen, sich kurz nach dem Formwechsel in offensichtlichem Gegensatz zu den zuvor erklärten Absichten zu verhalten. Da dem Formwechsel wie dargestellt das Prinzip der Vermögenskontinuität zugrunde liegt,[689] liegt das Problem aus Gläubigersicht – insbesondere wenn durch den Formwechsel die Kapitalbindung gelockert und ein Kapitalabzug ermöglicht werden soll[690] – weniger im Rechtsakt des Formwechsels selbst als in dem damit verfolgten Ziel. Eine Verpflichtung der formwechselnden Gesellschaft, den Gläubigern eben jenes Ziel (insbesondere im Hinblick auf geplante Kapitalmaßnahmen) ausdrücklich offenzulegen und zu erläutern würde es jedenfalls unmöglich machen, einen Formwechsel mit dem Ziel eines (möglicherweise gläubigerschädigenden) Kapitalabzugs 'im Stillen' durchzuführen, ohne sich in Widerspruch zu den zuvor öffentlich gemachten Absichten zu setzen.

Eine entsprechende Offenlegungspflicht würde das formwechselnde Unternehmen auch nicht unbillig belasten. Die Informationen zum Zweck des Formwechsels und zu den weiteren für Gläubiger maßgeblichen Aspekten (z.B. Ausgestaltung der Kapitalbindung in der Zielrechtsform) werden ohnehin schon seit der Planungsphase des (grenzüberschreitenden) Formwechsels vorhanden sein. Ein schützenswertes Interesse an der Geheimhaltung dieser Informationen dürfte kaum jemals bestehen. Offenlegungs- bzw. Einreichungspflichten sieht das Formwechselverfahren de lege lata ohnehin schon vor, so dass durch eine Offenlegung weiterer Informationen keine relevanten Mehrkosten entstehen würden.

Ein Blick in benachbarte Rechtsgebiete zeigt außerdem, dass Offenlegungspflichten in Bezug auf die mit einer Maßnahme verfolgten Ziele dem deutschen Recht keinesfalls fremd sind. So verpflichtet das Erreichen oder Überschreiten bestimmter Beteiligungsschwellenwerte bei Inlandsemittenten gemäß § 43

689 Siehe bereits Kapitel 2, A. I. 1. b).
690 Siehe zu diesem Risiko für Gläubiger insbesondere Kapitel 2, C. II. 4. und 5.

Abs. 1 S. 1 WpHG zur Offenlegung der mit dem Erwerb der Stimmrechte verfolgten Ziele und der Herkunft der für den Erwerb verwendeten Mittel. Gemäß § 43 Abs. 1 S. 2 WpHG müssen dabei hinsichtlich der mit dem Erwerb verfolgten Ziele die in § 43 Abs. 1 S. 2 Nr. 1 bis Nr. 4 WpHG vorgeschriebenen Angaben gemacht werden.[691] Im Zusammenhang mit öffentlichen Erwerbsangeboten nach dem WpÜG ist der Bieter gemäß § 11 Abs. 2 S. 3 Nr. 2 WpÜG verpflichtet, seine Absichten in Bezug auf die Zielgesellschaft – unter anderem auch hinsichtlich der Verwendung des Vermögens der Zielgesellschaft – in der Angebotsunterlage offenzulegen.[692] Die Offenlegung subjektiver Absichten ist demnach sowohl im Wertpapierhandels- als auch im Wertpapiererwerbs- und Übernahmerecht verankert.

Obwohl eine Offenlegungspflicht bezüglich des mit dem Formwechsel verfolgten Zwecks (und insbesondere Absichten bezüglich künftiger Kapitalmaßnahmen) aus Sicht der Gläubiger auf den ersten Blick kein besonders scharfes Schwert zu sein scheint, lässt sich eine gewisse Schutzwirkung der Offenlegungspflicht nicht abstreiten. Da der deutsche Gesetzgeber eine Lockerung bzw. den Wegfall der Kapitalbindung als das zentrale Gläubigerrisiko im Zusammenhang mit einem Formwechsel ansieht,[693] wäre es naheliegend, das formwechselnde Unternehmen zur Offenlegung von im Zeitpunkt des Formwechsels bereits geplanten Kapitalmaßnahmen zu verpflichten. Hierin läge weder eine besondere Belastung des formwechselnden Unternehmens oder seiner Anteilseigner, noch wäre die Offenlegung subjektiver Absichten – wie WpHG und WpÜG zeigen – dem deutschen Recht grundlegend fremd. Selbst wenn man die Schutzwirkung einer derartigen Offenlegungspflicht isoliert betrachtet für gering hielte, würde der mit der Offenlegung für Gläubiger verbundene Mehrwert die Offenlegungskosten und das Geheimhaltungsinteresse auf Seiten der formwechselnden Gesellschaft und ihrer Anteilseigner überwiegen. Mit Blick auf die de lege lata bestehenden, gravierenden Schwächen des Anspruchs auf Sicherheitsleistung als Gläubigerschutzinstrument,[694] ist Wenig für Gläubiger besser als Nichts.

Isoliert betrachtet lassen sich Offenlegungspflichten somit eine gläubigerschützende Wirkung nicht absprechen, die zudem mit keinem signifikanten Mehraufwand auf Seiten des formwechselnden Rechtsträgers einhergeht. Vor diesem

691 Z.B. dazu, ob eine Einflussnahme auf die Besetzung von Verwaltungs-, Leitungs- und Aufsichtsorganen des Emittenten angestrebt wird, siehe im Einzelnen *Löschhorn/Nordholtz* in Heidel, Aktienrecht und Kapitalmarktrecht, § 43 WpHG Rn. 18 ff.

692 Siehe im Einzelnen *Wackerbarth* in MüKoAktG, Bd. 6, § 11 WpÜG Rn. 44 ff.

693 Vgl. BegrRegE BR-Drs. 75/94 S. 145.

694 Siehe hierzu insbesondere Kapitel 3, E. I. 3.

Hintergrund überrascht, dass das Informationsmodell sowohl auf europäischer als auch auf nationaler Ebene als Gläubigerschutzinstrument ein Schattendasein führt.

2. Umsetzungsempfehlung de lege ferenda

Die Untersuchung der Beeinträchtigung von Gläubigerinteressen hat gezeigt, dass ein Formwechsel – insbesondere im Hinblick auf Kapitalaufbringung und Erhaltung – eine abstrakte Gefährdungssituation schaffen kann, die sich jedoch durch eine weitere, an den Formwechsel anschließende Handlungen der Anteilseigner jederzeit konkretisieren kann.[695] Die konkrete Gefährdung würde dabei regelmäßig aus einem durch den Formwechsel ermöglichten Abzug von Kapital aus der Gesellschaft resultieren. Um das Informationsmodell als Schutzinstrument gegen derartige Absichten der Anteilseigner zu nutzen, müsste anlässlich des Formwechsels offengelegt werden, ob ein Kapitalabzug nach dem Formwechsel beabsichtigt ist. Der richtige Ort für eine derartige Offenlegungspflicht wäre bei einem grenzüberschreitenden Formwechselplan § 335 UmwG, da dieser zum einen mit den Angaben zu Sicherheiten, die den Gläubigern angeboten werden (§ 335 Abs. 2 Nr. 8 UmwG) schon eine gläubigerschützende Komponente enthält und zum anderen nach § 338 UmwG i.V.m. § 308 Abs. 1 UmwG ohnehin offenzulegen ist.[696] Bei einem nationalen Formwechsel müssten die Angaben entsprechend im Formwechselbeschluss § 194 UmwG vorgesehen werden, der zum Handelsregister einzureichen und dort unkompliziert und kostenlos einsehbar ist.[697] Inhaltlich sollten – in Anlehnung an § 194 Abs. 1 Nr. 7 UmwG und § 335 Abs. 2 Nr. 12 UmwG – die voraussichtlichen Auswirkungen des (grenzüberschreitenden) Formwechsels auf die Gläubiger sowie Kapitalmaßnahmen, die im Jahr nach dem Wirksamwerden des Formwechsels geplant sind, als verpflichtende Angaben in Formwechselplan und Beschluss vorgesehen werden.[698] Hierdurch würde einerseits die isolierte Schutzfunktion der Offenlegungspflicht begründet, andererseits würden diese Informationen Gläubiger dabei unterstützen, im Rahmen des Anspruchs auf Sicherheitsleistung eine konkrete Gefährdung ihrer Interessen glaubhaft zu

695 Siehe zusammenfassend das Fazit zur Gläubigerbeeinträchtigung, Kapitel 2, C. VI.
696 Siehe zu § 335 Abs. 2 Nr. 8 UmwG bereits Kapitel 3, D. VI. 1. a).
697 Siehe Kapitel 3, D. II. 3.
698 Siehe ausführlich auch Kapitel 3, E. I. 5. b).

machen.[699] Die zusätzliche Aufnahme dieser Informationen in dem Formwechselplan bzw. Beschluss sind für die formwechselnde Gesellschaft mit keinem relevanten Mehraufwand verbunden.

VIII. Bewertung und Fazit – Das Informationsmodell in GesR-ERL und UmRUG

Das Informationsmodell ist als Grundidee positiv zu bewerten, da es (bei entsprechender Ausgestaltung) den formwechselnden Rechtsträger weniger stark belastet als andere Maßnahmen.[700] Es kann über Inhalt und Reichweite der entsprechenden Offenlegungspflicht differenziert an den bestehenden Interessenkonflikt angepasst werden und so einen sachgerechten Ausgleich von Kosten für den formwechselnden Rechtsträger und Nutzen für die Gläubiger schaffen.

Die Untersuchung der verschiedenen Normen im UmwG, SE-VO, GesR-ERL und dem UmRUG hat gezeigt, dass dem Informationsmodell als Instrument des (Alt-)Gläubigerschutzes bei einem (grenzüberschreitenden) Formwechsel derzeit kein nennenswerter Stellenwert zukommt. Im Gegensatz zu dem in der SE-VO geregelten Verfahren zur Sitzverlegung einer SE sind Gläubigern unmittelbar kaum Informationen über den Formwechsel zugänglich zu machen. Auch die durch Eigeninitiative der Gläubiger zugänglichen Informationen sind beschränkt und nicht auf das Informationsbedürfnis der Gläubiger zugeschnitten. Die GesR-ERL sieht zwar einerseits mit den im Umwandlungsplan vorgesehenen Ausführungen zu den Gläubigern angebotenen Sicherheiten und der (optionalen) Solvenzerklärung zwei Anknüpfungspunkte vor, auf deren Basis die Informationsgrundlage der Gläubiger gestärkt werden könnte,[701] andererseits wurde die Informationsfunktion des Berichts des Vertretungsorgans aus Gläubigersicht weiter reduziert.[702] Der Informationszugang der Gläubiger ist kein zwingender Bestandteil des Verfahrens. Obwohl die Informationsbasis der Arbeitnehmer gestärkt wurde, zeigt sich im Bereich des Gläubigerschutzes ein Rückgang der Bedeutung des Formwechselberichts im Vergleich zu dem Sitzverlegungsbericht

[699] Siehe hierzu ausführlich Kapitel 3, E. I. 5. und V.
[700] Aufgrund des Primärrechts hat der nationale Gesetzgeber deshalb Informationspflichten den Vorrang vor zwingenden Festlegungen zu geben, wenn Informationspflichten das jeweilige Schutzbedürfnis ebenfalls weitgehend befriedigen können, siehe *Grundmann*, Europäisches Gesellschaftsrecht, Rn. 1169.
[701] Siehe Kapitel 3, D. VI. 1. a) und 4.
[702] Siehe Kapitel 3, D. VI. 2. b).

nach der SE-VO. Aufgrund des durch die Richtlinie gewährleisteten Mindestschutzniveaus ist die Ausgestaltung gläubigerschützender Informationspflichten deshalb weitestgehend den Mitgliedstaaten anheimgestellt. Hierdurch können sich erhebliche Unterschiede bezüglich der Informationsbasis der Gläubiger in verschiedenen Mitgliedstaaten ergeben. Dies führt – worauf sogleich genauer eingegangen wird – zu Problemen, wenn Altgläubiger im Rahmen weiterer Sicherungsinstrumente die Beweislast für eine Gefährdung ihrer Ansprüche tragen.[703] Außerdem wird schon die Bewertung der Frage, ob überhaupt eine Gefährdung der eigenen Ansprüche droht, durch eine unzureichende Informationsgrundlage erschwert. Insbesondere bei Gläubigern mit Forderungen geringerer Höhe kann ein hoher Überprüfungsaufwand dazu führen, dass die Geltendmachung weitergehender Sicherungsansprüche schlicht unterbleibt.[704] Den typischerweise auf Seiten der Gesellschaft bestehenden Informationsvorsprung (beispielsweise zu Fragen wie dem Kapitalschutz in der neuen Rechtsform) aufzuholen, wird in aller Regel mit Kosten verbunden sein. Diese können im Einzelfall dazu führen, dass der Verzicht auf die Geltendmachung einer Sicherheitsleistung wirtschaftlich konsequent ist. Rechtsökonomisch ist es kaum verständlich, weshalb diese Informationskosten jedem Gläubiger isoliert auferlegt und hierdurch gesamtwirtschaftlich erhöht werden, obwohl die entsprechenden Informationen bei dem formwechselnden Rechtsträger ohnehin vorhanden sind und regelmäßig kein schützenswertes Interesse an deren Geheimhaltung bestehen wird. Weiterhin können Offenlegungspflichten wie dargestellt auch für sich genommen eine gläubigerschützende Funktion erfüllen, ohne die formwechselnde Gesellschaft dabei relevant zu belasten.[705] Vor diesem Hintergrund erschließt sich die stiefmütterliche Behandlung von Informationspflichten zugunsten der Gläubiger in der GesR-ERL und dem UmRUG nicht. Sie sollten daher vom deutschen Gesetzgeber in der dargestellten Art und Weise erweitert werden.[706]

E. Anspruch auf Sicherheitsleistung

Der Anspruch auf Sicherheitsleistung stellt ein zentrales Sicherungsinstrument für alle Arten der Strukturmaßnahmen des UmwG dar. Ein solcher Anspruch ist für Formwechsel, Verschmelzung und (nach überwiegender

703 Siehe Kapitel 3, E. I. 2. und II. 1.
704 *Teichmann*, NZG 2019, 241, 246.
705 Siehe Kapitel 3, D. VII. 1.
706 Siehe auch Kapitel 3, E. I. 5. b).

Auffassung) Spaltung im nationalen Kontext vorgesehen,[707] sowie als Schutzinstrument bei der SE-Sitzverlegung verankert.[708] GesR-ERL und UmRUG sehen einen Anspruch auf Sicherheitsleistung nunmehr auch für grenzüberschreitenden Formwechsel und Spaltung vor.[709] Letztlich ist ein ähnliches Instrument im deutschen Recht auch im Zusammenhang mit Kapitalherabsetzungen bei AG und GmbH vorgesehen.[710] Bezogen auf den Formwechsel handelt es sich um eine Vorschrift des individuellen Gläubigerschutzes.[711] Trotz der Bedeutung für den Gläubigerschutz steht der Anspruch auf Sicherungsleistung in seiner konkreten Ausgestaltung im Falle des Formwechsels schon lange in der Kritik.[712] Das sich diese bei entsprechender Ausgestaltung jedoch zumindest teilweise entkräften ließe, wird die weitere Untersuchung zeigen.

I. Anspruch auf Sicherheitsleistung gemäß §§ 204, 22 UmwG

Für den nationalen Formwechsel ist der Anspruch auf Sicherheitsleistung systematisch über eine Verweisung in § 204 UmwG auf § 22 UmwG geregelt. § 204 UmwG sieht keine partielle Abweichung oder Einschränkungen vor, sondern verweist vollumfänglich auf § 22 UmwG. Diesbezüglich ist sich in Erinnerung zu rufen, dass der Gesetzgeber Verweisungen auf die Vorschriften der Verschmelzung ausdrücklich nur im Einzelfall und bei erheblicher Ähnlichkeit der Sach- und Rechtslage für einen gangbaren Weg hielt.[713] Rechtshistorisch geht § 204 UmwG auf §§ 374, 388 AktG a.F. sowie §§ 7, 16, 19, 20 bis 24 UmwG a.F. zurück, die vergleichbare Regelungen für die formwechselnde Umwandlung der AG in die GmbH und die übertragende Umwandlung enthielten.[714] Diese Vorschriften sahen, anders als § 204 UmwG, allerdings keine Glaubhaftmachung der Anspruchsgefährdung durch die Gläubiger vor.[715]

---

707 § 22 UmwG i.V.m. § 125 und 204 UmwG; Siehe zur auch Spaltung *Zessel/Schwanna* in Semler/Stengel/Leonard, UmwG, § 125 Rn. 5 m.w.N.

708 Siehe § 13 SEAG. Da der Anspruch aus § 13 SEAG im Wesentlichen dem umwandlungsrechtlichen Anspruch entspricht, wird von einer gesonderten Darstellung abgesehen. Die Erwägungen zu § 341 UmwG lassen sich auf § 13 SEAG übertragen.

709 Siehe §§ 314, 328 und § 341 UmwG; Für die grenzüberschreitende Verschmelzung war der Anspruch auf Sicherheitsleistung bereits in der GesR-RL und § 122j UmwG a.F. vorgesehen.

710 Vgl. § 58 GmbHG; § 225 AktG.

711 *K. Schmidt,* ZGR 1993, 366, 377 ff.

712 Siehe noch Kapitel 3, E. I. 3.

713 BegrRegE BR-Drs. 75/94 S. 137.

714 *Klass* in Semler/Stengel/Leonard, UmwG, § 204 Rn. 2.

715 Ebd.

1. Anspruchsberechtigung und Ausschluss

Der Anspruch auf Sicherheitsleistung setzt voraus, dass der Anspruchsteller Gläubiger, genauer Altgläubiger, des formwechselnden Rechtsträgers ist.[716] Geschützt sind grundsätzlich alle Arten von schuldrechtlichen Ansprüchen, nicht jedoch solche von originär gesellschaftsrechtlicher Natur, bei denen der Anspruchsberechtige der Gesellschaft nicht wie ein Dritter gegenübersteht.[717] Nicht sicherungsfähig sind weiterhin dingliche Ansprüche, da diese regelmäßig sofort fällig und bereits über das dingliche Recht selbst gesichert sind.[718] Sie bedürfen deshalb keines weitergehenden Schutzes. Der betroffene Anspruch muss im maßgeblichen Zeitpunkt bereits begründet, also „in seinen konstituierenden Tatbestandsmerkmalen verwirklicht" sein.[719] Erfasst werden also auch bedingte oder befristete Ansprüche.[720] Die Eintrittswahrscheinlichkeit der Bedingung ist richtigerweise nicht bei der Frage relevant, ob ein Anspruch schon begründet wurde, sondern ist im Rahmen der konkreten Gefährdung und des Sicherungsbedürfnisses zu berücksichtigen.[721]

Umstritten war, ob der Anspruch schon bei Eintragung des Formwechsels ins Handelsregister (also im Zeitpunkt der Wirksamkeit) begründet sein muss, oder ob vielmehr auf den Zeitpunkt der Bekanntmachung nach § 19 Abs. 3 bzw. § 201 UmwG abzustellen ist.[722] Bei der Verschmelzung sprach für den Zeitpunkt der Wirksamkeit im Wesentlichen, dass der übertragende Rechtsträger in diesem

---

[716] Statt aller *Seulen* in Semler/Stengel/Leonard, UmwG, § 22 Rn. 9.

[717] *Berger* in Kallmeyer, UmwG, § 204 Rn. 3; *Winter* in Schmitt/Hörtnagl, UmwG/UmwStG, § 22 UmwG Rn. 4; *Seulen* in Semler/Stengel/Leonard, UmwG, § 22 Rn. 6.

[718] So die herrschende Meinung, vgl. *Hoger* in Lutter, UmwG, § 204 Rn. 4; *Berger* in Kallmeyer, UmwG, § 204, Rn. 3; *Rieder* in BeckOGK UmwG, Stand 1. Januar 2026, § 22 Rn. 21; *Seulen* in Semler/Stengel/Leonard, UmwG, § 22 Rn. 7; *Vossius* in Widmann/Mayer, Umwandlungsrecht, § 204 Rn. 13; *Winter* in Schmitt/Hörtnagl, UmwG/UmwStG, § 22 UmwG Rn. 5; Zum Fall der Kapitalherabsetzung bei der AG *Oechsler* in MüKoAktG, Bd. 4, § 225 Rn. 8; Einschränkend *Grunewald* in Lutter, UmwG, § 22 Rn. 29; *Oppenhoff* in Kallmeyer, UmwG, § 22, Rn. 2.

[719] *Simons* in BeckOGK UmwG, Stand 1. Januar 2026, § 204 Rn. 10; Siehe auch *Oppenhoff* in Kallmeyer, UmwG, § 22 Rn. 3; *Berger* in Kallmeyer, UmwG, § 204 Rn. 4; *Müller* in Henssler/Strohn, GesR, § 22 UmwG Rn. 4; *Seulen* in Semler/Stengel/Leonard, UmwG, § 22 Rn.10.

[720] *Vossius* in Widmann/Mayer, Umwandlungsrecht, § 204 Rn. 15.

[721] *Grunewald* in Lutter, UmwG, § 22 Rn. 7; *Müller* in Henssler/Strohn GesR, § 22 UmwG Rn. 4; *Simons* in BeckOGK UmwG, Stand 1. Januar 2026, § 204 Rn. 10; *Vossius* in Widmann/Mayer, Umwandlungsrecht, § 22 Rn. 20; *Seulen* in Semler/Stengel/Leonard, UmwG, § 22 Rn. 35; Einschränkend *Oppenhoff* in Kallmeyer, UmwG, § 22 Rn. 3: „hinreichende Wahrscheinlichkeit" des Bedingungseintritts notwendig.

[722] Für den Zeitpunkt der Eintragung z.B. *Hoger* in Lutter UmwG, § 204 Rn. 6; Für die Bekanntmachung z.B. *Oppenhoff* in Kallmeyer, UmwG, § 22 Rn. 3; *Berger* in Kallmeyer, UmwG, § 204 Rn. 4.

Zeitpunkt erlischt, wodurch regelmäßig die Gefährdung für Gläubiger begründet wird.[723] Der Formwechsel führt aber gerade nicht zu einem Erlöschen des Rechtsträgers,[724] weshalb dieses Argument im Rahmen des § 204 UmwG nicht trägt. Deshalb war es insoweit interessengerecht, den Rechtsgedanken des § 15 HGB heranzuziehen und Gläubiger, die keine positive Kenntnis von dem Formwechsel haben, bis zum Zeitpunkt der Bekanntgabe des Formwechsels zu schützen.[725] Die – ohnehin eher theoretische – Frage nach dem maßgeblichen Zeitpunkt hat jedoch durch die Neufassung von § 10 HGB durch das Gesetz zur Umsetzung der Digitalisierungsrichtlinie noch weiter an Relevanz verloren. Nach dem neuen § 10 Abs. 1 HGB erfolgt die Bekanntmachung durch erstmalige Abrufbarkeit der Eintragung im elektronischen Handelsregister.[726] Da Eintragung im Handelsregister und erstmalige Abrufbarkeit zeitlich und technisch eng miteinander verknüpft sind,[727] erscheint es praktisch sehr unwahrscheinlich, dass ein Anspruch zwischen Eintragung und erstmaliger Abrufbarkeit begründet wird.[728]

In zeitlicher Hinsicht ist der Anspruch auf Sicherheitsleistung gemäß § 22 Abs. 1 S. 1 UmwG binnen sechs Monaten ab Bekanntgabe des Formwechsels im Handelsregister anzumelden. Es handelt sich dabei um eine gesetzliche Ausschlussfrist, die einer einseitigen Verkürzung durch den formwechselnden Rechtsträger nicht zugänglich ist.[729] Dem Gesetz liegt für den Fall eines nationalen Formwechsels also ein Konzept des nachträglichen Schutzes zugrunde – der Anspruch auf Sicherheitsleistung hindert den Formwechsel nicht, sondern ist vielmehr geltend zu machen, nachdem dieser bereits wirksam geworden ist.

Ausgeschlossen vom Anwendungsbereich des § 22 UmwG sind ausweislich des § 22 Abs. 1 S. 1 a.E. UmwG fällige Forderungen. Begründet wird dies mit dem Umstand, dass fällige Forderungen im Klageweg durchgesetzt werden können und deshalb nicht gesichert werden müssen.[730] *Hoger* hält diesen Ausschluss für rechtspolitisch verfehlt und plädiert für eine Streichung aus dem

---

723 *Winter* in Schmitt/Hörtnagl, UmwG/UmwStG, 9. Auflage, § 22 UmwG Rn. 6.
724 Siehe Kapitel 2, A. I. 1. b).
725 So für die Verschmelzung auch *Seulen* in Semler/Stengel/Leonard, UmwG, 5. Auflage, § 22 Rn. 12, auch m.w.N.
726 Siehe *Beurskens* in BeckOGK HGB, Stand 1. April 2026, § 10 Rn. 9 ff.
727 Siehe BegrRegE zum DiRUG, BT-Drs. 19/28177, S. 99 (zur Änderung von § 15 HGB).
728 Vgl. auch *Winter* in Schmitt/Hörtnagl, UmwG/UmwStG, § 22 UmwG Rn. 6.
729 Inzwischen wohl allg. M., vgl. statt aller *Seulen* in Semler/Stengel/Leonard, UmwG, § 22 Rn. 39; Für eine teleologische Extension der Frist für Spätschäden *Petersen*, Der Gläubigerschutz im Umwandlungsrecht, S. 42, die allerdings nicht überzeugt, weil sie mit einer erheblichen Rechtsunsicherheit verbunden wäre.
730 Statt aller *Grunewald* in Lutter, UmwG, § 22 Rn. 9 ff.

Gesetz, da sich das Nichterfüllungsrisiko unabhängig von der Fälligkeit der Forderung erhöhe und eine Leistungsklage nicht vor einer Vermögensverschiebung schütze.[731] Diese Kritik überzeugt jedoch nicht, da Gläubiger über das prozessuale Instrument des dinglichen Arrests § 916 ff. ZPO vor einer (gegebenenfalls unlauteren) Vermögensverschiebung geschützt werden.[732] Der Schutz vor einer Vereitelung der Urteilsvollstreckung durch Vermögensverschiebung wurde vom Gesetzgeber in der ZPO verortet, weshalb keine Doppelung des Gläubigerschutzes durch Streichung des Ausschlusses im UmwG angezeigt ist. *Leydecker* kritisiert hieran, dass auch § 917 Abs. 1 ZPO erfordert, dass der Gläubiger konkrete Tatsachen darlegt, die darauf schließen lassen, dass eine erhebliche Reduzierung des Schuldnervermögens droht,[733] weshalb im Ergebnis dieselben Probleme bestehen wie bei der Glaubhaftmachung einer konkreten Anspruchsgefährdung.[734] Diese Kritik vermag für den Fall des Formwechsels nicht zu überzeugen.[735] Ein (grenzüberschreitender) Formwechsel ist nach dem Konzept von UmwG und GesR-ERL ohne jegliche Vermögensverschiebung möglich. Bei der Vermögensverschiebung handelt es sich demnach nicht um eine formwechselspezifische Gefahr.[736] Die Frage, ob § 916 ff. ZPO die Gläubiger fälliger Forderungen in adäquater Art und Weise vor einer nachteiligen Vermögensverschiebung schützen, ist im Zwangsvollstreckungsrecht und nicht im Umwandlungsrecht zu klären.

Letztlich sind gemäß § 22 Abs. 2 UmwG solche Ansprüche ausgenommen, die im Fall der Insolvenz ein Recht auf vorzugsweise Befriedigung aus einer Deckungsmasse haben, die nach gesetzlicher Vorschrift zu ihrem Schutz errichtet und staatlich überwacht ist, da in diesem Fall von einer hinreichenden Sicherung der Gläubiger auszugehen ist.[737] Ganz überwiegend wird ein Anspruch auf Sicherheitsleistung auch dann verneint, wenn der Gläubiger über eine gleichwertige Sicherheit verfügt.[738] Teilweise wird dieses Ergebnis über eine Analogie zu § 22 Abs. 2 UmwG oder über einen Ausschluss nach Sinn und Zweck der Norm

[731] *Hoger*, Kontinuität beim Formwechsel, S. 204 f.
[732] Siehe zu den Arrestgründen *G. Vollkommer* in Zöller, ZPO, § 917 Rn. 4 ff.
[733] *Leydecker*, Gläubigerschutz bei grenzüberschreitenden Umwandlungen, S. 157 (zu § 122j UmwG a.F.).
[734] Siehe hierzu Kapitel 3, E. I. 3.
[735] So auch *Hilser*, Grenzüberschreitender Formwechsel, S. 195.
[736] Siehe hierzu bereits Kapitel 2, C. V. 2. c).
[737] Statt aller *Grunewald* in Lutter, UmwG, § 22 Rn. 26.
[738] Siehe *Seulen* in Semler/Stengel/Leonard, UmwG, § 22 Rn. 60 m.w.N.

begründet.[739] Deckt eine bestehende Sicherheit die durch den Formwechsel bedingte Gefahr ab, fehlt es allerdings regelmäßig an der im Rahmen des § 22 UmwG notwendigen konkreten Gefährdung der Forderungserfüllung,[740] weshalb es keiner weitergehenden Begründung für die Nichtanwendung von § 22 UmwG bedarf.

Obwohl – wie gerade dargestellt – verschiedene Tatbestandsmerkmale des Anspruchs auf Sicherheitsleistung Fragen aufwerfen, liegt das zentrale und für diese Untersuchung maßgebliche Problem in der zuletzt erwähnten Tatbestandsvoraussetzung – der Glaubhaftmachung einer Gefährdung der Forderungserfüllung durch den Formwechsel.

2. Glaubhaftmachung einer konkreten Gefährdung

Nach §§ 204, 22 Abs. 1 S. 2 UmwG steht der Anspruch auf Sicherheitsleistung unter der Voraussetzung, dass Gläubiger eine Gefährdung der Erfüllung ihrer Forderung glaubhaft machen. Nicht notwendig ist demnach der volle Nachweis einer Anspruchsgefährdung. Es ist erforderlich, aber auch ausreichend, dass Umstände dargelegt werden, die eine Gefährdung der Ansprüche überwiegend wahrscheinlich erscheinen lassen.[741] Diese Beweiserleichterung bezieht sich allerdings nur auf das Tatbestandsmerkmal der Gefährdung, der Bestand des Anspruchs ist voll zu beweisen.[742] Für die Glaubhaftmachung ist jedes Beweismittel zulässig, insbesondere auch die Versicherung an Eides Statt gemäß § 294 Abs. 1 ZPO.[743]

Nach inzwischen herrschender Meinung besteht ein Anspruch nach § 22 Abs. 1 UmwG (und somit aufgrund der Verweisung auch nach § 204 UmwG) nur, wenn der Anspruch des jeweiligen Gläubigers gerade durch den Formwechsel konkret gefährdet wird.[744] Die Glaubhaftmachung hat sich demnach

---

739 Für eine entsprechende Anwendung *Oppenhoff* in Kallmeyer, UmwG, § 22 Rn. 10; Herleitung aus dem Zweck bei *Winter* in Schmitt/Hörtnagl, UmwG/UmwStG, § 22 UmwG Rn. 19.

740 In diese Richtung auch *Grunewald* in Lutter, UmwG, § 22 Rn. 27.

741 *Müller* in Henssler/Strohn, GesR, § 22 UmwG Rn. 10; *Winter* in Schmitt/Hörtnagl, UmwG/UmwStG, § 22 UmwG Rn. 13; *Seulen* in Semler/Stengel/Leonard, UmwG, § 22 Rn. 35.

742 Allg. M., vgl. statt aller *Seulen* in Semler/Stengel/Leonard, UmwG, § 22 Rn. 35 m.w.N.; Dies gilt jedoch nicht für den grenzüberschreitenden Formwechsel, siehe Kapitel 3, E. II. 1.

743 *Müller* in Henssler/Strohn, GesR, § 22 UmwG Rn. 10; *Winter* in Schmitt/Hörtnagl, UmwG/UmwStG, § 22 UmwG Rn. 13.

744 BGH, Urt. v. 26. April 2002 – Az.: LwZR 20/01 (Jena), juris, Rn. 12 (zu § 22 UmwG); *Hoger* in Lutter, UmwG, § 204 Rn. 13; *Drinhausen/Keinath* in Henssler/Strohn, GesR, § 204

auf eine konkrete Gefährdung zu beziehen, eine bloß abstrakte oder nicht kausal durch den Formwechsel bedingte Schlechterstellung reicht nicht aus. Die Kommentarliteratur hat in diesem Sinne insbesondere Lockerung oder Wegfall der Kapitalbindung und ähnliche Konstellationen als möglichen Gefährdungstatbestand identifiziert,[745] woraus jedoch erst eine konkrete Gefährdung resultiert, wenn das Haftsubstrat tatsächlich verringert wird.[746]

3. Kritik

Ruft man sich bei Lektüre der soeben erläuterten Voraussetzungen des Anspruchs auf Sicherheitsleistung die Ausführungen zu der Beeinträchtigung der Gläubigerinteressen durch den Formwechsel in Erinnerung,[747] tritt die zentrale Problematik schnell zutage – Gläubiger werden in den allermeisten Fällen nicht in der Lage sein, eine konkrete Gefährdung ihrer Ansprüche glaubhaft zu machen. Eine Schlechterstellung der Gläubiger droht insbesondere dort, wo den Anteilseignern die Möglichkeit eröffnet wird, die Vermögenslage des formwechselnden Rechtsträgers zum Nachteil der Gläubiger zu beeinflussen.[748] Dieser Umstand stellt den zentralen Gefährdungstatbestand dar. Hierin liegt jedoch, wie dargestellt, gerade nur eine abstrakte Gefährdung, die für einen Anspruch auf Sicherheitsleistung nach herrschender Meinung nicht ausreicht. Die konkrete Gefahr, über die sich ein Anspruch nach §§ 204, 22 UmwG begründen lässt, kann regelmäßig erst in der tatsächlichen wirtschaftlichen Schlechterstellung des Schuldnerunternehmens, insbesondere durch die Entnahme von Gesellschaftsvermögen, gesehen werden.[749] Im Zeitpunkt des Formwechsel wird man von einer konkreten Gefahr deshalb nur dann ausgehen können, wenn die Anteilseigner eine solche Kapitalentnahme schon geplant haben, den Formwechsel

---

UmwG Rn. 6; *Hoger*, Kontinuität beim Formwechsel, S. 145; *Jugeli*, Gläubigerschutz bei der Umwandlung, S. 209; *Lenz*, Gesellschafter- und Gläubigerschutz beim Formwechsel einer OHG, S. 284 f.; *Seulen* in Semler/Stengel/Leonard, UmwG, § 22 Rn. 32 f; Siehe auch *Leydecker*, Gläubigerschutz bei grenzüberschreitenden Umwandlungen, S. 97 f.

745 Widersprüchlich insoweit *Petersen*, Der Gläubigerschutz im Umwandlungsrecht, S. 40, der Gläubiger einerseits in ihrem Vertrauen auf die Kapitalbindung schützen will, andererseits aber die Lockerung der Kapitalbindung bei Formwechsel von der AG in die GmbH außerhalb des Anwendungsbereichs des § 204 UmwG sieht.

746 *Hoger* in Lutter, UmwG, § 204 Rn. 13; *Drinhausen/Keinath* in Henssler/Strohn, GesR, § 204 UmwG Rn. 6; *Winter* in Schmitt/Hörtnagl, UmwG/UmwStG, § 204 UmwG Rn. 1; *Seulen* in Semler/Stengel/Leonard, UmwG, § 22 Rn. 25; Ausdrücklich auch *Simons* in BeckOGK UmwG, Stand 1. Januar 2026, § 204 Rn. 15.1: „Vielmehr gilt für alle denkbaren Gefährdungslagen, dass erst der konkret drohende wirtschaftliche Verlust und nicht schon die bloße Möglichkeit dazu den Sicherungsanspruch auslöst“.

747 Siehe Kapitel 2, C.

748 Siehe zusammenfassend Kapitel 2, C. VI.

749 Siehe bereits das Zwischenfazit in Kapitel 2, C. II. 6.

also nur durchführen, um eine Verringerung des Haftungssubstrats zu ermöglichen. In diesem Fall muss man die Gefahr einer Verringerung des Haftungssubstrats schon als hinreichend konkretisiert ansehen, da der Anspruch auf Sicherungsleistung bei einem Formwechsel ansonsten komplett leerliefe. Gläubiger stehen insoweit vor dem Problem, dass sie nicht wissen, ob und wann entsprechende Maßnahmen erfolgen sollen, eine Geltendmachung des Anspruchs auf Sicherheitsleistung aber binnen Sechsmonatsfrist erfolgen muss, weshalb schlichtes Abwarten keine Option ist.[750] Wenn die Anteilseigner einen Formwechsel mit dem Ziel der Kapitalentnahme vornehmen, sind Gläubiger im Anwendungsbereich des § 204 UmwG demnach schutzlos gestellt. Kern des Problems ist, dass § 22 UmwG die Glaubhaftmachung einer konkreten Gefährdung fordert, wo Gläubiger auf Basis der vorhandenen Informationen regelmäßig nur eine abstrakte Gefährdung darlegen können. Die Untersuchung des Informationsmodells hat gezeigt, dass de lege lata kaum Informationsquellen existieren, die Gläubiger in die Lage versetzen, eine konkrete Gefährdung ihrer Ansprüche einzuschätzen.[751] Die kaum erfolgte Verankerung des Informationsmodells bedingt die Ineffektivität des Anspruchs auf Sicherungsleistung.

Ein Seitenblick in das Recht der Kapitalgesellschaften zeigt, dass der Gesetzgeber für einen Anspruch auf Sicherungsleistung keineswegs durchgängig eine konkrete Gefährdungslage voraussetzt. Strukturell ähnelt der Formwechsel aus Gläubigersicht der Kapitalherabsetzung einer Kapitalgesellschaft, bei der das statutarische Grund- oder Stammkapital reduziert und dadurch der Ausschüttung zugänglich wird.[752] Das GmbHG reagiert hierauf mit § 58 Abs. 1 Nr. 2 GmbHG – Gläubiger, die der Kapitalherabsetzung nicht zustimmen, sind wegen ihrer Ansprüche zu befriedigen oder sicherzustellen, ohne dass es hierbei auf eine konkrete Gefahr ankäme.[753] Anspruchsgegner des Rechtsträgers können die Durchführung der Kapitalherabsetzung bei Ausbleiben von Befriedigung oder Sicherstellung nach der herrschenden Meinung durch einstweilige Verfügung verhindern.[754] § 58 Abs. 1 Nr. 2 GmbHG schützt in einer mit dem Formwechsel zumindest auf den ersten Blick vergleichbaren Situation demnach über ein abstrakt wirkendes Schutzinstrument.[755] Insoweit wäre es eine denkbare Gestaltungsoption gewesen, im Rahmen des § 204 UmwG ebenfalls auf das Erfordernis

750 *Seulen* in Semler/Stengel/Leonard, UmwG, § 22 Rn. 25.
751 Siehe hierzu ausführlich Kapitel 3, D.
752 *Hoger*, Kontinuität beim Formwechsel, S. 184 ff.
753 Siehe zu den Einzelheiten *J. Vetter* in MüKoGmbHG, Bd. 3, § 58 Rn. 97 ff.
754 Statt aller *J. Vetter* in MüKoGmbHG, Bd. 3, § 58 Rn. 129 m.w.N.
755 § 225 AktG bildet die Parallelvorschrift für die Herabsetzung des Stammkapitals bei der

einer konkreten Gefährdung zu verzichten. Diesen Weg ist der Gesetzgeber jedoch weder bei Erlass des UmwG 1994 noch bei der jüngsten Neufassung durch das UmRUG gegangen. Das Resultat ist eine Norm, deren Handhabung der Rechtswissenschaft einiges Kopfzerbrechen bereitet. Über die Jahre wurden verschiedene Vorschläge zur Lösung des aufgezeigten Problems unterbreitet, die jedoch, wie nun zu zeigen sein wird, im Ergebnis nicht überzeugen können. Getragen werden alle Ansätze von der Erkenntnis, dass das Sicherungsinstrument §§ 204, 22 UmwG in seiner bisherigen und derzeitigen Ausgestaltung de facto leerläuft.[756]

4. Bisherige Lösungsansätze

Die Erkenntnis, dass die Verweisung des § 204 UmwG im Gesamtsystem des Gläubigerschutzes kaum geeignet ist, die Interessen der Gläubiger zu wahren, hat zu verschiedenen Lösungsansätzen geführt, die überwiegend in die gleiche Richtung zielen – den Schutzmechanismus an die abstrakt drohende Gefahr anzupassen.

a) Keine Anpassung der gesetzlichen Regelung

Ein Teil der Literatur hält eine Anpassung der gesetzlichen Regelung nicht für notwendig oder diskutiert sie zumindest nicht ausdrücklich. Die entsprechenden Autoren begnügen sich mit dem Hinweis, dass § 204 UmwG eine geringe Bedeutung zukommt, da Gläubigern die Glaubhaftmachung oftmals nicht gelingen wird, weil der Gesellschaft nicht unmittelbar Haftungsmasse entzogen wird.[757]

Den Umstand, dass dem Sicherungsinstrument kaum Bedeutung zukommt, schlicht hinzunehmen, kann jedoch nicht überzeugen. Der Formwechsel kann gerade mit dem alleinigen Ziel vorgenommen werden, Kapital aus der Gesellschaft abzuziehen. Gläubiger dürfen nicht schutzlos gestellt sein, wo die Verringerung der Haftungsmasse einziger Zweck des Formwechsels ist und ein

---

AG.

756 *Hoger*, Kontinuität beim Formwechsel, S. 153: „begrenzt dienliches Sicherungsinstrument"; *Veith*, Gläubigerschutz beim Formwechsel, S. 237: Glaubhaftmachung dürfte „kaum gelingen"; Ähnlich *Veil*, Umwandlung einer Aktiengesellschaft, S. 242: wird „in der Regel nicht gelingen"; Vgl. auch *Hoger* in Lutter, UmwG, § 204 Rn. 2 und *Drinhausen/Keinath* in Henssler/Strohn, GesR, § 204 UmwG Rn. 3: „geringe praktische Bedeutung".

757 *Drinhausen/Keinath* in Henssler/Strohn, GesR, § 204 UmwG Rn. 3; Ähnlich *Winter* in Schmitt/Hörtnagl, UmwG/UmwStG, § 204 UmwG Rn. 1; Das Problem nicht erwähnend *Kalss* in Semler/Stengel/Leonard, UmwG, § 204 Rn. 1 ff.

Sicherungsanspruch der Gläubiger lediglich daran scheitert, dass ihnen mangels Kenntnis dieses Umstandes eine Glaubhaftmachung nicht gelingt.

b) Abstrakte Gefahr ausreichend für die Glaubhaftmachung

Vereinzelt wurde vertreten, schlicht eine abstrakte Gefährdung für die Glaubhaftmachung einer konkreten Gefahr ausreichen zu lassen.[758] Dieser Ansatz überzeugt jedoch nicht und hat – soweit ersichtlich – nahezu keine Anhänger gefunden. Eine abstrakte Gefahr ausreichen zu lassen würde das Instrument der Glaubhaftmachung ad absurdum führen. Die Untersuchung der Beeinträchtigung von Gläubigerinteressen anlässlich des Formwechsels hat gezeigt, dass eine abstrakte Gefährdung nahezu immer vorliegen kann, wenn sich das Gesellschaftsstatut der Zielrechtsform aus Gläubigersicht ungünstiger darstellt.[759] Wo der Gesetzgeber auf abstrakte Gefahren reagieren will, erreicht er dieses Ergebnis (wie im Fall der §§ 58 GmbHG, 225 AktG) durch Freistellung der Gläubiger von jeglicher Darlegungs- und Beweislast.[760] Die Glaubhaftmachung einer abstrakten Gefahr würde sich in der Darlegung von Offensichtlichem erschöpfen. Dies gilt umso mehr, als sich die abstrakte Gefährdung von Gläubigerinteressen, wie die vorausgehende Untersuchung gezeigt hat, zielsicher typisieren lässt,[761] weshalb für eine Glaubhaftmachung kaum mehr als die Erwähnung einer typisierten Fallgruppe notwendig wäre. Die Folge, dass Sicherheit immer zu leisten wäre, wenn die Kapitalbindung sinkt und Gläubiger über keine sonstigen Sicherheiten verfügen, konterkariert in erheblichem Maße Sinn und Zweck der – auch nach Inkrafttreten des UmRUG weiterhin gesetzlich vorgesehenen – Glaubhaftmachung der Anspruchsgefährdung.

Im grenzüberschreitenden Kontext möchte *Leydecker* eine konkrete Gefährdung von Gläubigerforderungen im Hinblick auf den bevorstehenden Wechsel der Verbandsverfassung in ähnlicher Weise bereits dann annehmen, wenn der Gläubiger zum einen anhand des Vergleichs spezifischer Kapitalschutzvorschrif-

---

758 *Lenz*, Gesellschafter- und Gläubigerschutz beim Formwechsel einer OHG, S. 285: „Vor diesem Hintergrund muß das Vorliegen der, formal gesehen, nur abstrakten Gefahr im Rahmen des § 204 UmwG auch für die Anforderungen an die Glaubhaftmachung einer konkreten Gefahr ausreichen"; Ähnlich *Veil*, Umwandlung einer Aktiengesellschaft, S. 243, der allerdings der formwechselnden Gesellschaft die Möglichkeit eröffnen will, eine Forderungsgefährdung zu widerlegen.

759 Siehe zusammenfassend Kapitel 2, C. VI.

760 *Frank*, Formwechsel im Binnenmarkt, S. 200; *Hoger*, Kontinuität beim Formwechsel, S. 145.

761 Siehe Kapitel 2, C.

ten darlegen kann, dass die Vorschriften im ausländischen Gesellschaftsrecht liberaler ausgestaltet sind und zum anderen aufzeigt, dass zukünftige Beschlussfassungen der Gesellschaft zu einer erheblichen Reduktion der Eigenkapitalquote der Gesellschaft führen bzw. deren Liquidität beeinträchtigen würden, respektive ökonomische Kennziffern gegeben sind, die eine konkrete Erfüllungsgefährdung nahe legen.[762] Bezogen auf einen grenzüberschreitenden Formwechsel werden allerdings aufgrund der Vermögenskontinuität regelmäßig keine ökonomischen Kennziffern vorliegen, die eine konkrete Erfüllungsgefährdung durch den Formwechsel nahelegen.[763] Mit der Darlegung, dass zukünftige Beschlussfassungen der Gesellschaft zu einer erheblichen Reduktion der Eigenkapitalquote der Gesellschaft führen bzw. deren Liquidität beeinträchtigen würden, würde sich der Gläubiger schlussendlich wieder in einem spekulativen Raum bewegen.[764] Im Ergebnis müsste für diese Darlegung eine Ausnutzung der liberaleren Kapitalbindung zulasten der Gläubiger unterstellt werden. Dies würde jedoch dazu führen, dass die Darlegung der konkreten Erfüllungsgefährdung in erheblichem Maße auf abstrakte bzw. spekulative Elementen beruht und so deutlich näher an eine nur abstrakte Gefährdung heranrückt.

c) Teleologische Reduktion des Verweises in § 204 UmwG

Konsequenter wäre es vor diesem Hintergrund, insgesamt auf die Glaubhaftmachung zu verzichten. Diesen Weg möchte *Veith* für den Formwechsel einer AG in die GmbH (und die damit einhergehende Lockerung der Kapitalbindung) durch eine teleologische Reduktion der Verweisung in § 204 UmwG gehen.[765] Dem Ansatz ist insoweit beizupflichten, als er das Problem aus Gläubigersicht effektiv löst. Ohne den Verweis auf die Glaubhaftmachung einer konkreten Gefahr könnten die Gläubiger bei jedem Formwechsel, der eine Lockerung der Kapitalbindung auslöst, Sicherheiten verlangen. Als Folge würde das formwechselnde Unternehmen jedoch erheblich beeinträchtigt, da jedem sich

[762] *Leydecker*, Gläubigerschutz bei grenzüberschreitenden Umwandlungen, S. 197 f., der jedoch davon ausgeht, dass die Gesellschafter möglicherweise ihrerseits nachweisen können, dass von der liberaleren Kapitalbindung kein Gebrauch gemacht werden soll.

[763] Siehe zur Vermögenskontinuität beim Formwechsel bereits Kapitel 2, A. I. 1. b).

[764] Siehe schon *Veith*, Gläubigerschutz beim Formwechsel, S. 237: Behauptungen der Gläubiger bezüglich eines geplanten Kapitalabzuges würden sich stets „in einem spekulativen Raum" bewegen.

[765] *Veith*, Gläubigerschutz beim Formwechsel, S. 237 ff.

meldenden Gläubiger Sicherheit zu leisten wäre. Hierdurch könnte der Formwechsel im Einzelfall erheblich erschwert werden.[766] *Veith* begründet diese teleologische Reduktion mit dem Umstand, dass im Gesetzgebungsverfahren zum UmwG 1994 zunächst vorgesehen war, einen Anspruch auf Sicherheitsleistung bei Formwechsel von AG zu GmbH ohne Glaubhaftmachung einer Anspruchsgefährdung zu gewähren. Im weiteren Verfahren habe der Gesetzgeber (nach Vereinheitlichung des Anspruchs für alle Varianten des Formwechsels) auf Kritik an der Reichweite des Gläubigerschutzes reagiert,[767] indem er in der endgültigen Fassung des UmwG insgesamt auf § 22 UmwG verwies.[768] Hierdurch wurde der Anspruch auf Sicherheitsleistung beim Formwechsel erstmals von der Glaubhaftmachung einer Gefährdung abhängig gemacht.[769] Hieraus leitet *Veith* ab, dass der Gesetzgeber das Schutzbedürfnis der Gläubiger zunächst erkannt habe, diesen Gesichtspunkt jedoch „aus den Augen verlor“, da er alle Formwechselarten vereinheitlichen und zugleich auf die Kritik an dem zu weitreichenden Schutz reagieren wollte.[770] Die These, aus dem Gesetzgebungsverfahren ergebe sich deshalb gerade hinsichtlich des Erfordernisses der Geltendmachung einer konkreten Gefahr eine planwidrige Regelungslücke, die über eine teleologische Reduktion geschlossen werden könnte, überzeugt jedoch nicht. Zunächst erscheint es unwahrscheinlich, dass der Gesetzgeber das Schutzbedürfnis der Gläubiger gerade bei Ausgestaltung einer Gläubigerschutzvorschrift aus den Augen verlor. Weiterhin stellt die Verweisung in § 204 UmwG eine deutliche Abkehr von der Vorgängernorm dar.[771] Das Konzept eines Anspruchs auf Sicherheitsleistung ohne Glaubhaftmachung einer Gefährdung war zum Zeitpunkt des Gesetzgebungsverfahrens auch aus anderen gesellschaftsrechtlichen Vorschriften (z.B. § 58 GmbH) bekannt und war laut *Veith* ausweislich der Entstehungsgeschichte des Gesetzes auch Teil des Gesetzgebungsverfahrens. Die Annahme, die Abkehr hiervon sei versehentlich erfolgt, lässt sich für den praktisch besonders wichtigen

---

766 Kritisch gegenüber exzessiver Anwendung des Erfordernisses der Sicherheitsleistung deshalb beispielsweise auch *Seulen* in Semler/Stengel/Leonard, UmwG, § 22 Rn. 5, der eine „zurückhaltende Anwendung“ der Vorschriften fordert; Ebenso *Kogge* in MünchHB GesR, Bd. 8, § 13 Rechtsfolgen der Verschmelzung, Rn. 191.

767 Die Kritik bezog sich insbesondere auf den Umstand, dass ein Anspruch auf Sicherheitsleistung für alle Varianten des Formwechsels vorgesehen war, siehe beispielsweise *K. Schmidt*, ZGR 1993, 366, 382.

768 *Veith*, Gläubigerschutz beim Formwechsel, S. 237 f.

769 Ebd., S. 238.

770 Ebd.

771 Diese erforderten im Gegensatz zu § 204 UmwG nicht die Glaubhaftmachung einer konkreten Gefährdung, siehe schon Kapitel 3, E. I.

Formwechsel zwischen AG und GmbH schwerlich halten. In Anbetracht der Tatsache, dass der Gesetzgeber Verweisungen auf die Vorschriften zur Verschmelzung generell für ungeeignet hielt und sich solchen ausdrücklich nur in Einzelfällen bediente,[772] muss davon ausgegangen werden, dass sich im Gesetzgebungsverfahren mit dem Inhalt der einzelnen Verweisungen beschäftigt wurde. Im Erfordernis der Glaubhaftmachung einer konkreten Gefährdung muss deshalb eine bewusste Entscheidung des Gesetzgebers gesehen werden. Hierfür spricht auch, dass bei späteren Änderungen des UmwG, insbesondere den jüngsten Änderungen durch das UmRUG, nicht auf die Erforderlichkeit einer konkreten Gefährdung verzichtet wurde. Diese bewusste Entscheidung des Gesetzgebers durch eine teleologische Reduktion rückgängig zu machen, würde die Grenzen der zulässigen Rechtsfortbildung überschreiten. Weiterhin würde dieser Ansatz ebenfalls dazu führen, dass Gläubigern unbesicherter Forderungen immer Sicherheit geleistet werden müsste, was die Möglichkeit eines Formwechsels über die Gebühr beschränken würde.

d) Beweislastumkehr und Analogie zu § 225 Abs. 2 AktG

Ein von *Hoger* konzipierter Ansatz sucht die Lösung des Problems in einer Umkehr der Beweislast und einer über die analoge Anwendung von § 225 Abs. 2 AktG begründeten sechsmonatigen Ausschüttungssperre für freiwerdendes Kapital. Nach diesem Konzept ist es für einen Anspruch auf Sicherheitsleistung ausreichend, dass der Formwechsel eingetragen wurde. Von einer konkreten Gefährdung soll bereits auszugehen sein, ohne dass sich das Haftungssubtrat verringert.[773] Der Anspruch soll jedoch dann nicht bestehen, wenn der formwechselnde Rechtsträger im Einzelfall darlegt, dass keine konkrete Gläubigergefährdung droht.[774] Flankiert wird diese Beweislastumkehr durch eine Ausschüttungssperre analog § 225 Abs. 2 AktG – freiwerdende Vermögensanteile dürfen erst ausgekehrt werden, wenn allen Gläubigern, die sich in der Frist des § 22 UmwG gemeldet haben, Sicherheit geleistet oder diese befriedigt wurden.[775]

Der Grundgedanke dieses Ansatzes ist ohne weiteres nachvollziehbar. Die vorgesehene Beweislastumkehr ist der Erkenntnis geschuldet, dass auf Seiten der Gesellschaft ein erheblicher Informationsvorsprung bezüglich des Formwechsels

---

772 BegrRegE BR-Drs. 75/94 S. 137.
773 *Hoger*, Kontinuität beim Formwechsel, S. 206.
774 Mit einem ähnlichen Ansatz bereits *Veil*, Umwandlung einer Aktiengesellschaft, S. 243.
775 *Hoger*, Kontinuität beim Formwechsel, S. 206.

und seiner Folgen besteht.[776] Die Untersuchung der Verankerung des Informationsmodells im UmwG trägt diese These, hat sie doch gezeigt, dass bestehende Informationsasymmetrien kaum verringert werden.[777] Dem formwechselnden Rechtsträger könnte es im Einzelfall leichter fallen die Nichtgefährdung der Gläubiger glaubhaft zu machen als umgekehrt. Auch die Analogie zu § 225 Abs. 2 AktG erscheint vom Ergebnis her nachvollziehbar. § 225 Abs. 1 AktG enthält für die Kapitalherabsetzung einer AG einen mit § 22 Abs. 1 UmwG vergleichbaren Anspruch, der allerdings unabhängig von der Glaubhaftmachung einer konkreten Gefährdung ist. Gemäß § 225 Abs. 2 AktG dürfen Zahlungen an Aktionäre aufgrund der Herabsetzung des Grundkapitals erst geleistet werden, wenn seit Bekanntmachung der Eintragung sechs Monate verstrichen sind und nachdem Gläubigern Befriedigung oder Sicherheit gewährt worden ist.[778] Die Regelung soll verhindern, dass die Gesellschaft durch Ausschüttungen an die Aktionäre die Fähigkeit verliert, Gläubiger nach Maßgabe des § 225 Abs. 1 AktG sicherzustellen oder zu befriedigen.[779] Wie bereits dargelegt, ähnelt die mit einem Formwechsel gegebenenfalls einhergehende Lockerung der Kapitalbindung zumindest grundsätzlich einer Kapitalherabsetzung, da in beiden Fällen zuvor gebundenes Kapital frei wird.[780] Allerdings bestehen sowohl gegen eine Beweislastumkehr als auch gegen die Analogie zu § 225 Abs. 2 AktG dogmatische Bedenken, weshalb der Ansatz im Ergebnis nicht überzeugen kann.

Zunächst überschreitet die vorgesehene Beweislastumkehr ebenfalls die Grenzen der zulässigen Rechtsfortbildung. Begründet wird die Konstruktion mit einer Analogie zu § 280 Abs. 1 S. 2 und § 836 Abs. 1 S. 2 BGB und den anerkannten Fällen der Beweislastumkehr bei Arzthaftung, Produkthaftung oder allgemeinen Berufshaftung.[781] Der formwechselnde Rechtsträger verursacht typischerweise die Gefahr für die Gläubiger, denen die erforderliche Einblicke fehlen um eine

---

776 Ebd., S. 197: „Der Schutz misslingt aber insbesondere, weil die Gläubiger aufgrund ihrer schlechten Informationsbasis regelmäßig außerstande sind, die konkrete Gefahr glaubhaft zu machen".

777 Siehe zum Ergebnis, Kapitel 3, D. VIII.

778 Siehe zu den Einzelheiten *Oechsler* in MüKoAktG, Bd. 4, § 225 Rn. 36 ff.

779 Statt aller *Maul* in BeckOGK AktG, Stand 1. Februar 2026, § 225 Rn. 24.

780 Siehe Kapitel 3, E. I. 3. und eingehend auch *Hoger*, Kontinuität beim Formwechsel, S. 185.

781 *Hoger*, Kontinuität beim Formwechsel, S. 197: Zum Zeitpunkt der Veröffentlichung der Monographie war die Beweislast in Fällen der Arzthaftung noch nicht in § 630h BGB normiert, jedoch bei groben Behandlungsfehlern anerkannt; Siehe weiterführend zur Beweislastumkehr *Prütting* in MüKoZPO, § 286 Rn. 129 ff.

solche darzulegen, was eine Beweislastumkehr in Analogie zu den soeben genannten Vorschriften und Beweislastregeln rechtfertigen soll.[782] Diese Begründung überzeugt jedoch nicht, da in den angesprochenen Fällen die allgemeinen Beweislastregeln, die für eine Vielzahl von Fallgruppen gelten, für einzelne Fallgruppen entweder durch den Gesetzgeber (§§ 280 Abs. 1 S. 2, 836 Abs. 1 S. 2 BGB) oder durch Rechtsfortbildung aus Gründen der Billigkeit und des gerechten Interessensausgleichs modifiziert werden. Die Rechtsprechung hat spezielle Beweislastregeln geschaffen, wo die allgemeinen Regeln als grob unbillig empfunden werden.[783] Im Fall von §§ 204, 22 UmwG wurde die Beweislast jedoch durch den Gesetzgeber expressis verbis dem Gläubiger auferlegt. § 22 Abs. 1 S. 2 UmwG regelt die Darlegungs- und Beweislast punktuell für einen Sonderfall (den Anspruch auf Sicherheitsleistung) mit einem Wortlaut, der keinen Interpretationsspielraum bietet. Wie bereits festgestellt, kann nicht davon ausgegangen werden, dass das Merkmal der Glaubhaftmachung einer konkreten Gefahr zufällig seinen Weg in das Gesetz gefunden hat.[784] Den Adressaten dieser Pflicht schlicht auszutauschen, würde ebenfalls eine Rechtsfortbildung contra legem darstellen.

Die Analogie zu § 225 Abs. 2 AktG, die neben *Hoger* auch andere Befürworter findet,[785] kann ebenfalls nicht überzeugen. Dies ergibt sich zum einen aus der Historie des Schutzinstruments der Sicherheitsleistung bei Kapitalherabsetzung einerseits und dem Formwechsel andererseits. Die Ausschüttungssperre des § 225 Abs. 2 AktG war bereits im AktG 1965 vorgesehen. In § 374 AktG a. F., der den Formwechsel der AG in die GmbH regelte, war eine entsprechende Sperre jedoch nicht verankert. Formwechsel und Kapitalherabsetzung waren also nahezu dreißig Jahre (bis zum Wegfall des § 374 AktG a.F.[786]) in einem Gesetzbuch geregelt, das für die eine Variante eine Ausschüttungssperre vorsah und für die andere nicht. Wenn aber beide Vorschriften über Jahrzehnte in einem Gesetz verortet waren, ohne dass der Gesetzgeber einen entsprechenden Gleichlauf (entweder im AktG oder bei Konzipierung des UmwG 1994 oder jüngst im Zuge des

[782] *Hoger*, Kontinuität beim Formwechsel, S. 197.

[783] Siehe z.B. BGH, Urt. v. 13. März 1962 – Az.: VI ZR 142/61 (Hamm), juris zur Beweislastumkehr bei Verletzung von Berufspflichten.

[784] Siehe Kapitel 3, E. I. 4. c).

[785] *Seulen* in Semler/Stengel/Leonard, UmwG, § 22 Rn. 25, 56 f. (auch m.w.N.) möchte je nach Rechtsform § 225 AktG oder § 58 GmbHG analog anwenden, wenn Gläubiger bei unterstellter Ausschüttung des gesamten frei gewordenen Kapitals gefährdet würden; Für eine analoge Anwendung von § 225 Abs. 2 AktG auch schon *Ihrig*, ZHR 160, 317, 337.

[786] Durch das Gesetz zur Bereinigung des Umwandlungsrechts (UmwBerG) vom 29. Oktober 1994.

UmRUG) hergestellt hat, muss davon ausgegangen werden, dass eine entsprechende Ausschüttungssperre nicht dem gesetzgeberischen Willen entspricht. Aber auch abgesehen davon bestehen jedenfalls für den Fall des Formwechsels von der Kapital- in die Personengesellschaft systematische Gründe gegen die Analogie. Gemäß § 202 Abs. 1 Nr. 1 UmwG besteht der formwechselnde Rechtsträger ab Eintragung des Formwechsels in das Handelsregister in der neuen Rechtsform weiter.[787] Ab diesem Zeitpunkt unterfällt der Rechtsträger den auf die neue Rechtsform anwendbaren Vorschriften. Dem Recht der Personengesellschaften sind Kapitalerhaltungsvorschriften (und damit Ausschüttungssperren) jedoch grundsätzlich fremd. Selbst § 172 Abs. 4 S. 1 HGB bedingt keine Ausschüttungssperre, sondern führt nur zu einem Wiederaufleben der Haftung des Kommanditisten.[788] Da die Ausschüttungssperre jedoch bis zu sechs Monate (bei analoger Anwendung von § 58 GmbHG sogar ein Jahr) bestünde, würde man ein auf Kapitalgesellschaften zugeschnittenes Sicherungsinstrument in systemwidriger Weise auf Personengesellschaften übertragen. Auch würde diese Lösung im grenzüberschreitenden Kontext nicht funktionieren, da der Herkunftsstaat der formwechselnden Gesellschaft, die nach Wirksamwerden des Formwechsels den gesellschaftsrechtlichen Vorschriften der gewählten Jurisdiktion unterliegt,[789] keine in das neue Recht 'hineinwirkende' Ausschüttungssperre auferlegen könnte. Die Analogie überzeugt folglich weder aus historischer noch aus systematischer Sicht und ist deshalb abzulehnen.

e) Zwischenfazit

Die dargestellten Lösungsansätze verfolgen das Ziel, das Sicherungsinstrument des §§ 204, 22 UmwG an die tatsächlichen Verhältnisse anzupassen, sprich insbesondere das Erfordernis der Glaubhaftmachung einer konkreten Gefahr durch die Gläubiger auf die ein oder andere Weise auszuhebeln. Unstrittig ist, dass dieses Tatbestandsmerkmal nur schwerlich zu der regelmäßig nur abstrakt drohenden Gefahr eines Forderungsausfalls passt.[790] Ein abstrakt wirkendes Sicherungsinstrument (wie in §§ 58 GmbHG, 225 AktG vorgesehen) wäre deshalb eine durchaus naheliegende Gestaltungsoption für den Gläubigerschutz gewesen. De lege lata werden Gläubiger gegen einen Wegfall der Kapitalerhaltungsvorschriften, auf die sie bei Vertragsschluss vertraut haben,

787 Statt aller *Leonard* in Semler/Stengel/Leonard, UmwG § 202 Rn. 1.
788 Statt aller *Grüneberg* in MüKoHGB, Bd. 2, § 172 Rn. 23.
789 Siehe zur Anwendung von Gründungsvorschriften beim grenzüberschreitenden Hereinformwechsel bereits Kapitel 3, C. IV.
790 Siehe ausführlich zu den möglichen Fällen einer Gläubigergefährdung schon Kapitel 2, C.

nach herrschender Meinung nicht abgesichert.[791] Allerdings hat der deutsche Gesetzgeber über Jahrzehnte an dem Erfordernis der Glaubhaftmachung einer konkreten Forderungsgefährdung durch die Gläubiger festgehalten und auch der für einen grenzüberschreitenden Formwechsel in Art. 86j Abs. 1 GesR-ERL vorgesehene Anspruch auf Sicherheitsleistung sieht eine entsprechende Glaubhaftmachung vor.[792]

Den dargestellten Lösungsansätzen ist deshalb insoweit beizupflichten, als davon ausgegangen werden muss, dass der Gesetzgeber mit §§ 204, 22 UmwG den Gläubigerschutz insbesondere für den Wegfall der Kapitalbindung und eine hierdurch ermöglichte gläubigerschädigende Verringerung des Haftungssubstrats gewährleisten wollte, wobei dieses Ziel im Ergebnis verfehlt wurde.[793] Die Lösungsansätze kranken jedoch an dem Umstand, dass sie in erheblichem Maße in die gesetzliche Konzeption des Anspruchs auf Sicherheitsleistung eingreifen und Tatbestandsmerkmale insgesamt ins Gegenteil verkehren – aus konkretem wird abstrakter Gläubigerschutz, statt dem Gläubiger soll der formwechselnde Rechtsträger zur Glaubhaftmachung verpflichtet werden. Solch weitreichende Modifikationen sind (unabhängig davon, ob man das Ergebnis befürwortet) schlussendlich Sache des Gesetzgebers. Die im UmwG 1994 getroffene Entscheidung, den Anspruch auf Sicherheitsleistung von der Glaubhaftmachung einer konkreten Anspruchsgefährdung durch die Gläubiger abhängig zu machen, muss deshalb respektiert werden. Sie zu revidieren, liegt außerhalb der Grenzen einer zulässigen Rechtsfortbildung. Dies gilt umso mehr, als auch der in Art. 86j Abs. 1 GesR-ERL vorgesehene Anspruch auf Sicherheitsleistung eine entsprechende Glaubhaftmachung vorsieht und der deutsche Gesetzgeber (erneut) keinen Anlass gesehen hat, § 204 UmwG im Zuge des UmRUG anzupassen.

---

[791] Siehe statt vieler noch einmal *Rieder* in BeckOGK UmwG, Stand 1. April 2026, § 22 Rn. 35: „Nach hier vertretener Ansicht ist eine Veränderung im anwendbaren System des Kapitalschutzes für sich genommen nicht ausreichend, um die erforderliche konkrete Anspruchsgefährdung glaubhaft zu machen."

[792] Siehe noch Kapitel 3, E. II. 1.

[793] *Hoger*, Kontinuität beim Formwechsel, S. 179.

5. Ausweitung von Informationspflichten als tauglicher Lösungsansatz

Aus der vorgebrachten Kritik an den dargestellten Ansätzen ergibt sich, dass die Lösung des Problems auf dem Boden des gesetzlichen Gläubigerschutzkonzeptes, heißt in den Grenzen von §§ 204, 22 UmwG und Art. 86j Abs. 1 GesR-ERL sowie §§ 341, 314 UmwG gefunden werden muss. Nachdem eine entsprechende Glaubhaftmachung in GesR-ERL in dem UmRUG jüngst erneut vorgesehen wurde,[794] ist ein Abrücken hiervon auf europäischer und nationaler Ebene kaum zu erwarten. Sowohl das Erfordernis einer konkreten Gefährdung als auch die Glaubhaftmachung ebendieser durch die Gläubiger sollten deshalb im Kern unangetastet bleiben.[795]

a) Konzept

Da ein Abrücken von dem Erfordernis, eine (konkrete) Anspruchsgefährdung glaubhaft zu machen, auf legislativer Ebene nicht zu erwarten ist, kann Lösungsansatz nur sein, Gläubigern die Glaubhaftmachung einer konkreten Gefahr (sofern sie denn droht) zumindest zu erleichtern. Wie bereits herausgearbeitet wurde, kann sich eine konkrete Gefahr für Gläubiger insbesondere daraus ergeben, dass der Formwechsels zur Ermöglichung eines Kapitalabzugs aus dem Rechtsträger genutzt wird, der dadurch in wirtschaftliche Schieflage gerät.[796] Kern des Problems des Anspruchs auf Sicherheitsleistung ist, dass es Gläubigern an der notwendigen Informationsgrundlage fehlt, ein solches Vorgehen auch glaubhaft machen zu können.[797] Auf Basis der der lege lata zugänglichen Informationen können Gläubiger bestenfalls Spekulationen über eine konkrete Gefährdung ihrer Forderungen anstellen. Wenn es jedoch gerade die Informationsgrundlage ist, an der die Glaubhaftmachung regelmäßig scheitert, sollte diese auch den zentralen Aspekt der Lösung bilden.

---

794 Siehe Kapitel 3, E. II. 1.

795 Siehe hierzu Kapitel 3, E. V.

796 Siehe zum zusammenfassenden Ergebnis bereits Kapitel 2, C. VI.

797 *Frank*, Formwechsel im Binnenmarkt, S. 199: Die Behauptung, ein das Haftungssubstrat schmälernder Eingriff stünde bevor hat „spekulativen Charakter und würde eine Forderungsgefährdung nicht wahrscheinlich erscheinen lassen"; *Hoger*, Kontinuität beim Formwechsel, S. 197: Schutz misslingt aufgrund „schlechter Informationsbasis" der Gläubiger; *Veil*, Umwandlung einer Aktiengesellschaft, S. 242: Glaubhaftmachung eines geplanten Kapitalabzug wird „mangels Anhaltspunkten jedoch in der Regel nicht gelingen"; *Veith*, Gläubigerschutz beim Formwechsel, S. 237: Behauptungen der Gläubiger bezüglich eines geplanten Kapitalabzuges würden sich stets „in einem spekulativen Raum" bewegen.

Die für eine konkrete Gefährdung maßgeblichen Umstände sind auf Seiten der Gesellschaft und ihrer Anteilseigner bekannt: erstens, ob es die neue Rechtsform in größerem Umfang erlaubt, auf das Haftungssubstrat der Gesellschaft einzuwirken und zweitens, ob ein solches Vorgehen geplant ist bzw. ob der Formwechsel möglicherweise sogar nur zu diesem Zweck durchgeführt wird. Während sich Gläubiger Kenntnis bezüglich des ersten Punktes (gegebenenfalls unter Inkaufnahme eigener Kosten) verschaffen können, besteht schlicht keine Möglichkeit, an die übrigen relevanten Informationen zu gelangen. Sie sind de lege lata nicht Teil der den Gläubigern im Rahmen des Formwechsels zugänglichen Informationen.[798] Die kaum erfolgte Verankerung des Informationsmodells als Instrument des Altgläubigerschutzes bedingt den Leerlauf des Anspruchs auf Sicherheitsleistung selbst dort, wo er objektiv begründet wäre. Die bestehende Informationsasymmetrie erschwert die Anspruchsbegründung nicht nur, sie macht sie in aller Regel unmöglich. Dieser Zustand ist unbillig, weil Gläubiger durch eine einseitige Entscheidung ihres Schuldners in diese Lage versetzt werden und die potenzielle Gefährdung der Gläubiger auf einer Entscheidungen von Seiten des formwechselnden Rechtsträgers beruht.[799] Er entspricht auch nicht der Vorstellung des Gesetzgebers zum UmwG 1994, der einen Anspruch auf Sicherheitsleistung beim Formwechsel insbesondere deshalb als notwendig erachtete, weil der Formwechsel es den Anteilseignern ermöglichen kann, „dem Unternehmen zum Nachteil der Gläubiger Vermögen zu entziehen“.[800] Wenn es aber gerade der Abzug von Kapital ist, vor dem der Gesetzgeber schützen wollte, sollte § 204 UmwG jedenfalls dann greifen, wenn die Anteilseigner einen Formwechsel mit eben diesem Ziel vornehmen.

Die Lösung ist deshalb in der Beseitigung der Informationsasymmetrie auf materieller Ebene zu suchen.[801] Der formwechselnde Rechtsträger und seine Anteilseigner sollten deshalb – wie bereits dargelegt – zur Offenlegung eines beabsichtigten Kapitalabzuges verpflichtet werden.[802] Hierdurch würde es Gläu-

798 Siehe hierzu die Untersuchung des Informationsmodells, Kapitel 3, D.

799 So auch *Hoger*, Kontinuität beim Formwechsel, S. 197, der aus diesem Umstand jedoch den Schluss zieht, die Beweislast sei umzukehren, siehe bereits Kapitel 3, E. I. 4. d).

800 BegrRegE BR-Drs. 75/94 S. 145.

801 In diese Richtung auch *Leydecker*, Gläubigerschutz bei grenzüberschreitenden Umwandlungen, S. 225 ff. der ebenfalls für ein „Erweitertes Gläubigerinformationsmodell“ plädiert.

802 Siehe zur isolierten Schutzfunktion einer derartigen Offenlegungspflicht Kapitel 3, D. VII. 1.

bigern zumindest vereinfacht, eine schon im Formwechsel angelegte Verschlechterung der Vermögenslage der Gesellschaft darzulegen, ohne sich dabei in einem rein spekulativen Raum zu bewegen.

b) Offenzulegende Informationen

Für ein interessengerechtes Schutzsystem müssen Offenlegungspflichten des formwechselnden Rechtsträgers und seiner Gesellschafter am berechtigten Informationsinteresse der Gläubiger ausgerichtet werden. *Leydecker* plädiert dafür, die Gesellschaft bei grenzüberschreitenden Umwandlungsmaßnahmen zu verpflichten, Gläubiger neben dem Risiko eines möglichen Verlusts des inländischen Gerichtsstandes (der jedoch für den grenzüberschreitenden Formwechsel wegen Art. 86j Abs. 4 GesR-ERL und § 341 Abs. 2 UmwG keine Rolle spielt[803]) über den regelmäßigen Verfahrensablauf von Zwangsvollstreckungen im Zuzugsstaat, den Wechsel des Insolvenzstatutes und das ausländische Insolvenzrecht, den Wechsel des Gesellschaftsstatuts sowie über die wirtschaftliche Lage der Gesellschaft zu informieren.[804] Allerdings bestehen bezüglich insolvenzrechtlicher Risiken mit der Versicherung der Vertretungsorgane nach § 342 Abs. 3 S. 1 Nr. 4 UmwG und der Vermutungsregel in Art. 3 Abs. 2 UAbs. 2 S. 2 EuInsVO vorrangige Schutzmechanismen,[805] und dem Problem von Forum Shopping sollte ohnehin eher auf dem Gebiet des Insolvenzrechts begegnet werden,[806] weshalb eine weitergehende Informationspflicht insoweit nicht angezeigt erscheint. Auch bei der Verlagerung von Vermögen ins Ausland handelt es sich nicht um eine formwechselspezifische Gefahr,[807] weshalb auch eine Informationsbereitstellung zur ausländischen Zwangsvollstreckung bei einem grenzüberschreitenden Formwechsel nicht erforderlich ist. Auch würden es Informationen zum ausländischen Zwangsvollstreckungsverfahren allenfalls erlauben, eine abstrakte Gefahr darzulegen, da eine konkrete Gefährdung erst mit einer tatsächlichen Vermögensverlagerung ins Ausland einhergeht, die bei einem grenzüberschreitenden Formwechsel keinesfalls zwingend ist.[808]

---

803 Siehe zu Art. 86j Abs. 4 GesR-ERL und § 341 Abs. 2 UmwG noch ausführlich Kapitel 3, J.
804 *Leydecker*, Gläubigerschutz bei grenzüberschreitenden Umwandlungen, S. 225 ff.
805 Siehe zu § 342 Abs. 3 Nr. 4 UmwG bereits Kapitel 3, B. III. 2. und zu Art. 3 Abs. 2 UAbs. 2 S. 2 EuInsVO Kapitel 2, C. V. 1.
806 Siehe Kapitel 2, C. V. 1. c).
807 Siehe Kapitel 2, C. V. 2. c).
808 *Reers/Kraut*, DK 2022, 357, 362 nehmen im Gegenteil sogar an, dass wegen etwaiger steuerlicher Implikationen in der Regel keine Vermögensverlagerung ins Ausland erfolgen wird.

Hinsichtlich des Wechsels des Gesellschaftsstatuts geht *Leydecker* davon aus, dass insbesondere Informationen über die Ausgestaltung und juristische Strenge der gesellschaftsrechtlichen Kapitalbindung im Ausland offengelegt werden sollten. Die Gläubiger sollen aus den Informationen ableiten können, ob eine erhebliche Reduktion der Haftungsmasse drohen kann.[809] Geht man jedoch mit der herrschenden Meinung davon aus, dass Gläubiger eine konkrete Erfüllungsgefährdung glaubhaft machen müssen,[810] müssten die Gläubiger jedoch nicht nur darlegen, dass eine erhebliche Reduktion der Haftungsmasse drohen *kann*, sondern vielmehr, dass eine solche Reduktion konkret *droht*. Die von *Leydecker* angedachte Offenlegungspflicht zum Wechsel des Gesellschaftsstatuts erscheint deshalb nur zielführend, wenn gleichzeitig die Anforderungen an die Glaubhaftmachung einer konkreten Anspruchsgefährdung reduziert und schlussendlich einer nur abstrakten Gefährdungslage angenähert werden.[811] In diesem Fall würde die Stärkung des Gläubigerschutzes wiederum in erheblichem Maße durch eine Relativierung der Anspruchsvoraussetzung der konkreten Erfüllungsgefährdung erzielt.

Richtigerweise müsste deshalb offengelegt werden, ob durch den Formwechsel die Kapitalbindung sinkt und ob und in welchem Umfang zuvor gebundenes Kapital tatsächlich aus der Gesellschaft abgezogen werden soll (denn nur der zweite Punkt vermag eine konkrete Erfüllungsgefährdung zu begründen). Weiterhin müsste im Fall eines geplanten Kapitalabzuges dargelegt werden, ob es sich dabei um einen signifikanten Teil des aktuellen Gesamtvermögens der Gesellschaft handelt. Denn nur mit dieser zusätzlichen Information können Gläubiger (mangels Kenntnis der aktuellen Vermögenslage im Zeitpunkt des Formwechsels) auch beurteilen, ob die Verschlechterung der Vermögenslage zu einer Gefährdung ihres Anspruchs führt. Bildet eine in absoluten Zahlen geringe Ausschüttung einen verhältnismäßig hohen Anteil des verbleibenden Gesamtvermögens ab, ist eine solche Ausschüttung für Gläubiger problematischer als im umgekehrten Fall. Allerdings müssten solche Ausschüttungen, die bereits vor dem Formwechsel aus ungebundenem Kapital vorgenommen werden könnten, nicht offengelegt werden. Wo bereits die auf die bisherige Rechtsform anwendbaren Vorschriften eine Ausschüttung erlauben, konnten Gläubiger schon vor dem Formwechsel nicht darauf vertrauen, dass das entsprechende Kapital in der Ge-

---

809 *Leydecker*, Gläubigerschutz bei grenzüberschreitenden Umwandlungen, S. 228.
810 Siehe hierzu Kapitel 3, E. I. 2. und Kapitel 3, E. II. 1.
811 Siehe bereits Kapitel 3, E. I. 4. b).

sellschaft verbleiben wird. Einen weitergehenden Schutz (insbesondere bezüglich des abstrakten Vertrauens auf den Bestand der Kapitalerhaltungsvorschriften) will der Gesetzgeber, wie die bisherige Untersuchung gezeigt hat, nicht gewähren. Durch eine entsprechende Offenlegungspflicht kann den Gläubigern die Geltendmachung des Anspruchs auf Sicherheitsleistung in den Grenzen der gesetzgeberischen Konzeption zumindest vereinfacht werden.

Der Ansatz ist gegenüber den anderen dargestellten Lösungen zu bevorzugen, da er das de lege lata vorgesehene (und durch GesR-ERL und UmRUG erneut bestätigte) System und insbesondere die grundlegende Risikoverteilung unberührt lässt. Es werden keine wesentlichen Tatbestandsmerkmale modifiziert, ins Gegenteil verkehrt oder ihres Zweckes beraubt. Als Instrument der Rechtsfortbildung sind Informationspflichten oder Auskunftsrechte grundsätzlich weniger eingriffsintensiv als das Streichen einer gesamten Tatbestandsvoraussetzung oder eine Beweislastumkehr.[812] Materielle Auskunftsansprüche werden von der Rechtsprechung insbesondere dann konstruiert, wenn die risikobelastete Partei keinen Zugang zu notwendigem Beweismaterial hat.[813] Die Offenlegung geplanter Kapitalmaßnahmen ist für den formwechselnden Rechtsträger und dessen Anteilseigner allemal günstiger als allen Gläubigern Sicherheit zu leisten,[814] oder eine Gefährdungsvermutung widerlegen zu müssen.[815] Weiterhin käme einer Offenlegungspflicht – wie bereits dargestellt – eine gewisse Abschreckungswirkung zu.[816] Es muss davon ausgegangen werden, dass regelmäßig eine Hemmschwelle besteht, vorsätzlich Falschinformationen bezüglich beabsichtigter Kapitalmaßnahmen gegenüber dem Rechtsverkehr und dem Registergericht offenzulegen. Die Pflicht, einen geplanten Kapitalabzug offenzulegen, würde daher den Anreiz, einen Formwechsel als 'verdeckte Kapitalherabsetzungsalternative' einzusetzen, erheblich verringern. Die hier vertretene Auffassung stärkt somit die Position der Gläubiger im Rahmen von §§ 204, 22 UmwG (und §§ 341,

---

812 Als Indiz hierfür mag man die nicht mehr überblickbare Anzahl von der Rechtsprechung entwickelter Fallgruppen gesetzlich nicht geregelter vorvertraglicher Informationspflichten im Vergleich zu dem zurückhaltend genutzten Instrument der Beweislastumkehr sehen.

813 *Stadler* in Musielak/Voit, ZPO, § 138 Rn. 11, mit Verweis auf BGH, Urt. v. 23. November 1982 – Az. VI ZR 222/79 (Bremen).

814 Dies wäre die Folge eines Verzichts auf das Erfordernis einer konkreten Gefährdung, sofern der Formwechsel zu einer weniger strengen Kapitalbindung führt.

815 Man wird im Rahmen einer solchen Widerlegung für die substantiierte Darlegung einer Negativtatsache ohnehin mindestens die Offenlegung entsprechender Informationen zu geplanten Kapitalmaßnahmen verlangen müssen.

816 Siehe hierzu bereits Kapitel 3, D. VII. 1.

314 UmwG, Art. 86j GesR-ERL[817]), ohne den formwechselnden Rechtsträger oder die übrigen Interessenträger unbillig zu benachteiligen.

c) Sonderfall Formwechsel in die Personengesellschaft

Probleme bereitet aus Gläubigersicht weiterhin der Formwechsel in eine Personengesellschaft. Wegen der Haftung nach § 126 HGB begründet der Kapitalabzug nur dann eine konkrete Gefahr, wenn die persönliche Haftung der Gesellschafter nicht werthaltig ist.[818] Dies darzulegen wird jedoch selbst mit den Informationen zu einem geplanten Kapitalabzug kaum gelingen, wenn es sich bei den persönlich haftenden Gesellschaftern um Privatpersonen handelt. Eine Verpflichtung zur Offenlegung der privaten Vermögensverhältnisse ginge evident zu weit.

Bezüglich der Werthaltigkeit der persönlichen Haftung (und nur bezüglich dieser) ist die Lösung deshalb auf prozessualer Ebene, in den Grundsätzen der sekundären Darlegungslast zu suchen. Der BGH nimmt in ständiger Rechtsprechung an, dass die Darlegungslast des Klägers einzuschränken ist, wenn „er außerhalb des maßgeblichen Geschehensablaufs steht und den Sachverhalt von sich aus nicht ermitteln kann, während dem Beklagten die erforderliche tatsächliche Aufklärung ohne weiteres möglich und auch zuzumuten ist“.[819] Die Substantiierungslast der Gläubiger ist demnach nur bezogen auf das Privatvermögen der Anteilseigner zu reduzieren. Demnach müssten Gläubiger beim Formwechsel in die Personengesellschaft im Rahmen von §§ 204, 22 UmwG zunächst glaubhaft machen, dass anlässlich des Formwechsels ein Abzug von Kapital aus dem Rechtsträger geplant ist, der isoliert betrachtet eine konkrete Gefährdung der Forderungserfüllung möglich erscheinen lässt. Diese Glaubhaftmachung haben sie (mit Hilfe der nach hier vertretener Auffassung offenzulegenden Informationen[820]) voll zu erbringen. Bezüglich der Werthaltigkeit der persönlichen Haftung reicht jedoch die Behauptung, dass diese wegen Konkurrenz der Privatgläubiger nicht als werthaltig anzusehen ist. Diese Behauptung muss der beklagte Rechtsträger sodann substantiiert bestreiten. Ist er dazu in der Lage und scheitert der Gläubiger deshalb mit der Glaubhaftmachung einer konkreten Gefahr, ist ein Anspruch auf Sicherheitsleistung nicht zu gewähren.

---

817 Siehe hierzu Kapitel 3, E. II.

818 Siehe bereits Kapitel 2, C. II. 5.

819 BGH, Urt. v. 19. Februar 2014 – Az.: I ZR 230/12, juris, Rn. 14; Vgl. auch *Stadler* in Musielak/Voit, ZPO, § 138 Rn. 10a.

820 Siehe Kapitel 3, E. I. 5. b).

Die sekundäre Beweislast ist dem formwechselnden Rechtsträger trotz Personenverschiedenheit von Rechtsträger und persönlich haftenden Gesellschaftern auch zumutbar, da gerade die persönlich haftenden Gesellschafter in aller Regel erheblichen Einfluss auf die Gesellschaft haben und typischerweise Geschäftsführung und Vertretung der Gesellschaft übernehmen.[821]

d) Umsetzung de lege lata möglich?

Nachdem der konzeptionelle Ansatz gefunden wurde, stellt sich im nächsten Schritt die Frage, ob gläubigerschützende Offenlegungspflichten schon de lege lata im Formwechselvorgang verankert werden können oder ob die Umsetzung zwingend durch den Gesetzgeber zu erfolgen hat.

aa) Mögliche Verortung der Informationspflicht

Wie bereits dargestellt, bietet sich an, die Offenlegungspflicht für den nationalen Formwechsel im Formwechselbeschluss §§ 193, 194 UmwG zu verorten.[822] Hierbei handelt es sich um eine Informationsquelle für Gläubiger, die de lege lata keinesfalls verzichtbar oder entbehrlich ist. Demgegenüber kann auf den Formwechselbericht bei einem nationalen Formwechsel verzichtet werden,[823] was ihn als Anknüpfungspunkt ungeeignet macht. Der unverzichtbare (Sach-)Gründungsbericht, der gemäß § 197 UmwG i.V.m. den jeweiligen Gründungsvorschriften anlässlich des Formwechsels zu erstellen ist,[824] wäre ein weiterer denkbarer Anknüpfungspunkt.[825] Dieser ist jedoch regelmäßig gerade dann nicht zu erstellen, wenn eine Lockerung der Kapitalbindung droht.[826] Der Formwechselbeschluss ist demgegenüber bei jedem Formwechsel zwingend zu fassen und gemäß § 199 UmwG beim Handelsregister einzureichen, wo er unkompliziert eingesehen werden kann (§ 9 HGB).[827] Er ist unabhängig von Ausgangs- und Zielrechtsform immer zu fassen und könnte als Anknüpfungspunkt eines einheitlichen Schutzniveaus für alle Varianten des Formwechsels dienen. Der zwingende Inhalt des Umwandlungsbeschlusses gemäß § 194 Abs. 1 UmwG dient de lege lata

---

821 Dies entspricht dem gesetzlich vorgesehenen Regelfall, siehe §§ 116, 124 HGB für die OHG und §§ 164, 170 für die KG.
822 Siehe bereits Kapitel 3, D. VII. 2.
823 Siehe Kapitel 3, D. II. 3. a).
824 Siehe hierzu bereits Kapitel 3, D. II. 3. c).
825 Für eine Pflicht, beim Formwechsel von einer KG in eine Kapitalgesellschaft im (Sach-)Gründungsbericht auf eine Kapitalherabsetzung im Vergleich zum Haftkapital der Kommanditisten einzugehen *Wiedemann*, ZGR 1999, 568, 582 sowie *Schlitt* in Semler/Stengel/Leonard, UmwG, § 220 Rn. 24.
826 Siehe Kapitel 3, D. II. 3. c).
827 Siehe Kapitel 3, D. II. 3.

unter anderem der Information der Anteilseigner.[828] Auch hier würde somit durch eine Verankerung von den Gläubigern dienenden Informationspflichten der Zweck der Norm punktuell erweitert. Allerdings zeigt § 194 Abs. 1 Nr. 7 UmwG (Folgen des Formwechsels für die Arbeitnehmer und ihre Vertretungen), dass ein drittschützender Charakter der Norm nicht fremd ist. Außerdem regelt § 194 UmwG ausweislich des Abs. 1 nur den Mindestinhalt des Umwandlungsbeschlusses, zusätzliche Angaben sind demnach zulässig.

Im Umwandlungsbeschluss sind außerdem nach § 194 Abs. 1 Nr. 4 UmwG Zahl, Art und Umfang der Anteile oder Mitgliedschaften, welche die Anteilsinhaber erlangen sollen, anzugeben. Darunter fällt bei einem Formwechsel von der Personenhandelsgesellschaft in eine Kapitalgesellschaft die Allokation der Kapitalkonten, die entweder dem Grund- beziehungsweise Stammkapital, oder der Kapital- oder Gewinnrücklage zuzuordnen sind.[829] Bei Formwechsel in eine Personenhandelsgesellschaft sind die geplanten Kapitalkonten und die Zuordnung des Kapitals zu diesen anzugeben.[830] Fragen der Kapitalallokation sind beim Formwechsel von Personen- und Kapitalgesellschaften demnach bereits de lege lata Bestandteil des Umwandlungsbeschlusses. Eine punktuelle Erweiterung dieses Merkmals würde daher keinen erheblichen Eingriff in die gesetzliche Konzeption darstellen. Mit der Feststellung, dass sich eine entsprechende Offenlegungspflicht reibungslos im Formwechselbeschluss §§ 193, 194 UmwG verankern ließe, ist jedoch noch nicht geklärt, ob eine solche Rechtsfortbildung auch zulässig wäre.

bb) Keine zulässige Rechtsfortbildung

Jede Form der Rechtsfortbildung setzt zunächst voraus, dass das Gesetz eine planwidrige Regelungslücke enthält.[831] Ob jedoch im Fall des § 204 UmwG eine solche Lücke vorliegt, muss nach Inkrafttreten des UmRUG bezweifelt werden. Wie aus der Darstellung der bisherigen Lösungsansätze ersichtlich,[832] steht § 204 UmwG in seiner derzeitigen Ausgestaltung schon lange in der Kritik – dies gilt

828 Statt aller *Drinhausen/Keinath* in Henssler/Strohn, GesR, § 194 UmwG Rn. 2.
829 *Bärwaldt* in Semler/Stengel/Leonard, UmwG, § 194 Rn. 16.
830 *Bärwaldt* in Semler/Stengel/Leonard, UmwG, § 194 Rn. 17; *Drinhausen/Keinath* in Henssler/Strohn, GesR, § 194 UmwG Rn. 7.
831 Siehe zur Analogie z.B. BGH, Urt. v. 4. Dezember 2014 – Az. III ZR 61/14, juris, Rn. 9; Vgl. allgemein zur ergänzenden Rechtsfortbildung *Looschelders* in Heidel/Hüßtege/Mansel/Noack, BGB AT/EGBGB, Anh. zu § 133 BGB Rn. 38 ff.
832 Siehe Kapitel 3, E. I. 4.

insbesondere für das Erfordernis der Glaubhaftmachung einer konkreten Gefährdung.[833] Gleichwohl hat der deutsche Gesetzgeber keine Veranlassung gesehen, im Gesetzgebungsverfahren zum UmRUG Änderungen an § 204 UmwG vorzunehmen. Überdies sieht auch der auf der GesR-ERL basierende Sicherungsanspruch beim grenzüberschreitenden Formwechsel §§ 341 Abs. 1, 314 UmwG die Glaubhaftmachung einer konkreten Gefährdung vor.[834] Im Einklang mit der GesR-ERL wurden zudem die Angaben zur Auswirkung von grenzüberschreitenden Verschmelzungen auf die Gläubiger aus dem Mindestgehalt des Verschmelzungsberichts gestrichen.[835] Überdies ist der deutsche Gesetzgeber bei Umsetzung von Art. 86d GesR-ERL im Hinblick auf die Angabe von Beteiligungsverhältnissen in Formwechselplan gemäß § 335 Abs. 2 Nr. 6 UmwG – in Anlehnung an die Mindestangaben im Formwechselbeschluss § 194 Abs. 1 Nr. 3 und 4 UmwG – über das sekundärrechtlich vorgeschriebene Mindestmaß hinausgegangen.[836] Der deutsche Gesetzgeber hat sich demnach anlässlich des UmRUG mit dem genauen Inhalt von Formwechselbeschluss und Formwechselplan auseinandergesetzt. In Anbetracht dieser Tatsache erscheint es nicht möglich, im Zusammenhang mit der Ausgestaltung des Anspruchs auf Sicherheitsleistung und des Informationszugangs (noch) von einer Planwidrigkeit der Regelungslücke auszugehen. Entsprechend scheidet die Umsetzung des hier vertretenen Lösungsansatzes im Wege der Rechtsfortbildung mangels planwidriger Regelungslücke aus.[837] Die Umsetzung muss daher auf legislativer Ebene erfolgen.[838]

6. Zwischenfazit

Die Untersuchung des Anspruchs auf Sicherheitsleistung beim nationalen Formwechsel hat gezeigt, dass der Anspruch in der de lege lata vorgesehenen Form regelmäßig nicht geeignet ist, den Gläubigerschutz adäquat zu gewährleisten. Der hier befürwortete Ansatz gläubigerschützender Informationspflichten begegnet diesem Problem auf zwei Arten. Zum einen wird Gläubigern die Glaubhaftmachung einer konkreten Anspruchsgefährdung zumindest erleichtert,[839]

---

[833] Siehe Kapitel 3, E. I. 2. und 3.
[834] Siehe hierzu Kapitel 3, E. II. 1.
[835] Siehe hierzu bereits Kapitel 3, D. VI. 2. b).
[836] *J. Schmidt*, NZG 2022, 635, 636; *Heckschen/Knaier*, GmbHR 2022, 613, 618.
[837] Gleiches gilt somit auch für sämtliche in Kapitel 3, E. I. 4. dargestellten Lösungsansätze.
[838] Siehe dazu Kapitel 3, E. V.
[839] In diese Richtung auch *Leydecker*, Gläubigerschutz bei grenzüberschreitenden Umwandlungen, S. 225 ff. der ebenfalls für ein „Erweitertes Gläubigerinformationsmodell" plädiert.

zum anderen hat eine Offenlegungspflicht für sich genommen eine Schutzfunktion, da beim formwechselnden Rechtsträger regelmäßig eine gewisse Hemmschwelle bestehen wird, Falschinformationen bezüglich beabsichtigter Kapitalmaßnahmen gegenüber dem Rechtsverkehr und dem Registergericht offenzulegen.[840] Der Ansatz ist gegenüber den weiteren untersuchten Lösungsvorschlägen zu bevorzugen, da er den formwechselnden Rechtsträger weniger stark belastet.

Trotz der hier befürworteten Lösung hat die Untersuchung jedoch gezeigt, wie problembehaftet der Anspruch auf Sicherheitsleistung im Fall des nationalen Formwechsels ist. Die vorgeschlagenen Lösungen reichen von der Entwertung von Anspruchsvoraussetzungen über teleologische Reduktionen zu Analogie und Beweislastumkehr. Diesen Lösungsansätzen wurde jedoch durch Inkrafttreten des UmRUG der dogmatische Boden entzogen, da insoweit nicht (mehr) von einer planwidrigen Regelungslücke des deutschen Gesetzgebers ausgegangen werden kann. Die Lösung des grundlegenden Problems muss deshalb de lege ferenda durch den Gesetzgeber erfolgen.

II. Sicherheitsleistung nach Art. 86j GesR-ERL und § 341 UmwG

Mit § 341 Abs. 1 UmwG hat der deutsche Gesetzgeber die in Art. 86j Abs. 1 GesR-ERL vorgesehenen unionsrechtlichen Vorgaben zum Anspruch auf Sicherheitsleistung bei einem grenzüberschreitenden Formwechsel umgesetzt. Wie auch die Vorschriften zum nationalen Formwechsel sieht Norm einen Verweis auf die Vorschriften zur (grenzüberschreitenden) Verschmelzung vor (§ 314 UmwG).[841]

Nachdem der ursprüngliche Kommissionsvorschlag im Bereich der Sicherheitsleistung noch einen – aus deutscher Sicht – neuen Ansatz vorsah,[842] ist der europäische Gesetzgeber in der finalen Fassung der Richtlinie schlussendlich weitestgehend auf bekannte Konzepte verfallen.[843] Gemäß Art. 86j Abs. 1 GesR-ERL haben die Mitgliedstaaten ein „angemessenes Schutzsystem für die Interessen der Gläubiger" vorzusehen. Sie sollen gemäß Art. 86j Abs. 1 UAbs. 2 GesR-ERL sicherstellen, dass Gläubiger, die die im Formwechselplan nach Art. 86d f)

[840] Siehe Kapitel 3, D. VII. 1.
[841] *J. Schmidt*, NZG 2022, 579: „bekannte und bewährte Verweisungstechnik".
[842] Siehe hierzu ausführlich Kapitel 3, E. IV.
[843] Siehe *J. Schmidt*, ZEuP 2020, 565, 582: „partiell zurückgestutzt und dem *acquis unionaire* angenähert".

GesR-ERL angebotenen Sicherheiten für nicht zufriedenstellend erachten, innerhalb von drei Monaten nach der in Art. 86g GesR-ERL geregelten Offenlegung des Formwechselplans bei der zuständigen Behörde angemessene Sicherheiten beantragen können, wenn sie glaubhaft darlegen können, dass die Befriedigung ihrer Forderungen durch den grenzüberschreitenden Formwechsel gefährdet ist und sie von der Gesellschaft keine angemessenen Sicherheiten erhalten haben. Bei Bewertung der Angemessenheit der Sicherheit soll die zuständige Behörde berücksichtigen, ob der Anspruch eines Gläubigers gegen die Gesellschaft oder einen Dritten mindestens in gleicher Höhe besteht und von entsprechender Bonität ist, und ob er vor demselben Gericht geltend gemacht werden kann.[844] Art. 86j Abs. 1 GesR-ERL sieht also, ebenso wie §§ 204, 22 UmwG, einen Anspruch auf Sicherheitsleistung vor. Einen relevanten Unterschied bildet die Vorverlagerung des Fristbeginns auf die Offenlegung des Formwechselplans (§ 341 Abs. 1 i.V.m. § 314 Abs. 3 UmwG).[845] Im Kern besteht also eine erhebliche Ähnlichkeit zu dem in §§ 204, 22 UmwG vorgesehenen Anspruch auf Sicherheitsleistung – was zu vergleichbaren Problemen führt.

1. Anspruchsvoraussetzungen nach §§ 341, 314 UmwG

Gemäß §§ 341 Abs. 1, 314 Abs. 1 Nr. 1 und 2 UmwG können Gläubiger verlangen, dass ihnen Sicherheit geleistet wird für eine Forderung, die vor der Bekanntmachung des Formwechselplans oder seines Entwurfs entstanden, aber im Zeitpunkt der Bekanntmachung noch nicht fällig geworden ist und deren Erfüllung durch den Formwechsel gefährdet wird. Diese Voraussetzungen sind gegenüber dem zuständigen Gericht glaubhaft zu machen (§ 314 Abs. 2 UmwG). Nach § 314 Abs. 3 UmwG erlischt der Anspruch auf Sicherheitsleistung, wenn er nicht innerhalb von drei Monaten ab Bekanntmachung des Formwechselplans gerichtlich geltend gemacht wurde.

Wie §§ 204, 22 UmwG setzt der auf Art. 86j Abs. 1 UAbs. 2 GesR-ERL beruhende Anspruch auf Sicherheitsleistung somit voraus, dass Gläubiger über eine nicht fällige Forderung verfügen, deren Erfüllung durch den Formwechsel gefährdet wird. Diese Gefährdung ist dem zuständigen Gericht gegenüber glaubhaft zu machen. Im Gegensatz zu §§ 204, 22 UmwG setzt das UmwG im Fall des grenzüberschreitenden Formwechsels jedoch bezüglich des Bestehens der Forderung keinen Strengbeweis voraus, sondern lässt ebenfalls die Glaubhaftmachung

---

844 Erwägungsgrund Nr. 23 der Richtlinie.
845 Siehe ausführlich zu den Folgen dieser Vorverlagerung, Kapitel 3, E. II. 2.

genügen.[846] Laut der Gesetzesbegründung soll durch diese Beweiserleichterung verhindert werden, dass die Sicherheitsleistung wegen gegebenenfalls jahrelanger Streitigkeiten über das Bestehen der Forderung zu spät kommt.[847]

Auch im grenzüberschreitenden Kontext erfordert der Anspruch auf Sicherheitsleistung die Glaubhaftmachung einer konkreten Gefährdung der Anspruchserfüllung durch den Formwechsel.[848] Dies entspricht auch der ganz herrschenden Meinung zu § 122j UmwG a.F., der vor Inkrafttreten des UmRUG den Anspruch auf Sicherheitsleistung bei grenzüberschreitenden Verschmelzungen regelte.[849] Zudem wird verbreitet davon ausgegangen, dass ein Verständnis dahingehend, dass allein ungünstigerer Kapitalschutz im Zielrechtsstaat (also eine abstrakte Beeinträchtigung) bereits eine Gefährdung begründen können, nicht mit der Niederlassungsfreiheit Art. 49, 54 AUEV vereinbar wäre.[850] Tatsächlich ließe sich ein solches Verständnis auch im Fall des grenzüberschreitenden Formwechsels kaum mit der Rechtsprechung des EuGH in Sachen VALE in Einklang bringen. Danach sind insbesondere solche Maßnahmen nicht mit der Niederlassungsfreiheit vereinbar, die den grenzüberschreitenden Formwechsel praktisch unmöglich machen oder übermäßig erschweren (Effektivitätsgrundsatz).[851] Einen Anspruch auf Sicherheitsleistung schon dann zu gewähren, wenn Gläubiger durch eine Reduzierung des Kapitalschutzniveaus abstrakt gefährdet werden, würde den grenzüberschreitenden Formwechsel jedoch erheblich erschweren. Folge wäre bei einem Formwechsel in eine Rechtsform, die weniger strengen Kapitalschutzvorschriften unterliegt, die Verpflichtung allen Gläubigern (die einen Anspruch darauf erheben) Sicherheit zu leisten. Hierdurch würde die durch die Niederlassungsfreiheit gewährte Rechtswahlfreiheit erheblich beeinträchtigt. Im Ergebnis wird man deshalb schon aus primärrechtlichen Gründen davon ausgehen müssen, dass auch im Rahmen des Art. 86j Abs. 1 UAbs. 2 der Richtlinie und somit §§ 341 Abs. 1, 314 UmwG eine konkrete Gefährdung der Anspruchserfüllung nachgewiesen werden muss.[852] Im Übrigen gilt auch hier,

---

[846] *Klett* in BeckOGK UmwG, Stand 1. April 2026, § 314 Rn. 18.

[847] *Thomale/Schmid*, NotBZ 2023, 91, 101; BegrRegE BT-Drs. 20/3822, S. 98 (zu § 314).

[848] Vgl. *J. Schmidt*, ZEuP 2020, 565, 583 f.; *Hilser*, Grenzüberschreitender Formwechsel, S. 216 ff; *Klett* in BeckOGK UmwG, Stand 1. April 2026, § 314 Rn. 19.

[849] Statt aller *Drinhausen* in Semler/Stengel/Leonard, UmwG, 5. Auflage, § 122j Rn. 9 und *Leydecker*, Gläubigerschutz bei grenzüberschreitenden Umwandlungen, S. 112.

[850] *Bayer* in Lutter, UmwG, 6. Auflage, § 122j Rn. 14; *Drinhausen* in Semler/Stengel/Leonard, UmwG, 5. Auflage, § 122j Rn. 9; *Hörtnagl* in Schmitt/Hörtnagl, UmwG/UmwStG, 9. Auflage, § 122j UmwG Rn. 8; Siehe auch *Leydecker*, Gläubigerschutz bei grenzüberschreitenden Umwandlungen, S. 115 sowie 153 und 155.

[851] Siehe Kapitel 2, B. II. 2.

[852] Siehe auch *Leydecker*, Gläubigerschutz bei grenzüberschreitenden Umwandlungen,

dass der Normgeber, wenn er Gläubiger abstrakt vor Gefahren schützen wollte, gänzlich auf eine Darlegungs- und Beweislast hätte verzichten können.[853]

Aus den Erwägungsgründen der GesR-ERL ergibt sich weiterhin, dass die Gläubiger zunächst versuchen müssen, eine Einigung mit dem formwechselnden Rechtsträger zu finden, bzw. diesen vorab darüber in Kenntnis setzen müssen, dass sie die angebotenen Sicherheiten für nicht zufriedenstellen erachten.[854] Im deutschen Umwandlungsrecht wurde eine solche Pflicht nicht ausdrücklich festgelegt, allerdings trägt der Gläubiger, der seine Forderung ohne den Versuch einer vorherigen außergerichtlichen Einigung gerichtlich durchzusetzen versucht, das Kostenrisiko bei sofortigem Anerkenntnis des Schuldners nach § 93 ZPO,[855] weshalb regelmäßig zunächst eine außergerichtliche Einigung anzustreben ist und auch ganz typischerweise angestrebt werden wird.

Gemäß §§ 341 Abs. 1, 314 Abs. 4 UmwG sind außerdem geleistete Sicherheiten freizugeben, wenn das Formwechselverfahren gescheitert ist. § 314 Abs. 4 UmwG dient der Umsetzung von Art. 126b Abs. 1 UAbs. 3 GesR-ERL (entspricht Art. 86j Abs. 1 UAbs. 3 GesR-ERL für den Formwechsel).[856] Danach müssen die Mitgliedstaaten sicherstellen, dass die Sicherheiten davon abhängen, dass der grenzüberschreitende Formwechsel nach Art. 86q GesR-ERL wirksam wird. Ist das Formwechselverfahren endgültig gescheitert, ist die für die Gewährung der Sicherheit maßgebliche Gefährdungslage beendet, weshalb die gewährte Sicherheit freizugeben ist.[857] Laut Gesetzesbegründung zum UmRUG bestimmt sich die Durchsetzung eines etwaigen Anspruchs der Gesellschaft auf Freigabe der Sicherheit nach den allgemeinen Vorschriften. Es handelt sich hierbei um einen Leistungsanspruch, der selbständig eingeklagt und vollstreckt werden muss.[858]

Im Ergebnis weist der Anspruch auf Sicherheitsleistung in §§ 341 Abs. 1, 314 UmwG demnach große Ähnlichkeit zu dem Anspruch bei einem nationalen Formwechsel nach §§ 204, 22 UmwG auf. Ein maßgeblicher Unterschied besteht jedoch in der Vorverlagerung des Gläubigerschutzes und dem damit verbundenen Obstruktionspotential der Gläubiger.

S. 195 ff., der allerdings geringe die Anforderungen an die Darlegung der konkreten Gefährdung stellen möchte, siehe Kapitel 3, E. I. 4. b).

853 Siehe Kapitel 3, E. I. 4. b).

854 Erwägungsgrund Nr. 23 der Richtlinie.

855 Siehe weiterführend *Flockenhaus* in Musielak/Voit, ZPO, § 93 Rn. 1 ff.

856 BegrRegE BT-Drs. 20/3822, S. 98.

857 Ebd.

858 Ebd.; Siehe zum Wirksamwerden des grenzüberschreitenden Formwechsels als aufschiebende Bedingung für die Gewährung von Sicherheiten *Hilser*, Grenzüberschreitender Formwechsel, S. 220 ff.

2. Vorverlagerung des Gläubigerschutzes

§ 314 Abs. 3 UmwG sieht – im Einklang mit Art. 86j Abs. 1 UAbs. 2 GesR-ERL – vor, dass der Anspruch auf Sicherheitsleistung binnen drei Monaten ab Bekanntmachung des Formwechselplans gerichtlich geltend gemacht werden muss. Gemäß § 343 Abs. 2 UmwG darf die für den Vollzug des Formwechsels zwingend erforderliche Eintragung im Handelsregister durch das zuständige Registergericht – sofern ein Anspruch auf Sicherheitsleistung gerichtlich geltend gemacht wurde – nicht vorgenommen werden, bevor eine den Antrag ablehnende Entscheidung rechtskräftig ist (§ 343 Abs. 2 Nr. 1 UmwG), oder die in der Entscheidung festgelegte Sicherheit geleistet wurde (Nr. 2), oder eine den Antrag teilweise ablehnende Entscheidung rechtskräftig ist und die in der Entscheidung festgelegte Sicherheit geleistet wurde (Nr. 3). Gläubiger können somit durch gerichtliche Geltendmachung des Anspruchs auf Sicherheitsleistung die Eintragung und somit den Vollzug des Formwechsels verhindern.[859]

a) Registersperre sekundärrechtlich zwingend?

Ob die in § 343 Abs. 2 UmwG vorgesehene Blockadestellung der Gläubiger durch die GesR-ERL zwingend vorgesehen ist, ist umstritten. Teilweise wird insoweit von einem Wahlrecht der Mitgliedstaaten ausgegangen,[860] oder sogar die Richtlinienkonformität der Registersperre anzweifelt.[861] Andere Autoren gehen davon aus, dass die Registersperre europarechtliche geboten ist.[862] Ob sich aus der GesR-ERL tatsächlich eine zwingende Registersperre ergibt, erscheint jedoch zweifelhaft. So geht aus der Formulierung von Art 86j Abs. 1 UAbs. 2 GesR-ERL (bzw. Art. 126b Abs. 1 UAbs. 2 GesR-ERL) jedenfalls nicht eindeutig hervor, dass Gläubiger den Vollzug der grenzüberschreitenden Umwandlung durch die ge-

---

859 *Brandi/Schmidt*, DB 2022, 1880, 1888; *Bungert/Strothotte*, DB 2022, 1818, 1821; *Noack*, MDR 2023, 465, 468; *Thomale/Schmid*, NotBZ 2023, 125, 132; *Wollin*, ZIP 2022, 989, 992.

860 *M. Schmidt*, Grenzüberschreitender Formwechsel, S. 217; *Thomale/Schmid*, NotBZ 2023, 125, 132; *Winner*, ECFR 2019, 44, 56.

861 *Bungert/Strothotte*, DB 2022, 1818, 1821 und BB 2022, 1411, 1417; An der Vereinbarkeit einer Registersperre mit der Niederlassungsfreiheit zweifelt auch *Vossius* in Widmann/Mayer, Umwandlungsrecht, 172. Ergänzungslieferung, § 122j Rn. 7 (noch zu § 122j UmwG a.F.); Kritisch auch *Löbbe*, ZHR 2023, 498, 525: Verstoß der deutschen Regelung gegen die Niederlassungsfreiheit steht zumindest im Raum.

862 *Hilser*, Grenzüberschreitender Formwechsel, S. 211; *Baschnagel/Hilser*, NZG 2022, 1333, 1336; *Schollmeyer*, ZGR 2020, 62, 70; *Stelmaszczyk*, DK 2021, 48, 61 f.; Siehe auch *Stelmaszczyk* in Widmann/Mayer, Umwandlungsrecht, §341 UmwG Rn. 13 und *Leydecker*, Gläubigerschutz bei grenzüberschreitenden Umwandlungen, S. 192 f.

richtliche Geltendmachung ihrer Sicherungsanspruch blockieren können sollen.[863] Auch aus dem Umstand, dass die Sicherheiten gemäß Art. 86j Abs. 1 UAbs. 3 GesR-ERL vom Wirksamwerden des grenzüberschreitenden Formwechsels abhängen, lässt sich insoweit kein zwingender systematischer Rückschluss ziehen.[864] Geht man von einem Wahlrecht der Mitgliedstaaten aus, hätte der Europäische Gesetzgeber insoweit eine Regelung nur für die diejenige Gestaltungsalternative getroffen, für die sie relevant ist. Unter dem Gesichtspunkt von Sinn und Zweck trägt eine Registersperre aufgrund der Ausgestaltung des Gesamtverfahrens – jedenfalls beim Formwechsel – wenig zu einem effektiven Gläubigerschutz bei.[865] Für ein Wahlrecht der Mitgliedstaaten spricht jedoch Erwägungsgrund Nr. 37 der GesR-ERL, in dem es heißt: „Die Mitgliedstaaten sollten festlegen können, welches die möglichen Folgen der durch Gesellschafter und Gläubiger gemäß dieser Richtlinie eingeleiteten Verfahren für die Erteilung der Vorabbescheinigung sind“. Bei der Registersperre handelt es sich um die Folge eines von den Gläubigern gemäß der Richtlinie (genauer gemäß Art. 86j Abs. 1 UAbs. 2 GesR-ERL) eingeleiteten Verfahrens und Erwägungsgrund Nr. 37 stellt die Regelung der „möglichen“ Folgen dieses Verfahrens für die Vorabbescheinigung den Mitgliedstaaten anheim. Da Art. 86j GesR-ERL demgegenüber keine ausdrückliche Regelung bezüglich einer Registersperre enthält, besteht kein Grund, diese als europarechtlich zwingend anzusehen.

b) Registersperre erforderlich?

Die Frage nach der Erforderlichkeit eines vorgelagerten Gläubigerschutzes ist nicht neu, sondern stellte sich schon vor Inkrafttreten von GesR-ERL und UmRUG im Zusammenhang mit dem Anspruch auf Sicherheitsleistung bei grenzüberschreitenden Verschmelzungen nach § 122j UmwG a.F.[866] Der Anspruch auf Sicherheitsleistung war bei der grenzüberschreitenden Verschmelzung gemäß § 122j Abs. 1 S. 2 UmwG a.F. binnen zwei Monaten ab Bekanntgabe des Verschmelzungsplans geltend zu machen. Bei Anmeldung der Verschmelzung mussten die Mitglieder des Vertretungsorgans der übertragenden deutschen Gesellschaft eine (strafbewehrte) Versicherung abgeben, dass allen Gläubigern,

---

863 *Baschnagel/Hilser*, NZG 2022, 1333, 1336.

864 So jedoch zur grenzüberschreitenden Verschmelzung *Baschnagel/Hilser*, NZG 2022, 1333, 1336, mit dem Argument, dass es der Regelung bei einem nachgelagerten Anspruch nicht bedurft hätte.

865 Siehe hierzu Kapitel 3, E. II. 2. b).

866 Siehe *Vossius* in Widmann/Mayer, Umwandlungsrecht, 172. Ergänzungslieferung, § 122j Rn. 7 f.

die über einen Anspruch nach § 122j UmwG a.F. verfügen, Sicherheit geleistet wurde.[867] Die Pflicht eine Versicherung nach § 122k Abs. 1 S. 3 UmwG a.F. abzugeben, resultierte in einer „faktischen Eintragungssperre“.[868] Diese Vorverlagerung des Schutzes wurde mit der Erwägung begründet, dass Gläubiger davor geschützt werden müssten, ihre Ansprüche gegebenenfalls im Ausland geltend machen zu müssen.[869] Allerdings sah sich diese Vorverlagerung schon im Fall des § 122j UmwG a.F. Kritik ausgesetzt.[870] Zum einen wurde angezweifelt, ob die Vorverlagerung des Gläubigerschutzes unionsrechtlich überhaupt zulässig war,[871] zum anderen wurden Erforderlichkeit und Verhältnismäßigkeit der Registersperre in Frage gestellt.[872] Befürchtet wurde insbesondere, dass Gläubiger die Sperrwirkung nutzen, um sich ungerechtfertigte Befriedigung zu verschaffen, indem sie mit einer Blockierung der Verschmelzung drohen.[873] Auch wurde ein vorgelagerter Gläubigerschutz keinesfalls in allen Mitgliedstaaten für erforderlich gehalten. Europäische Rechtsordnungen kannten für die grenzüberschreitende Verschmelzung sowohl den vorgelagerten als auch den nachgeschalteten Anspruch auf Sicherheitsleistung.[874]

Im Rahmen der Neuregelung des Anspruchs auf Sicherheitsleistung durch das UmRUG hat der deutsche Gesetzgeber die Registersperre damit begründet, dass sie die Durchsetzung des Gläubigeranspruchs auf Sicherheitsleistung gemäß § 314 UmwG gewährleistet, indem sie sicherstellt, dass keine Verschmelzungsbescheinigung erteilt wird solange noch etwaige Ansprüche der Gläubiger bestehen und durchgesetzt werden könnten.[875] Die Begründung ähnelt demnach der Rechtfertigung für die Vorverlagerung des Gläubigerschutzes im Rahmen des § 122j UmwG a.F., für die der deutsche Gesetzgeber noch ausführte, ein nachge-

---

867 Siehe hierzu *Hörtnagl* in Schmitt/Hörtnagl, UmwG/UmwStG, 9. Auflage, § 122k UmwG Rn. 11.

868 *Bayer* in Lutter, UmwG, 6. Auflage, § 122j Rn. 2.

869 BegrRegE BT-Drs. 16/2919, S. 17.

870 Kritisch zum Regierungs- bzw. Referentenentwurf schon *Bayer/J. Schmidt,* NZG 2006, 841 ff.; Außerdem *Drinhausen/Keinath,* BB 2006, 725, 732.

871 Siehe *Hörtnagl* in Schmitt/Hörtnagl, UmwG/UmwStG, 9. Auflage, § 122j UmwG Rn. 1, auch m.w.N.

872 *Vossius* in Widmann/Mayer, Umwandlungsrecht, 172. Ergänzungslieferung, § 122j Rn. 7 ff.

873 *Vossius* in Widmann/Mayer, Umwandlungsrecht, 172. Ergänzungslieferung, § 122j Rn. 9 ff.; Ähnliche Bedenken bei *Marsch-Barner/Wilk* in Kallmeyer, UmwG, 7. Auflage, § 122j Rn. 2; Vgl. auch *Bayer* in Lutter, UmwG, 6. Auflage, § 122j Rn. 4.

874 Siehe die Übersicht bei *Janisch,* Grenzüberschreitende Sitzverlegung, S. 391 ff.: ein ex-post Konzept lag beispielsweise dem Anspruch auf Sicherheitsleistung in Belgien, Spanien und Schweden zugrunde.

875 BegrRegE BT-Drs. 20/3822, S. 102 (zu § 316 Abs. 2 UmwG).

ordneter Schutz würde den Interessen der Gläubiger „in manchen Fällen möglicherweise nicht gerecht".[876] Dass hiermit die Erforderlichkeit einer Registersperre (insbesondere für den Fall des Formwechsels) begründet werden kann, ist zu bezweifeln. Dass der deutsche Gesetzgeber im Rahmen des UmRUG für nationale Umwandlungsmaßnahmen an dem nachgelagerten Anspruch auf Sicherheitsleistung festgehalten hat, zeigt, dass die Registersperre die Gläubiger nicht allgemein vor den Risiken der Umwandlungsmaßnahmen schützen soll, sondern nur vor solchen, die spezifisch im grenzüberschreitenden Kontext drohen.

Eben jene Risiken vermögen es jedoch nicht, eine Blockadeposition, wie sie in § 343 Abs. 2 UmwG für Gläubiger vorgesehen ist, zu rechtfertigen.[877] Zum einen vereinfacht die EuGVVO die Vollstreckung von Forderungen gegenüber ausländischen Gesellschaften erheblich. Dieser Umstand bildete schon im Zeitpunkt des Erlasses von §§ 122j, § 122k Abs. 1 S. 3 UmwG a.F. ein wesentliches Argument gegen die Vorverlagerung des Gläubigerschutzes.[878] Mit Wegfall des Exequaturverfahrens in der EuGVVO 2015 hat das Argument noch mehr Gewicht, da die Vollstreckung im Ausland erneut vereinfacht wurde.[879] Soweit es um die gerichtliche Geltendmachung des Anspruchs auf Sicherheitsleistung selbst geht, wäre eine *perpetuatio fori* ein gleich effektives, aber milderes Mittel.[880] Hinzu kommt, dass die bloße Notwendigkeit, eine Forderung im EU-Ausland durchsetzen zu müssen, für sich genommen noch keine konkrete Gefährdung darstellt, die einen Anspruch auf Sicherheitsleistung nach §§ 341 Abs. 1, 314 UmwG begründen könnte. Dies entsprach schon der herrschenden Auffassung zu § 122j UmwG a.F.[881] und es besteht kein Anlass, dies im Rahmen des grenzüberschreitenden Formwechsels anders zu sehen. Wenn eine Gefährdungslage selbst nicht ausreicht, um den Anspruch auf Sicherheitsleistung zu

876 BegrRegE BT-Drs. 16/2919, S. 17. Schon diese doppelte Relativierung in der Begründung ließ Zweifel an der Erforderlichkeit einer entsprechenden Regel aufkommen, vgl. *Vossius* in Widmann/Mayer, Umwandlungsrecht, 172. Ergänzungslieferung, § 122j Rn. 8 f.

877 Siehe zu den Gläubigerrisiken im grenzüberschreitenden Kontext, Kapitel 2, C. V.

878 Zum Regierungsentwurf beispielsweise *Bayer/Schmidt*, NZG 2006, 841, 843 und Handelsrechtsausschuss des DAV, NZG 2006, 737, 742; Siehe auch *Bayer* in Lutter, UmwG, 6. Auflage, § 122j Rn. 4 und *Marsch-Barner/Wilk* in Kallmeyer, UmwG, 7. Auflage, § 122j Rn. 2 m.w.N.

879 Siehe Kapitel 2, C. V. 2. c).

880 Siehe zu § 122j UmwG a.F. *Vossius* in Widmann/Mayer, Umwandlungsrecht, 172. Ergänzungslieferung, § 122j Rn. 8, auch m.w.N.

881 Siehe zu § 122j UmwG a.F. u.a. *Drinhausen* in Semler/Stengel/Leonard, UmwG, 5. Auflage, § 122j Rn. 9; *Hörtnagl* in Schmitt/Hörtnagl, UmwG/UmwStG, 9. Auflage, § 122j UmwG Rn. 8; *Polley* in Henssler/Strohn, GesR, 5. Auflage, § 122j UmwG Rn. 8; *Vossius* in Widmann/Mayer, Umwandlungsrecht, 172. Ergänzungslieferung, § 122j Rn. 32; *Becker/Uxa* in Maulbetsch/Klumpp/Rose, UmwG, § 122j Rn. 2.

begründen, kann sie auch nicht als Rechtfertigung für eine Registersperre zur Gewährleistung der Durchsetzbarkeit eben jenes Anspruchs auf Sicherheitsleistung dienen.

Überdies haben Gläubiger im Rahmen von §§ 341 Abs. 1, 314 UmwG die konkrete Gefährdung ihrer Ansprüche aufgrund der Vorverlagerung des Gläubigerschutzes noch früher und innerhalb eines kürzeren Zeitrahmens als bei einem nationalen Formwechsel glaubhaft zu machen.[882] Dies wird ihnen auf Grundlage der de lege lata vorgesehenen Informationsbasis regelmäßig kaum gelingen.[883] Gleichwohl werden eingeleitete Verfahren den Vollzug des grenzüberschreitenden Formwechsels verzögern. Das Gesetz gibt den Gläubigern somit auf der einen Seite ein erhebliches Obstruktionspotential an die Hand, ohne auf der anderen Seite effektiven und effizienten Gläubigerschutz zu ermöglichen. Während der Anspruch auf Sicherheitsleistung in der de lege lata vorgesehenen Ausgestaltung 'redlichen' Gläubigern bei einem Formwechsel kaum nutzen wird, können 'räuberische' Gläubiger die Registersperre für ihre Zwecke einsetzen.[884] Der Mehrwert der Registersperre liegt für Gläubiger beim Formwechsel also weniger in der Gewährleistung der Durchsetzung des Anspruchs auf Sicherheitsleistung, als in dem mit der Sperrwirkung verbundenen Obstruktionspotential. Diese Ausgestaltung ist nicht interessengerecht. Im Ergebnis ist daher festzuhalten, dass die mit der Registersperre verbundene Belastung für den formwechselnden Rechtsträger den Mehrwert für die Gläubiger überwiegt.[885] Unabhängig von dem Ausmaß, in dem eine Instrumentalisierung der Registersperre durch Gläubiger droht,[886] ist sie daher aus Perspektive des Gläubigerschutzes nicht erforderlich.

c) Das Problem räuberischer Gläubiger

Sogenannte „räuberische Gläubiger“ stellen ein häufig im Zusammenhang mit der Vorverlagerung des Gläubigerschutzes bzw. der in § 343 Abs. 2 UmwG vorgesehenen Registersperre genanntes Problem dar.[887] Da bereits der Antrag eines

---

882 Dort kann der Anspruch binnen sechs Monaten ab Eintragung des Formwechsels im Handelsregister geltend gemacht werden, siehe Kapitel 3, E. I. 1.

883 Siehe zum nationalen Formwechsel bereits Kapitel 3, E. I. 3.

884 Siehe für eine Beschreibung des entsprechenden Vorgehens *Vossius* in Widmann/Mayer, Umwandlungsrecht, 172. Ergänzungslieferung, § 122j Rn. 10 (noch zu § 122j UmwG a.F.).

885 Kritisch auch *Klett* in BeckOGK UmwG, Stand 1. April 2026, § 316 Rn. 33: „Niederlassungsfreiheit zum nachrangigen Gut erklärt“; *Hilser*, Grenzüberschreitender Formwechsel, S. 228: keine zwingenden rechtfertigenden Gläubigerinteressen für Obstruktionspotential.

886 Siehe Kapitel 3, E. II. 2 c).

887 Vgl. *Thomale/Schmid*, NotBZ 2023, 125, 132; *Baschnagel/Hilser*, NZG 2022, 1333, 1337 f.;

einzelnen Gläubigers auf Gewährung von Sicherheiten das gesamte Umwandlungsverfahren blockiert, haben Gläubiger auch bei der substanzlosen Behauptung einer Erfüllungsgefährdung ein erhebliches Obstruktionspotenzial.[888] Befürchtet wird daher, Gläubiger könnten dieses Obstruktionspotential nutzen, um eine Rücknahme ihrer Klagen von finanziellen Zuwendungen der formwechselnden Gesellschaft abhängig zu machen.[889] Insoweit wird der Vergleich zu „räuberischen Aktionären" gezogen, die Anfechtungsklagen gegen Hauptversammlungsbeschlüsse von Aktiengesellschaften mit dem Ziel erheben, den Vollzug des Beschlussgegenstandes durch die Klage zu verzögern.[890]

Allerdings ist es praktisch unwahrscheinlich, dass grenzüberschreitende Formwechselvorgänge in erheblichem Maße von Altgläubigern des formwechselnden Rechtsträgers blockiert werden. In der Praxis wurden grenzüberschreitende Verschmelzungen nach §§ 122a ff. UmwG a.F. bisher nicht in nennenswertem Umfang durch die Geltendmachung von Gläubigeransprüchen auf Sicherheitsleistung verzögert,[891] obwohl Gläubiger über die Möglichkeit verfügten, den Vollzug der Verschmelzung zu verhindern.[892] Grund hierfür dürften unter anderem die strukturellen Unterschiede zu dem praktisch (zumindest vor Einführung des Freigabeverfahrens in § 246a AktG sowie § 16 Abs. 3 UmwG) deutlich relevanteren Fall der räuberischen Aktionäre sein.[893] Altgläubiger des formwechselnden Rechtsträgers werden – im Gegensatz zu räuberischen Aktionären – typischerweise eine laufende Geschäftsbeziehung zu der Gesellschaft unterhalten und müssen daher die Auswirkungen eines entsprechenden Vorgehens auf ihre kurz- und langfristigen Geschäftsbeziehungen und gegebenenfalls die Außenwirkung

Brandi/Schmidt, DB 2022, 1880, 1888; *Bungert/Strothotte*, DB 2022, 1818, 1821 und BB 2022, 1411, 1417; *Heckschen/Knaier*, GmbHR 2022, 501, 507; Siehe auch Stellungnahme der Bundesnotarkammer v. 17 Mai 2022, S. 8 (abgerufen am 2. November 2025 unter https://www.bnotk.de/fileadmin/user_upload_bnotk/Stellungnahmen/2022/BNotK_STN_2022_UmRUG.pdf)

888 *Baschnagel/Hilser*, NZG 2022, 1333, 1338; *Leydecker*, Gläubigerschutz bei grenzüberschreitenden Umwandlungen, S. 149.

889 Vgl. *Baschnagel/Hilser*, NZG 2022, 1333, 1338; Siehe zur vergleichbaren Problematik bei dem Anspruch auf Sicherheitsleistung nach § 13 SEAG *Oechsler* in MüKoAktG, Bd. 7, Art. 8 SE-VO Rn. 53.

890 Siehe schon zu § 122j UmwG a.F. *Vossius* in Widmann/Mayer, Umwandlungsrecht, 172. Ergänzungslieferung, § 122j Rn. 11; zu § 341 UmwG *Stelmaszczyk* in Widmann/Mayer, Umwandlungsrecht, § 341 Rn. 13.

891 *Bungert*, NZG 2022, 1657; Vgl. auch *Thomale/Schmid*, NotBZ 2023, 125, 132 f.

892 Siehe hierzu Kapitel 3, E. II. 2 b).

893 Nach Einführung des Freigabeverfahrens in § 246a AktG verlagerte sich das Tätigkeitsfeld zahlreicher Akteure eher auf das Spruchverfahren nach dem SpruchG, siehe hierzu *Wasmann*, AG 2021, 179.

im Markt berücksichtigen. Vor diesem Hintergrund dürften Fälle, in denen Altgläubiger das Formwechselverfahren gezielt durch substanzlose Behauptung einer Erfüllungsgefährdung verzögern, weiterhin eine absolute Ausnahme darstellen.

Ein deutlich größeres Problem als die Ansprüche auf Sicherheitsleistung der Altgläubiger stellt § 340 Abs. 5 S. 2 UmwG dar, nach dem § 341 UmwG entsprechend auf den Abfindungsanspruch der Anteilsinhaber anzuwenden ist, die anlässlich des Formwechsels aus der Gesellschaft ausscheiden. Somit können auch Anteilseigner, die das Abfindungsangebot im Formwechselplan angenommen haben, einen Anspruch auf Sicherheitsleistung geltend machen, obwohl ihr Anspruch auf Barabfindung erst mit Wirksamwerden des Formwechsels entsteht.[894] Hierdurch entsteht das Risiko, dass räuberische Aktionäre ihre Aktionärsstellung durch Annahme des Abfindungsangebots gegen eine Gläubigerposition tauschen, um sich sodann die Verzögerungs- und Blockademöglichkeiten des Anspruchs auf Sicherheitsleistung abkaufen zu lassen.[895] Räuberische Aktionäre, deren Betätigungsfeld durch § 246a AktG und § 16 Abs. 3 UmwG erheblich eingeschränkt wurde, könnten diese Möglichkeit nutzen, um ihre Tätigkeit in neuem Gewand wieder aufzunehmen. Diese Möglichkeit ist für einen interessengerechten Gläubigerschutz weder erforderlich noch sachdienlich.

3. Ausblick

Der deutsche Gesetzgeber hat sich im Rahmen des UmRUG – obwohl er hierzu nach hier vertretener Auffassung sekundärrechtlich nicht verpflichtet gewesen wäre[896] – dafür entschieden, für den Anspruch auf Sicherheitsleistung bei grenzüberschreitenden Strukturmaßahmen erneut eine Registersperre vorzusehen. Die hiergegen schon im Zuge des Gesetzgebungsverfahrens vorgebrachte Kritik blieb ungehört,[897] der Gesetzgeber hat im Ergebnis keine der vorgeschlagenen Alternativlösungen aufgegriffen.[898] Daher ist nicht zu erwarten, dass der deutsche Gesetzgeber seine Entscheidung zeitnah revidieren wird. Sofern grenzüberschreitende Formwechselverfahren zukünftig nicht in nennenswertem Umfang von Gläubigern blockiert werden sollten, ist zu erwarten, dass der Gesetzgeber in diesem Punkt gänzlich untätig bleiben wird.

---

894 *Drinhausen/Keinath*, BB 2022, 1346, 1351 (zur Verschmelzung).
895 *Bungert/Strothotte*, BB 2022, 1411, 1416 f. (zur Spaltung).
896 Siehe bereits Kapitel 3, E. II. 2. a).
897 Kritisch z.B. *Bungert/Strothotte*, DB 2022, 1818, 1821 und BB 2022, 1411, 1417.
898 Vgl. *Thomale/Schmid*, NotBZ 2023, 115, 133.

Gleichwohl ist die Registersperre weder erforderlich noch sachdienlich. Aus diesem Grund sollte der deutsche Gesetzgeber – wie schon im Gesetzgebungsverfahren von verschiedener Seite gefordert – zumindest ein mit § 16 Abs. 3 UmwG vergleichbares Freigabeverfahren auch für den Anspruch der Gläubiger auf Sicherheitsleistung vorsehen.[899] Das Freigabeverfahren hat sich in der Rechtspraxis bewährt. Die Einführung eines mit § 16 Abs. 3 UmwG vergleichbaren Verfahrens auch für den Anspruch auf Sicherheitsleistung würde das Risiko reduzieren, dass Anteilsinhaber das Barabfindungsangebot annehmen, um sodann den grenzüberschreitenden Formwechsel aus der Gläubigerposition (§ 340 Abs. 5 S. 2 UmwG) heraus zu blockieren. Es ist nicht ersichtlich, warum eine Gesellschaft, die durch § 342 Abs. 2 UmwG i.V.m. § 16 Abs. 3 UmwG vor Verzögerungen des grenzüberschreitenden Formwechselprozesses durch die Anteilseigner geschützt werden soll, dann schutzlos gestellt sein sollte, wenn ein Anteilseigner durch Annahme des Barabfindungsangebots aufgrund von § 340 Abs. 5 S. 2 UmwG in die Gläubigerrolle wechselt. Das Freigabeverfahren bietet jedenfalls bei evidenten Sachverhalten eine sach- und interessengerechte Lösung, ohne den Gläubigerschutz unangemessen zu verkürzen.[900] Sofern der Gesetzgeber (was zu erwarten ist) an der Registersperre festhält, wäre die Implementierung eines mit § 16 Abs. 3 UmwG vergleichbaren Verfahrens auch für den Sicherungsanspruch der Gläubiger für die Zukunft wünschenswert.

III. Zwischenfazit

Die Untersuchung des Anspruchs auf Sicherheitsleistung bei nationalem Formwechsel nach §§ 204, 22 UmwG und grenzüberschreitendem Formwechsel nach Art. 86j GesR-ERL sowie §§ 341, 314 UmwG hat die Schwächen des Sicherungsinstrumentes zutage gefördert. Der europäische Gesetzgeber ist in der finalen Fassung der Richtlinie mit wenig Mut zur Innovation größtenteils auf die bereits aus der GesR-RL bekannte Ausgestaltung des Anspruchs auf Sicherheitsleistung zurückgefallen. Art. 86j Abs. 1 UAbs. 2 GesR-ERL ähnelt deshalb §§ 204, 22 UmwG in wesentlichen Bereichen, weshalb das Konzept der Richtlinie und die Umsetzung in §§ 341, 314 UmwG aus Gläubigersicht zu vergleichbaren Problemen führt. Wie die Untersuchung der Beeinträchtigung der Gläubigerinteressen

899 Stellungnahme der Bundesnotarkammer v. 17. Mai 2022, S. 9; *Heckschen/Knaier*, GmbHR 2023, 317, 321, sowie GmbHR 2022, R260, R261 und ZIP 2022, 2205, 2209; Für eine entsprechende Anwendung der Vorschriften zum Freigabeverfahren auch *Klett* in BeckOGK UmwG, Stand 1. April 2026, § 316 Rn. 33; Siehe grundlegend zu § 16 Abs. 3 UmwG bereits *Karsten Schmidt*, Gesellschaftsrecht, § 12. III. 2.

900 Stellungnahme der Bundesnotarkammer v. 17. Mai 2022, S. 9.

gezeigt hat, begründen allein ungünstigere Rechtsvorschriften im Zielrechtsstaat keine konkrete Gefährdung.[901] Die Untersuchung hat weiter verdeutlicht, dass sich das Ausmaß der spezifisch aus dem grenzüberschreitenden Formwechsel resultierenden Gefährdungen in Grenzen hält.[902] Das Hauptproblem liegt also wiederum in einem durch den Formwechsel ermöglichten Kapitalabfluss aus dem Rechtsträger.[903] Gläubiger müssen auch im grenzüberschreitenden Kontext davor geschützt werden, dass der Formwechsel als Kapitalherabsetzungsalternative genutzt wird, um dem Rechtsträger in großem Umfang zuvor geschütztes Vermögen zu entnehmen.

De lege lata wird den Gläubigern sowohl beim nationalen als auch beim grenzüberschreitenden Formwechsel auferlegt, eine konkrete Gefährdung der Erfüllung ihrer Forderung glaubhaft zu machen. Diesen Nachweis können sie im Fall des Formwechsels regelmäßig nur bei Kenntnis einer geplanten Entnahme aus dem Gesellschaftsvermögen oder vergleichbaren Maßnahmen erbringen.[904] Verbleibt es bei dieser Ausgangslage, wird der Anspruch der Gläubiger regelmäßig ins Leere laufen. Die Informationsverteilung passt schlicht nicht zur Beweislast, weshalb einer der beiden Aspekte der Anpassung bedarf. Nach hier vertretener Auffassung kann es sich dabei nur um die Informationsverteilung handeln. Entsprechende Offenlegungspflichten verfügen einerseits bereits isoliert über eine Schutzwirkung und erleichtern andererseits den Gläubigern die Glaubhaftmachung einer Erfüllungsgefährdung zumindest, ohne den formwechselnden Rechtsträger dabei wesentlich zu belasten.[905] Vor diesem Hintergrund ist zu beklagen, dass Informationsmodell und Anspruch auf Sicherheitsleistung auch anlässlich der Umsetzung der GesR-ERL durch das UmRUG nicht hinreichend aufeinander abgestimmt wurden. Obwohl die konkrete Ausgestaltung des Anspruchs auf Sicherheitsleistung als Gläubigerschutzinstrument beim Formwechsel schon länger in der Kritik steht,[906] hat der deutsche Gesetzgeber sich im Zuge

---

901 Siehe Kapitel 2, C. VI.; Vgl. statt vieler erneut *Polley* in Henssler/Strohn, GesR, 5.Auflage, § 122j UmwG Rn. 8: „Auch ein abstrakt geringeres Schutzniveau der Kapitalaufbringungs oder -erhaltungsregeln im EU-Ausland begründet für sich genommen noch keine Gefährdung".

902 Siehe zu den Einzelheiten, Kapitel 2, C. V.

903 So für den Fall der SE-Sitzverlegung auch *Hoger*, Kontinuität beim Formwechsel, S. 282.

904 So auch *Winner*, ECFR 2019, 44, 56 für den grenzüberschreitenden Formwechsel: „as this depends largely on future actions by the company, such as planned distributions".

905 Siehe Kapitel 3, D. VII. 1 und E. I. 5.

906 Vgl. *Hoger*, Kontinuität beim Formwechsel, S. 153: „begrenzt dienliches Sicherungsinstrument"; *Veith*, Gläubigerschutz beim Formwechsel, S. 237: Glaubhaftmachung dürfte „kaum gelingen"; Ähnlich *Veil*, Umwandlung einer Aktiengesellschaft, S. 242: wird „in der Regel nicht gelingen"; Vgl. auch *Hoger* in Lutter, UmwG, § 204 Rn. 2 und *Drin-*

des UmRUG erneut auf das bekannte (und durch GesR-ERL perpetuierte) System verlassen. Hierdurch wurde eine Chance zur interessengerechten Ausgestaltung des Anspruchs auf Sicherheitsleistung vertan. Hier besteht de lege ferenda weiterer Handlungsbedarf, auf den im Rahmen der Handlungsempfehlungen noch genauer eingegangen werden soll.[907] Zuvor wird jedoch ein Blick auf den Kommissionvorschlag und das Ausland zeigen, dass es interessante Gestaltungsoptionen gibt, um mit dem bestehenden Problem umzugehen.

IV. Vergleichende Untersuchung des Kommissionsvorschlags

Im ursprünglichen Kommissionsvorschlag der GesR-ERL war für den Gläubigerschutz ein innovativer Ansatz vorgesehen, der sich erheblich von der deutschen Konzeption in §§ 204, 22 UmwG und der finalen Fassung der Richtlinie unterschied.[908] Obwohl das Konzept des Kommissionsvorschlags schlussendlich verworfen wurde, sollen Kommissionsvorschlag (und seine Ursprünge im ausländischen Recht) im Sinne einer ganzheitlichen Untersuchung der GesR-ERL beleuchtet werden, um etwaige Vorteile gegenüber dem de lege lata vorgesehenen System herauszuarbeiten. Es kann davon ausgegangen werden, dass das dänische Recht Vorbild für das (schlussendlich verworfene) Gläubigerschutzsystem des Kommissionsvorschlages diente,[909] weshalb der Ansatz des dänischen Rechts hier kurz dargestellt werden soll.

Das in Art. 86k des Kommissionsvorschlags vorgesehene Verfahren entsprach im Wesentlichen dem in §§ 319 ff. des Dänisches Gesetzes über Aktiengesellschaften und Gesellschaften mit beschränkter Haftung (Danish Act on Public and Private Limited Companies, kurz „Companies Act“) in der konsolidierten Fassung vom 11. Oktober 2021 geregelten Verfahren.[910] Gemäß § 330 Abs. 1 des Companies Act muss der nach § 326 zu beschließende Umwandlungsplan von einem unabhängigen Prüfer geprüft werden. Bei dem Prüfer hat es sich nach § 37 Companies Act um zugelassene Wirtschaftsprüfer, oder vom Justizminister oder dem zuständigen Insolvenzgericht ernannte Experten zu handeln. Der Prüfer

hausen/Keinath in Henssler/Strohn, GesR, § 204 UmwG Rn. 3: „geringe praktische Bedeutung“.

907 Siehe Kapitel 3, E. V.

908 Vgl. *J. Schmidt*, ZEuP 2020, 565, 581, „äußerst innovatives Konzept zum Schutz der Gläubiger“.

909 *Teichmann*, NZG 2019, 241, 246.

910 Siehe grundsätzlich zum Verfahren nach dem Companies Act *Andersen/Sørensen*, The Danish Companies Act, S. 261; Siehe grundlegend zum Companies Act und den dänischen Gesellschaftsformen *Gerhard Ring/Line Olsen-Ring* in Süß/Wachter, Handbuch des internationalen GmbH-Rechts, Dänemark, Rn. 1.

hat eine schriftliche Stellungnahme zu dem Umwandlungsplan abzugeben. Gemäß § 331 S. 1 Companies Act muss der Prüfer weiterhin eine Erklärung darüber abgeben, ob davon auszugehen ist, dass die Gläubiger des formwechselnden Rechtsträgers nach dem Formwechsel weiterhin ausreichend geschützt sind.[911] Allerdings haben die Anteilseigner nach § 331 S. 2 Companies Act die Möglichkeit, durch einstimmigen Beschluss auf diese Erklärung zu verzichten. Gemäß § 332 Abs. 1 Companies Act können Gläubiger einen Anspruch auf Sicherheitsleistung geltend machen, wenn der Prüfer zu dem Ergebnis kommt, dass ein ausreichender Schutz der Gläubiger nicht gewährleistet ist, oder wenn die Anteilseigner auf eine Prüfung der Gläubigergefährdung verzichtet haben. Dies gilt jedoch nur für Ansprüche, die vor Bekanntgabe des Formwechsels entstanden sind.[912] Ausgeschlossen ist ein Anspruch auf Sicherheitsleistung nach § 332 Abs. 1 S. 3 Companies Act für Forderungen, die bereits ausreichend gesichert sind. Strukturell ähnelt die Regelung demnach § 22 UmwG, mit dem Unterschied, dass eine Gefährdungsprüfung durch einen unabhängigen Experten durchgeführt wird. Es wird ein objektiver Dritter in den Formwechselprozess und damit in das Verhältnis von Unternehmen und Gläubigern eingeschaltet.

In ähnlicher Weise war in der Erstfassung der GesR-ERL vorgesehen, dass Gläubiger stets Sicherheit verlangen können, wenn sie die im Umwandlungsplan angebotenen Sicherheiten für nicht zufriedenstellend erachten. Allerdings bestand nach Art. 86k Abs. 3 des Kommissionsvorschlags die Vermutung, dass Gläubiger nicht gefährdet werden, wenn die Gesellschaft den Bericht eines unabhängigen Sachverständigen offenlegt, der zu dem Ergebnis gelangt, dass eine übermäßige Beeinträchtigung der Rechte der Gläubiger nicht zu erwarten ist. Schlussendlich wurde dieses Modell jedoch, trotz durchaus vorhandenem Zuspruch,[913] nicht in die finale Fassung der Richtlinie übernommen.[914] Es handelt sich jedoch um einen durchaus beachtenswerten Ansatz, da in den Interessenkonflikt zwischen formwechselndem Rechtsträger und Gläubigern ein Intermediär eingeschaltet wird.

---

[911] Vgl. auch *Teichmann*, ECFR 2016, 277, 298.

[912] *Andersen/Sørensen*, The Danish Companies Act, S. 251.

[913] Siehe z.B. *ECLE* in ECFR 2019, 196, 206; *J. Schmidt*, ECFR 2019, 222, 263; *Teichmann*, NZG 2019, 241, 246.

[914] Auch von deutscher Seite bestanden Vorbehalte gegenüber der Regelung, vgl. z.B. die Empfehlungen des Bundesrates vom 10. September 2018, BR-Drs. 179/1/18, S. 10.

1. Vor- und Nachteile von Kommissionsvorschlag und dänischem Modell

Verglichen mit §§ 204, 22 UmwG und Art 86j GesR-ERL, §§ 341, 314 UmwG verfügt das im Kommissionsvorschlag vorgesehene und dem dänischen Recht entliehene Verfahren sowohl über Vor- als auch Nachteile. Aus Sicht des formwechselnden Unternehmens sind zunächst die entstehenden Kosten und der mit der Prüfung einhergehende Zeitverlust nachteilig. Zwar ist die Erklärung zur ausreichenden Sicherstellung unter dänischem Recht nach § 331 S. 1 Companies Act (konsolidierte Fassung vom 11. Oktober 2021) verzichtbar, allerdings nur mit der Folge, dass gemäß § 332 Abs. 1 Companies Act grundsätzlich allen Gläubigern unbesicherter Forderungen ein Anspruch auf Sicherheitsleistung zusteht. Weiterhin darf nicht außer Acht gelassen werden, dass das Schicksal des Sicherstellungsanspruchs durch Zwischenschaltung eines Prüfers im Ergebnis in die Hände eines privaten (wenn auch hoheitlich anerkannten beziehungsweise ernannten) Dritten gelegt wird. Denn selbst wenn man dem Urteil des Prüfers nur eine Vermutungswirkung zuspricht (so Art. 86k Abs. 3 des Kommissionsvorschlages) werden Gläubiger regelmäßig kaum in der Lage sein, diese zu widerlegen. Die grundlegenden Probleme der Darlegungslast der Gläubiger werden nochmals intensiviert, wo sie gegen eine Vermutung zu streiten haben. Insbesondere da Gläubiger von einer entgegenstehenden Vermutung davon abgeschreckt werden könnten, die mit der Darlegung einer Anspruchsgefährdung verbundenen Kosten zu investieren, würde das Urteil des Prüfers oftmals eine Vorentscheidung über den Anspruch darstellen. Damit gehen gegebenenfalls komplizierte Haftungsfragen einher, da ein Fehlurteil des Prüfers Gläubiger dazu verleiten kann, auf die Geltendmachung eines Sicherstellungsanspruchs zu verzichten.

Rechtsökonomisch ist es durchaus sinnvoll, die Kostenlast bei dem formwechselnden Rechtsträger zu bündeln, statt jeden Gläubiger individuell zu belasten.[915] Man wird unterstellen können, dass die einmalige Prüfung gesamtwirtschaftlich geringere Kosten verursacht als die individuelle Prüfung durch jeden einzelnen Gläubiger. Weiterhin löst der Ansatz die Krux, dass Gläubiger, die eine Gefährdungsprüfung vornehmen könnten, sich in aller Regel schon vertraglich abgesichert haben, während solche, die auf Sicherheitsleistung

---

[915] *Teichmann*, NZG 2019, 241, 246; Siehe auch *Hilser*, Grenzüberschreitender Formwechsel, S. 215 und *Leydecker*, Gläubigerschutz bei grenzüberschreitenden Umwandlungen, S. 189.

angewiesen sind, die Kosten der Prüfung scheuen werden.[916] Schlussendlich sprechen Wertungsgesichtspunkte für eine Bündelung der Kosten bei dem formwechselnden Rechtsträger, da eine potenzielle Gefährdung der Gläubiger seiner Sphäre entstammt. Nach dem Verursacherprinzip ist es sachgerecht, den Rechtsträger auch zur Gefährdungsprüfung zu verpflichten. Die Befürchtung, der Anspruch auf Sicherheitsleistung würde faktisch in die Hände eines Dritten gelegt, wird dadurch entschärft, dass gerade solche Gläubiger, die auf den Anspruch angewiesen (da nicht vertraglich abgesichert) sind, ohnehin oftmals auf die Gefährdungsprüfung und die Beantragung von Sicherheiten verzichten werden.[917] Beifall verdient der Ansatz aber besonders deshalb, weil das Problem der Informationsasymmetrie und der damit verbundenen widerstreitenden Interessen entschärft werden kann. §§ 204, 22 und §§ 341, 314 UmwG verursachen einen erheblichen Interessenkonflikt – Gläubiger benötigen gesellschaftsinterne Informationen, um eine Gefährdung ihrer Forderungen glaubhaft machen zu können, während das Unternehmen in aller Regel so wenig Informationen offenlegen möchte wie möglich. Da dem Anspruch nach §§ 204, 22 UmwG aber nur bei Beseitigung dieser Informationsasymmetrie ein nennenswerter Anwendungsbereich zukommen kann,[918] muss zugunsten der Gläubiger in das allgemein bestehende Geheimhaltungsinteresse der Gesellschaft eingegriffen werden.[919] Einem zur Verschwiegenheit verpflichteten Prüfer können jedoch weitreichendere Einsichts- und Auskunftsrechte gegenüber dem formwechselnden Rechtsträger eingeräumt werden als Gläubigern, solange sichergestellt ist, dass die Stellungnahme des Prüfers keine vertraulichen Informationen enthält. So kann die Gefährdungslage auf einer deutlich umfangreicheren Informationsbasis geprüft werden. Auch hier müsste jedoch sichergestellt werden, dass die Anteilseigner dem Prüfer geplante Kapitalmaßnahmen offenlegen.

Insgesamt lässt sich einem Anspruch auf Sicherheitsleistung nach dänischem Vorbild deshalb aus Perspektive des Gläubigerschutzes viel Positives abgewinnen.[920] Das Modell entlastet gerade Kleingläubiger in der Darlegungslast, ohne

---

916 *Teichmann*, NZG 2019, 241, 246, geht davon aus, dass Gläubiger hoher Forderungen regelmäßig abgesichert sein werden. Allerdings wird es neben der Höhe der Forderung maßgeblich auch auf die Verhandlungsmacht des Gläubigers ankommen.

917 In diese Richtung auch *Hilser*, Grenzüberschreitender Formwechsel, S. 215 und *Teichmann*, NZG 2019, 241, 246.

918 Siehe Kapitel 3, E. I. 5.

919 Nach hier vertretenem Ansatz ist die Lösung in einer materiellen Offenlegungspflicht zu suchen, aber auch die von *Hoger* befürwortete Beweislastumkehr würde im Ergebnis zu einer Offenlegung in vergleichbarem Umfang zwingen, siehe Kapitel 3, E. I. 4. d).

920 So zu Art. 86j der Richtlinie auch *Teichmann*, NZG 2019, 241, 246 der das in Art. 86k des Kommissionsvorschlags vorgesehene Modell gegenüber der finalen Version bevorzugt.

den formwechselnden Rechtsträger durch eine zwingende Sicherstellung zu belasten. Im Gegensatz zu einer Beweislastumkehr müsste die Gesellschaft keine Vermutung widerlegen, sondern sich nur einer Prüfung durch einen objektiven Dritten unterziehen. Durch entsprechende Verschwiegenheitspflichten kann dabei das Geheimhaltungsinteresse des Unternehmens gewahrt werden, ohne die Informationsgrundlage der Prüfung zu schmälern. Dem formwechselnden Rechtsträger die Kosten der Gefährdungsprüfung aufzubürden ist unter dem Gesichtspunkt des Verursacherprinzips sachgerecht. Die Stärken des im Kommissionsvorschlag und im dänischen Recht vorgesehenen Modells liegen demnach in ebenjenen Bereichen, die sich bei §§ 204, 22 UmwG und Art. 86j GesR-ERL, §§ 341 Abs. 1, 314 UmwG als problematisch erweisen.

2. Reibungspunkte mit dem UmwG

Der in Kommissionsvorschlag und dänischem Recht vorgesehene Ansatz hat – wie dargestellt – verschiedene Vorteile gegenüber §§ 204, 22 UmwG und §§ 341 Abs. 1, 314 UmwG. Gerade in der besonders wichtigen Kostenfrage bestehen jedoch Reibungspunkte mit dem vom deutschen Gesetzgeber vorgesehenen Grundkonzept des Formwechselvorgangs.

Ausweislich der Gesetzesbegründung zu § 192 UmwG hat der Gesetzgeber für den Formwechsel bewusst auf die Prüfung durch einen Sachverständigen verzichtet, um zu hohe Kosten zu vermeiden.[921] Einzige Ausnahme hiervon bildet § 259 UmwG für den Fall einer formwechselnden eG. Hier ist eine gutachtliche Äußerung des Prüfungsverbandes einzuholen, ob der Formwechsel mit den Belangen der Mitglieder und auch der Gläubiger der Genossenschaft vereinbar ist. Diese Regelung ist sowohl der besonderen Stellung des genossenschaftlichen Prüfverbandes als auch dem Umstand geschuldet, dass jede Genossenschaft einem solchen angehören muss.[922] Die Prüfung trägt eher Betreuungsaufgabe des Verbandes Rechnung und ist kostengünstiger als die Prüfung durch einen externen Sachverständigen.[923] Der Gesetzgeber maß den mit einer Prüfungspflicht einhergehenden Kosten bei Erlass des UmwG 1994 maßgebliche Bedeutung zu und hat eine Prüfung nur in einem absoluten Sonderfall vorgesehen, in dem die Kostenlast ohnehin erheblich unterhalb der Prüfung durch einen sachverständi-

921 BegrRegE BR-Drs. 75/94, S. 139.
922 *Bonow* in Semler/Stengel/Leonard, UmwG § 259 Rn. 3 ff.
923 Ebd., Rn. 4 f.

gen Prüfer liegt. Entsprechend verwundert nicht, dass gerade auch von deutscher Seite Kritik an dem im Kommissionsvorschlag zunächst vorgesehenen (an das dänische Recht angelehnten) Gläubigerschutzmodell geübt wurde. So hat der Bundesrat in seiner Stellungnahme zum Kommissionsvorschlag eine Anpassung des Art. 86k durch Einfügen einer Pflicht zur Glaubhaftmachung einer Gefährdung durch die Gläubiger und Streichung der in Art. 86k Abs. 3 vorgesehenen (auf dem Bericht eines unabhängigen Sachverständigen beruhenden) Vermutungsregel nahegelegt.[924] Zwar sieht § 338 UmwG für den grenzüberschreitenden Formwechsel – im Einklang mit den Vorgaben der GesR-ERL – nunmehr die Prüfung durch einen sachverständigen Prüfer vor (§ 9 UmwG), allerdings können die Anteilseigner auf diese Prüfung verzichten (§ 338 Abs. 2 UmwG i.V.m § 8 Abs. 3 S. 1 UmwG). Hat der formwechselnde Rechtsträger nur einen Anteilsinhaber, ist die Prüfung ohnehin nicht erforderlich (§§ 338 Abs. 2, 8 Abs. 3 S. 3 Nr. 2 UmwG). Schlussendlich stehen die Vorzüge des im Kommissionsvorschlag vorgesehen Gläubigerschutzmodells somit dem Nachteil höherer Kosten auf Seiten des formwechselnden Rechtsträgers und einer längeren Verfahrensdauer gegenüber. Da die Kostenfrage schon im UmwG 1994 zugunsten des formwechselnden Rechtsträgers entschieden und der im Kommissionsvorschlag vorgesehene und auch von deutscher Seite kritisierte Ansatz schlussendlich nicht in die GesR-ERL übernommen wurde, erscheint es sehr unwahrscheinlich, dass diese Abwägung in Zukunft zugunsten einer Stärkung des Gläubigerschutzes durch Implementierung eines mit dem Kommissionsvorschlag bzw. dem dänischen Recht vergleichbaren Verfahrens ausgeht.

V. Konsequenzen für die Ausgestaltung de lege ferenda

Die vorausgehende Untersuchung hat gezeigt, dass die interessengerechte Ausgestaltung des Anspruchs auf Sicherheitsleistung eine nicht zu unterschätzende Herausforderung darstellt. Die vertretenen Auffassungen unterscheiden sich teils erheblich und der Kommissionsvorschlag wartete (in Anlehnung an das dänische Recht) mit noch weitergehenden Gestaltungsoptionen auf. Der deutsche Gesetzgeber hatte anlässlich der Umsetzung der GesR-ERL die Gelegenheit, das bisherige System insgesamt auf den Prüfstand zu stellen. Da die Richtlinie nur ein Mindestschutzniveau vorsieht,[925] bestand auch im grenzüberschreitenden Kontext ein Gestaltungsspielraum, den Anspruch auf Sicherheitsleistung als

924 Empfehlungen des Bundesrates v. 10. September 2018, BR-Drs. 179/18, S. 10.
925 Siehe Kapitel 2, B. I. 2. b)

Schutzinstrument neu zu tarieren, solange das in der Richtlinie vorgesehene Schutzniveau für den grenzüberschreitenden Formwechsel nicht unterschritten wird. Diese Chance hat der deutsche Gesetzgeber im Rahmen des UmRUG nicht genutzt.[926] Gleichwohl ist es keinesfalls ausgeschlossen, dass die konkrete Ausgestaltung des Anspruchs auf Sicherheitsleistung in der Zukunft eine Änderung erfährt. Daher sollen nachfolgend noch einmal die zentralen Weichenstellungen zusammengefasst werden, die für die Ausgestaltung maßgeblich sind.

1. Abstrakte oder konkrete Ausgestaltung

Zunächst muss entschieden werden, in welchem Umfang der Anspruch auf Sicherheitsleistung eine konkrete Gefährdung von Gläubigerinteressen zur Voraussetzung haben sollte. Jedenfalls theoretisch könnte sowohl §§ 204, 22 Abs. 1 UmwG als auch §§ 341, 314 UmwG dergestalt angepasst werden, dass die Darlegung eines sinkenden Kapitalschutzniveaus zur Glaubhaftmachung einer Gefährdung und somit Begründung eines Anspruchs auf Sicherheitsleistung ausreicht. Ergebnis wäre, dass Gläubiger stets Sicherheiten verlangen könnten, wenn das Kapitalschutzniveau sinkt. Der Anspruch würde hierdurch wieder in die Nähe von § 374 AktG a.F. rücken, der einen Anspruch unabhängig von der Glaubhaftmachung einer entsprechenden Gefährdung vorsah.[927] Im Ergebnis würde hierdurch das de lege lata für Kapitalherabsetzung nach §§ 58 GmbHG, 225 AktG vorgesehene Schutzniveau auf den Formwechsel übertragen. Dies wird teilweise (bezogen auf den nationalen Formwechsel) als folgerichtige Ausgestaltung angesehen.[928] Andere Stimmen sehen im Schutz vor abstrakten Beeinträchtigungen im grenzüberschreitenden Kontext eine nicht zu rechtfertigende Beschränkung der Niederlassungsfreiheit.[929] Dem ist zuzustimmen.[930] Aber auch für den nationalen Formwechsel wäre eine solche Ausgestaltung nicht interessengerecht. Die Gleichstellung von Kapitalherabsetzung und Formwechsel ist aufgrund der unterschiedlichen Zielrichtungen der Maßnahmen wertungsmäßig verfehlt. Ziel einer Kapitalherabsetzung nach AktG oder GmbHG ist es im Ergebnis, unmittelbar auf die

926 Siehe zur Ausgestaltung des Anspruchs auf Sicherheitsleistung beim grenzüberschreitenden Formwechsel, Kapitel 3, E. II.

927 In diesem Sinne *Veith*, Gläubigerschutz beim Formwechsel, S. 237 ff.

928 *Frank*, Formwechsel im Binnenmarkt, S. 199; In diese Richtung auch *Hoger*, Kontinuität beim Formwechsel, S. 184 f.

929 *Drinhausen* in Semler/Stengel/Leonard, UmwG, 5. Auflage, § 122j, Rn. 9; *Hörtnagl* in Schmitt/Hörtnagl UmwG/UmwStG, 9. Auflage, § 122j UmwG Rn. 8.

930 Siehe bereits Kapitel 3, E. II. 1.

statutarische Kapitalziffer der Gesellschaft einzuwirken.[931] Hierdurch wird der dem Gläubigerschutz dienende gesetzliche Garantiefonds herabgesenkt.[932] Der Formwechsel zielt demgegenüber regelmäßig nicht unmittelbar auf einen Kapitalabzug ab. Oftmals wird es sich bei Lockerung oder Wegfall der Kapitalbindung nur um eine Nebenfolge des eigentlich mit dem Formwechsel verfolgten Zwecks handeln. Obwohl die Folgen vergleichbar sein können, sind Kapitalherabsetzung und Formwechsel deshalb wertungsmäßig nicht gleichzusetzen. Eine Gleichbehandlung von gesetzlich vorgesehener Wirkung und möglichem Nebeneffekt kann nicht überzeugen.[933]

In Fällen, in denen die Kapitalbindung ohnehin nur ein geringes Schutzniveau bietet (beispielsweise bei einer GmbH mit gesetzlichem Mindestkapital), rechtfertigt es das Interesse der Gläubiger an der Beibehaltung dieses Niveaus außerdem nicht, den formwechselnden Rechtsträger in erheblichem Maße mit Sicherungsansprüchen zu belasten. Dies würde den Formwechsel in vielen Fällen weiter einschränken, als es aus Gläubigerschutzgesichtspunkten notwendig ist. Weiterhin würde die Anwendbarkeit des Formwechsels als Instrument der Krisenbewältigung in Zeiten wirtschaftlicher Schwierigkeiten erheblich beschränkt. In Fällen, in denen der Formwechsel als Teil eines Turnaround-Konzepts genutzt werden soll (beispielsweise um das Unternehmen attraktiver für neue Investoren zu gestalten),[934] wäre eine Verpflichtung zur Sicherstellung aller Gläubiger aufgrund sinkender Kapitalbindung regelmäßig contra-produktiv. An dem Erfordernis einer konkreten Gefährdung von Gläubigerinteressen sollte deshalb festgehalten werden.[935]

2. Verteilung der Beweislast

Da es sich empfiehlt, an einer konkreten Ausgestaltung festzuhalten, muss im zweiten Schritt geklärt werden, wer die Beweislast für eine Gläubigergefährdung

931 Siehe zu den Zwecken einer Herabsetzung z.B. *Wicke* in Wicke, GmbHG § 58 Rn. 1.

932 *Hoger*, Kontinuität beim Formwechsel, S. 185; *Wicke* in Wicke, GmbHG § 58 Rn. 1.

933 A.A *Hoger*, Kontinuität beim Formwechsel, S. 185 mit dem Argument, die unterschiedliche Zielrichtung würde an Risiko und Interessenlage der Gläubiger nichts ändern. Dieser Einwand kann allerdings nicht überzeugen, da er die unterschiedlichen Interessenlagen der Anteilseigner schlicht unberücksichtigt lässt. Da gesellschaftsrechtliche Struktur- und Kapitalmaßnahmen stets von einem Interessenwiderstreit zwischen Gläubigern und Anteilseignern geprägt sind, muss die Interessenlage beider Seiten berücksichtigt werden.

934 Siehe zum Formwechsel in der Insolvenz bereits Kapitel 3, B. I. 6.

935 So im Ergebnis auch *Janisch*, Grenzüberschreitende Sitzverlegung, S. 398 mit der nicht näher ausgeführten Begründung, eine konkrete Ausgestaltung würde für angemessenen Schutz sorgen, ohne die Gesellschaft über Gebühr zu strapazieren.

tragen sollte. Hierbei hat die vorausgehende Untersuchung drei Gestaltungsoptionen aufgezeigt. Man könnte nach Vorbild des Kommissionsvorschlags bzw. des dänischen Rechts einen objektiven Dritten als Intermediär in das Verhältnis von formwechselnden Rechtsträger und Gläubigern einschalten. Eine weitere Option wäre, *Hogers* Ansatz in das geschriebene Recht zu übernehmen und eine Gläubigergefährdung widerlegbar zu vermuten.[936] Zuletzt könnte man es auch bei der bisherigen Verteilung der Beweislast belassen und die Informationsbasis der Gläubiger stärken.[937]

Die Untersuchung des dänischen Ansatzes hat gezeigt, dass der Auslagerung des Interessenkonfliktes auf einen objektiven Dritten aus Gläubigersicht viel Positives abzugewinnen ist.[938] Allerdings würde die Implementierung eine Umgestaltung des de lege lata vorgesehenen Formwechselvorgangs erfordern, die mit zusätzlichen Kosten für den formwechselnden Rechtsträger und einer Verzögerung des Verfahrens verbunden wäre. Weiterhin müsste ein entsprechendes Verfahren auch für die Verschmelzung auf eine Vorrats- oder Mantelgesellschaft vorgesehen werden, um Umgehungsversuche im Einzelfall einzudämmen. Letztlich müsste besonderes Augenmerk darauf gelegt werden, dass die konkrete Ausgestaltung in jeglicher Hinsicht dem Mindestschutzniveau der GesR-ERL entspricht. Trotz der aufgezeigten Vorteile dieses Ansatzes aus Gläubigersicht lässt sich nicht von der Hand weisen, dass eine derart umfangreiche Änderung des Formwechselvorgangs schon deshalb praktisch unrealistisch ist, weil sich der Ansatz bereits bei der Konzeption der GesR-ERL nicht durchsetzen konnte.

Die Gläubigergefährdung widerlegbar zu vermuten, würde eine weniger weitreichende Umgestaltung darstellen, begegnet im Ergebnis aber dennoch durchgreifenden Bedenken. Zunächst würde hierdurch eine Vermutung wider der Rechtswirklichkeit begründet – die Untersuchung der Beeinträchtigung von Gläubigerinteressen hat gezeigt, dass eine konkrete Gefährdung nicht die Regel, sondern typischerweise die durch spezifisches Anteilseignerverhalten bedingte Ausnahme darstellt.[939] Die Vermutung würde nur bei einer verhältnismäßig geringen Teilmenge der Formwechselvorgänge mit der Realität übereinstimmen, weshalb sie sich kaum rechtfertigen lässt. Weiterhin würde durch eine entspre-

936 Siehe Kapitel 3, E. I. 4. d).
937 Siehe Kapitel 3, E. I. 5.
938 Siehe Kapitel 3, E. IV. 1.
939 Siehe zum zusammenfassenden Ergebnis, Kapitel 2, C. VI.

chende Vermutungsregelung auf Seiten der Gesellschaft eine Beweislast für Negativtatsachen begründet.[940] Im Fall der sinkenden Kapitalbindung könnte die Vermutung nur unter Zuhilfenahme einer (eidesstattliche) Versicherung widerlegt werden, dass keine erheblichen Kapitalentnahmen oder vergleichbare Maßnahmen geplant sind. Verglichen mit einer entsprechenden Offenlegungspflicht handelt es sich aus Sicht des Unternehmens demnach um ein Nullsummenspiel, da in jedem Fall Aussagen zu geplanten Kapitalmaßnahmen getroffen werden müssten. Weiterhin hat der Gesetzgeber mit dem UmwG 1994 gerade eine Gleichschaltung des Gläubigerschutzes bei den unterschiedlichen Strukturmaßnahmen vorgenommen. Gleiches gilt für GesR-ERL, die in der Finalfassung ebenfalls ein einheitliches System für alle Strukturmaßnahmen vorsieht. Es ist deshalb unwahrscheinlich, dass der Gesetzgeber hiervon zukünftig durch punktuelle Beweislastumkehr für den Formwechsel abweicht.

Im Ergebnis ist es deshalb vorzugswürdig, die Beweislast bei den Gläubigern zu belassen und ihre Informationsbasis durch die Implementierung entsprechender Offenlegungspflichten zu stärken.[941] Derartige Pflichten können mit minimalem gesetzgeberischem Aufwand implementiert werden und lassen sich problemlos in bereits vorhandenen Normen verankern. Sie bedürfen keiner erheblichen Umgestaltung des im UmwG vorgesehenen Ablaufs eines Formwechsels und stärken die Position der Gläubiger, ohne den formwechselnden Rechtsträger erheblich zu belasten.[942] Überdies würden Offenlegungspflichten bei einem Formwechsel auch für sich genommen eine gewisse Schutzfunktion entfalten.[943] Letztlich kann eine solche Offenlegungspflicht ohne weiteres auch für die anderen Strukturmaßnahmen vorgesehen werden, so dass die Gleichschaltung des Gläubigerschutzes gewahrt bleibt. Diese Variante hat die größten Chancen auf tatsächliche Umsetzung.

3. Handlungsempfehlung de lege ferenda

Die problematischste Gläubigerbeeinträchtigung anlässlich des Formwechsels liegt, wie zuvor festgestellt,[944] in der Ermöglichung einer weitergehenden Ein-

---

940 Eine solche wird prozessual nach ständiger Rechtsprechung des BGH oftmals über die Grundsätze der sekundären Darlegungslast entschärft, siehe beispielsweise BGH, Beschl. v. 20. Juni 2017 – Az.: VI ZR 505/16.
941 Siehe Kapitel 3, E. I. 5.
942 Siehe hierzu bereits Kapitel 3, E. I. 5. a) und d)
943 Siehe Kapitel 3, D. VII. 1.
944 Siehe Kapitel 2, C. II. und III.

wirkung der Anteilseigner auf das Gesellschaftsvermögen. Eine konkrete Gläubigergefährdung tritt jedoch regelmäßig erst im Zusammenhang mit der Durchführung entsprechender Maßnahmen ein. Problematisch gestaltet sich aus Gläubigersicht demnach insbesondere ein Formwechsel, der gerade zum Zweck des zukünftigen Kapitalabzuges vorgenommen wird. Konsequenterweise sollte der Gesetzgeber die Anteilseigner deshalb zu einer Offenlegung geplanter Kapitalentnahmen und vergleichbarer Maßnahmen (beispielsweise dem Erwerb eigener Anteile) verpflichten. Hierdurch wird einerseits den Gläubigern die Darlegung einer Erfüllungsgefährdung zumindest erleichtert,[945] andererseits entsteht auf Seiten der Anteilseigner des formwechselnden Rechtsträgers eine gewisse Hemmschwelle, den Formwechsel als 'verdeckte Kapitalherabsetzung' zu nutzen.[946] Der richtige Ort hierfür ist der Formwechselbeschluss (bzw. bei einem grenzüberschreitenden Formwechsel der Formwechselplan § 335 UmwG). Da ein Kapitalabzug perspektivisch den Anteilseignern zugutekommt und von ihnen beschlossen wird, ist es folgerichtig, die Anteilseigner selbst zu einer entsprechenden Stellungnahme zu verpflichten.[947] Dabei sollten Angaben dazu zu machen sein, in welchem Umfang im Jahr nach dem Wirksamwerden des (grenzüberschreitenden) Formwechsels Kapitalausschüttungen oder ähnliche kapitalbezogene Maßnahmen (beispielsweise der Erwerb eigner Anteile), geplant sind.[948] Anzugeben sein sollte, in welcher Höhe ein Abzug von zuvor gebundenem Kapital aus der Gesellschaft geplant ist und um welchen Teil des Gesamtvermögens es sich dabei näherungsweise handelt. Diese minimale Anpassung des Inhalts von Formwechselbeschluss § 194 UmwG und Formwechselplan § 335 UmwG würde die Situation der Gläubiger verbessern, ohne den formwechselnden Rechtsträger oder seine Anteilseigner merklich zu belasten. Wird trotz entgegenstehender Aussagen in Formwechselbeschluss oder Formwechselplan innerhalb des maßgeblichen Zeitraums das Kapital des formwechselnden Rechtsträgers in einem Ausmaß reduziert, das Gläubiger dazu berechtigt hätte, einen Anspruch nach §§ 204, 22 bzw. §§ 341, 314 UmwG geltend zu machen, stünde eine mögliche Haftung nach § 826 BGB im Raum. Als sittenwidrig im Rahmen des § 826 BGB sind im Bereich der Gläubigerbenachteiligung solche Maßnahmen zu bewerten, die Gläubigeransprüche faktisch leerlaufen lassen.[949] Hierunter wird man auch die vorsätzliche Fehlinformation über den geplanten

945 Siehe Kapitel 3, E. I. 5.
946 Siehe Kapitel 3, D. VII. 1.
947 Siehe bereits Kapitel 3, E. I. 5. d).
948 Siehe ausführlich Kapitel 3, E. I. 5. b).
949 *Kern* in Jauernig, BGB, § 826 Rn. 27.

Abzug von zuvor geschütztem Kapital fassen müssen. In dem entsprechenden Regressprozess wäre es an den verantwortlichen Anteilseignern, substantiiert darzulegen, auf welchen tatsächlichen Gründen ihr Sinneswandel bezüglich des Kapitalabzuges beruht.

Aufgrund der geringen Eingriffsintensität spricht überdies nichts dagegen, entsprechende Angaben auch bei der Verschmelzung zum Gegenstand des jeweiligen Beschusses bzw. Plans zu machen. Jedenfalls wenn die Verschmelzung aufseiten des übernehmenden Rechtsträgers eine wirtschaftliche Neugründung darstellt (also bei Verschmelzung auf Vorrats- oder Mantelgesellschaft) sollten entsprechende Angaben vorgesehen werden.

VI. Beurteilung und Fazit zum Anspruch auf Sicherheitsleistung

Der Umfang, in dem auf den Anspruch auf Sicherheitsleistung eingegangen werden musste, zeigt wie problembehaftet das Schutzinstrument ist. Mit der in §§ 204, 22 und §§ 341, 314 UmwG de lege lata vorgesehenen Darlegungs- und Beweislast (und damit Risikoverteilung) kann ein Anspruch auf Sicherheitsleistung für den Formwechsel nur funktionieren, wenn Informationsmodell und Anspruch auf Sicherheitsleistung aufeinander abgestimmt werden und ineinandergreifen. Wo das Gesetz individuellen Gläubigerschutz vorsieht, muss es Gläubiger auch in die Lage versetzen, diesen zu nutzen. Ansonsten ist der Schutz schlicht wertlos. Aktuell bietet der Anspruch auf Sicherheitsleistung selbst dort keinen Schutz, wo der Formwechsel mit dem Ziel eines Kapitalabzuges aus der Gesellschaft vorgenommen wird, da die Gläubiger regelmäßig an der Glaubhaftmachung einer solchen Zielsetzung scheitern werden.[950] Allerdings benötigen Gläubiger zumindest dann, wenn der Formwechsel zur Umgehung der Kapitalerhaltung genutzt wird, zwingend eine Möglichkeit, ihre Interessen zu wahren. Nach Erlass des UmRUG muss davon ausgegangen werden, dass es für eine Lösung dieses Problems im Wege der Rechtsfortbildung an der Planwidrigkeit der Regelungslücke fehlt.[951] De lege ferenda sind verschiedene Ansätze denkbar, um den Anspruch auf Sicherheitsleistung effektiver zu gestalten. Da jedoch aufgrund der Perpetuierung der Rechtslage durch GesR-ERL und UmRUG trotz der aufgezeigten Probleme nicht zu erwarten ist, dass sich der deutsche Gesetzgeber in Zukunft zu einer grundlegenden Umgestaltung des UmwG

[950] Siehe Kapitel 3, E. I. 3.
[951] Siehe Kapitel 3, E. I. 5. d).

veranlasst sieht, besteht für die meisten Varianten (insbesondere für eine Ausgestaltung in Anlehnung an den Kommissionsvorschlag bzw. das dänische Recht) eine geringe praktische Wahrscheinlichkeit auf Umsetzung. Für eine künftige Anpassung des UmwG ist deshalb zu empfehlen, sowohl für nationalen als auch grenzüberschreitenden Formwechsel zwingende Angaben zur Beeinträchtigung der Gläubiger im Umwandlungsbeschluss (beziehungsweise Plan) vorzusehen, wozu insbesondere Angaben zu einem geplanten Kapitalabzug gehören sollten. Eine solche Offenlegungspflicht hat Doppelfunktion – einerseits wird die Darlegung einer konkreten Gefährdung durch die Gläubiger erleichtert, andererseits schreckt sie davon ab, den Formwechsel überhaupt zu nutzen, um die Vorschriften der Kapitalbindung auszuhebeln.

F. Solvenzerklärung Art. 86j Abs. 2 GesR-ERL

Die in Art. 86j Abs. 2 der Richtlinie vorgesehene Solvenzerklärung stellt, wie bereits angedeutet,[952] aus Sicht des deutschen Gesellschaftsrechts ein Novum dar. Da der deutsche Gesetzgeber von einer Umsetzung der Solvenzerklärung abgesehen hat,[953] fehlt es an einer Entsprechung zu Art. 86j Abs. 2 GesR-ERL im UmwG. Die mit der Solvenzerklärung verbundene Informationsfunktion wurde bereits im Kontext des Informationsmodells untersucht.[954] Aber auch abseits der Informationsfunktion verdient die Solvenzerklärung als Schutzinstrument Beachtung. Nach den Erwägungsgründen der Richtlinie soll die Solvenzerklärung Gläubiger insbesondere im Hinblick auf eine Insolvenz der Gesellschaft nach dem Formwechsel schützen.[955] Mitgliedstaaten können eine Erklärung dahingehend verlangen, dass aus Sicht des Verwaltungs- oder Leitungsorgans der Gesellschaft (nach angemessenen Nachforschungen auf der Grundlage der zum Zeitpunkt der Erklärung zur Verfügung stehenden Informationen) kein Grund zu der Annahme besteht, dass die Gesellschaft nach Wirksamwerden der Umwandlung nicht in der Lage sein könnte, ihre Verbindlichkeiten bei Fälligkeit zu erfüllen.[956] Durch die Solvenzerklärung soll somit abgesichert werden, dass die Gesellschaft im Zeitpunkt des Formwechsels auch auf die Zukunft gesehen betriebswirtschaftlich gesund ist. Der europäische Gesetzgeber geht damit über die

952 Siehe Kapitel 3, D. VI. 4.
953 Siehe statt aller *Thomale/Schmid*, NotBZ 2023, 90, 100; Zu den Gründen bereits Kapitel 3, B. III. 2., zudem Kapitel 3, F. III. 3.
954 Siehe Kapitel 3, D. VI. 4.
955 Erwägungsgrund Nr. 25 der Richtlinie.
956 Siehe ausführlich zum genauen Erklärungsinhalt bereits Kapitel 3, D. VI. 4.

bloße (in der EUInsVO verortete) Verhinderung von Insolvenztourismus hinaus.[957] Bei der Erklärung handelt es sich um ein Instrument des institutionellen Gläubigerschutzes, welches – im Gegensatz zum deutschen Recht – auf internationaler Ebene vor allem als Gläubigerschutzinstrument im Rahmen der Kapitalherabsetzung verbreitet ist. Hierauf soll nachfolgend eingegangen werden, bevor anschließend die entsprechenden Erwägungen auf den Formwechsel übertragen werden.

I. Die Solvenzerklärung nach englischem Recht

Wenngleich die Solvenzerklärung im Zusammenhang mit Kapitalmaßnahmen in verschiedenen Rechtsordnungen bekannt ist,[958] soll hier exemplarisch auf die Solvenzerklärung nach englischem Recht eingegangen werden. Dort wurde das „solvency statement" im Rahmen des Companies Act 2006 (CA) als Alternative zur gerichtlichen Genehmigung einer Kapitalherabsetzung eingeführt,[959] welche im Fall der Limited als zu kompliziert angesehen wurde und deshalb in der Praxis keine nennenswerte Bedeutung erlangt hat.[960] Diese gerichtliche Genehmigung sieht eine Prüfung des Kapitalherabsetzungsbeschlusses durch das zuständige Gericht vor, welches entweder nach einem gesetzlich vorgegebenen Verfahren (in Zuge dessen die Zustimmung aller Gläubiger eingeholt werden muss) vorgehen, oder nach eigenem Ermessen hiervon abweichen kann.[961] Die Solvenzerklärung erlaubt demgegenüber die Kapitalherabsetzung durch ein erheblich vereinfachtes Verfahren. Alle Directors haben spätestens 15 Tage vor Fassung des Kapitalherabsetzungsbeschlusses eine schriftliche Solvenzerklärung abzugeben,[962] die an alle Gesellschafter gesendet und bei Anmeldung der Kapitalherabsetzung bei dem Register (*Companies House*) eingereicht werden muss.[963] Aus der Erklärung muss hervorgehen, dass (i) jeder Director zu der Auffassung gelangt, dass es keinen Grund gibt, weshalb die Gesellschaft nicht in der

---

957 Siehe hierzu bereits Kapitel 2, C. V. 1. Eines dezidierten Umgehungsschutzes im Umwandlungsrecht bedarf es für den Formwechsel nicht, da das Problem in Art. 3 Abs. 1 UAbs. 2 S. 2 EUInsVO geregelt ist.

958 Z.B. in Ungarn, siehe *Baumann*, GmbHR 2014, 23, 25; Siehe außerdem für Singapur *Busching/Unger* in Süß/Wachter, Handbuch des internationalen GmbH-Rechts, Singapur, Rn. 63 und für Malaysia *Klötzel/Raiser*, RIW 2017, 355, 357.

959 Sec. 641 (1) a) CA.

960 *Just* in Just, Limited, VII. Anteile, Rn. 227 und Fn. 447; Vgl. auch *Heinz/Hartung* in Heinz/Hartung, Die englische Limited, 9. Kapitalverfassung, Rn. 51.

961 *Just* in Just, Limited, VII. Anteile, Rn. 229; Siehe für eine Beschreibung des Verfahrens nach Sec. 645 (4), 646 CA auch *Peschke* in Saenger/Aderhold/Lenkaitis/Speckmann, Handels- und Gesellschaftsrecht, 2. Teil: Gesellschaftsrecht, § 8 Rn. 598.

962 Sec. 642 (1) a) CA.

963 Sec. 642 (1) b), 644 CA.

Lage sein sollte, ihre Außenstände zu begleichen,[964] (ii) auch im Fall der Liquidation innerhalb zwölf Monaten nach der Abwicklung alle Schulden beglichen werden können,[965] und (iii) die Gesellschaft allgemein in der Lage sein wird, ihre Schulden im Jahr nach der Kapitalherabsetzung bei Fälligkeit zu begleichen.[966] Die Abgabe einer derartigen Erklärung, ohne sich vorher ein Bild von der Vermögenslage der Gesellschaft gemacht zu haben, ist strafbewehrt.[967] Die Directors haben demnach zu erklären, dass das nach der Kapitalherabsetzung im Unternehmen verbleibende Kapital ausreicht, die Gläubiger zu befriedigen, woraus sich zugleich mittelbar ein faktischer Höchstbetrag für die mögliche Kapitalherabsetzung (und Ausschüttung) ergibt.

Die Solvenzerklärung nach Sec. 643 CA, ein Gläubigerschutzinstrument im Rahmen der Kapitalherabsetzung,[968] besitzt demnach erhebliche inhaltliche Ähnlichkeit mit der in Art. 86j GesR-ERL vorgesehenen Erklärung.[969] Da eine von dem Formwechsel ausgehende Gefahr für Gläubiger in der gezielten Umgehung der Kapitalerhaltungsvorschriften zu erblicken ist,[970] liegt es durchaus nicht fern, die Anwendung eines dem Kapitalschutz entstammenden Gläubigerschutzinstrument auch auf den Formwechsel zu erwägen. Die Solvenzerklärung im englischen Recht hat gezeigt, dass Unternehmen die Kosten einer derartigen Erklärung durchaus in Kauf nehmen, wenn hierdurch die Alternative eines gerichtlichen Verfahrens vermieden werden kann. Ob der Ansatz schlussendlich überzeugen kann, hängt jedoch von der Bewertung des Instruments als solches ab.

II. Solvenzerklärung als Instrument des Kapitalschutzes

Trotz in der Vergangenheit erhobener Forderungen, den Kapitalschutz auch im deutschen Recht durch eine Solvenzerklärung zu gewährleisten,[971] konnte sich das Instrument (trotz der internationalen Verbreitung) bisher in Deutschland nicht durchsetzen.

---

964 Sec. 643 (1) a) CA.
965 Sec. 643 (1) b) (i) CA.
966 Sec. 643 (1) b) (ii) CA.
967 Sec. 643 (4), (5) CA.
968 *Heinz/Hartung* in Heinz/Hartung, Die englische Limited, 9. Kapitalverfassung Rn. 51.
969 Siehe zum Inhalt der Solvenzerklärung nach Art. 86j Abs. 2 der Richtlinie, Kapitel 3, D. VI. 4.
970 Siehe Kapitel 2, C. II.
971 Siehe grundlegend zur hiermit verbundenen Diskussion zur Reform des Kapitalschutzes statt vieler *Schmolke* in BeckOK GmbHG, § 30 Rn. 12 ff.

Teichmann mahnte schon früh an, dass sich die tatsächliche finanzielle Lage der Gesellschaft nur durch gründliche Analyse der realen Vermögenswerte und Zahlungsströme feststellen lässt.[972] Um sich nicht dem Vorwurf einer fahrlässigen Fehlanalyse auszusetzen, müssten die Organvertreter regelmäßig externe Berater heranziehen, was für kleinere Unternehmen einen unverhältnismäßigen Aufwand darstellen könnte.[973] Diese mangelnde Rechtssicherheit würde weiterhin darin resultieren, dass Geschäftsführer, denen bei fahrlässiger Fehlbeurteilung der finanziellen Lage eine persönliche Haftung droht, bei der Bewertung der Lage einen „Risikopuffer“ einbauen und die Vermögenslage vorsichtiger bewerten als dies angebracht wäre.[974] Das mit der Solvenzerklärung verfolgte Ziel, die Ausschüttung von nicht zur Befriedigung der Gläubiger benötigten Vermögens zu ermöglich, würde deshalb verfehlt, weshalb das Verfahren keinen Mehrwert gegenüber den in Deutschland verankerten Mechanismen des Kapitalschutzes biete.[975]

Befürworter der Solvenzerklärung verweisen demgegenüber darauf, dass aus Gläubigersicht betriebswirtschaftliche Liquidität und perspektivische Cashflows der Gesellschaft die maßgeblichen Faktoren für die Werthaltigkeit ihrer Ansprüche darstellen. Deshalb sei ein System situativer Ausschüttungssperren den Regeln zur Erhaltung des eingetragenen Stammkapitals vorzuziehen und zur Grundlage jeder kapitalherabsetzenden Maßnahme zu machen.[976] Ein derartiges System führe einen fairen Interessenausgleich herbei, da derjenige (und nur dieser) Betrag in der Gesellschaft verbleiben müsse, der zur Befriedigung der Gläubiger notwendig sei.[977] Weiterhin wird darauf hingewiesen, dass Kapitaltransfers einer Gesellschaft an ihre Anteilseigner aus Gläubigersicht vollkommen unbedenklich sind, wenn die Gesellschaft solvent bleibt, weshalb liquiditätsbezogene Zahlungsverbote stammkapitalbezogenen vorzuziehen seien.[978]

Über die Frage, ob ein dem englischen Vorbild entsprechender Kapitalschutz über Solvenzerklärung dem in Deutschland verankerten System des Kapitalschutzes vorzuziehen ist, lässt sich also trefflich streiten. Entscheidend für diese Untersuchung ist jedoch, in welchem Umfang die erwähnten Vor- und Nachteile

---

972 *Teichmann,* NJW 2006, 2444, 2447; Zur Unsicherheit von derartigen Prognoseentscheidungen auch *Schmolke* in BeckOK GmbHG, § 30 Rn. 12.
973 A.A. *Engert,* ZHR 2006, 296, 333 mit der Auffassung, dass die Schwierigkeiten einer Solvenzprüfung alles in allem beherrschbar sein dürften.
974 *Teichmann,* NJW 2006, 2444, 2447.
975 Ebd.
976 So ausdrücklich *Triebel/Otte,* ZIP 2006, 311, 313.
977 *Arnold,* DK 2007, 118, 121.
978 *Jungmann,* ZGR 2006, 638, 648.

zum Tragen kommen, wenn das Instrument der Solvenzerklärung auf den Formwechsel angewandt wird.

III. Übertragung auf den Formwechsel

Obwohl weniger geläufig, findet sich die Solvenzerklärung in anderen Rechtsordnungen auch als Sicherungsinstrument anlässlich des Formwechsels. So findet sich beispielsweise in Art. 354L (b) Cyprus Companies Law (2012) ein solvency statement für den Fall der grenzüberschreitenden Sitzverlegung.[979] Die erfolgte Verankerung in der Richtlinie ist demnach weniger überraschend, als es aus Sicht des deutschen Gesellschaftsrecht zunächst den Anschein haben mag.

Überträgt man die Grundsätze des solvency statements auf den Formwechsel, fällt auf, dass sich die Ausgangslage der verpflichteten Vertretungsorgane ändert. Wird die Solvenzerklärung – wie im englischen Recht – anlässlich einer ordentlichen Kapitalherabsetzung zur Anwendung gebracht, wird sie in Bezug auf eine Reduzierung des statutarischen Kapitals abgegeben. Mit dem Formwechsel kann ebenfalls ein Kapitalabzug bezweckt sein, zwingend ist dies jedoch nicht. Das Vertretungsorgan muss deshalb Ziele und Folgen des (grenzüberschreitenden) Formwechsels rechtlich und betriebswirtschaftlich durchdringen, um guten Gewissens eine Prognose über die Solvenz der Gesellschaft nach dem Formwechsel abgeben zu können. Auf den ersten Blick bestätigt dies *Teichmanns* Befürchtung eines unverhältnismäßigen Aufwandes für kleinere Unternehmen. Dieses Problem lässt sich jedoch, wie auch in Art. 86j GesR-ERL geschehen, durch eine Begrenzung der Nachforschungspflicht des Vertretungsorgans lösen. Gemäß Art. 86j Abs. 2 S. 2 GesR-ERL hat das Vertretungsorgan die Erklärung nach angemessenen Nachforschungen (auf der Grundlage der zum Zeitpunkt der Erklärung zur Verfügung stehenden Informationen) abzugeben. Durch Begrenzung auf angemessene Nachforschungen kann im Einzelfall dem drohenden Aufwand bei kleineren Unternehmen Rechnung getragen werden. Durch diese flexible Komponente entsteht ein gewisses Maß an Rechtsunsicherheit, welchem aus Sicht der Organmitglieder – jedenfalls soweit es um die zivilrechtliche Haftung

979 Siehe die englische Übersetzung von Art. 354L (b) Cyprus Companies Law (2012): „the company shall deliver to the Registrar for submission a declaration which confirms the solvency of the company, and which confirms that the directors are not aware of any circumstances that could negatively influence the solvency of the company within a period of three years", abgerufen am 2. November 2025 unter https://www.olc.gov.cy/olc/olc.nsf/6BCABD5B106FBC2EC225890F002A529E/$file/companies%20law.pdf.

geht – jedoch durch Abschluss einer D&O-Versicherung entgegengewirkt werden kann.[980]

Positiv hervorzuheben an der Solvenzerklärung ist, dass sie das Vertretungsorgan in besonderem Maße verpflichtet, sich aus Gläubigersicht mit dem Formwechsel zu beschäftigen. Die Gläubiger erhalten hierdurch eine (potenziell haftungsbewährte[981]) Aussage über die Folgen des Formwechsels aus Gesellschaftssicht, also aus einer Perspektive, die ihnen sonst verwehrt bleibt. Der formwechselnde Rechtsträger wird zur Selbsteinschätzung durch sein Vertretungsorgan verpflichtet. Insbesondere Kleingläubiger, für die das tatsächliche Durchdringen der Folgen eines (grenzüberschreitenden) Formwechsels mit unverhältnismäßigen Informationskosten verbunden wäre, erhielten durch eine Solvenzerklärung ein Mindestmaß an Sicherheit. Sie würden erfahren, dass ihr Schuldner zumindest nach Auffassung des Vertretungsorgans als betriebswirtschaftlich gesund angesehen wird. Kleingläubigern ist mit Instrumenten des institutionellen Gläubigerschutzes regelmäßig mehr gedient als mit individuellen,[982] da bei diesen die Kosten der Geltendmachung individueller Rechte schnell den Nutzen übersteigen. Die mit der Solvenzerklärung verbundene Selbstprüfung des Unternehmens durch das Vertretungsorgan hilft insbesondere solchen Gläubigern, für die die Durchsetzung von Ansprüchen auf Sicherheitsleistung als praxisfern angesehen werden muss.

Eine derartige Erklärung entkräftet weiterhin die von *Hoger* geäußerte Befürchtung, der Formwechsel von der Kapital- in die Personengesellschaft könnte durch Verschiebung des maßgeblichen Anknüpfungspunkt der Insolvenz (von Überschuldung zur Zahlungsunfähigkeit) die fortdauernde rechtsgeschäftliche Tätigkeit bei wirtschaftlicher Schieflage ermöglichen und so zu einer Schlechterstellung der Gläubiger führen.[983] Denn wo ein Rechtsträger im Zeitpunkt des Formwechsels schon auf eine Überschuldung zusteuert, wird das Vertretungsorgan eine positive Solvenzprognose regelmäßig nur dann abgeben können, wenn in Folge des Formwechsels Kapital zugeführt wird (beispielsweise durch neue Investoren).

---

980 Die D&O-Versicherung hat sich mittlerweile in der Praxis auch in Deutschland flächendeckend durchgesetzt; Siehe einführend hierzu *Fleischer* in BeckOGK AktG, Stand 1. Februar 2026, § 93 Rn. 297 ff.

981 Siehe Erwägungsgrund Nr. 25 der Richtlinie, der klarstellt, dass Mitgliedstaaten eine Haftung für unrichtige oder irreführende Erklärungen vorsehen können.

982 In diese Richtung auch *Thomale/Schmid*, NotBZ 2023, 91, 100.

983 *Hoger*, Kontinuität beim Formwechsel, S. 46 f.

Der Solvenzerklärung als Schutzinstrument lässt sich demnach auch im Fall des Formwechsels viel Positives abgewinnen. Im Gegensatz zur Paralleldiskussion auf dem Feld des Kapitalschutzes geht es im umwandlungsrechtlichen Kontext weniger um das Für und Wider grundsätzlich unterschiedlicher Systeme, sondern um die Frage, ob eine entsprechende Erklärung neben anderen Instrumentarien vorgesehen werden sollte. Es dürfte unstrittig sein, dass Gläubigern mit der in Art. 86j Abs. 2 GesR-ERL vorgesehenen Erklärung besser stehen als ohne eine solche. Wie man zu dieser Erklärung steht, hängt insbesondere von drei Faktoren ab, nämlich (1) ob man das Verhältnis der mit einer solchen Erklärung einhergehenden Kosten zu dem resultierenden Nutzen für angemessen erachtet, (2) ob man davon ausgeht, dass ein Nebeneinander von Anspruch auf Sicherheitsleistung und Solvenzerklärung zu einer übermäßigen Sicherung der Gläubiger führt und (3), ob man davon ausgeht, dass die Abgabe der Solvenzerklärung den Vertretungsorganen des formwechselnden Rechtsträgers zugemutet werden kann.

1. Frage nach unbilligem Mehraufwand

Die Gesetzesbegründung zu § 192 UmwG (1994) verdeutlich das Bestreben des Gesetzgebers, die durch einen Formwechsel verursachten Kosten gering zu halten. Auf eine Prüfung des Formwechsels durch einen Sachverständigen wurde deshalb verzichtet.[984] Die Solvenzerklärung konterkariert dieses Ziel in gewissem Maße, da bei der Durchführung „angemessener Nachforschungen“ durch das Vertretungsorgan der Gesellschaft im Einzelfall Kosten (beispielsweise Kosten externer Rechtsberater) entstehen können, die de lege lata nicht anfallen.[985] Nach hier vertretener Auffassung ist es jedoch rechtsökonomisch sinnvoll und interessengerecht, die Kosten der Gefährdungsprüfung beim formwechselnden Rechtsträger zu bündeln.[986] Weiterhin werden die Kosten regelmäßig geringer sein als bei einer Prüfung des gesamten Formwechselvorgangs durch einen externen Dritten, weshalb der Kosteneinwand im Fall der Solvenzerklärung weniger schwer wiegt.[987] Auch muss an dieser Stelle die Frage aufgeworfen werden, ob sich derartige Kosten in der Praxis tatsächlich zu einer Hürde für den grenzüberschreitenden Formwechsel entwickeln würden. Obwohl die Bezeichnung des

984 BegrRegE BR-Drs. 75/94 S. 139.
985 *Luy*, NJW 2019, 1905, 1909.
986 Siehe hierzu Kapitel 3, E. IV.; Außerdem *Teichmann*, NZG 2019, 241, 246.
987 Siehe zur Problematik der Kosten bei Prüfung des Formwechselvorgangs, Kapitel 3, E. IV. 2.

Formwechsels als reiner 'Wechsel des Rechtskleides' Gegenteiliges vermuten lässt, handelt es sich dabei um eine unternehmerische Entscheidung mit weitreichenden Folgen. Ob die mit der Solvenzerklärung verbundenen Kosten bei dieser Entscheidung regelmäßig das Zünglein an der Waage darstellen würden, darf durchaus bezweifelt werden. Rechtspraktisch wird man eher davon ausgehen müssen, dass Unternehmen, die einen so weitreichenden Schritt unternehmen möchten, auch die Mehrkosten der Solvenzerklärung ohne weiteres in Kauf nehmen würden.

Im Ergebnis würde der formwechselnde Rechtsträger durch die Kosten der Solvenzerklärung deshalb nicht unbillig belastet. Die Intention des Gesetzgebers, die Kosten des Formwechsels gering zu halten, darf keinen Anlass dazu bieten, generell jede Art von Sicherungsinstrument abzulehnen, die mit Mehrkosten verbunden ist.

2. Nebeneinander von Solvenzerklärung und Sicherheitsleistung

Es stellt sich die Frage, ob es einer Dopplung des Gläubigerschutzes durch Anwendung der Solvenzerklärung neben dem Anspruch auf Sicherheitsleistung nach Art. 86j Abs. 1 GesR-ERL der Richtlinie überhaupt bedarf. Im Gegensatz zur optionalen Solvenzerklärung ist der Anspruch auf Sicherheitsleistung als Teil des in der Richtlinie verankerten Mindestschutzniveaus zwingend vorgesehen,[988] so dass es nur darum gehen kann, ob die Erklärung daneben geboten erscheint.

Wie bereits dargestellt, liegt eine Schwäche des Anspruchs auf Sicherheitsleistung darin, dass Kleingläubiger die mit der Durchsetzung eines solchen Anspruchs verbundenen Kosten und Zeitaufwand scheuen und deshalb ihr Recht möglicherweise schlicht nicht geltend machen.[989] Große beziehungsweise rechtserfahrene Gläubiger werden sich dagegen über vertragliche Ansprüche abgesichert haben.[990] Man kann durchaus argumentieren, dass die Solvenzerklärung als Instrument des institutionellen Gläubigerschutzes dem tatsächlichen Schutzbedarf der Gläubiger sogar besser gerecht wird, als ein Anspruch auf Sicherheitsleistung. Sie bietet gerade Kleingläubigern eine gewisse Sicherheit, ohne sie eigenen Kosten auszusetzen. Überdies kann die Solvenzerklärung den Anspruch

---

988 Siehe zur Mindestharmonisierung durch die GesR-ERL bereits Kapitel 2, B. I. 2. b)
989 Siehe schon Kapitel 3, E. IV.; Siehe auch *Thomale/Schmid*, NotBZ 2023, 91, 100.
990 Auch hierzu Kapitel 3, E. IV.; *Teichmann*, NZG 2019, 241, 246.

auf Sicherheitsleistung aber auch als Informationsgrundlage für Gläubiger ergänzen und flankieren.[991] Ein Nebeneinander von Sicherheitsleistung und Solvenzerklärung würde deshalb keinesfalls zwingend zu unstimmigen Ergebnissen führen: Kleingläubiger werden in aller Regel die Solvenzerklärung als hinreichende Sicherheit erachten, während rechtserfahrene Gläubiger typischerweise vertraglich abgesichert sind. Wo ein Gläubiger im Einzelfall aufgrund der offengelegten Informationen (zu geplanten Kapitalmaßnahmen[992]) die Solvenzprognose abweichend von dem Vertretungsorgan des formwechselnden Rechtsträgers beurteilt, könnte er (auf eigenes Kostenrisiko) einen Anspruch auf Sicherheitsleistung geltend machen. Sicherheitsleistung und Solvenzerklärung könnten deshalb bei entsprechender Ausgestaltung der Informationspflichten durchaus als Schutzinstrumente ineinandergreifen und sich wechselseitig ergänzen.[993]

3. Zumutbarkeit für die Vertretungsorgane der Gesellschaft

Den letzten zentralen Aspekt für die Bewertung der Solvenzerklärung bildet die Frage, ob man den Organmitgliedern des formwechselnden Rechtsträgers die Abgabe einer Solvenzerklärung zumuten kann. Der deutsche Gesetzgeber hat diese Frage im Zuge des Gesetzgebungsverfahrens zum UmRUG verneint und von der Umsetzung der in Art. 86j Abs. 2 GesR-ERL vorgesehenen Erklärung abgesehen. Er ging davon aus, dass diese den Gläubigern nur dann als belastbare Einschätzung der Bonität der Gesellschaft dienen könnte, wenn sie als strafbewehrte Versicherung ausgestaltet wäre.[994] Die Abgabe einer (auf der subjektiven Einschätzung des Vertretungsorgans beruhenden) strafbewehrten Versicherung zur Vermögenslage der Gesellschaft könne jedoch aufgrund der damit verbundenen Unwägbarkeiten „kaum vom Vertretungsorgan verlangt werden".[995] Auch sei die Erklärung der grenzüberschreitenden Unternehmensmobilität abträglich, da Vertretungsorgane regelmäßig nicht bereit sein dürften, eine solche abzugeben.[996]

---

991 Siehe Kapitel 3, D. VI. 4.

992 Siehe Kapitel 3, E. I. 5.

993 A.A. *Hilser*, Grenzüberschreitender Formwechsel, S. 226, der im Ergebnis davon ausgeht, dass die mit der Solvenzerklärung verbundenen Transaktionshindernisse den Nutzen überwiegen; Weniger kritisch („zum Schutz der Gläubiger durchaus vorteilhaft sein könnte") dagegen *Leydecker*, Gläubigerschutz bei grenzüberschreitenden Umwandlungen, S. 204.

994 BegrRegE BT-Drs. 20/3822, S. 97 (zu § 314 UmwG).

995 Ebd.

996 Ebd.; In diese Richtung bereits *Stelmaszczyk*, DK 2021, 48, 62; *Bungert/Becker*, DB 2019, 1609, 1615; *Luy*, NJW 2019, 1905, 1909.

Diese Begründung kann unter mehreren Gesichtspunkten nicht überzeugen. Zum einen leuchtet nicht ein, weshalb sich der Gesetzgeber auf der einen Seite auf Grundlage der vorgenannten Argumente gegen die Umsetzung der Solvenzerklärung entschieden hat, auf der anderen Seite aber mit § 342 Abs. 3 S. 1 Nr. 4 Var. 2 UmwG eine (strafbewehrte) Versicherung der Vertretungsorgane zur drohenden Zahlungsunfähigkeit ins Gesetz aufgenommen hat, die erhebliche Ähnlichkeit zu einer Solvenzerklärung hat.[997] Nach § 342 Abs. 3 S. 1 Nr. 4 Var. 2 UmwG haben die Vertretungsorgane bei Anmeldung des Formwechsels zu versichern, dass sich die Gesellschaft nicht im Zustand der drohenden Zahlungsunfähigkeit gemäß § 18 Abs. 2 InsO befindet. Drohende Zahlungsunfähigkeit liegt nach § 18 Abs. 2 S. 1 InsO vor, wenn das Unternehmen voraussichtlich nicht in der Lage sein wird, die bestehenden Zahlungspflichten im Zeitpunkt der Fälligkeit zu erfüllen.[998] Die unrichtige Abgabe der Versicherung ist gemäß § 348 Nr. 1 UmwG strafbar und kann mit Freiheitsstrafe bis zu drei Jahren oder mit Geldstrafe geahndet werden.[999] Es wurde eine – strafbewehrte – Versicherung zur Vermögenslage der Gesellschaft mit Prognosecharakter ins Gesetz aufgenommen.[1000] Besieht man sich die vom deutschen Gesetzgeber gegen die Solvenzerklärung vorgebrachten Erwägungen, muss man zu dem Ergebnis kommen, dass sie allesamt auch gegen die Einführung von § 342 Abs. 3 S. 1 Nr. 4 Var. 2 UmwG sprechen.[1001] Die Position des deutschen Gesetzgebers ist in diesem Punkt folglich widersprüchlich. Sofern man die dargelegten Bedenken gegen die Solvenzerklärung ernst nimmt, hätte man auch die Versicherung in § 342 Abs. 3 S. 1 Nr. 4 Var. 2 UmwG nicht vorsehen dürfen.

Auch die Aussage, eine strafbewehrte Erklärung könne von den Vertretungsorganen kaum verlangt werden, kann in dieser Allgemeinheit nicht überzeugen. Ob eine solche Erklärung den Vertretungsorganen zugemutet werden kann oder nicht, hängt ganz wesentlich von den genauen Tatbestandsmerkmalen und Rechtsfolgen ab. So wird sich beispielsweise kaum bestreiten lassen, dass eine Strafbarkeit bei vorsätzlicher Abgabe einer falschen Solvenzerklärung angemessen und zumutbar wäre,[1002] während ein hohes Strafmaß bei nur fahrlässigem Handeln einen prohibitiven Charakter hätte. Richtigerweise lässt sich die Frage

---

997 Siehe schon Kapitel 3, B. III. 2.
998 Siehe zu den weiteren Einzelheiten ebenfalls bereits Kapitel 3, B. III. 2.
999 Siehe zu § 348 UmwG Kapitel 3, G. III.
1000 Siehe auch *Luy* in BeckOGK UmwG, Stand 1. Januar 2026, § 342 Rn. 28: Starker Prognosebezug dürfte zu praktischen Schwierigkeiten führen.
1001 Siehe Kapitel 3, B. III. 2; In diese Richtung auch *Harig/Hader*, NZG 2022, 1435, 1438.
1002 Und vom Gesetzgeber im Fall der Versicherung nach § 342 Abs. 3 S. 1 Nr. 4 Var. 2 UmwG auch als angemessen angesehen wird, vgl. § 348 Nr. 1 UmwG.

der Zumutbarkeit nicht losgelöst von Strafmaß und Verschuldensmaßstab beantworten, weshalb die Erwägungen des deutschen Gesetzgebers auch insoweit zu kurz greifen. Weiterhin kann das Argument, dass die Abgabe einer Solvenzerklärung von dem Vertretungsorgan des formwechselnden Rechtsträgers bei drohenden strafrechtlichen Konsequenzen nicht verlangt werden könne, auch deshalb nicht überzeugen, weil bereits nach alter Rechtslage § 313 UmwG a.F. UmwG eine Strafbarkeit bei vorsätzlich unrichtiger Wiedergabe von Verhältnissen des Rechtsträgers in einem im UmwG vorgesehenen Bericht oder Darstellungen oder Übersichten über den Vermögensstand vorsah.[1003] Insgesamt bestehen daher unter Zumutbarkeitsgesichtspunkten ebenfalls keine durchgreifenden Bedenken gegen das Sicherungsinstrument der Solvenzerklärung.

IV. Fazit

Obwohl die Solvenzerklärung sich im deutschen Gesellschaftsrecht (weiterhin) nicht als Schutzinstrument durchsetzen konnte, bietet sie im umwandlungsrechtlichen Kontext aus Gläubigerperspektive einige Vorteile. Eine Selbsteinschätzung des formwechselnden Rechtsträgers begegnet dem Problem von Informationsasymmetrien im Rahmen des Anspruchs auf Sicherheitsleistung und hilft insbesondere Kleingläubigern, die diesen Anspruch bei praxisnaher Betrachtung ohnehin nicht durchsetzen würden. Der maßgebliche Vorteil der Solvenzerklärung liegt dabei in ihren Prognosecharakter. Dieser trägt auch dem Umstand Rechnung, dass eine konkrete Gläubigergefährdung regelmäßig vom künftigen Verhalten der Anteilseigner abhängt.[1004] Die entstehenden Mehrkosten aufseiten des formwechselnden Rechtsträgers wären demgegenüber hinzunehmen, da nicht zu erwarten ist, dass die mit der Abgabe einer Solvenzerklärung einhergehenden Kosten zu einem ernsthaften Formwechselhindernis werden. Ungeachtet dessen hat sich der deutsche Gesetzgeber im Zuge der Umsetzung der GesR-ERL gegen die Implementierung der in Art. 86j Abs. 2 GesR-ERL vorgesehenen Solvenzerklärung entschieden. Mit der in § 342 Abs. 3 Nr. 4 Var. 2 UmwG vorgesehenen Versicherung der Vertretungsorgane des formwechselnden Rechtsträgers zur drohenden Zahlungsunfähigkeit wurde jedoch eine 'verdeckte' Solvenzerklärung ins Gesetz aufgenommen, die für die Vertretungsorgane kaum weniger belastend sein dürfte als die in der GesR-ERL vorgesehene Solvenzerklärung.[1005] Das Konzept des deutschen Gesetzgebers ist in

[1003] Siehe hierzu Kapitel 3, G. II.
[1004] Siehe hierzu Kapitel 2, C. VI.
[1005] Siehe bereits Kapitel 3, B. III. 2.

diesem Punkt nicht frei von Widersprüchen, weshalb sich die Frage aufdrängt, ob es nicht besser gewesen wäre, die Versicherung des Vertretungsorgans des formwechselnden Rechtsträgers prominent als Solvenzerklärung zu implementieren, statt sie im Anmeldungsprozess als Erklärung gegenüber dem Registergericht zu 'verstecken'.

G. Haftung und Strafbarkeit der Organe

Gläubigerschutzinstrumente, die an die persönliche Verantwortlichkeit der Vertretungs- oder Aufsichtsorgane des formwechselnden Rechtsträgers anknüpfen, spielten vor Inkrafttreten des UmRUG für den Formwechsel eine eher untergeordnete Rolle. Zu nennen sind insoweit insbesondere § 205 UmwG, der eine Schadensersatzpflicht der Vertretungsorgane vorsieht und – zumindest nach teilweise vertretener Ansicht – § 313 Abs. 1 Nr. 1 UmwG a.F., mit dem die unrichtige Darstellung bestimmter Verhältnisse anlässlich des Formwechsels unter Strafe gestellt wurde.[1006] Durch die Vorverlagerung des Gläubigerschutzes beim grenzüberschreitenden Formwechsel könnte jedoch zumindest § 205 UmwG theoretisch eine größere Bedeutung zukommen.[1007]

I. Persönliche Haftung nach § 205 UmwG

Gemäß § 205 Abs. 1 S. 1 UmwG sind alle Mitglieder des Vertretungsorgans und (soweit vorhanden) des Aufsichtsorgans des formwechselnden Rechtsträgers als Gesamtschuldner zum Ersatz des Schadens verpflichtet, den der Rechtsträger, seine Anteilsinhaber oder seine Gläubiger durch den Formwechsel erleiden. § 205 Abs. 1 S. 2 UmwG verweist auf § 25 Abs. 1 S. 2 UmwG, nach dem eine Haftung derjenigen Organmitglieder ausscheidet, die ihre Sorgfaltspflicht bei Prüfung der Vermögenslage der Rechtsträger und beim Abschluss des Verschmelzungsvertrags (übertragen auf den Formwechsel bei Abfassung des Umwandlungsbeschlusses) beachtet haben.[1008] Diese Formulierung begründet eine Beweislastumkehr, weshalb das von § 205 UmwG vorausgesetzte, schuldhafte Handeln der Verpflichteten vorbehaltlich einer Exkulpation vermutet wird.[1009]

[1006] Inzwischen § 347 Abs. 1 UmwG.
[1007] Siehe zum vorgelagerten Anspruch auf Sicherheitsleistung beim grenzüberschreitenden Formwechsel Kapitel 3, E. II.
[1008] Vgl. *Drinhausen/Keinath* in Henssler/Strohn, GesR, § 205 UmwG Rn. 1, 6.
[1009] Statt aller *Drinhausen/Keinath* in Henssler/Strohn, GesR, § 205 UmwG Rn. 6; *Winter* in Schmitt/Hörtnagl, UmwG/UmwStG, § 205 UmwG Rn. 15.

Die Haftung betrifft – vorbehaltlich Personenidentität – nur die Vertretungsorgane des Rechtsträgers in seiner alten Rechtsform, nicht jedoch die der neuen.[1010]

1. Persönliche Haftung bei nationalem Formwechsel

Bei einem nationalen Formwechsel hat der Anspruch Schadensersatz nach § 205 UmwG für Gläubiger des formwechselnden Rechtsträgers nur einen sehr beschränkten Anwendungsbericht.[1011] Der Anspruch setzt voraus, dass sich die schuldhafte Pflichtverletzung des handelnden Vertretungs- oder Überwachungsorgans gerade auf eine dem Schutz der Gläubiger dienende Pflicht bezieht.[1012] Wie die Untersuchung der Informationspflichten gezeigt hat,[1013] sind jedoch kaum gläubigerbezogene Pflichten anlässlich des Formwechsels zu beachten. Man könnte insoweit der im Rahmen des § 205 UmwG anerkannten Sorgfaltspflicht bei Erstellung des Formwechselberichts einen Gläubigerbezug beimessen. Gläubiger könnten aufgrund unzutreffender Angaben im Formwechselbericht dazu verleitet werden, auf die Geltendmachung eines Anspruchs auf Sicherheitsleistung nach §§ 204, 22 UmwG zu verzichten.[1014] Dagegen spricht jedoch, dass der Formwechselbericht aufgrund seiner Verzichtbarkeit eindeutig nicht dem Gläubigerschutz zu dienen bestimmt ist,[1015] weshalb aus ihm keine Sorgfaltspflicht zugunsten der Gläubiger abgeleitet werden kann.[1016] Weiterhin besteht grundsätzlich eine Pflicht, Ansprüche auf Sicherheitsleistung der Gläubiger nach §§ 204, 22 UmwG gewissenhaft zu prüfen, diese trifft jedoch die Vertretungsorgane des neuen Rechtsträgers, da dem nationalen Formwechsel der Gedanke der nachträglichen Sicherstellung der Gläubiger zugrunde liegt.[1017] Der Anspruch auf Sicherheitsleistung kann demnach für § 205 UmwG nur relevant werden, wenn Gläubiger den Anspruch ausnahmsweise bereits vor Wirksamwerden des Formwechsels geltend machen. In diesem Fall kann eine Verletzung der Pflicht, den Anspruch sorgfältig zu prüfen und gegebenenfalls Sicherheiten zu stellen,

1010 *Drinhausen/Keinath* in Henssler/Strohn, GesR, § 205 UmwG Rn. 3; *Hoger* in Lutter, UmwG, § 205 Rn. 2.
1011 Siehe auch *Drinhausen/Keinath* in Henssler/Strohn, GesR, § 205 UmwG Rn. 2: Bei einem Formwechsel im Vergleich zu den anderen Umwandlungsformen geringe Bedeutung.
1012 Siehe statt aller *Simons* in BeckOGK UmwG, Stand 1. April 2026, § 205 Rn. 19 ff.
1013 Siehe Kapitel 3, D.
1014 *Leonard,* in Semler/Stengel, UmwG, 4. Aufl. 2017, § 205 Rn. 10 bezeichnete diese Auffassung als herrschend.
1015 Siehe hierzu schon Kapitel 3, D. II. 1 und Kapitel 3, D. II. 3. a).
1016 So auch *Simons* in BeckOGK UmwG, Stand 1. April 2026, § 205 Rn. 35.
1017 *Winter* in Schmitt/Hörtnagl, UmwG/UmwStG, § 205 UmwG Rn. 10.

eine Haftung der Vertretungsorgane nach § 205 UmwG begründen.[1018] Insgesamt sind Ansprüche der Gläubiger nach § 205 UmwG bei einem nationalen Formwechsel deshalb kaum jemals denkbar.[1019] Obgleich § 205 ausweislich des Wortlautes auch dem Gläubigerschutz dient, läuft die Norm diesbezüglich mangels bestehender Sorgfaltspflichten nahezu leer.

2. Persönliche Haftung bei grenzüberschreitendem Formwechsel

Die Vorverlagerung des Anspruchs auf Sicherheitsleistung beim grenzüberschreitenden Formwechsel hat – zumindest theoretisch – auch Auswirkungen auf die Haftung der Vertretungs- und Überwachungsorgane gemäß § 205 UmwG.

Zum einen werden Gläubiger ihren Anspruch auf Sicherheitsleistung im grenzüberschreitenden Kontext stets vor Wirksamwerden des Formwechsels geltend machen.[1020] Was bei einem nationalen eher Formwechsel die Ausnahme darstellt,[1021] ist bei einem grenzüberschreitenden Formwechsel also die Regel. Eine größere Bedeutung kommt deshalb der Pflicht zu, den Anspruch auf Sicherheitsleistung sorgfältig zu prüfen und gegebenenfalls Sicherheiten zu stellen. Allerdings haben Gläubiger beim grenzüberschreitenden Formwechsel die Möglichkeit, den Vollzug des Formwechsels durch Geltendmachung des Anspruchs auf Sicherheitsleistung zu blockieren.[1022] Ein ersatzfähiger Schaden der Gläubiger käme deshalb nur in Betracht, wenn Gläubiger entweder (aufgrund von Handlungen des Vertretungsorgans) auf die Geltendmachung einer Sicherheit nach §§ 341, 314 UmwG verzichten, oder zwar Sicherheit verlangen und erhalten, diese jedoch wertlos ist.[1023] Sofern Gläubiger den Anspruch nach §§ 341, 314 UmwG nicht geltend machen, käme außerdem ein anspruchsminderndes Mitverschulden in Betracht.[1024]

Zum anderen sieht § 335 Abs. 2 Nr. 8 UmwG für den grenzüberschreitenden Formwechsel vor, dass in dem vom Vertretungsorgan des formwechselnden Rechtsträgers aufgestellten Formwechselplan Angaben zu den Sicherheiten zu

---

1018 *Winter* in Schmitt/Hörtnagl, UmwG/UmwStG, § 205 UmwG Rn. 10.

1019 *Hoger* in Lutter, Umwandlungsgesetz, § 205 Rn. 12: „zweifelhaft, ob überhaupt Anwendungsfälle existieren"; *Drinhausen/Keinath* in Henssler/Strohn, GesR, § 205 UmwG Rn. 2: „Rechtspraktisch geringe Bedeutung"; *Winter* in Schmitt/Hörtnagl, UmwG/UmwStG, § 205 UmwG Rn. 10: „Ansprüche der Gläubiger nach Abs. 1 S. 1 kaum denkbar".

1020 Siehe zum vorgelagerten Anspruch auf Sicherheitsleistung bereits Kapitel 3, E. II.

1021 Siehe zuvor Kapitel 3, G. I. 1.

1022 Siehe Kapitel 3, E. II. 2.

1023 *Simons* in BeckOGK UmwG, Stand 1. April 2026, § 205 Rn. 34.

1024 Vgl. zum nationalen Formwechsel *Simons* in BeckOGK UmwG, Stand 1. April 2026, § 205 Rn. 36; *Drinhausen/Keinath* in Henssler/Strohn, GesR, § 205 UmwG Rn. 7.

machen sind, die den Gläubigern angeboten werden.[1025] Laut der Gesetzesbegründung zu § 314 Abs. 1 UmwG *hat* die Gesellschaft den Gläubigern bereits im Plan Sicherheiten anzubieten, wenn die Voraussetzungen für einen Anspruch auf Sicherstellung vorliegen.[1026] Obwohl es sich weder aus Art. 86j Abs. 1 GesR-ERL ergibt, noch im Wortlaut von § 307 Abs. 2 Nr. 14 UmwG oder § 335 Abs. 2 Nr. 8 UmwG zu finden ist, lässt sich die Gesetzesbegründung des UmRUG so verstehen, dass eine Pflicht des formwechselnden Rechtsträgers besteht, den Gläubigern bei Vorliegen der Voraussetzungen bereits im Formwechselplan Sicherheiten anzubieten.[1027] In diesem Fall ließe sich argumentieren, dass die Pflicht, die Voraussetzungen des Anspruchs gemäß §§ 341, 314 UmwG sorgfältig zu prüfen und den Gläubigern gegebenenfalls unaufgefordert adäquate Sicherheiten anzubieten, dem Schutz der Gläubiger diene und somit (über § 333 Abs. 2 UmwG) vom Anwendungsbereich des § 205 UmwG erfasst ist. Auch in diesem Fall käme ein ersatzfähiger Schaden der Gläubiger nur in Betracht, wenn die Gläubiger auf die Geltendmachung einer Sicherheit nach §§ 341, 314 UmwG verzichten oder die Sicherheit wertlos ist.[1028] Ohnehin ist jedoch zweifelhaft, ob sich aus der Gesetzesbegründung des UmRUG tatsächlich eine Pflicht der Gesellschaft ableiten lässt, den Gläubigern bereits im Formwechselplan Sicherheiten anzubieten.[1029]

Überdies stellt sich die Frage, ob im grenzüberschreitenden Kontext eine persönliche Haftung der Vertretungsorgane nach § 205 UmwG in Betracht kommt, wenn ein Vertretungsorgan des formwechselnden Rechtsträgers eine Versicherung nach § 342 Abs. 3 Nr. 4 UmwG zum Zustand der Zahlungsunfähigkeit, der drohenden Zahlungsunfähigkeit oder der Überschuldung falsch abgibt.[1030] Bei § 342 Abs. 3 Nr. 4 UmwG handelt es sich – wie für eine Haftung nach § 205 UmwG erforderlich[1031] – um eine dem Schutz der Gläubiger dienende Pflicht.[1032]

1025 Siehe zu den Einzelheiten, Kapitel 3, D. VI. 1.

1026 BegrRegE BT-Drs. 20/3822, S. 97 (zu § 314 Abs. 1 UmwG); *Thomale/Schmid* NotBZ 2023, 91, 100.

1027 In diese Richtung *Thomale/Schmid* NotBZ 2023, 91 Fn. 152, die insoweit von einer überschießenden Umsetzung der Richtlinie auszugehen scheinen.

1028 *Simons* in BeckOGK UmwG, Stand 1. April 2026, § 205 Rn. 34.

1029 Gegen eine entsprechende Pflicht *Stelmaszczyk* in Widmann/Mayer, Umwandlungsrecht, § 341 Rn. 19; siehe auch *Wollin*, ZIP 2022, 989, 992; Siehe zur GesR-ERL auch *Hilser*, Grenzüberschreitender Formwechsel, S. 212 f. und *Leydecker*, Gläubigerschutz bei grenzüberschreitenden Umwandlungen, S. 183.

1030 Siehe zu § 342 Abs. 3 S. 1 Nr. 4 UmwG schon Kapitel 3, B. III. 2.

1031 *Simons* in BeckOGK UmwG, Stand 1. April 2026, § 205 Rn. 19 ff.

1032 Laut der Gesetzesbegründung soll mit der Versicherung verhindert werden, dass sich eine Gesellschaft in wirtschaftlichen Schwierigkeiten durch grenzüberschreitende Umwandlungsmaßnahmen zum Nachteil ihrer Gläubiger den gläubigerschützenden Vorschriften

Allerdings wird überwiegend davon ausgegangen, dass § 205 UmwG im Wesentlichen nur die Pflichten der Organe bei Vorbereitung und Durchführung der Beschlussfassung über den Formwechsel erfasst, weshalb Pflichtverletzungen beim Vollzug des Beschlusses, also z.B. bei der Anmeldung, bedeutungslos sein sollen.[1033] Geht man von diesem Verständnis aus, kommt eine persönliche Haftung der Vertretungsorgane nach § 205 UmwG bei Abgabe einer unrichtigen Erklärung nach § 342 Abs. 3 Nr. 4 UmwG nicht Betracht.

Nach alledem ist eine Haftung von Vertretungs- und Aufsichtsorganen auch bei einem grenzüberschreitenden Formwechsel unwahrscheinlich – wenn auch aufgrund der Vorverlagerung des Anspruchs auf Sicherheitsleistung nicht ganz so fernliegend wie bei einem nationalen Formwechsel. Insbesondere die Vertretungsorgane des formwechselnden Rechtsträgers sind gleichwohl gut beraten, eine potenzielle Gefährdung der Gläubiger und etwaige Ansprüche auf Sicherheitsleistung §§ 341, 314 UmwG sorgfältig zu prüfen und das Ergebnis ihrer Prüfung im Formwechselplan darzulegen.[1034]

II. Strafbarkeit unrichtiger Darstellungen § 346 Abs. 1 Nr. 1 UmwG

Unter Strafe steht nach § 346 Abs. 1 Nr. 1 UmwG die unrichtige Wiedergabe oder Verschleierung von Verhältnissen des Rechtsträgers in einem im Umwandlungsgesetz vorgesehenen Bericht oder in sonstigen Darstellungen über den Vermögensstand, sowie in Vorträgen oder Auskünften in der Gesellschafterversammlung. Die Vorschrift entspricht § 313 Abs. 1 Nr. 1 UmwG a.F., der anlässlich der Einführung des sechsten Buchs des UmwG durch das UmRUG in § 346 UmwG überführt wurde.[1035] Das Strafmaß beläuft sich auf bis zu drei Jahre Freiheitsstrafe oder Geldstrafe. Mangels abweichender Bestimmung setzt eine Strafbarkeit vorsätzliches Handeln voraus, wobei Eventualvorsatz im strafrechtlichen Sinne ausreicht.[1036] Die Vorschrift stellt ein Schutzgesetz im Sinne des § 823 Abs. 2 BGB dar, so dass eine Verletzung neben strafrechtlichen Sanktionen auch zu zivilrechtlichen Haftungsansprüchen führen kann, wenn einer

des deutschen Rechts entziehen kann, siehe BegrRegE BT-Drs. 20/3822, S. 100; *Stelmaszczyk* in Widmann/Mayer, Umwandlungsrecht, § 342 Rn. 30.

1033 *Simons* in BeckOGK UmwG, Stand 1. April 2026, § 205 Rn. 20; *Hoger* in Lutter, Umwandlungsgesetz, § 205 Rn. 17; *Vossius* in Widmann/Mayer, Umwandlungsrecht, § 205 UmwG Rn. 22.

1034 Siehe hierzu bereits Kapitel 3, D. VI. 1. b).

1035 BegrRegE BT-Drs. 20/3822, S. 119 (zu § 346 UmwG).

1036 *Krafka* in BeckOGK UmwG, Stand 1. April 2026, § 346 Rn. 71; Vgl. noch zu § 313 UmwG a.F. *Taschke* in Semler/Stengel/Leonard, UmwG, 5. Auflage, § 313 Rn. 70.

vom Schutzzweck der Norm erfassten Person ein Schaden durch Vertrauen auf die Korrektheit der Angaben entsteht.[1037]

Ob Gläubiger überhaupt von dem Schutzzweck des § 346 UmwG erfasst sind, wird unterschiedlich beurteilt. Sofern man im Rahmen des § 205 UmwG dem Umwandlungsbericht gläubigerschützende Wirkung beimisst, wird man dies auch im Rahmen des § 346 UmwG vertreten müssen.[1038] Hiergegen spricht, wie schon im Rahmen des § 205 UmwG, dass der Umwandlungsbericht nicht dem Schutz der Gläubiger dient,[1039] weshalb gleiches auch für den Schutzbereich einer an diesen Bericht anknüpfenden Strafnorm gelten muss. Weiterhin spricht die Gesetzesbegründung zu § 313 UmwG a.F. gegen eine Einbeziehung von Gläubigern in den Schutzbereich des § 346 UmwG.[1040] Ausweislich dieser hat der Gesetzgeber mit § 313 Abs. 1 Nr. 1 UmwG unzweifelhaft nur den Schutz der Anteilseigner bezweckt.[1041] Angesichts dieses klar zum Ausdruck gebrachten gesetzgeberischen Willens muss davon ausgegangen werden, dass sich der strafrechtliche Schutzzweck des § 313 Abs. 1 Nr. 1 UmwG a.F. nicht auf Gläubiger erstreckte. Aus der Gesetzesbegründung des UmRUG ergibt sich, dass § 313 UmwG a.F. nur an die neue Stelle § 346 UmwG verschoben wurde, ansonsten aber keine Änderungen am Anwendungsbereich der Norm beabsichtigt waren.[1042] Folglich muss davon ausgegangen werden, dass auch § 346 UmwG weiterhin nicht dem Gläubigerschutz dient.

III. Strafbarkeit falscher Angaben § 348 UmwG

§ 348 UmwG (vormals § 314a UmwG a.F.) regelt die Strafbarkeit von falschen Versicherungen und Mitteilungen der Vertretungsorgane des formwechselnden Rechtsträgers bei Anmeldung des grenzüberschreitenden Formwechsels. § 314a a.F. UmwG wurde als Folge der Überführung der §§ 122a bis 122m UmwG a.F. in die §§ 305 bis 319 UmwG durch das UmRUG in § 348 UmwG überführt. Der

---

1037 Zu § 313 UmwG a.F. statt aller *Raum* in Henssler/Strohn, GesR, 5. Auflage, § 313 UmwG Rn. 1.

1038 Für die Einbeziehung von Gläubigern in den Schutzzweck des § 313 UmwG a.F. *Kuhlen* in Lutter, Umwandlungsgesetz, 6. Auflage, § 313 Rn. 6; Zu § 346 UmwG *Oppenhoff* in Kallmeyer, UmwG, § 346 Rn. 2; *Vossius* in Widmann/Mayer, Umwandlungsrecht, § 346 Rn. 2.

1039 Siehe hierzu bereits Kapitel 3, D. II. 1 und Kapitel 3, G. I. 1.

1040 Mit Verweis auf die Gesetzesbegründung schon zu § 313 UmwG a.F. auch *Taschke* in Semler/Stengel/Leonard, UmwG, 5. Auflage. § 313 Rn. 5.

1041 Vgl. BegrRegE BR-Drs. 75/94 S. 171: „[...] unter Strafe gestellt werden, weil diese Berichte die entscheidende Informationsgrundlage für die Anteilsinhaber sind und deshalb falsche Angaben gerade in ihnen das Vermögen der Anteilsinhaber besonders gefährden können".

1042 BegrRegE BT-Drs. 20/3822, S. 119 (zu § 346 UmwG).

gegenüber § 314a UmwG a.F. erweiterte Tatbestand ist eine Folgeänderung zu den im Sechsten Buch des UmwG neu eingeführten Pflichten zur Abgabe von Versicherungen, Mitteilungen und Nachweisen bei grenzüberschreitenden Umwandlungen.[1043] Tathandlung des § 348 UmwG ist die Abgabe einer unrichtigen Versicherung oder Mitteilung gemäß den in § 348 UmwG aufgezählten Vorschriften gegenüber dem Registergericht,[1044] bei einem grenzüberschreitenden Formwechsel also §§ 342 Abs. 3 S. 1 Nr. 1 oder 4, 343 Abs. 2 S. 5 und 342 Abs. 3 S. 2 UmwG.[1045] Das Strafmaß beträgt Freiheitsstrafe von bis zu drei Jahren oder Geldstrafe. Im subjektiven Tatbestand erfordert § 348 UmwG, wie schon § 314a UmwG a.F.,[1046] Vorsatz, wobei Eventualvorsatz genügt.[1047] Der Schutzzweck der Norm ergibt sich aus dem Sinn und Zweck der jeweiligen Versicherungserklärungen, die dem Gläubigerschutz dienen.[1048]

§ 348 UmwG sichert somit – wie zuvor schon § 314a UmwG a.F. bei der grenzüberschreitenden Verschmelzung – die Einhaltung von gläubigerschützenden Versicherungen und Mitteilungen im Formwechselvorgang auf strafrechtlicher Ebene ab. Dies ist grundsätzlich sinnvoll, da eine Versicherung, deren unrichtige Abgabe unter Strafe steht, für Gläubiger eine höhere Richtigkeitsgewähr bietet.[1049] Allerdings überrascht, dass der deutsche Gesetzgeber über § 348 Nr. 1 UmwG i.V.m. § 342 Abs. 3 S. 1 Nr. 4 UmwG die unrichtige Abgabe der Versicherung zur drohenden Zahlungsunfähigkeit unter Strafe gestellt hat, obwohl eine strafbewehrte Solvenzerklärung „kaum vom Vertretungsorgan verlangt werden“ könne.[1050] Überdies führt die drohende Zahlungsunfähigkeit insolvenzrechtlich gerade nicht zu einer Insolvenzantragspflicht.[1051] Der Schutz der Gläubiger über die nach § 348 Nr. 1 UmwG strafbewehrte Versicherung in § 342 Abs. 3 S. 1 Nr. 4 UmwG geht also – jedenfalls soweit sie sich auf die drohende Zahlungsunfähigkeit § 19 InsO bezieht – weiter als der Gläubigerschutz unter der Insolvenzordnung selbst.[1052] Die in § 348 Nr. 1 UmwG i.V.m. § 342 Abs. 3 S. 1

1043 BegrRegE BT-Drs. 20/3822, S. 120 (zu § 348 UmwG).
1044 *Krafka* in BeckOGK UmwG, Stand 1. April 2026, § 348 Rn. 6.
1045 Siehe zu § 342 Abs. 3 S. 1 Nr. 4 UmwG schon Kapitel 3, B. III. 2.
1046 *Raum* in Henssler/Strohn, GesR, 5. Auflage, 314a UmwG Rn. 1.
1047 *Krafka* in BeckOGK UmwG, Stand 1. April 2026, § 348 Rn. 10.
1048 Ebd., § 348 Rn. 3.
1049 Hiervon ging auch der deutsche Gesetzgeber aus, der der Auffassung ist, eine Solvenzerklärung könnte den Gläubigern nur dann als belastbare Einschätzung der Bonität der übertragenden Gesellschaft dienen, wenn sie als strafbewehrte Versicherung ausgestaltet sei, vgl. BegrRegE BT-Drs. 20/3822, S. 97 (zu § 314 UmwG).
1050 BegrRegE BT-Drs. 20/3822, S. 97; Siehe hierzu ausführlich Kapitel 3, F. III. 3.
1051 *Wolfer* in BeckOK Insolvenzrecht, § 15a InsO Nr. 18.
1052 *Harig/Hader*, NZG 2022, 1435, 1438.

Nr. 4 UmwG vorgesehene Strafbarkeit passt demnach weder zu den Aussagen des deutschen Gesetzgebers zur in Art. 86j GesR-ERL vorgesehenen Solvenzerklärung, noch zu dem insolvenzrechtlich gewährten Schutzniveau. Soweit der Gesetzgeber zu seinen Erwägungen zur Solvenzerklärung steht, müsste die Strafbarkeit für die unrichtige Abgabe einer Versicherung zur drohenden Zahlungsunfähigkeit eigentlich wieder aus dem Gesetz gestrichen werden.[1053]

IV. Fazit

Persönlicher Haftung und strafrechtlichen Sanktionen kommen als Gläubigerschutzinstrumente nur geringe Bedeutung zu. Für den Fall des nationalen Formwechsels liegt dies an dem Mangel entsprechender gläubigerschützender Sorgfaltspflichten der Organe des formwechselnden Rechtsträgers. Im grenzüberschreitenden Kontext ist die Haftung der Vertretungs- und Aufsichtsorganen durch die Vorverlagerung des Anspruchs auf Sicherheitsleistung zumindest theoretisch bedeutsamer – im Ergebnis erscheint eine Haftung aber auch hier unwahrscheinlich. Ungeachtet der praktisch geringen Wahrscheinlichkeit erfüllen umwandlungsrechtliche Haftung und Strafbarkeit jedoch abstrakt eine aus Gläubigersicht wertvolle Funktion. Sie haben Abschreckungsfunktion und unterstützen damit die Einhaltung umwandlungsrechtlicher Pflichten durch die Vertretungs- und Überwachungsorgane des formwechselnden Rechtsträgers.[1054]

H. Allgemeine Missbrauchskontrolle

Eine allgemeine Missbrauchskontrolle bildet in gewissem Maße das Gegenstück zu dem bereits untersuchten Ausschluss des Formwechsels ex lege.[1055] Ein generelles Verbot greift in Situationen mit abstrakt erhöhtem Gefährdungspotential, während eine Missbrauchskontrolle auf den konkreten Einzelfall abzielt. Gemein ist beiden Konzepten, dass sie in der Rechtsfolge auf eine Unterbindung des Formwechsels gerichtet sind, weshalb auch bei Anwendung einer allgemeinen Missbrauchskontrolle als Schutzinstrument Zurückhaltung geboten ist. Wo andere Instrumente einen Schutz der Interessenträger zu gewährleisten im

---

[1053] Kritisch auch *Harig/Hader*, NZG 2022, 1435, 1438, die eine Strafbarkeit für die Frage der drohenden Zahlungsunfähigkeit für zu weitgehend halten.

[1054] Ganz in diesem Sinne ging der deutsche Gesetzgeber auch davon aus, dass die Solvenzerklärung nur dann zum Gläubigerschutz geeignet sei, wenn die unrichtige Abgabe mit Strafe bedroht wäre, vgl. BegrRegE BT-Drs. 20/3822, S. 97 (zu § 314 UmwG).

[1055] Siehe hierzu Kapitel 3, B.

Stande sind, muss ein Verbot des Formwechsels schon mangels Erforderlichkeit ausscheiden. So besehen dient eine allgemeine Missbrauchskontrolle als Absicherung vor dem Versagen der übrigen Schutzinstrumente.

Die praktische Relevanz der Missbrauchskontrolle als Schutzinstrument (für die Anteilseigner) zeigte sich in jüngerer Vergangenheit in einer Entscheidung des Handelsgerichts Madrid.[1056] Das Gericht erklärte den Zustimmungsbeschluss des übertragenden Rechtsträgers zu einer grenzüberschreitenden Verschmelzung auf eine niederländische Gesellschaft für unwirksam, da eine zeitgleiche Satzungsänderung bei der aufnehmenden niederländischen Gesellschaft nach Überzeugung des Gerichts maßgeblich dazu diente, den Minderheitsaktionär des übertragenden Rechtsträgers treuwidrig zu benachteiligen.[1057] Das Verbot rechtsmissbräuchlichen Verhaltens gilt – zugunsten der Gläubiger und der weiteren Interessenträger – sowohl für den nationalen, als auch den grenzüberschreitenden Formwechsel. Allerdings bestehen deutlich unterschiedliche Konzepte zur Missbrauchsprüfung bei einem nationalen Formwechsel und dem durch GesR-ERL und das UmRUG eingeführten Verfahren zur Missbrauchskontrolle.

I. Missbrauchskontrolle beim nationalen Formwechsel

Der deutsche Gesetzgeber hat bei Konzeption des UmwG 1994 bewusst von einer materiellen Inhaltskontrolle des Formwechselbeschlusses abgesehen.[1058] Der Formwechsel ist gemäß § 198 Abs. 1 UmwG bei dem für den formwechselnden Rechtsträger zuständigen Registergericht anzumelden. Dieses prüft, ob die formellen und materiellen Voraussetzungen des Formwechsels erfüllt sind.[1059] Die materielle Kontrolle bezieht sich dabei insbesondere auf die Wirksamkeit des Umwandlungsbeschlusses.[1060] Ob der Formwechsel sachlich gerechtfertigt oder gar zweckmäßig ist, wird demnach nicht durch das Registergericht geprüft,[1061] was mit dem hinreichenden Schutz der Interessenträger durch die im UmwG vorgesehenen Schutzmechanismen begründet wird.[1062] Eine Grenze hierfür bildet jedoch die Möglichkeit der Überprüfung des Umwandlungsbeschlusses auf

1056 JMerc Madrid, Beschl. v. 10. September 2019 – n° 461/2019 und nachfolgend AAP Madrid, Beschl. v. 14. Februar 2020 – n° 32/2020; Siehe hierzu *Deck*, NZG 2021, 629.

1057 *Deck*, NZG 2021, 629.

1058 BegrRegE BR-Drs. 75/94, S. 139 und 86; *Hoger* in Lutter, UmwG, § 193, Rn. 9; *Drinhausen/Keinath* in Henssler/Strohn GesR § 193 UmwG Rn. 11.

1059 *Drinhausen/Keinath* in Henssler/Strohn GesR, § 198 UmwG Rn. 9.

1060 Statt aller *Zessel/Schwanna* in Semler/Stengel/Leonard, UmwG, § 198 Rn. 15.

1061 Allg. Auffassung, statt aller *Bärwaldt* in Semler/Stengel/Leonard, UmwG, § 193 Rn. 17.

1062 *Bärwaldt* in Semler/Stengel/Leonard, UmwG, § 193 Rn. 17; *Ihrig* in Reichert, GmbH &

Rechtsmissbräuchlichkeit.[1063] Eine solche Prüfung erfolgt allerdings nicht allgemein als gesetzlich vorgesehener Verfahrensschritt zugunsten aller Interessenträger. Mängel des Umwandlungsbeschlusses können nur nach den für die jeweilige Rechtsform einschlägigen Verfahren geltend gemacht werden.[1064] Eine Klage Dritter gegen den Umwandlungsbeschluss kommt nur im Form einer Feststellungsklage bei Nichtigkeit des Beschlusses in Betracht.[1065] In der Literatur wird die Rechtsmissbräuchlichkeit des Formwechsels insbesondere im Zusammenhang mit einem aktienrechtlichen Squeeze-Out nach § 327a AktG diskutiert.[1066] So soll der Umwandlungsbeschluss anfechtbar sein, wenn der Formwechsel nur mit dem Ziel vorgenommen wird, einen Minderheitsgesellschafter per Squeeze-Out aus der Gesellschaft zu drängen.[1067]

Eine Versagung der Eintragung des Formwechsels aufgrund von Rechtsmissbrauch ohne vorherige Beschlussmängelklage wird nur in Extremfällen zur Debatte gestellt, wobei selbst hier erhebliche Zurückhaltung geübt wird.[1068] Im Zusammenhang mit einer potenziellen Gläubigergefährdung durch den Formwechsel wird das Problem des Rechtsmissbrauchs – soweit ersichtlich – nicht diskutiert. Dieser Umstand verwundert nicht, da ein gläubigergefährdender Rechtsmissbrauch allenfalls in der Durchführung des Formwechsels allein zum Zweck des gläubigerschädigenden Kapitalabzuges gesehen werden könnte.[1069] Da ein geplanter Kapitalabzug de lege lata nicht offenzulegen ist,[1070] wird sich eine rechtsmissbräuchliche Absicht kaum jemals feststellen lassen.

Im Verfahren des nationalen Formwechsels ist eine Missbrauchsprüfung also nicht als dezidierter Verfahrensschritt vorgesehen, sondern erfolgt nach allgemeinen Grundsätzen. Insgesamt spielt die Missbrauchskontrolle bei einem

---

Co. KG, 16. Kapitel, § 56 Rn. 107.

1063 OLG Düsseldorf, Urt. v. 16. Januar 2003 – Az.: 6 U 60/02, juris, Rn. 43: „bloße Missbrauchskontrolle".

1064 *Bärwaldt* in Semler/Stengel/Leonard, UmwG, § 193 Rn. 30.

1065 *Simons* in BeckOGK UmwG, Stand 1. April 2026, § 195 Rn. 9.1; Siehe allgemein zur Zulässigkeit von Klagen Dritter gegen Gesellschaftsbeschlüsse *Vatter* in BeckOGK AktG, Stand 1. Februar 2026, § 249 Rn. 27 f.

1066 Siehe *Singhof* in BeckOGK AktG, Stand 1. Februar 2026 § 327a Rn. 32 m.w.N.

1067 *Grunewald* in MüKoAktG, Bd. 5, § 327a Rn. 24.

1068 *Weiler* in Widmann/Mayer, Umwandlungsrecht, § 194 Rn. 127 schlägt beispielsweise vor „über die Versagung der Eintragung auf Grund von Rechtsmissbrauch nachzudenken", wenn Formwechsel und Rückformwechsel in engem zeitlichem Abstand nachweisbar mit dem ausschließlichen Ziel der Vermeidung der Arbeitnehmer-mitbestimmung vorgenommen wird.

1069 Siehe zur Möglichkeit der Reduzierung des Kapitalschutzes durch einen Formwechsel bereits Kapitel 2, C. II.

1070 Siehe zu den Informationspflichten, Kapitel 3, D.

Formwechsel nach deutschem Recht zumindest aus Gläubigersicht keine wesentliche Rolle.

II. Missbrauchskontrolle beim grenzüberschreitenden Formwechsel

Grundlegend anders gestaltet sich die Lage auf europäischer Ebene – die Befürchtung von Rechtsmissbrauch scheint mit der Idee des grenzüberschreitenden Formwechsels geradezu untrennbar verbunden.[1071] Entsprechende Befürchtungen wurden insbesondere im Zusammenhang mit dem Polbud-Urteil aktuell,[1072] und haben sowohl den Kommissionsvorschlag als auch die finale Fassung der Richtlinie merklich geprägt.[1073] Im Rahmen der Plenardebatten wurden deutliche Worte zu grenzüberschreitenden Strukturmaßnahmen gefunden. So war Berichterstatterin *Evelyn Regner* der Auffassung, Gesellschaftsrecht werde „systematisch missbraucht, um sich die günstigste Rechtsordnung zu ergattern, und das meist auf dem Rücken der Arbeitnehmer und Arbeitnehmerinnen und der Steuerzahler und Steuerzahlerinnen."[1074] Auch *Michael Detjen* merkte im Namen der SPD-Fraktion an, dass Unternehmen bisher in der Lage waren „dem kurzfristigen Profitstreben nachzugeben und sich das Land mit den niedrigsten Löhnen, Arbeitnehmerrechten, Steuern und Umweltauflagen auszusuchen."[1075] Beide Redner maßen deshalb einer allgemeinen Missbrauchsklausel besondere Bedeutung zu.[1076] In Anbetracht dieser Beiträge kann man sich des Eindrucks nicht erwehren, die Richtlinie diene weniger der Ermöglichung der rechtssicheren Durchführung von grenzüberschreitenden Strukturmaßnahmen (und damit der Verwirklichung der Niederlassungsfreiheit) als vielmehr der Eindämmung (vermeintlich) grassierender Missbrauchspraktiken im Binnenmarkt. Ganz in diesem Sinne sieht die Richtlinie auch eine dezidierte Missbrauchsprüfung für alle Strukturmaßnahmen vor.

[1071] Siehe hierzu insbesondere die Darstellung von *Teichmann*, ZGR 2022, 376, S. 3 f., der von einem „steten Begleiter" spricht.

[1072] So insbesondere *Kindler*, NZG 2018, 1 ff.; Deutlich in Bezug auf den Kommissionsvorschlag auch die Stellungnahme des DNotV v. 4. Juli 2018, Abschnitt B. II. 1. b) bb): „Wo auch immer man auf die Sitztrennung stößt, sie ermöglicht Gaunereien".

[1073] Siehe zur Genese der Missbrauchsklausel in der GesR-ERL *Hilser*, Grenzüberschreitender Formwechsel, S. 258 ff.

[1074] Wiedergabe der Plenardebatten, abgerufen am 2. November 2025 unter http://www.europarl.europa.eu/doceo/document/CRE-8-2019-04-17-ITM-022_DE.html?redirect.

[1075] Ebd.

[1076] *Evelyn Regner* war „ganz besonders stolz, dass nun eine verpflichtende Antimissbrauchsklausel eingeführt wird", siehe ebd.

1. Bestimmtheitsproblematik des europäischen Missbrauchsbegriffs

Es zeigt sich, dass das Gesetzgebungsverfahren und der begleitende Diskurs in erheblichem Ausmaß von der Befürchtung einer missbräuchlichen Nutzung des grenzüberschreitenden Formwechsels geprägt wurden.[1077] Bevor jedoch nach der Notwendigkeit einer dezidierten Missbrauchsprüfung gefragt werden kann, muss zunächst der Begriff des Rechtsmissbrauch im europäischen Kontext geklärt werden.[1078]

Das europäische Verständnis von Rechtsmissbrauch wurde insbesondere durch die drei EuGH-Entscheidungen Van Binsberg,[1079] Emsland Stärke[1080] und Halifax[1081] geprägt.[1082] *Teichmann* kommt auf Grundlage dieser Entscheidungen zu dem Ergebnis, dass sich der Einwand missbräuchlichen Verhaltens im europäischen Kontext daraus ergibt, dass ein bestimmtes Verhalten zwar den formalen Voraussetzungen einer Norm entspricht, daraus aber ein Vorteil erlangt wird, der nicht dem Ziel der Regelung entspricht.[1083] Weiterhin erforderlich ist das subjektive Element, sich den Vorteil durch willkürliche Schaffung der Voraussetzungen der Norm verschaffen zu wollen.[1084] Folglich ist die Einordnung eines Sachverhalts als rechtsmissbräuchlich stets von Sinn und Zweck der konkret anwendbaren Norm geprägt.[1085]

Die Qualifizierung eines Sachverhaltes als rechtsmissbräuchlich in diesem Sinne ist im Fall des grenzüberschreitenden Formwechsels besonders deshalb schwierig, weil der grenzüberschreitende Formwechsel gerade die Wahl des auf den formwechselnden Rechtsträger anwendbaren Rechts darstellt.[1086] Die Wahl günstiger Rechtsvorschriften begründet dabei nach ständiger, wiederholt bestätigter Rechtsprechung des EuGH nicht ohne weiteres den Vorwurf des Rechtsmissbrauchs.[1087] Der Gerichtshof hat in seiner Entscheidung in Sachen Polbud erneut klargestellt, dass es an sich keinen Missbrauch der Niederlassungsfrei-

---

[1077] Siehe neben den vorstehenden Ausführungen auch *Teichmann*, ZGR 2022, 376, S. 3 f.

[1078] Siehe allgemein zum Konzept des Rechtsmissbrauchs im europäischen Umwandlungsrecht den ausführlichen Beitrag von *Teichmann*, ZGR 2022, 376.

[1079] EuGH, Urt. v. 3. Dezember 1984 – Rs. C-33/74, juris.

[1080] EuGH, Urt. v. 14. Dezember 2000 – Rs. C-110/99, juris.

[1081] EuGH, Urt. v. 21. Februar 2006 – Rs. C-255/02, juris.

[1082] *Teichmann*, ZGR 2022, 376, S. 9 f.

[1083] *Teichmann*, ZGR 2022, 376, S. 10; Siehe auch *Thomale/Schmid*, NotBZ 2023, 125, 134 und BegrRegE BT-Drs. 20/3822, S. 102 sowie *Hilser*, Grenzüberschreitender Formwechsel, S. 255 f.

[1084] *Teichmann*, ZGR 2022, 376, S. 10.

[1085] *Teichmann*, ZGR 2022, 376, S. 15.

[1086] Siehe hierzu bereits Kapitel 1, C. III.

[1087] Siehe zur Entwicklung der Rechtsprechung des EuGH bereits Kapitel 2, B. II.

heit darstellt, wenn eine Gesellschaft ihren Sitz nach dem Recht eines Mitgliedstaats begründet, um in den Genuss günstigerer Rechtsvorschriften zu kommen.[1088] Im Kern stellen auch solche rechtlichen Gestaltungen, die sich dem Vorwurf des Rechtsmissbrauchs ausgesetzt sehen, oftmals nichts anderes dar, als die Inanspruchnahme günstigerer Rechtsvorschriften. Wenn also *Michael Detjen* feststellt, dass Unternehmen sich „das Land mit den niedrigsten Löhnen, Arbeitnehmerrechten, Steuern und Umweltauflagen" aussuchen können,[1089] ist dies zwar zutreffend, sagt jedoch noch nichts über die Rechtsmissbräuchlichkeit der Wahl der günstigsten Rechtsvorschriften bzw. eines grenzüberschreitenden Formwechsels aus.

Die in der Cadbury Schweppes Entscheidung getroffene Konkretisierung, nach der eine Einschränkung der Niederlassungsfreiheit gerechtfertigt sein soll, „wenn sie sich speziell auf rein künstliche Gestaltungen bezieht, die darauf ausgerichtet sind, der Anwendung der Rechtsvorschriften des betreffenden Mitgliedstaats zu entgehen",[1090] ermöglicht in diesem Zusammenhang ebenfalls keine trennscharfe Abgrenzung. Denn seit der Entscheidung in Sachen Polbud ist klar, dass auch die isolierte Satzungssitzverlegung der Niederlassungsfreiheit unterfällt,[1091] weshalb der allein Umstand, dass im Zielrechtsstaat keine wirtschaftliche Tätigkeit entfaltet wird, die Annahme einer künstlichen Gestaltung nicht rechtfertigen kann. Auch dient eine (zulässige) isolierte Satzungssitzverlegung gerade dem Zweck, bestimmten (insbesondere gesellschaftsrechtlichen) Rechtsvorschriften zu entgehen, da diese durch den grenzüberschreitenden Formwechsel gerade 'abgewählt' werden. Insgesamt ist der Begriff der künstlichen Gestaltung als solcher ebenfalls schlicht wenig aussagekräftig.[1092] Die Grenzziehung zwischen von der Niederlassungsfreiheit gedeckter Wahl günstigerer Rechtsvorschriften und zu sanktionierendem Rechtsmissbrauch hat daher stets unter Berücksichtigung aller Umstände des Einzelfalls zu erfolgen und ist entsprechend komplex und mit Rechtsunsicherheit verbunden.

Teichmann nennt als denkbaren Rechtsmissbrauch zulasten der Gläubiger den Fall, dass die formwechselnde Gesellschaft genau weiß, dass bestimmte Gläubiger durch die Umwandlung schlechter gestellt werden, aber mit dem Umwandlungsverfahren gezielt darauf setzt, dass diese Gläubiger davon nicht rechtzeitig

---

[1088] EuGH, Urt. v. 25. Oktober 2017 – Rs. C-106/16, juris, Rn. 52, 54; Siehe Kapitel 2, B. II. 3.
[1089] Siehe die Wiedergabe der Plenardebatten, abgerufen am 2. November 2025 unter http://www.europarl.europa.eu/doceo/document/CRE-8-2019-04-17-ITM-022_DE.html?redirect.
[1090] EuGH, Urt. v. 12. September 2006 – Rs. C-196/04, juris, Rn. 51.
[1091] Siehe hierzu Kapitel 2, B. II. 3.
[1092] *Wicke*, DStR 2018, 2703, 2704.

erfahren.[1093] Auch hier gilt, dass die drohende Schlechterstellung von Gläubigern den Formwechsel (wie der gesetzliche Anspruch auf Sicherheitsleistung zeigt[1094]) grundsätzlich nicht rechtsmissbräuchlich macht. Ebenso wenig ist es zu beanstanden, gesetzliche Fristen bis zum letzten Tag auszureizen und dadurch den Zeitraum für eine Reaktion der Gläubiger auf das gesetzlich vorgesehene Mindestmaß zu reduzieren. Das Risiko, den grenzüberschreitenden Formwechsel eines Schuldners trotz der verschiedenen Veröffentlichungspflichten nicht zu bemerken, legen der europäische und der deutsche Gesetzgeber durch die Ausgestaltung des Anspruchs auf Sicherheitsleistung grundsätzlich den Gläubigern auf.[1095] Überdies müssten sich durch den (rechtsmissbräuchlichen) Formwechsel perspektivisch Nachteile der Gläubiger realisieren, vor denen das Gesetz grundsätzlich schützen will, aber im Einzelfall aufgrund des planmäßigen Vorgehens des formwechselnden Rechtsträgers nicht schützt. Es zeigt sich also, dass sich die Rechtsmissbräuchlichkeit eines grenzüberschreitenden Formwechsels aus Gläubigerperspektive nicht ohne weiteres typisierend begründen lässt.

2. Missbrauchsprüfung nach Art. 86m Abs. 8 GesR-ERL

Schon der Kommissionsvorschlag setzte sich ausführlich mit der befürchteten missbräuchlichen Verwendung des grenzüberschreitenden Formwechsels auseinander. Die Kommission war der Auffassung, die Mitgliedstaaten müssten dafür sorgen, dass „Gesellschaften eine grenzüberschreitende Umwandlung nicht dazu nutzen können, um mit einer rein künstlichen Gestaltung ungerechtfertigte Steuervorteile zu erlangen oder die gesetzlichen oder vertraglichen Rechte von Arbeitnehmern, Gläubigern oder Gesellschaftern auszuhebeln."[1096] Demgemäß war nach Art. 86c Abs. 3 des Kommissionsvorschlags vorgesehen, dass die zuständige Behörde des Wegzugsmitgliedstaates den Formwechsel nicht genehmigt, wenn eine derartige künstliche Gestaltung vorliegt. Die Missbrauchsprüfung erstreckte sich ausdrücklich auch auf Gläubigerrechte. Die Kommission ließ sich bei Konzipierung der Klausel wohl von der Cadbury Schweppes Entscheidung des EuGH leiten, welcher der Begriff der künstlichen Gestaltung entliehen ist.[1097] Bei ernsten Bedenken der Be-

[1093] *Teichmann*, ZGR 2022, 376, S. 19.
[1094] Siehe zum Anspruch auf Sicherheitsleistung Kapitel 3, E.
[1095] Siehe zum Anspruch auf Sicherheitsleistung im grenzüberschreitenden Kontext Kapitel 3, E. 2.
[1096] Kommissionsvorschlag S. 39 f., Erwägungsgrund Nr. 7.
[1097] EuGH, Urt. v. 12. September 2006 – Rs. C-196/04, juris, Rn. 54 f.

hörde, dass ein Missbrauch zu befürchten sei, sollte der Formwechsel einer eingehenden Prüfung unterzogen werden, bei der wenigstens die in Art. 86n des Kommissionsvorschlags aufgeführten Merkmale (Merkmale der Niederlassung im Zuzugsmitgliedstaat, beispielsweise Zweck, Branche, Investition, Zahl der Arbeitnehmer, Vermögenswerte und ihre Belegenheit) zu berücksichtigen waren. Dieser Erstentwurf hat unter dem Gesichtspunkt mangelnder Bestimmtheit erhebliche Kritik erfahren,[1098] worauf im Zuge des Trilogs durch eine Umgestaltung der Missbrauchsklausel reagiert wurde.[1099]

In der Finalfassung der Richtlinie ist nunmehr in Art. 86m Abs. 8 vorgesehen, dass „die zuständige Behörde keine Vorabbescheinigung ausstellt, wenn im Einklang mit dem nationalen Recht festgestellt wird, dass eine grenzüberschreitende Umwandlung zu missbräuchlichen oder betrügerischen Zwecken, die dazu führen oder führen sollen, sich Unionsrecht oder nationalem Recht zu entziehen oder es zu umgehen, oder zu kriminellen Zwecken vorgenommen werden soll." Um eine derartige Feststellung treffen zu können, soll die Behörde den in Art. 86m Abs. 7 GesR-ERL vorgesehenen Zeitraum von drei Monaten zur Prüfung des Formwechsels im Einzelfall gemäß Art. 86m Abs. 10 GesR-ERL um weitere drei Monate verlängern können. Weitergehend sieht Art. 86m Abs. 11 GesR-ERL bei besonderer Komplexität sogar eine Überschreitung dieser verlängerten Frist vor. Nach Art. 86m Abs. 12 GesR-ERL soll sichergestellt werden, dass die zuständige Behörde andere Behörden konsultieren und sich eines unabhängigen Sachverständigen bedienen kann. Letztlich lässt das Wirksamwerden des Formwechsels gemäß Art. 86t GesR-ERL die Befugnis der Mitgliedstaaten unberührt, auch nach Wirksamwerden des Formwechsels Sanktionen (beispielsweise im Bereich des Strafrechts, des Sozialrechts oder der Besteuerung) zu verhängen. Auch bei nachträglicher Aufdeckung kann ein rechtsmissbräuchlicher Formwechsel also noch durch den Herkunftsstaat sanktioniert werden. Eine ausdrückliche Er-

---

[1098] Die Stellungnahme des DNotV vom 4. Juli 2018, Abschnitt B. II. 1. b) bb), attestierte der Missbrauchsklausel eine „nicht justiziable" Form; Nach Ansicht des Bundesrats in seiner Empfehlung vom 10. September 2018, BR-Drs. 179/18, S. 5, bedurfte es „zwingend einer deutlicheren Konturierung der bislang sehr vagen Missbrauchsdefinition"; *Wachter*, GmbHStB 2018, 283, 288 „viel zu unbestimmt". *Wicke*, DStR 2018, 2703, 2704 „erhebliche Zweifel an der Praktikabilität und der Justiziabilität"; Kritisch auch *Brandi* BB 2018, 2626, 2632 f.

[1099] Siehe zum – im Ergebnis verworfenen – Vorschlag des EU-Parlaments, den Registersitz an die Hauptverwaltung zu koppeln *Teichmann*, ZGR 2022, 376, S. 4 sowie weiterführend zum unionsrechtlichen Erfordernis eines *genuine link* zum Zuzugsstaat *Hilser*, Grenzüberschreitender Formwechsel, S. 273 ff. Siehe allgemein zur Entwicklung der Missbrauchskontrolle auch *Stelmaszczyk*, GmbHR 2020, 61, 71 ff.

wähnung der Gläubiger findet sich in der finalen Fassung nicht mehr – allerdings ist daraus nicht zu schließen, dass eine Gläubigerbenachteiligung nicht mehr unter die Missbrauchsprüfung fallen könnte, da die Klausel insgesamt umformuliert wurde. Der Wille, auch Gläubiger durch die Missbrauchsklausel zu schützen, ist im Laufe des Gesetzgebungsverfahrens hinreichend zum Ausdruck gekommen.[1100]

Das Problem der mangelnden Bestimmbarkeit des Missbrauchsbegriffs versuchte der europäische Normgeber in der Finalfassung der Richtlinie durch ausführliche Erwägungsgründe zu adressieren. So wird klargestellt, dass die zuständige Behörde mindestens Anhaltspunkte berücksichtigen soll, die sich auf die Merkmale der Niederlassung im Zuzugsstaat beziehen, also beispielsweise Zweck des Vorhabens, Branche, Investition, Nettoumsätze und Gewinn oder Verlust, Zahl der Arbeitnehmer, Zusammensetzung der Bilanz, Steuersitz, Vermögenswerte und ihre Belegenheit, Anlagen, wirtschaftliche Eigentümer der Gesellschaft, gewöhnliche Arbeitsorte der Arbeitnehmer und besonderer Arbeitnehmergruppen, sowie der Ort, an dem die Sozialabgaben zu entrichten sind.[1101] All diese Faktoren sollen jedoch nur Anhaltspunkte im Rahmen der Gesamtprüfung darstellen.[1102] Mit einer Aufzählung zu berücksichtigender Faktoren für die Missbrauchsprüfung ist jedoch dem Kernproblem nicht abgeholfen – die schlussendliche Wertung, dass ein bestimmtes Vorgehen als rechtsmissbräuchlich zu qualifizieren ist, wird dadurch nicht weniger komplex. Auch die Aussage, dass insbesondere gegen „Scheingesellschaften“ oder „Strohfirmen“ vorgegangen werden soll, die gegründet werden, um sich nationalen oder europäischen Rechtsvorschriften zu entziehen,[1103] führt nicht zu mehr Rechtsklarheit. Im Ergebnis bleibt die in Art. 86m Abs. 8 GesR-ERL vorgesehene Missbrauchsprüfung damit konturlos, was der einheitlichen Anwendung in den Mitgliedstaaten (und damit einem rechtssicheren Regelungsrahmen für den grenzüberschreitenden

---

1100 Nicht überzeugen kann insoweit die Auffassung von *Leydecker*, Gläubigerschutz bei grenzüberschreitenden Umwandlungen, S. 209 f. nach der Gläubigerschutzinteressen nicht in den Anwendungsbereich von Art. 86m Abs. 8 GesR-ERL fallen sollen, da eine ausreichende materiell-rechtliche Harmonisierung des Gläubigerschutzes vorliege. Der Umstand, dass der Schutz der Stakeholder-Interessen grundsätzlich durch die weiteren Schutzmechanismen der GesR-ERL gewährleistet wird, stellt die Sinnhaftigkeit der Positivierung der allgemeinen Missbrauchskontrolle in Frage, beschränkt jedoch nicht den Anwendungsbereich für einzelne Stakeholder, vgl. auch *Bayer/J. Schmidt*, BB 2019, 1922, 1930 und *Luy*, NJW 2019, 1905, 1907.

1101 Erwägungsgrund Nr. 36 der Richtlinie.

1102 Ebd.

1103 Vgl. Erwägungsgrund Nr. 35 der Richtlinie; Siehe hierzu *Teichmann*, ZGR 2022, 376, S. 17 f.

Formwechsel) nicht zuträglich sein dürfte.[1104] Es ist deshalb zu erwarten, dass sich erst nach weiterer Konkretisierung durch den EuGH eine gewisse Kasuistik herausbilden wird.[1105]

3. Missbrauchsprüfung nach § 343 Abs. 3 UmwG

Der deutsche Gesetzgeber hat die Vorgaben des Art. 86m Abs. 8 UmwG durch § 343 Abs. 3 UmwG umgesetzt.[1106] Danach hat das Registergericht bei Vorliegen von Anhaltspunkten zu prüfen, ob der grenzüberschreitende Formwechsel zu missbräuchlichen oder betrügerischen Zwecken, die dazu führen oder führen sollen, sich dem Recht der Europäischen Union oder nationalem Recht zu entziehen oder es zu umgehen, oder zu kriminellen Zwecken vorgenommen werden soll. Liegen solche Zwecke vor, muss das Gericht die Eintragung ablehnen. Ist es für die Prüfung notwendig, zusätzliche Informationen zu berücksichtigen oder zusätzliche Ermittlungen durchzuführen, so kann die in § 343 Abs. 1 S. 1 UmwG vorgesehene Prüfungsfrist gemäß § 343 Abs. 3 S. 3 UmwG um höchstens drei Monate verlängert werden. In § 343 Abs. 3 S. Nr. 1 bis 3 UmwG sind außerdem drei Regelbeispiele für Anhaltspunkte von missbräuchlichen oder betrügerischen Zwecken vorgesehen. Derartige Anhaltspunkte sollen insbesondere vorliegen, wenn (i) ein gemäß Art. 86l Abs. 2 bis 4 der Richtlinie (EU) 2017/1132 durchzuführendes Verhandlungsverfahren erst auf Aufforderung des Gerichts eingeleitet worden ist, oder (ii) die Zahl der Arbeitnehmer mindestens vier Fünftel des für die Unternehmensmitbestimmung maßgeblichen Schwellenwerts beträgt, im Zielland keine Wertschöpfung erbracht wird und der Verwaltungssitz in Deutschland verbleibt, oder (iii) die Gesellschaft nach dem grenzüberschreitenden Formwechsel Schuldnerin von Betriebsrenten oder -anwartschaften ist und kein anderweitiges operatives Geschäft hat.

[1104] Kritisch insoweit z.B. *Stelmaszczyk*, GmbHR 2020, 61, 72: zu unbestimmt „um eine effektive Missbrauchsbekämpfung und die erforderliche Rechtssicherheit zu gewährleisten"; Vgl. auch *Noack*, MDR 2023, 465, 470: „wenig gehaltvolle Vorgaben der UmwRL"; *Teichmann*, NZG 2019, 241, 248: „Ein wirklicher Gewinn an Rechtssicherheit ist mit dieser Formel zwar nicht verbunden"; *Heckschen/Knaier*, ZIP 2022, 2205, 2211 und GmbHR 2022, 501, 508 f.; *Hilser*, Grenzüberschreitender Formwechsel, S. 255 f.

[1105] *J. Schmidt*, NZG 2022, 635, 640; *Stelmaszczyk*, GmbHR 2020, 61, 74; *Hilser*, Grenzüberschreitender Formwechsel, S. 272: „Weg zum EuGH vorgezeichnet"; Siehe auch schon *Schollmeyer*, NZG 2018, 977, 978: „Dies kann Jahre der Rechtsunsicherheit bedeuten und zahllose Vorlageverfahren an den EuGH erfordern"; Noch zum Kommissionsvorschlag *ECLE* in ECFR 2019, 196, 202; Zu § 343 Abs. 3 UmwG auch *Thomale/Schmid*, NotBZ 2023, 125, 133 und *Schröter/Neubert*, jurisPR-HaGesR 4/2023 Anm. 1, S. 6.

[1106] Siehe zur grenzüberschreitenden Verschmelzung BegrRegE BT-Drs. 20/3822, S. 102 (zu § 316 Abs. 3 UmwG).

Nach dem durch das UmRUG eingeführten § 343 Abs. 3 UmwG muss das Registergericht demnach nur bei Vorliegen von Anhaltspunkten in eine vertiefte Missbrauchsprüfung einsteigen.[1107] § 343 Abs. 3 S. 4 Nr. 1 bis 3 UmwG enthalten entsprechend auch keine Regelbeispiele für die Qualifizierung eines grenzüberschreitenden Formwechsels als rechtsmissbräuchlich, sondern nur für Anhaltspunkte, bei deren Vorliegen eine vertiefte Prüfung durchzuführen ist. Der deutsche Gesetzgeber ist somit den im Zuge des Gesetzgebungsverfahrens teilweise geäußerten Wünschen, den Begriff des Rechtsmissbrauchs durch Regelbeispiele zu konkretisieren und damit greifbarer zu machen,[1108] nicht nachgekommen. Ob eine solche Konkretisierung der Missbrauchsklausel überhaupt in den Zuständigkeitsbereich des deutschen Gesetzgebers gefallen wäre, ist ohnehin fraglich, da die Auslegung des Sekundärrechts schlussendlich dem EuGH obliegt.[1109] Somit wären vom deutschen Gesetzgeber ausformulierte Regelbeispiele stets Gefahr gelaufen, über den Regelungsgehalt von Art. 86m Abs. 8 GesR-ERL hinauszugehen und die Niederlassungsfreiheit in unzulässiger Art und Weise einzuschränken.[1110] Der deutsche Gesetzgeber hat stattdessen versucht, dem Problem der Bestimmtheit – ähnlich wie in der GesR-ERL – durch eine ausführliche Gesetzesbegründung mit zahlreichen Auslegungshinweisen und Beispielsfällen zu adressieren.[1111]

Als mögliche Anhaltspunkte für das Vorliegen missbräuchlicher, gläubigerbenachteiligender Zwecke nennt der Gesetzgeber beispielsweise, dass die Versicherung über das Nichtvorliegen von Insolvenzgründen nicht abgegeben werden kann und in diesem Fall die Gefahr der Gläubigerbenachteiligung nicht dadurch entkräftet wird, dass das Insolvenzverfahren bereits beantragt oder eröffnet wurde und dem Registergericht eine Sanierungsperspektive ausreichend nachgewiesen wird.[1112] Missbräuchliche, gläubigerbenachteiligende Zwecke sollen außerdem naheliegen, wenn die Anmeldung im Rahmen einer Insolvenzverschleppung erfolgt, weil trotz Insolvenzreife kein Antrag auf Eröffnung eines

---

1107 BegrRegE BT-Drs. 20/3822, S. 102: „wenn entsprechende Anhaltspunkte hierfür vorliegen“; *Brandi/Schmidt*, DB 2022, 1880, 1888; *Heckschen/Knaier*, GmbHR 2023, 317, 322; *Thomale/Schmid*, NotBZ 2023, 125, 133.

1108 Siehe *Bungert/Reidt*, DB 2023, 54, Fn. 18 m.w.N.

1109 *J. Schmidt*, NZG 2022, 635, 640; Siehe auch *Brandi/Schmidt*, DB 2022, 1880, 1888; *Bungert/Reidt*, DB 2023, 54, 56; *Teichmann*, ZGR 2022, 376, S. 21.

1110 *Bungert/Reidt*, DB 2023, 54, 56; *Hilser*, Grenzüberschreitender Formwechsel, S. 272.

1111 *Brandi/Schmidt*, DB 2022, 1880, 1888; BegrRegE BT-Drs. 20/3822, S. 102 f. (zu § 316 Abs. 3 UmwG).

1112 BegrRegE BT-Drs. 20/3822, S. 103.

Insolvenzverfahrens gestellt wurde.[1113] Auch sollen die ausstehende Befriedigung fälliger Verbindlichkeiten gegenüber der öffentlichen Hand die Verfolgung missbräuchlicher, gläubigerbenachteiligender Zwecke nahelegen können.[1114] Bei alledem handelt es sich wiederum nur um Anhaltspunkte, bei deren Vorliegen das zuständige Registergericht eine vertiefte Prüfung des Umwandlungsvorgangs vorzunehmen hat. Der deutsche Gesetzgeber stellt ausdrücklich klar, dass für die Frage, ob ein Umwandlungsvorgang im Ergebnis als missbräuchlich zu qualifizieren ist, die Umstände des jeweiligen Einzelfalls zu berücksichtigen sind.[1115]

Insgesamt handelt es sich bei § 343 Abs. 3 UmwG – ebenso wie bei Art. 86m Abs. 8 GesR-ERL – um eine Generalklausel, deren Konkretisierung den zuständigen Registergerichten obliegen wird.[1116]

III. Bewertung

Mit der in Art. 86m Abs. 8 GesR-ERL vorgesehenen Missbrauchskontrolle hat der europäische Gesetzgeber einen Versuch unternommen, den vom EuGH entwickelten allgemeinen Missbrauchsvorbehalt zu kodifizieren.[1117] Diese Positivierung der Rechtsprechung des EuGH entwickelte sich für den europäischen Gesetzgeber zum legislativen Kraftakt.[1118] Obwohl das grundlegende Konzept durchaus positive Resonanz erfahren hat,[1119] drängt sich die Frage auf, ob das Endergebnis diesen Aufwand rechtfertigen kann. Das Resultat der gesetzgeberischen Bemühungen ist eine relativ konturlose Generalklausel, die der weiteren Konkretisierung durch den EuGH bedarf.[1120] Vor diesem Hintergrund stellt sich die Frage nach dem Mehrwert der Positivierung der Missbrauchskontrolle. Geht man – wie auch der deutsche Gesetzgeber[1121] – richtigerweise davon aus, dass

---

1113 Ebd.
1114 Ebd.
1115 BegrRegE BT-Drs. 20/3822, S. 102.
1116 *Thomale/Schmid*, NotBZ 2023, 125, 133.
1117 *J. Schmidt*, NZG 2022, 635, 640.
1118 Vgl. *Thomale/Schmid*, NotBZ 2023, 125, 133 und Fn. 123: „Herkulesaufgabe"; *Löbbe*, ZHR 2023, 498, 536: „Produkt eines recht bewegten legislativen Prozesses".
1119 Siehe z.B. die Empfehlung vom 10. September 2018, BR-Drs. 179/18, S. 4: „begrüßt der Bundesrat im Grundsatz die vorgeschlagene Missbrauchskontrolle"; Stellungnahme des DNotV v. 4. Juli 2018, Abschnitt B. II. 1. b): „Grundsätzlich ist eine Missbrauchsklausel zu begrüßen"; Zu positiven Aspekten der Missbrauchskontrolle auch *Hilser*, Grenzüberschreitender Formwechsel, S. 268.
1120 Siehe hierzu bereits Kapitel 3, H. II. 2.
1121 BegrRegE BT-Drs. 20/3822, S. 103.

missbräuchliche Zwecke bei grenzüberschreitenden Umwandlungen die Ausnahme vom Regelfall darstellen, bedarf es einer derart prominenten Platzierung der Missbrauchskontrolle im Verfahren der grenzüberschreitenden Umwandlungen nicht. Der hohe Stellenwert, der der Missbrauchskontrolle im Normgebungsverfahren beigemessen wurde, vermittelt den unzutreffenden Eindruck eines enorm hohen Risikos rechtsmissbräuchlicher Umwandlungsmaßnahmen. Faktisch waren grenzüberschreitende Verschmelzungen jedoch schon lange ohne gesetzlich geregelte Missbrauchsprüfung möglich, ohne dass konkret als rechtsmissbräuchlich zu qualifizierende Gestaltungsvarianten um sich gegriffen hätten.[1122] Im Ergebnis hat der europäische Gesetzgeber einen allgemeinen (und ohnehin bei jeder grenzüberschreitenden Strukturmaßnahme zu berücksichtigenden) Rechtsgrundsatz in einer Generalklausel kodifiziert, ohne ihn nennenswert zu konkretisieren. Dem Ziel der GesR-ERL, einen rechtssicheren Regelungsrahmen für grenzüberschreitende Umwandlungen zu schaffen, ist dies nicht zuträglich.[1123]

Diese Kritik an Art. 86m Abs. 8 GesR-ERL gilt in ähnlicher Weise für die auf den vagen Vorgaben des europäischen Gesetzgebers basierende Umsetzung der Missbrauchskontrolle in § 343 Abs. 3 UmwG. Positiv anzumerken ist, dass eine materielle Missbrauchskontrolle nur bei (konkreten) Anhaltspunkten durchzuführen ist und dass der deutsche Gesetzgeber ausdrücklich klargestellt hat, dass rechtsmissbräuchliche Umwandlungen die Ausnahme darstellen.[1124] Davon abgesehen bleiben die materiellen Kriterien für die Einordnung eines grenzüberschreitenden Formwechsels als rechtsmissbräuchlich auch im deutschen Recht konturlos. Die in § 343 Abs. 3 S. 4 UmwG vorgesehenen Regelbeispiele dürften zum einen in der Praxis selten vorkommen,[1125] zum anderen ist die Unionsrechtskonformität von § 343 Abs. 3 S. 4 Nr. 2 UmwG sehr fraglich.[1126] Nach dem Regelbeispiel sollen Anhaltspunkte für einen rechtsmissbräuchlichen Zweck dann vorliegen, wenn die Zahl der Arbeitnehmer mindestens vier Fünftel des für die Unternehmensmitbestimmung maßgeblichen Schwellenwerts beträgt, im Zielland keine Wertschöpfung erbracht wird und der Verwaltungssitz in Deutsch-

---

1122 *Wachter*, GmbHStB 2018, 283, 288.
1123 *Stelmaszczyk*, GmbHR 2020, 61, 74; Vgl. auch *Thomale/Schmid*, NotBZ 2023, 125, 133: „größte neue Rechts*un*sicherheitsquelle".
1124 BegrRegE BT-Drs. 20/3822, S. 102 f.
1125 *Bungert/Reidt*, DB 2023, 54, 56; Kritisch auch *Löbbe*, ZHR 2023, 498, 540: „so wenig überzeugend sind die vom Rechtsausschuss erarbeiteten Beispiele".
1126 *Heckschen/Knaier*, GmbHR 2023, 317, 322; *Sauerbrey*, GmbHR 2023, 5, 11; *Thomale/Schmid*, NotBZ 2023, 125, 134.

land verbleibt. Der deutsche Gesetzgeber hat einen Anhaltspunkt für rechtsmissbräuchliches Verhalten demnach (unter anderem) an eine isolierte grenzüberschreitende Verlegung des Satzungssitzes geknüpft. Da eine solche ausweislich der Polbud-Entscheidung des EuGH der Niederlassungsfreiheit unterfällt und für sich genommen nicht rechtsmissbräuchlich ist,[1127] muss die Unionsrechtskonformität dieses Regelbeispiels bezweifelt werden.[1128] Auch ist es im Sinne eines ganzheitlichen Schutzsystems für alle Interessenträger kaum nachvollziehbar, Anhaltspunkte für rechtsmissbräuchliches Verhalten – neben den bereits bestehenden weiteren Schutzmechanismen – nur zum Schutz der Arbeitnehmer zu regeln, nicht jedoch für die weiteren Stakeholdergruppen.[1129] Auch bei § 343 Abs. 3 UmwG handelt es sich deshalb im Ergebnis – trotz der Konkretisierungsversuche des deutschen Gesetzgebers – um eine unbestimmte Generalklausel,[1130] deren Ausgestaltung in Zukunft die Gerichte beschäftigten wird.

Letztendlich wurde also in Art. 86m Abs. 8 GesR-ERL und § 343 Abs. 3 UmwG mit viel gesetzgeberischem Aufwand das allgemein anerkannte Missbrauchsverbot kodifiziert,[1131] ohne viel zu seiner Konkretisierung für die Rechtspraxis beizutragen. Der rechtliche Sinn und Nutzen dahinter erschließt sich nicht, da zum einen rechtsmissbräuchliche Umwandlungsmaßnahmen ohnehin schon nach allgemeinen Grundsätzen unzulässig waren und zum anderen die praktische Relevanz der Missbrauchskontrolle in erheblichem Maß hinter der Aufmerksamkeit zurückbleiben dürfte, die dem Thema im Gesetzgebungsverfahren gewidmet wurde.

IV. Fazit

Das Verbot von Rechtsmissbrauch stellt einen sowohl im deutschen als auch europäischen Recht allgemein anerkannten und tief verwurzelten Grundsatz dar.[1132] Auch die Kommission stützte sich für die Begründung der Erstfassung

---

[1127] Siehe hierzu bereits Kapitel 2, B. II. 3.

[1128] *Heckschen/Knaier*, GmbHR 2023, 317, 322.

[1129] Vgl. *Noack*, MDR 2023, 465, 470, „erschließt sich rechtlich nicht und lässt sich allenfalls mit einer unbotmäßigen politischen Einflussnahme am Ende des Gesetzgebungsverfahrens erklären“.

[1130] Vgl. *Bungert/Reidt*, DB 2023, 54, 56, „Eine praxistaugliche Konkretisierung der materiellen Missbrauchstatbestände des § 316 (bzw. 343) Abs. 3 Satz 1 UmwG n.F. geht damit nicht einher“; *Thomale/Schmid*, NotBZ 2023, 125, 134 sprechen sich für einen Positiv- und Negativkatalog von Anhaltspunkten aus, die Missbrauch bzw. Redlichkeit der Umwandlungsmaßnahme indizieren.

[1131] Vgl. *J. Schmidt*, NZG 2022, 635, 640.

[1132] Siehe weiterführend statt aller *Schubert* in MüKoBGB, Bd. 2, § 242 Rn. 108 ff. und 236 ff.

der Missbrauchsklausel darauf, dass „EU-Recht laut Rechtsprechung des EuGH nicht angeführt werden kann, um einen Rechtsmissbrauch zu rechtfertigen“.[1133]
Als allgemeiner Rechtsgrundsatz war das Missbrauchsverbot von deutschen Registergerichten auch schon vor GesR-ERL und UmRUG zu beachten.[1134] Im System des Stakeholderschutzes beim Formwechsel hat das Missbrauchsverbot Auffangfunktion. Es greift, wo die voranging anzuwendenden Schutzmechanismen im Einzelfall versagen bzw. von dem formwechselnden Rechtsträger zielgerichtet umgangen werden.[1135] Entsprechend kommt dem Verbot von Rechtsmissbrauch eine nachgelagerte und in der Rechtspraxis untergeordnete Rolle zu. Gleichwohl hat der europäische Gesetzgeber sich entschieden, diesen allgemein anerkannten Rechtsgedanken in einer weitgehend konturlosen Generalklausel zu positivieren und ausdrücklich zum Teil des Formwechselverfahrens zu machen. Hierdurch erfährt der Missbrauchsgedanke im Kontext der grenzüberschreitenden Umwandlungen eine Überhöhung, die über die rechtspraktische Bedeutung hinausgeht. Auf die deutschen Registergerichte kommt mit § 343 Abs. 3 UmwG eine Prüfungspflicht zu, die dem deutschen Recht bisher fremd war. Aus Effizienzgründen erfolgt bei den Registergerichten bisher regelmäßig nur eine formelle Prüfung.[1136] Im Fall des § 343 Abs. 3 UmwG hat das zuständige Registergericht – allerdings nur bei Vorliegen entsprechender Anhaltspunkte – eine materielle Missbrauchskontrolle durchzuführen. Die Herausforderung für die Registergerichte dürfe dabei darin liegen, dass potenzielle Missbrauchsfälle im Steuer- und Sozialrecht angelegt sein dürften, jedoch die Missbräuchlichkeit der gesellschaftsrechtlichen Umwandlungsmaßnahme bedingen.[1137] Für das Registergericht erkennbare Anhaltspunkte für Rechtsmissbrauch dürften regelmäßig nur in evidenten Fällen vorliegen. Vor diesem Hintergrund ist zu erwarten, dass sich die in § 343 Abs. 3 UmwG vorgesehene Missbrauchskontrolle nicht zum Umwandlungshindernis entwickeln wird,[1138] da die Registergerichte mangels konkreter Anhaltspunkte in der ganz überwie-

[1133] Kommissionsvorschlag S. 27, Begründung zu Art 86c.
[1134] Siehe hierzu bereits Kapitel 3, H. I.
[1135] Vgl. *Teichmann*, ZGR 2022, 376, S. 19.
[1136] *Wicke*, DStR 2018, 2703, 2704; Siehe auch *Krafka* in Krafka Registerrecht, Teil 1 Handelsregister, Rn. 159.
[1137] *Thomale/Schmid*, NotBZ 2023, 125, 134; Siehe auch *Deck*, NZG 2021, 629, 637: fraglich, wie Registergerichte eine solche sich maßgeblich außerhalb des Gesellschaftsrechts abspielende Prüfung vornehmen sollen.
[1138] A.A. *Noack*, MDR 2023, 465, 470 „gravierendes Umwandlungshindernis“.

genden Zahl der Fälle nicht in eine vertiefte materielle Prüfung einsteigen werden.[1139] Anwendungsfälle der Missbrauchskontrolle für den Gläubigerschutz sind nicht ohne weiteres ersichtlich.

Im Ergebnis wurde mit viel Aufwand eine allgemeine Missbrauchskontrolle kodifiziert, ohne dass damit ein rechtlicher oder praktischer Mehrwert verbunden wäre.[1140] Der Schutz der Interessenträger wird in aller Regel bereits durch die sonstigen in der Richtlinie verankerten Instrumentarien des Gesellschafter-, Gläubiger-, und Arbeitnehmerschutzes gewährleistet, während missbräuchlichen Steuervermeidungskonzepten nicht mit einer umwandlungsrechtlichen Missbrauchskontrolle, sondern mit steuerrechtlichen Instrumentarien zu begegnen ist.[1141] Die seltenen Ausnahmefälle, in denen daneben die Versagung des Formwechsels unter Missbrauchsgesichtspunkten erforderlich wird, hätten auch weiterhin auf Grundlage des allgemeinen Verbots rechtsmissbräuchlichen Handelns gelöst werden können.

I. Fortdauer und Begrenzung persönlicher Haftung

Die in § 224 UmwG geregelte Fortdauer und Begrenzung der persönlichen Haftung beim Formwechsel von Personen- in die Kapitalgesellschaft wurde schon im Rahmen der Identifizierung der gläubigerbeeinträchtigenden Aspekte des Formwechsels kurz angeschnitten.[1142] Da die Richtlinie inhaltlich auf Kapitalgesellschaften beschränkt ist,[1143] enthält sie keine Regelungen zur persönlichen Haftung, die dem Recht der Kapitalgesellschaften grundsätzlich fremd ist.[1144] Da der deutsche Gesetzgeber von einer überschießenden Umsetzung der GesR-ERL in diesem Punkt abgesehen hat, ist der Herausformwechsel einer Personengesellschaft weiterhin nach dem Grundsatz der sukzessiven Anwendung beider Rechtsordnungen durchzuführen.[1145] § 224 UmwG wird also auf absehbare Zeit

[1139] So auch *Thomale/Schmid*, NotBZ 2023, 125, 135: „Dasein wohl mehr in den Kommentaren als bei den Gerichten“; *Bungert/Reidt*, DB 2023, 54, 56 „Im Normalfall sollte die Eintragung dadurch nicht verzögert werden“.

[1140] Deutlich auch *Deck*, NZG 2021, 629, 637: nur eine „aus politischen Motiven eingefügte Konzession“.

[1141] So auch *Brandi*, BB 2018, 2626, 2633; Ähnlich die Stellungnahme des DAV, NZG 2018, 857, 858 und *ECLE* in ECFR 2019, 196, 203; Siehe auch *Hilser*, Grenzüberschreitender Formwechsel, S. 265 m.w.N.

[1142] Siehe Kapitel 2, C. III. 1.

[1143] Siehe Kapitel 2, C. I.

[1144] Siehe zum Trennungsprinzip, Kapitel 2, C. III. 2.

[1145] Siehe Kapitel 2, B. III.

Bedeutung für einen solchen Herausformwechsel haben.[1146] Obgleich es der Vorschrift an einer sekundärrechtlichen Entsprechung mangelt, beansprucht sie demnach auch im grenzüberschreitenden Kontext Geltung. Der in der Norm festgelegte Grundsatz der Haftungsfortdauer und deren zeitlichen Begrenzung entspricht § 137 HGB, der die Haftung bei Ausscheiden eines persönlich haftenden Gesellschafters regelt. Nachfolgend soll untersucht werden, ob eine weitergehende Einschränkung der Haftungsfortdauer zu einer noch interessengerechten Lösung führen kann.

I. Fortdauer und Begrenzung nach § 224 Abs. 1 UmwG

§ 224 Abs. 1 UmwG legt zunächst fest, dass ein Formwechsel in die Kapitalgesellschaft entstandene Verbindlichkeiten gegen Gesellschafter nach § 126 HGB, also deren persönliche Haftung, nicht berührt. Das UmwG regelt damit ausdrücklich, was schon § 160 a.F. HGB stillschweigend voraussetzte – der Formwechsel beziehungsweise das Ausscheiden eines Gesellschafters führt nicht zur Enthaftung.[1147] Vor Inkrafttreten des UmwG 1994 konnte diese Haftungsfortdauer auf den allgemeinen Grundsatz, dass die Auflösung einer Personengesellschaft nicht zur Enthaftung der Gesellschafter führt, gestützt werden, da der Formwechsel einer Personen- in eine Kapitalgesellschaft mit der Auflösung Ersterer einherging.[1148] Mit § 224 Abs. 1 UmwG bezweckte der Gesetzgeber die Klarstellung, dass sich trotz des dem UmwG 1994 zugrundeliegenden Konzepts der Kontinuität des Rechtsträgers hieran nichts ändert.[1149] Gemäß § 237 UmwG findet die Norm entsprechende Anwendung auf den persönlich haftenden Gesellschafter einer KGaA, der bei einem Formwechsel in eine KG die Rechtsstellung eines Kommanditisten übernimmt, wodurch seine Haftung nach Maßgabe der §§ 171, 172 HGB beschränkt wird.[1150] Weitere Verweise für den Formwechsel von KGaA in GmbH und eG finden sich in § 249 und § 257 UmwG. Der Weiterhaftung des § 224 Abs. 1 UmwG unterliegen in Verbindung mit § 126 HGB Forderungen gegen die Gesellschaft gleichwelchen Rechtsgrundes, die vor Eintragung des Formwechsels in das Handelsregister begründet wurden.[1151] Begründet ist eine

[1146] Siehe bereits Kapitel 2, C. III. 1 sowie *Frank*, Formwechsel im Binnenmarkt, S. 193.

[1147] Vgl. statt aller *Drinhausen/Keinath* in Henssler/Strohn, GesR, § 224 UmwG Rn. 1; Der durch das MoPeG eingeführte § 137 HGB hat § 160 HGB a.F. ersetzt und enthält eine Nachhaftungsregelung, vgl. *Drescher* in MüKoHGB, Bd. 2, § 137 Rn. 1.

[1148] BegrRegE BR-Drs. 75/94 S. 151.

[1149] BegrRegE BR-Drs. 75/94 S. 151.

[1150] *Otte* in Semler/Stengel/Leonard, UmwG § 237 Rn. 1.

[1151] Statt aller *Drinhausen/Keinath* in Henssler/Strohn, GesR, § 224 UmwG Rn. 3.

Forderung dann, wenn die wesentlichen Entstehungsvoraussetzungen eingetreten sind, also der „Rechtsgrund gelegt wurde", ohne dass die Forderung hierfür bereits fällig sein muss.[1152]

Dieser Grundsatz wird jedoch umgehend durch § 224 Abs. 2 bis 5 UmwG eingeschränkt. Unter den dort näher geregelten Voraussetzungen erlöschen die Ansprüche gegen die persönlich haftenden Gesellschafter mit dem Ablauf von fünf Jahren ab Eintragung des Formwechsels in das Handelsregister.[1153] Zweck dieser, auf das Nachhaftungsbegrenzungsgesetz von 1993 zurückgehenden, Einschränkung ist die Unterbindung einer „Endloshaftung".[1154] Hierdurch sollten die Rechtsformen der Personengesellschaften für mittelständische Unternehmer attraktiver gestaltet werden.[1155] § 224 UmwG schützt die ehemals persönlich haftenden Gesellschafter davor, noch Jahrzehnte nach dem Formwechsel aus Dauerverbindlichkeiten der Gesellschaft in Anspruch genommen zu werden.[1156] Die Norm hat also Doppelfunktion – einerseits stellt sie klar, dass die persönliche Haftung durch den Formwechsel nicht berührt wird, andererseits begrenzt sie selbige im Interesse der Anteilseigner. Das UmwG regelt den Interessenkonflikt zwischen persönlich haftenden Gesellschaftern und Gläubigern demnach abstrakt generell durch eine zeitliche Abgrenzung – die Anteilseigner einer Personen(handels)gesellschaft können sich einerseits nicht mit sofortiger Wirkung bereits begründeten Verbindlichkeiten entziehen, andererseits werden sie auch nicht mit einer ewigen Weiterhaftung belastet. Die Regelung ist zur Gewährleistung eines schlüssigen Nebeneinanders von allgemeinem Gesellschaftsrecht und Umwandlungsrecht unerlässlich. Es ließe sich kaum rechtfertigen, eine Enthaftung der persönlich haftenden Gesellschafter zwar bei Austritt aus der Gesellschaft vorzusehen, nicht jedoch bei einem Formwechsel in eine Kapitalgesellschaft.

II. Weitergehende Einschränkung der persönlichen Haftung als interessengerechte Lösung?

§ 224 UmwG zielt darauf ab, den Interessenkonflikt zwischen Gesellschaftern der formwechselnden Personengesellschaft und ihren Gläubigern durch eine

1152 Allg. M., vgl. statt aller *Schlitt* in Semler/Stengel/Leonard, UmwG, § 224 Rn. 11.
1153 Siehe weiterführend zu den Einschränkungen der Enthaftung *Schlitt* in Semler/Stengel/Leonard, UmwG, § 224 Rn. 18 ff.
1154 Statt aller *Rinke* in Schmitt/Hörtnagl, UmwG/UmwStG, § 224 UmwG Rn. 3.
1155 BegrRegE BT-Drs. 12/1868, S. 7.
1156 Vgl. zu § 137 HGB *Drescher* in MüKoHGB, Bd. 2, § 137 Rn. 2.

zeitlich begrenzte Haftungsfortdauer zu lösen. Ein Blick ins Ausland zeigt jedoch, dass dies keinesfalls die einzig denkbare Möglichkeit ist, die Enthaftung im Fall eines Formwechsels von Personengesellschaften zu regeln. So sieht beispielsweise das italienische Zivilgesetzbuch (*Codice Civile*[1157]) für diesen Fall eine Widerspruchslösung vor. Da dieses Konzept dem deutschen Recht – wie sogleich gezeigt wird – nicht grundlegend fremd ist, soll untersucht werden, ob es auch für den Formwechsel aus der Personengesellschaft fruchtbar gemacht werden kann.

Das italienische Recht lässt einen Formwechsel von Personengesellschaften in Kapitalgesellschaften nach Maßgabe von Art. 2500ter Codice Civile zu.[1158] Der Gläubigerschutz wird dabei zunächst gemäß Art. 2500ter dadurch gewährleistet, dass sich das mit dem Formwechsel festgelegte Gesellschaftskapital nach Maßgabe der aktuellen Werte der Aktiv- und Passivposten der Gesellschaft bestimmt und aus einem Schätzungsbericht hervorgehen muss.[1159] Hierbei handelt es sich um Sachverständigengutachten über das Vermögen der Gesellschaft nach Maßgabe der Art. 2343 und Art 2465 Codice Civile.[1160] Insoweit besteht also Ähnlichkeit zu dem in Deutschland bestehenden Gebot der Reinvermögensdeckung § 220 Abs. 1 UmwG.[1161] Überdies sieht Art. 2500quinquies Codice Civile eine Weiterhaftung der Gesellschafter für vor der Bekanntmachung des Formwechsels entstandene Ansprüche vor.[1162] Im Gegensatz zum deutschen Recht existiert jedoch keine zeitliche Begrenzung. Stattdessen statuiert das italienische Recht eine grundsätzlich unbegrenzte Nachhaftung der persönlich haftenden Gesellschafter, wenn sich nicht ergibt, dass die Gesellschaftsgläubiger ihre Zustimmung zu dem Formwechsel erteilt haben.[1163] Eine solche Zustimmung wird gemäß Art. 2500quinquies Abs. 2 Codice Civile für diejenigen Gläubiger vermutet, denen der Umwandlungsbeschluss mit Einschreiben oder ähnlichen Mitteln, die den Nachweis des Zugangs ermöglichen, mitgeteilt worden ist, und die ihre Zustimmung nicht innerhalb von sechzig Tagen ab Erhalt der Mitteilung ausdrücklich verweigert haben. Erfolgt ein Gläubigerwiderspruch, bleiben den Anteilseignern zwei Alternativen – sie können entweder für eine Befriedigung

---

1157 In der Fassung von Juli 2022.
1158 *Falco* in Wegen/Spahlinger/Barth, Gesellschaftsrecht des Auslands, Italien, Rn. 241 ff.
1159 *Falco* in Wegen/Spahlinger/Barth, Gesellschaftsrecht des Auslands, Italien, Rn. 244.
1160 Art. 2343 und Art. 2465 regeln die Pflicht der Prüfung der Werthaltigkeit von Sacheinlagen durch einen Sachverständigen im Rahmen der Kapitaleinbringung.
1161 Siehe hierzu bereits Kapitel 3, C. I. 2.
1162 *Falco* in Wegen/Spahlinger/Barth, Gesellschaftsrecht des Auslands, Italien, Rn. 244.
1163 Art. 2500quinquies Abs. 2 Codice Civile ; *Falco* in Wegen/Spahlinger/Barth, Gesellschaftsrecht des Auslands, Italien, Rn. 244.

der Widersprechenden sorgen oder sie haften für Verbindlichkeiten gegenüber diesen Gläubigern weiterhin unbeschränkt.[1164]

Das italienische Recht verfolgt bei der Haftungsbegrenzung also einen 'Alles oder Nichts' Ansatz, der von einem Widerspruch der Gläubiger abhängt und sich grundlegend von dem Konzept des § 224 Abs. 2 UmwG unterscheidet. Die Unterschiede zwischen beiden Konzepten laden zu der Überlegung ein, ob eine (ergänzende) Widerspruchslösung auch für das deutsche Recht ein interessengerechter Ansatz sein könnte.

1. Vereinbarkeit einer Widerspruchslösung mit deutschem Recht

Auf den ersten Blick erscheint eine Widerspruchslösung nach Vorbild des italienischen Rechts kaum mit hergebrachten Grundsätzen des deutschen Zivilrechts vereinbar – Gläubiger würden bei unterlassenem Widerspruch einen Schuldner verlieren. Dieser Umstand ist – gemessen am deutschen Rechtsverständnis – aus zwei Gesichtspunkten problematisch. Zunächst kommt Schweigen im Rechtsverkehr nach ganz allgemeiner Auffassung grundsätzlich kein Erklärungswert zu, weshalb beispielsweise in dem Schweigen auf das Angebot eines Erlassvertrages regelmäßig kein konkludenter Forderungsverzicht zu erblicken ist.[1165] Es gilt die allgemeine Annahme, dass Gläubiger ohne triftige Gründe nicht auf Ansprüche verzichten werden.[1166] Weiterhin ist der Umstand, dass Gläubiger anlässlich eines Formwechsels in eine Kapitalgesellschaft einen (oder mehrere) potenzielle Schuldner verlieren, zumindest dem Grunde nach mit einer Schuldübernahme vergleichbar, bei der ein Schuldner gegen einen anderen ausgetauscht wird.[1167] Eine solche ist gemäß § 415 Abs. 1 S. 1 BGB nach deutschem Recht von der Genehmigung des Gläubigers abhängig. Fordert der Schuldner den Gläubiger unter Fristsetzung zur Erklärung auf, gilt diese gemäß § 415 Abs. 2 S. 2 Hs. 2 BGB mit Fristablauf als verweigert, und gerade nicht als erteilt. Der Gedanke, sich durch Schweigen auf eine Schuldnerhandlung einer Forderung zu begeben, steht demnach in einem Spannungsverhältnis zu allgemeinen zivilrechtlichen Grundsätzen. Ein Blick in das Recht der Kapitalgesellschaften zeigt jedoch, dass ein

1164 Siehe schon *Psaier/Mayr* in Widmann/Mayer, Umwandlungsrecht, 125. Ergänzungslieferung 2011, Anh. 3, Italien, Rn. 216.

1165 Siehe allgemein zu den hohen Anforderungen, die an einen konkludenten Abschluss eines Erlassvertrages zu stellen sind *Derstadt* in MüKoBGB, Bd. 3, § 397 Rn. 3 f.

1166 *Rüßmann* in jurisPK-BGB, § 397 BGB, Rn. 14.

1167 Siehe zur Schuldübernahme weiterführend statt aller *Heinemeyer* MüKoBGB, Bd. 3, § 415 Rn. 1 ff.

derartiges Konzept dem deutschen Recht – bezogen auf die statuarische Haftsumme – nicht grundlegend fremd ist.

Nach § 58 Abs. 1 Nr. 3 GmbHG sind im Falle der Kapitalherabsetzung einer GmbH (die einen Abzug von Kapital aus der Gesellschaft ermöglichen kann) nur solche Gläubiger zu befriedigen oder sicherzustellen, die sich bei der Gesellschaft melden und einer Herabsetzung nicht zustimmen. Einen solchen Widerspruch können Gläubiger binnen eines Jahres nach Bekanntgabe der Kapitalherabsetzung im Bundesanzeiger und sonstigen Gesellschaftsblättern anmelden.[1168] Gläubiger, die aus den Handelsbüchern der Gesellschaft oder anderweitig bekannt sind, müssen gemäß § 58 Abs. 1 Nr. 1 GmbHG gesondert informiert werden, wofür Textform aus Beweisbarkeitsgründen empfohlen, aber auch als ausreichend angesehen wird.[1169] Der Widerspruch der Gläubiger verhindert die Eintragung der Kapitalherabsetzung.[1170] Gläubiger, die sich nicht bis zum Stichtag melden, haben nicht rechtzeitig widersprochen und können die Eintragung der Kapitalherabsetzung daher nicht mehr verhindern.[1171] Das deutsche Kapitalgesellschaftsrecht sieht also ein mit dem italienischen Recht vergleichbares Konzept im Falle einer Kapitalherabsetzung vor. Hierbei droht zwar nicht der Verlust persönlicher Haftung, sondern der Abzug von Haftkapital aus der Gesellschaft. Gemeinsam ist beiden Konstellationen jedoch, dass faktisch die Haftmasse verringert werden kann.[1172] Obgleich Formwechsel und Kapitalherabsetzung nicht ohne weiteres verglichen werden können,[1173] zeigt sich, dass das Konzept, Gläubigern einen Widerspruch abzuverlangen, dem deutschen Gesellschaftsrecht nicht gänzlich fremd ist. Eine Widerspruchslösung nach Vorbild des italienischen Ansatzes wäre also aus Perspektive des deutschen Rechts nicht grundsätzlich systemwidrig. Es wäre also vorstellbar, beide Ansätze de lege ferenda zu kombinieren.

[1168] *Waldner* in Michalski/Heidinger/Leible/J. Schmidt, GmbHG, § 58 Rn. 15 ff.
[1169] *J. Vetter* in MüKoGmbHG, Bd. 3, § 58 Rn. 95.
[1170] Statt aller *Altmeppen* in Altmeppen, GmbHG, § 58 Rn. 37.
[1171] Ebd., Rn. 42.
[1172] Gleichwohl ist das Gefährdungspotential nicht identisch. So geht *J. Vetter* in MüKoGmbHG, Bd. 3, § 58 Rn. 107 davon aus, dass der Kapitalherabsetzung ein geringeres Gläubigergefährdungspotential innewohnt als dem Verlust eines zusätzlichen Schuldners, da nur zusätzliches Entnahmepotential geschaffen wird. Oftmals wird die Kapitalherabsetzung aber gerade zu dem Zweck durchgeführt werden, dieses Entnahmepotential auch zu nutzen.
[1173] Siehe hierzu bereits Kapitel 3, E. V. 1.

Eine derartige Verknüpfung ist in Form eines optionalen Verfahrens denkbar, bei dem zunächst Anteilseignern die Wahl (durch Festlegung im Umwandlungsbeschluss) gelassen wird, ob sie es bei der Fortdauer der Haftung nach § 224 UmwG belassen wollen, oder ein mit § 58 GmbHG vergleichbares Verfahren einleiten. Hierdurch würden Mehraufwand und Kosten des Verfahrens der formwechselnden Gesellschaft nicht zwingend aufgebürdet, sondern nur, wenn sich die (qualifizierte) Mehrheit der Anteilseigner dafür entscheidet. Erfolgt auf Grundlage dieser Entscheidung eine entsprechende Benachrichtigung der Gläubiger, müssten diese sich binnen 6 Monaten ab Eintragung des Formwechsels (Fristgleichlauf zu §§ 204, 22 UmwG) bei der Gesellschaft melden und der Enthaftung widersprechen. Bezüglich Forderungen, deren Gläubiger einen Widerspruch unterlassen, würde die persönliche Haftung der Anteilseigner unmittelbar mit Fristablauf erlöschen. Haben Gläubiger einen Widerspruch erklärt, gälte weiterhin die Fünfjahresfrist des § 224 UmwG. Ob man eine derartige Ausgestaltung im Ergebnis für sinnvoll erachtet, hängt entscheidend von der Abwägung der widerstreitenden Interessen von Gläubigern und persönlich haftenden Gesellschaftern ab.

2. Interessengerechte Lösung?

Nach Vorstellung des Gesetzgebers besteht der Zweck eines Formwechsels in die Kapitalgesellschaft regelmäßig gerade auch darin, die Haftung der Gesellschafter auf ihre Kapitalbeteiligung zu begrenzen.[1174] In Anbetracht dessen spricht für das Konzept einer Widerspruchslösung, dass die widerstreitenden Interessen von Anteilseignern und Gläubigern – möglichst schnelle Enthaftung auf der einen Seite, Beibehaltung des bisherigen Haftungssystems auf der anderen – in den Fokus gerückt und konkret individuell berücksichtigt werden. Gläubiger werden dazu aufgerufen, sich persönlich zur Haftung der Anteilseigner zu erklären. Wo sich die Gläubiger durch den drohenden Wegfall der persönlichen Haftung nicht zu einer widersprechenden Erklärung veranlasst sehen, wird der Haftung evident keine besondere Bedeutung beigemessen. Wenn das Interesse am Fortbestand der persönlichen Haftung den mit einem Widerspruch verbundenen Aufwand nicht übersteigt (und ein Gläubiger deshalb auf eine solche Erklärung verzichtet) besteht kein Anlass, die Anteilseigner auch nach dem Formwechsel an ihrer persönlichen Haftung für Altforderungen festzuhalten.

[1174] BegrRegE BR-Drs. 75/94 S. 151; Zustimmend beispielsweise *Drinhausen/Keinath* in Henssler/Strohn, GesR, § 224 UmwG Rn. 1; *Schlitt* in Semler/Stengel/Leonard, UmwG, § 224 Rn. 1.

Das Enthaftungsinteresse überwiegt das durch Unterlassen des Widerspruchs konkret zum Ausdruck gebrachte geringe Interesse an der Haftungsfortdauer. Der große Vorteil in der Widerspruchslösung liegt eben darin, dass das konkret individuell bestehende Interesse eines jeden Gläubigers offengelegt wird, statt eine Haftungsfortdauer schlicht auf abstrakt generelle Erwägungen zu stützen.

Dieser Umstand bedingt allerdings auch einen Nachteil dieses Ansatzes – die Ermittlung des konkret individuellen Interesses ist mit Aufwand und Kosten verbunden. Die Kosten eines einzelnen Gläubigers mögen nicht besonders hoch anmuten, allerdings können die gesamten Kosten für eine Benachrichtigung aller bekannter Gläubiger und deren Rückmeldung im Einzelfall durchaus nicht ganz unerheblich sein. Das gilt umso mehr, wenn die Anteilseigner im Ernstfall die Benachrichtigung eines bestimmten Gläubigers nachweisen können müssen. Das italienische Recht sieht deshalb die Benachrichtigung durch Einschreiben oder eine vergleichbare Zustellungsmethode vor,[1175] was je nach Anzahl der bekannten Gläubiger einige Kosten und Aufwand verursachen kann. Allerdings darf man nicht außer Acht lassen, dass diese Kosten reduziert werden können, indem die Form der Benachrichtigung (und damit die Steuerung von Kosten und Risiko der Beweisbarkeit) zur Disposition der Anteilseigner gestellt wird. Im Rahmen des § 58 GmbHG wird für die besondere Mitteilung Textform für ausreichend erachtet.[1176] Rechtsökonomische Gründe sprechen daher nicht zwingend gegen ein derartiges Verfahren.

Die Kardinalfrage ist, ob man in der sofortigen Enthaftung der Anteilseigner ein schützenswertes Interesse sieht, das den Mehraufwand auf Gläubigerseite rechtfertigt. Hiergegen könnte man argumentieren, dass Gläubiger immer ein Interesse an einem zusätzlichen Schuldner haben,[1177] weshalb kein Grund besteht, dem Enthaftungsinteresse der Anteilseigner vor Ablauf der Fünfjahresfrist Rechnung zu tragen. Dagegen spricht jedoch, dass gerade Gläubiger geringer Forderungen der persönlichen Haftung nur wenig Bedeutung beimessen werden, wenn der Zielrechtsform in erheblichem Maße statutarisches Kapital zugeführt wird. Sowohl Art. 2500quinquies Codice Civile als auch § 58 GmbHG liegt die Vorstellung zugrunde, dass ein Gläubigerwiderspruch nicht zwingend erfolgt – trotz des abstrakt stets bestehenden Interesses an der Beibehaltung des Status Quo. Es besteht kein Grund, die Anteilseigner bis zum

---

1175 Siehe Kapitel 3, I. II.
1176 *J. Vetter* in MüKoGmbHG, Bd. 3, § 58 Rn. 95.
1177 Siehe Kapitel 3, I. II. 1. zu dem Grundsatz, dass Gläubiger nicht ohne Weiteres auf einen Anspruch verzichten werden.

Ablauf der Fünfjahresfrist des § 224 UmwG an der persönlichen Haftung festzuhalten, wenn ein Gläubiger tatsächlich kein Interesse daran hat. Zugespitzt geht es darum, ob man Gläubiger mit der Notwendigkeit einer entsprechenden Erklärung zusätzlich belasten möchte, obwohl ihnen der Formwechsel ihres Schuldners einseitig aufgezwungen wird und eine Enthaftung der Anteilseigner (vorbehaltlich der Einschränkungen in § 224 Abs. 2 bis 5 UmwG) ohnehin nach fünf Jahren eintritt. Entscheidend ist, ob das Interesse an einer frühestmöglichen Enthaftung den Mehraufwand auf Gläubigerseite 'wert' ist. Dies ist dann der Fall, wenn sichergestellt wird, dass die Kosten auf Gläubigerseite so gering wie möglich gehalten werden. Dies könnte erreicht werden, indem der formwechselnde Rechtsträger verpflichtet wird, eine elektronische Empfangsvorrichtung bereitzustellen (beispielsweise in Form einer eigens hierfür eingerichteten Emailadresse oder einem Kontaktformular), die es den Gläubigern ermöglicht, den Widerspruch zentral, schnell, sicher und kostengünstig zu erheben. Zu Beweiszwecken müsste sichergestellt sein, dass widersprechende Gläubiger eine (automatisierte) Bestätigung über den Eingang des Widerspruchs erhalten.

So ausgestaltet würde das Gros der entstehenden Kosten bei dem formwechselnden Rechtsträger anfallen, dessen Anteilseigner ihrerseits darüber entscheiden könnten, ob sie ein entsprechendes Verfahren überhaupt durchführen wollen. Diese Gestaltung würde der tatsächlichen Interessenlage im Zeitpunkt des Formwechsels Rechnung tragen – die persönlich haftenden Gesellschafter würden die zusätzlichen Kosten und Mehraufwand nur hinnehmen, wenn sie ein entsprechendes (Kosten und Zeitaufwand übersteigendes) Interesse an der Möglichkeit sofortiger Enthaftung haben. Zu einer frühzeitigen Enthaftung käme es dabei nur bezüglich solcher Forderungen, deren Gläubiger kein nennenswertes Interesse an der Fortdauer der Haftung nach § 224 UmwG haben. Die Kosten dieser Momentaufnahme der tatsächlichen Interessenlage sind in Anbetracht der Vorteile rechtsökonomisch vertretbar.

III. Fazit und Perspektive

Das deutsche Recht löst den Interessenkonflikt zwischen persönlich haftenden Gesellschaftern und Gläubigern des formwechselnden Rechtsträgers abstrakt über eine zeitlich begrenzte Haftungsfortdauer. Der Ansatz ist insbesondere rechtsökonomisch vorteilhaft, da keine weiteren Verfahrenskosten entstehen. Der Nachteil ist darin zu sehen, dass die persönlich haftenden Gesellschafter auch dann (zeitlich begrenzt) an der Haftung festgehalten werden, wenn die

Gläubiger faktisch kein nennenswertes Interesse daran haben. Das italienische Recht löst diese Schwäche, indem eine Enthaftung von der Zustimmung der Gläubiger abhängig gemacht wird, wodurch das konkret individuelle Interesse der betroffenen Gläubiger in den Mittelpunkt der Entscheidung über die Haftungsfortdauer gerückt wird. Ein ähnlicher Ansatz findet sich im deutschen Gesellschaftsrecht für den Fall der Kapitalherabsetzung einer GmbH. Beide Ansätze lassen sich zu einem einheitlichen, schlüssigen Konzept verbinden.

Da die GesR-ERL den grenzüberschreitenden Formwechsel von Personengesellschaften nicht regelt und der deutsche Gesetzgeber insoweit von einer überschießenden Regelung abgesehen hat,[1178] kommt es de lege lata bei einem Herausformwechsels von Personengesellschaft aus Deutschland in eine Kapitalgesellschaft ausländischen Rechts zu einem Nebeneinander von Haftungsfortdauer nach deutschem Recht und paralleler Anwendung des Haftungsstatuts des Zielrechtsstaates – ein Zustand, den die persönlich haftenden Gesellschafter zumindest potenziell vermeiden können sollten. Jedenfalls wenn Gläubiger dem nicht widersprechen, sollte ein grenzüberschreitender Formwechsel im Sinne eines sauberen Schnittes zwischen den Rechtsordnungen ermöglicht werden. Hierfür könnte de lege ferenda ein mit dem zuvor dargestellten Ansatz vergleichbares System vorgesehen werden. Die persönlich haftenden Gesellschafter sollten die Gläubiger zur Erklärung über die Haftungsfortdauer auffordern können und der Weiterhaftung unter der bisherigen Rechtsordnung nur dann unterliegen, wenn Gläubiger der Enthaftung fristgemäß widersprechen.

J. Perpetuierung des Gerichtsstandes und Sitzfiktion

Die vorausgegangene Untersuchung der unterschiedlichen Sicherungsinstrumente hat gezeigt, dass den einzelnen Mechanismen bei nationalem Formwechsel einerseits und im grenzüberschreitenden Kontext andererseits oftmals eine vergleichbare Bedeutung zukommt. Dem Fortbestehen des inländischen Gerichtsstands (perpetuatio fori) als Instrument des institutionellen Gläubigerschutzes kommt dagegen bei nationalen Sachverhalten naturgemäß keine Bedeutung zu.

Für den nationalen Formwechsel findet sich im UmwG keine entsprechende Regelung – für Klagen gegen den formwechselnden Rechtsträger gelten die Vorschriften der ZPO, also insbesondere § 261 Abs. 3 Nr. 2 ZPO, wonach eine nach

[1178] Siehe statt aller *Goette*, DStR 2023, 157, 158.

Rechtshängigkeit eintretende Veränderung zuständigkeitsbegründender Tatsachen den einmal wirksam begründeten Gerichtsstand nicht rückwirkend entfallen lässt. Hierdurch sollen sowohl die Kapazitäten der Justiz als auch die Interessen der Rechtssuchenden geschützt werden.[1179] Eine vor Rechtshängigkeit erfolgte Änderung des allgemeinen Gerichtsstandes des Beklagten hat der Kläger demgegenüber hinzunehmen. Eine wesentliche Schlechterstellung bezogen auf die prozessuale Durchsetzbarkeit ihrer Ansprüche droht Gläubigern bei einem nationalen Formwechsel ohnehin nicht, weshalb es keiner weitergehenden Perpetuierung des Gerichtsstandes bedarf.

Wird der Satzungssitz ins Ausland verlegt, kann im Einzelfall der Verlust des einzigen inländischen Gerichtsstandes drohen.[1180] Dies hätte zur Folge, dass betroffene Gläubiger ihren Anspruch nicht nur bei einem anderen örtlich zuständigen Gericht, sondern unter einer anderen – ihnen fremden – Rechtsordnung geltend machen müssen. Die Analyse hat gezeigt, dass eine derartige Situation zwar nicht regelmäßig droht, jedoch im Einzelfall denkbar ist. Die geringe Wahrscheinlichkeit kann keinen Anlass dafür bieten, die Notwendigkeit einer Perpetuierung des internationalen Gerichtsstandes generell in Abrede zu stellen.[1181] Entscheidend muss vielmehr sein, ob die konkret bestehende Interessenlage eine entsprechende Ausgestaltung gebietet oder nicht. Zur Beantwortung dieser Frage sollen die entsprechende in der SE-VO für den Fall einer SE-Sitzverlegung und in der GesR-ERL für den grenzüberschreitenden Formwechsel vorgesehenen Regelungen untersucht werden.

I. Sitzfiktion nach Art. 8 Abs. 16 SE-VO

Gemäß Art. 8 Abs. 16 SE-VO gilt eine SE, die ihren Sitz in einen anderen Mitgliedstaat verlegt, in Bezug auf alle Forderungen, die vor dem Zeitpunkt der Verlegung entstanden sind, als SE des Herkunftsstaates, auch wenn sie erst nach der Verlegung verklagt wird. Maßgeblicher Zeitpunkt für die Abgrenzung von Alt- und Neugläubigern ist gemäß Art. 8 Abs. 10 SE-VO die Eintragung der SE am neuen Satzungssitz. Die Norm begründet demnach eine Gerichtsstandsklausel, mit der Altgläubiger vor einem Verlust des inländischen Gerichtsstandes geschützt werden sollen.[1182] Die Fiktion gilt mangels entsprechender

---

[1179] Vgl. statt aller *Foerste* in Musielak/Voit, ZPO, § 261 Rn. 13.
[1180] Siehe hierzu bereits ausführlich Kapitel 2, C. V. 2. a) aa).
[1181] In diese Richtung jedoch *Janisch,* Grenzüberschreitende Sitzverlegung, S. 199; Siehe bereits Kapitel 2, C. V. 2. a) aa).
[1182] Statt aller *Diekmann* in Habersack/Drinhausen, SE-Recht, Art. 8 SE-VO Rn. 120.

Einschränkung zeitlich unbegrenzt.[1183] Obwohl es aus dem Wortlaut nicht eindeutig hervorgeht, wird davon ausgegangen, dass Art. 8 Abs. 16 SE-VO einen zusätzlichen Gerichtsstand begründet, der allein dem Schutz der Gläubiger dient und deshalb durch Vereinbarung abbedungen werden kann.[1184] Die Vorschrift wird teilweise als verfehlt angesehen, da sie neben dem nach Art. 8 Abs. 7 SE-VO, § 13 SEAG vorgesehenen Anspruch auf Sicherheitsleistung zu einem doppelten Schutz der Gläubiger führen soll.[1185] Auch attestierte die Kommission dem Art. 8 Abs. 16 SE-VO im Jahr 2010 einen geringen Mehrwert gegenüber den in der EuGVVO ohnehin vorgesehenen Gerichtsständen, die es regelmäßig erlauben, in dem Staat zu klagen, in dem ein Vertrag ausgeführt oder Schäden verursacht wurden.[1186] Gleichwohl sah die Kommission keinen Anlass, die Vorschrift aufzuheben.[1187] Eine Reform der SE-VO erscheint in diesem Punkt deshalb ungeachtet der teilweise geübten Kritik unwahrscheinlich.[1188] Dies gilt umso mehr, als auch die Finalfassung der Richtlinie eine perpetuatio fori vorsieht, die zwischenzeitlich durch § 341 Abs. 2 UmwG in das deutsche Recht umgesetzt wurde.

II. Perpetuatio fori nach Art. 86j Abs. 4 GesR-ERL und § 341 Abs. 2 UmwG

Der ursprüngliche Kommissionsvorschlag sah (im Einklang mit der Evaluation dieser Vorschrift durch die Kommission) keine mit Art. 8 Abs. 16 SE-VO vergleichbare Gerichtsstandsklausel vor.[1189] Im weiteren Verlauf des Verfahrens wurde der Befürchtung, Gläubiger könnten den inländischen Gerichtsstand verlieren, jedoch erneut durch eine perpetuatio fori Rechnung getragen. Der genaue Wortlaut der Klausel veränderte sich dabei wiederholt.[1190] Ein wesentlicher Unterschied zwischen Art. 86j Abs. 4 GesR-ERL und Art. 8 Abs. 16 SE-VO liegt insbesondere in der zeitlichen Beschränkung der Fiktionswirkung. Diese war

---

1183 *Diekmann* in Habersack/Drinhausen, SE-Recht, Art. 8 SE-VO Rn. 124.
1184 Statt aller *Casper* in BeckOGK SE-VO, Stand 1. Februar 2026, Art. 8 Rn. 26; *Oechsler* in MüKoAktG, Bd. 7, Art. 8 SE-VO Rn. 85.
1185 *Oechsler* in MüKoAktG, Bd. 7, Art. 8 SE-VO Rn. 80.
1186 Evaluationsbericht der Kommission an das europäische Parlament und den Rat über die Anwendung der SE-VO v. 17. November 2010, KOM(2010) 676 endgültig, S. 10; Mit ähnlicher Kritik *Janisch*, Grenzüberschreitende Sitzverlegung, S. 199; Siehe bereits Kapitel 2, C. V. 2. a) aa).
1187 Evaluationsbericht der Kommission an das europäische Parlament und den Rat über die Anwendung der SE-VO v. 17. November 2010, KOM(2010) 676 endgültig, S. 10.
1188 *Diekmann* in Habersack/Drinhausen, SE-Recht, Art. 8 SE-VO Rn. 127.
1189 Vgl. Art. 86k des Kommissionsvorschlags.
1190 Vgl. die jeweiligen Formulierungen in den Presidency compromise proposals v. 18. Dezember 2018 (15678/18) und 25. Januar 2019 (5401/19).

zunächst für einen Zeitraum von drei Jahren vorgesehen, wurde jedoch schlussendlich auf zwei Jahre reduziert, um dem Interesse des formwechselnden Rechtsträgers, sich von der bisherigen Rechtsordnung zu lösen, besser Rechnung zu tragen.[1191] Nach der Finalfassung der Richtline haben die Mitgliedstaaten sicherzustellen, dass Gläubiger, deren Forderungen vor Offenlegung des Umwandlungsplans entstanden sind, unbeschadet nationaler oder europarechtlicher Vorschriften über die gerichtliche Zuständigkeit und vertraglichen Vereinbarungen, innerhalb von zwei Jahren nach Wirksamwerden des Formwechsels auch im Wegzugsmitgliedstaat klagen können. Begründet wird demnach ein zusätzlicher Gerichtsstand. Im Gegensatz zu dem Anspruch auf Sicherheitsleistung ist nicht Voraussetzung, dass die maßgebliche Forderung der Gläubiger noch nicht fällig ist, weshalb die Möglichkeit der Gläubiger, den Anspruch bereits vor dem Formwechsel geltend zu machen, der Inanspruchnahme dieses zusätzlichen Gerichtsstandes nicht entgegengehalten werden kann.[1192] Einfluss auf die Verjährung des Anspruchs hat diese Zweijahresfrist nicht, was in den Erwägungsgründen ausdrücklich klargestellt wird.[1193] Art. 86j Abs. 4 GesR-ERL beinhaltet gegenüber Art. 8 Abs. 16 SE-VO eine Vorverlagerung des Abgrenzungszeitpunktes zwischen Alt- und Neugläubigern, da auf die Offenlegung des Plans, nicht auf die Wirksamkeit der Sitzverlegung abgestellt wird. Dem liegt die Erwägung zugrunde, dass Gläubiger die potenziellen Auswirkungen der Änderung der gerichtlichen Zuständigkeit und des anwendbaren Rechts nach Offenlegung des Plans berücksichtigen können.[1194] Die Norm ist also gegenüber der Sitzfiktion der SE-VO sowohl hinsichtlich des Kreises der Altgläubiger als auch bezüglich des zeitlichen Anwendungsrahmens eingeschränkt.

Der deutsche Gesetzgeber hat Art. 86j Abs. 4 GesR-ERL im Zuge des UmRUG durch § 341 Abs. 2 UmwG umgesetzt. § 341 Abs. 2 S. 2 UmwG regelt dabei – ergänzend zu der in § 341 Abs. 1 S. 1 UmwG erfolgten Umsetzung des Art. 86j Abs. 4 GesR-ERL – auch den Ort des inländischen Gerichtsstands.[1195] Dieser bestimmt sich nach dem letzten Sitz des formwechselnden Rechtsträgers. Weitere inländische Gerichtsstände nach den allgemeinen Bestimmungen bleiben neben § 341 Abs. 2 S. 2 UmwG unberührt.[1196]

1191 Presidency compromise proposal v. 25. Januar 2019 (5401/19), S. 4.
1192 *Schollmeyer*, ZGR 2020, 62, 87; *Luy* in BeckOGK UmwG, Stand 1. Januar 2026, § 341 Rn. 36.
1193 So ausdrücklich auch Erwägungsgrund Nr. 24 der Richtlinie.
1194 Ebd.
1195 *Luy* in BeckOGK UmwG, Stand 1. Januar 2026, § 341 Rn. 37.
1196 BegrRegE BT-Drs. 20/3822, S. 118; *Luy* in BeckOGK UmwG, Stand 1. Januar 2026, § 341

III. Bewertung

Der europäische Gesetzgeber hat sich im Laufe des Gesetzgebungsverfahren schlussendlich doch für eine perpetuatio fori bezüglich vor dem Formwechsel entstandener Ansprüche entschieden. Angesichts der von Kommission und in Literatur geäußerten Bedenken bezüglich der Notwendigkeit von Art. 8 Abs. 16 SE-VO vermag dies durchaus zu überraschen. Nachfolgend soll deshalb zunächst die grundlegende Notwendigkeit von Art. 86j Abs. 4 GesR-ERL und § 341 Abs. 2 UmwG untersucht werden, bevor das Augenmerk auf das problematische Verhältnis dieses Gerichtsstands zu weiteren, ausschließlichen Gerichtsständen gerichtet wird.

1. Frage nach der grundsätzlichen Notwendigkeit

Ob man die Normierung eines fortbestehenden Gerichtsstandes überhaupt für notwendig hält, hängt davon ab, ob man den Verlust des einzigen inländischen Gerichtsstandes für eine Gläubigerbeeinträchtigung von hinreichendem Gewicht hält. Die Erkenntnis, dass die Vollstreckung im Ausland weiter vereinfacht wurde,[1197] trägt zur Klärung dieser Frage wenig bei. Zunächst wird das (gegebenenfalls durch alle Instanzen zu führende) Klageverfahren in aller Regel komplizierter und zeitaufwändiger sein als die anschließende Vollstreckung, weshalb beide Vorgänge nicht ohne weiteres vergleichbar sind. Weiterhin ändert sich bei einem grenzüberschreitenden Formwechsel durch isolierte Satzungssitzverlegung der Belegenheitsort des Schuldnervermögens nicht.[1198] Bei Verlust des einzigen inländischen Gerichtsstandes sind Gläubiger hingegen gezwungen, ihre Forderung unter einer ihnen fremden Rechtsordnung in fremder Sprache einzuklagen, was mit erheblichem Mehrkosten verbunden sein kann. Allerdings könnten sowohl der geringe praktische Anwendungsbereich und die potenzielle Dopplung des Gläubigerschutzes als auch die konkrete Interessenabwägung zwischen Gläubigern und formwechselndem Rechtsträger gegen eine Perpetuierung des Gerichtsstandes sprechen.

Rn. 37.

[1197] Siehe Kapitel 2, C. V. 2. c).

[1198] Siehe ebenfalls Kapitel 2, C. V. 2. c).

a) Geringer praktischer Anwendungsbereich

Die Notwendigkeit eines fortbestehenden Gerichtsstandes wird teilweise mit dem Argument bezweifelt, die EuGVVO würde in den allermeisten Fällen ohnehin eine Klage im Herkunftsstaat ermöglichen.[1199] Dieser Eindruck wird durch den Umstand bestärkt, dass die Kommission im Jahr 2010 von keinem Fall berichten konnte, in dem Art. 8 Abs. 16 SE-VO tatsächlich angewandt wurde.[1200] Andererseits hat die erfolgte Untersuchung der Normen der EuGVVO gezeigt, dass der Verlust des einzigen inländischen Gerichtsstandes zwar äußerst unwahrscheinlich, aber keinesfalls undenkbar ist.[1201] Stellt man sich auf den Standpunkt, dass ein Gerichtsstand im Herkunftsstaat regelmäßig ohnehin bestehen bleibt, hat die ausdrückliche Perpetuierung des Gerichtsstandes schlicht klarstellende Funktion, ohne dass hieraus eine Schlechterstellung des formwechselnden Rechtsträgers resultieren würde. Selbst wenn man davon ausginge, dass ein Verlust des inländischen Gerichtsstandes unter keinen Umständen jemals eintreten könnte, hätte ein (auf europäischer Ebene durchzuführender) Verzicht auf die in Art. 86j Abs. 4 GesR-ERL vorgesehene Perpetuierung des Gerichtsstandes lediglich rechtsbereinigende Funktion. Da der formwechselnde Rechtsträger durch eine bloß klarstellende Festsetzung eines ohnehin bestehenden Gerichtsstandes nicht belastet wird, kann der praktisch geringe Anwendungsbereich für sich genommen kein tragfähiges Argument gegen Art. 86j Abs. 4 GesR-ERL bilden. Entscheidend muss vielmehr sein, ob das Instrument innerhalb seines marginalen Anwendungsbereichs geboten ist oder nicht.

b) Doppelung des Gläubigerschutzes?

Gegen die Notwendigkeit einer Perpetuierung des Gerichtsstandes könnte weiterhin der Umstand sprechen, dass der Gläubigerschutz im Wesentlichen schon durch den Anspruch auf Sicherheitsleistung gewährt wird.[1202] Allerdings ist die Frage, ob der Anspruch des betroffenen Gläubigers weiterhin bei demselben Ge-

---

[1199] Siehe ausführlich *Janisch*, Grenzüberschreitende Sitzverlegung, S. 199; Siehe bereits Kapitel 2, C. V. 2. a) aa).

[1200] Evaluationsbericht der Kommission an das europäische Parlament und den Rat über die Anwendung der SE-VO v. 17. November 2010, KOM(2010) 676 endgültig, S. 10.

[1201] Siehe Kapitel 2, C. V. 2. a) aa).

[1202] Siehe zur SE-VO *Oechsler* in MüKoAktG, Bd. 7, Art. 8 SE-VO Rn. 80.

richt geltend gemacht werden kann, bei der Beurteilung des Anspruchs auf Sicherheitsleistung durch das zuständige Gericht zu berücksichtigen.[1203] Dies ist konsequent, da es bei fortbestehendem Gerichtsstand (hinsichtlich der Notwendigkeit der Rechtsdurchsetzung im Ausland) schon an einer Schlechterstellung der Gläubiger fehlt. Ein ähnliches Verständnis legte der deutsche Gesetzgeber auch dem Anspruch auf Sicherheitsleistung nach Art 8 Abs. 7 SE-VO, § 13 SEAG zugrunde.[1204] Erwägungen, die Dopplung des Schutzes nicht durch Beschränkung des Sicherungsanspruchs, sondern durch Wegfall des Gerichtsstandes aufzulösen, können im Anwendungsbereich der GesR-ERL aufgrund der klaren Erwägungsgründe nicht überzeugen.[1205] Hinzu kommt, dass der formwechselnde Rechtsträger gerade im Fall der isolierten Satzungssitzverlegung ins Ausland durch einen fortbestehenden Gerichtsstand im Inland regelmäßig weniger stark belastet wird, als durch eine Verpflichtung Sicherheit zu leisten. Bezogen auf die maßgebliche Gläubigerbeeinträchtigung bildet der fortbestehende Gerichtsstand ein gleich effektives, aber weniger eingriffsintensives Sicherungsinstrument.[1206] Auch das Nebeneinander von Anspruch auf Sicherheitsleistung und Perpetuierung des Gerichtsstandes begründet demnach kein tragfähiges Argument gegen Art. 86k Abs. 4 GesR-ERL und § 341 Abs. 2 UmwG.

c) Interessenabwägung

Da feststeht, dass weder der enge Anwendungsbereich noch eine mögliche Doppelung des Gläubigerschutzes grundlegend gegen eine Perpetuierung des Gerichtsstandes sprechen, kommt es für die Bewertung der Notwendigkeit des Schutzinstruments entscheidend auf die Interessenabwägung zwischen Gläubigern und formwechselndem Rechtsträger an. Wie bereits im Zusammenhang mit der Beeinträchtigung von Gläubigerinteressen erörtert, besteht auch außerhalb des grenzüberschreitenden Formwechsels die Gefahr, dass sich der allgemeine Gerichtsstand des Schuldners durch Wegzug ins Ausland verlagert.[1207] Eine Perpetuierung des Gerichtsstandes erfolgt grundsätzlich erst mit Anhängigkeit einer Klage. Der Verlust des allgemeinen Gerichtsstands im Inland ist bei Wegzug des Schuldners ins Ausland nach der EuGVVO demnach nicht die Ausnahme,

---

1203 Erwägungsgrund Nr. 23 der Richtlinie.
1204 BegrRegE BT-Drs. 15/3405, S. 35.
1205 Vgl. zur SE-VO *Oechsler* in MüKoAktG, Bd. 7, Art. 8 SE-VO Rn. 49, 80.
1206 Siehe im Zusammenhang mit § 122j UmwG a.F. *Vossius* in Widmann/Mayer, Umwandlungsrecht, 172. Ergänzungslieferung, § 122j Rn. 8, auch m.w.N.
1207 Siehe bereits Kapitel 2, C. V. 2. a) bb).

sondern die Regel. Die formwechselspezifische Besonderheit liegt in der Möglichkeit, eine solche Verlagerung des allgemeinen Gerichtsstands in seltenen Ausnahmefällen allein durch einen registerlichen Vorgang herbeizuführen.[1208] In Fällen, in denen alle drei Anknüpfungspunkte des Art. 63 EuGVVO ins Ausland verlagert werden, stehen Gläubiger grundsätzlich nicht anders als bei sonstigen Wegzügen ihres Schuldners und sind deshalb nicht besonders schutzwürdig. Dies gilt umso mehr, als für die grenzüberschreitende Verschmelzung und die Spaltung keine mit Art. 84j Abs. 4 GesR-ERL vergleichbare Regelung vorgesehen wurde.[1209] Zu fragen ist daher, ob allein die Möglichkeit einer isolierten Satzungssitzverlegung ausreicht, um einen fortbestehenden Gerichtsstand – abweichend von dem in der EuGVVO vorgesehenen Grundsatz und anders als bei grenzüberschreitender Verschmelzung und Spaltung – schon vor Anhängigkeit der Klage zu rechtfertigen.

Dafür spricht, dass die absoluten Ausnahmesituationen, in denen ein Verlust des einzigen inländischen Gerichtsstandes durch isolierte Satzungssitzverlegung überhaupt denkbar sind, regelmäßig von Seiten des formwechselnden Rechtsträgers herbeigeführt werden und aus einer entsprechenden Ausgestaltung der Gesellschaftsstruktur (Auseinanderfallen von Satzungs- und Verwaltungssitz sowie Hauptniederlassung) resultieren. Zu denken ist insbesondere an die Rückabwicklung einer Centros-Konstellation,[1210] wenn also die ursprüngliche Sitztrennung nachträglich durch grenzüberschreitende Verlegung des Satzungssitzes aufgehoben wird, oder wenn Verwaltungssitz und Zentrum der unternehmerischen Tätigkeit schon vorher ins Ausland verlegt wurden und die Entscheidung zum grenzüberschreitenden Formwechsel erst später getroffen wird. Durch die inländische Gesellschaftsform könnte bei Gläubigern ein gewisses Vertrauen geweckt werden, dass es sich nicht nur der Rechtsform nach um ein inländisches Unternehmen handelt und deshalb eine Klage im Inland möglich sein wird.

Andererseits darf nicht außer Acht gelassen werden, dass ein Verlust des einzigen inländischen Gerichtsstandes durch isolierte Satzungssitzverlegung nur dort droht, wo ohnehin alle Gerichtsstände bis auf den Satzungssitz im Ausland liegen. Abgesehen von dem Satzungssitz des Schuldners fehlt es dem Rechtsverhältnis also an jeglichem Inlandsbezug. Das Interesse der Gläubiger an der Beibehaltung des inländischen Gerichtsstandes ist deshalb regelmäßig weniger

1208 Siehe Kapitel 2, C. V. 2. a) bb).
1209 Siehe zur Frage, ob es sich hierbei um ein Versehen des Richtliniengebers handelt, *Löbbe*, ZHR 2023, 498, 528.
1210 Siehe zur Centros-Rechtsprechung des EuGH bereits Kapitel 2, B. II. 1.

stark zu gewichten, da sie sich ihrerseits auf ein Rechtsverhältnis eingelassen haben, dessen Schwerpunkt bereits im Ausland liegt. Bei deutschen Kapitalgesellschaften kann nicht ohne weiteres darauf vertraut werden, dass sich Hauptverwaltung oder Hauptniederlassung im Inland befinden oder verbleiben, da der deutsche Gesetzgeber eine Sitztrennung schon lange zulässt.[1211] Zumindest in Deutschland ist ein Gläubiger, der dennoch allein aufgrund der inländischen Rechtsform auf einen inländischen Verwaltungssitz vertraut, nicht schutzwürdig.

Entscheidend kommt es darauf an, dass der Verlust eines (allgemeinen) inländischen Gerichtsstandes ein Risiko darstellt, das Gläubiger nach der EuGVVO grundsätzlich immer tragen. So führt der Wegzug eines Gläubigers aus Deutschland vor Klageerhebung dazu, dass der allgemeine Gerichtsstand Art. 4 EuGVVO im Inland erlischt.[1212] Zwar besteht bei einem grenzüberschreitenden Formwechsel die Besonderheit, dass sich der allgemeine Gerichtsstand am Satzungssitz Art. 63 Abs. 1 a) EuGVVO allein durch einen Registervorgang (also ohne physischen Umzug) ändern kann. Ob dies für sich genommen eine Perpetuierung des Gerichtsstandes rechtfertigt, erscheint jedoch zweifelhaft. Für die (nach deutschem Recht zulässige[1213]) isolierte Verlegung des Verwaltungssitzes ist kein mit Art. 86j Abs. 4 GesR-ERL und § 341 Abs. 2 UmwG vergleichbares Fortbestehen des Gerichtsstands am bisherigen Verwaltungssitz vorgesehen.[1214] In Ausnahmefällen, in denen der Verwaltungssitz einer Gesellschaft den einzigen inländischen Gerichtsstand begründet, könnten Gläubiger diesen Gerichtsstand aus Sicht des deutschen Rechts verlieren, wenn der Verwaltungssitz vor Klageerhebung ins Ausland verlegt wird. Zwingende Gründe, für die Verlegung des Satzungssitzes i.S.d. Art. 63 Abs. 1 a) EuGVVO – im Gegensatz zur Verlegung des Verwaltungssitzes i.S.d. Art. 63 Abs. 1 b) EuGVVO – eine Perpetuierung des Gerichtsstandes vorzusehen, sind jedoch nicht ersichtlich.[1215] Davon abgesehen muss bezweifelt werden, ob mit der der Perpetuierung des Gerichtsstandes tatsächlich in relevantem Umfang einer Gefahr von gläubigerschädigendem Forum Shopping begegnet wird,[1216] da der Anwendungsbereich von Art. 86j Abs. 4 GesR-ERL und § 341 Abs. 2 UmwG ohnehin verschwindend gering ist und

[1211] Vgl. § 4a GmbHG, § 5 AktG.
[1212] Siehe hierzu *Gottwald* in MüKoZPO, Bd. 3, Art. 4 Brüssel Ia-VO Rn. 25 ff.
[1213] Statt aller *Schwemmer* in BeckOGK GmbHG, Stand 1. März 2026, § 4a Rn. 18.
[1214] Siehe hierzu das Beispiel von *Schollmeyer*, ZGR 2020, 62, 87.
[1215] So auch *Schollmeyer*, ZGR 2020, 62, 87: „Die dieser Gewichtung zugrundeliegenden Erwägungen zum Gläubigerschutz bleiben ein Rätsel"; Siehe hierzu auch *Hilser*, Grenzüberschreitender Formwechsel, S. 200.
[1216] In diese Richtung *Hilser*, Grenzüberschreitender Formwechsel, S. 199.

schon die Sitzfiktion des Art. 8 Abs. 16 SE-VO in nahezu zehn Jahren nach Einführung der SE-VO keinen einzigen Anwendungsfall erfahren hat.[1217] Wie bereits dargestellt, droht der Verlust des einzigen inländischen Gerichtsstands bei isolierter Satzungssitzverlegung nur in sehr spezifischen Sonderkonstellationen.[1218] Dass das tatsächliche Motiv für den grenzüberschreitenden Formwechsel in diesen Sonderkonstellationen regelmäßig gläubigerschädigendes Forum Shopping wäre, lässt sich nur schwer begründen. Eine nicht näher belegte Befürchtung allein kann die Perpetuierung des Gerichtsstandes nicht rechtfertigen.

Im Ergebnis rechtfertigt die formwechselspezifische Besonderheit, dass der Gerichtsstand bei der grenzüberschreitenden Verlegung des Satzungssitzes ins Ausland durch einen rein registerlichen Vorgang entfällt, die Perpetuierung des Gerichtsstandes nicht.

d) Zwischenergebnis zur grundsätzlichen Notwendigkeit

Es bleibt festzuhalten, dass es Art. 86j Abs. 4 GesR-ERL auch unabhängig von seinem marginalen Anwendungsbereich nicht bedurft hätte. Das Interesse der Gläubiger, weiterhin an einem nur durch Registereintragung begründeten Gerichtsstand zu klagen, überwiegt nicht das Interesse des formwechselnden Rechtsträgers, sich von der Rechtsordnung dieser Registereintragung zu lösen. Eine Verlagerung des allgemeinen Gerichtsstandes vor Rechtshängigkeit haben Gläubiger – wie auch sonst im Anwendungsbereich der EuGVVO – nach den allgemeinen Grundsätzen hinzunehmen. Die formwechselspezifische Besonderheit, dass der Gerichtsstand im Einzelfall allein durch Registervorgang begründet wird, rechtfertigt keine abweichende Behandlung.

2. Verhältnis zu ausschließlichen Gerichtsständen

Neben der Frage, ob es der in Art. 86j Abs. 4 GesR-ERL und § 341 Abs. 2 UmwG vorgesehenen Perpetuierung des Gerichtsstandes grundsätzlich bedurft hätte, verdient das Verhältnis der Normen zu ausschließlichen Gerichtsständen (Art. 24 EuGVVO) Beachtung.[1219] Nach Art. 86j Abs. 4 GesR-ERL sollen die Mitgliedstaaten sicherstellen, dass Gläubiger unbeschadet sonstiger Vorschriften über die gerichtliche Zuständigkeit, die sich (unter anderem) aus vertraglichen

[1217] Siehe schon Kapitel 3, J. III. 1. a).
[1218] Siehe ausführlich Kapitel 2, C. V. 2. a).
[1219] Siehe hierzu auch *Löbbe*, ZHR 2023, 498, 527 f.

Vereinbarungen ergeben, auch im Wegzugsstaat klagen können. Diese Möglichkeit soll zusätzlich zu anderen Vorschriften über die Wahl des Gerichtsstandes bestehen, die nach Unionsrecht anwendbar sind. Dem Wortlaut nach lässt sich die Vorschrift so verstehen, dass ein zusätzlicher Gerichtsstand auch neben ausschließlichen Gerichtsständen begründet wird.[1220] Weiterhin soll der zusätzliche Gerichtsstand auch neben Vorschriften über die gerichtliche Zuständigkeit bestehen, die sich aus vertraglichen Vereinbarungen ergeben. Gerade der zweite Umstand ist jedoch unter verschiedenen Gesichtspunkten als verfehlt und problematisch anzusehen.

a) Verhältnis zu ausschließlichen Gerichtsständen der EuGVVO

Ob Art. 86j Abs. 4 GesR-ERL – und somit auch § 341 Abs. 2 UmwG – einen weiteren Gerichtsstand auch neben ausschließlichen Gerichtsständen der EuGVVO begründet, wird unterschiedlich beurteilt. Für ein solches Nebeneinander des Gläubigergerichtstands aus Art. 86j Abs. 4 S. 2 GesR-ERL und ausschließlichen Gerichtsständen wird Wortlaut und Sinn und Zweck der Norm sowie Erwägungsgrund Nr. 24 der Richtlinie vorgebracht.[1221] Dagegen sprechen die Bezeichnung der Gerichtsstände als ausschließlich, sowie der Zweck derartiger Gerichtsstände, der ausgehöhlt würde, wenn man daneben weitere Gerichtsstände zulässt.[1222]

Richtigerweise kann Sinn und Zweck von Art. 86j Abs. 4 GesR-ERL und § 341 Abs. 2 UmwG nur sein, Gläubiger vor dem Verlust eines bereits bestehenden Gerichtsstandes im Wegzugsstaat zu schützen.[1223] Laut Erwägungsgrund Nr. 24 der Richtline sollen solche Gläubiger einen angemessenen Schutz genießen, die mit der Gesellschaft eine Beziehung eingegangen sind, bevor die Gesellschaft ihre Absicht öffentlich gemacht hat, ein grenzüberschreitendes Vorhaben vorzunehmen. Ein angemessener Schutz erfordert jedoch (allenfalls) den Fortbestand eines bestehenden Gerichtsstandes im Wegzugsstaat – keinesfalls jedoch Möglichkeit, im Wegzugsstaat zu klagen, wenn diese vor dem grenzüberschreitenden

[1220] In diese Richtung auch *Luy*, NJW 2019, 1905, 1907.
[1221] *J. Schmidt*, ZEuP 2020, 565, 585; Für ein Nebeneinander auch *Hilser*, Grenzüberschreitender Formwechsel, S. 203 f.
[1222] *Luy* in BeckOGK UmwG, Stand 1. Januar 2026, § 341 Rn. 39; Für den Vorrang unprorogabler ausschließlicher Gerichtsstände gemäß Art. 24 EuGVVO auch *Thomale/Schmid*, NotBZ 2023, 91, 102.
[1223] In diese Richtung auch *Schollmeyer*, ZGR 2020, 62, 87 f. und dem Grunde nach auch *Löbbe*, ZHR 2023, 498, 528.

Formwechsel nicht bestand.[1224] Wenn beispielsweise der ausschließliche Gerichtsstand des Belegenheitsorts der unbeweglichen Sache gemäß Art. 24 Nr. 1 EuGVVO im Ausland (d.h. dem Zuzugsland oder einem anderen Land in der EU) liegt, können Art. 86j Abs. 4 GesR-ERL und § 341 Abs. 2 UmwG nach ihrem Sinn und Zweck nicht dazu führen, dass durch den grenzüberschreitenden Formwechsel ein 'zusätzlicher' Gerichtsstand im Wegzugsstaat geschaffen wird, den es vorher nicht gab. Im Ergebnis kann der durch Art. 86j Abs. 4 GesR-ERL und § 341 Abs. 2 UmwG geschaffene Gerichtsstand deshalb nur dann neben einen ausschließlichen Gerichtsstand treten, wenn dieser bereits vor dem grenzüberschreitenden Formwechsel im Inland lag.[1225]

b) Kein Vorrang vor ausschließlichen Gerichtsstandsvereinbarungen

Neben dem gerade dargestellten Verhältnis von Art. 86j Abs. 4 GesR-ERL und § 341 Abs. 2 UmwG zu ausschließlichen Gerichtsständen ist das Verhältnis der Normen zu ausschließlichen Gerichtsstandsvereinbarungen problematisch.[1226] Wie bereits eruiert, ist nicht ausgeschlossen, dass an den Satzungssitz anknüpfende Gerichtsstandsvereinbarungen im Einzelfall zu einem Wechsel der internationalen Zuständigkeit führen, da der vertraglich vereinbarte Gerichtsstand dem Satzungssitz ins Ausland folgt.[1227] Allerdings darf dabei nicht außer Acht gelassen werden, dass die Verlagerung des Gerichtsstandes in diesen Fällen auf einer privatautonom getroffenen Entscheidung beider Vertragsparteien zum Gerichtsstand beruht. Der Unterschied zu den sonstigen ausschließlichen Gerichtsständen besteht darin, dass es sich bei diesen um einen Rechtsreflex der in Art. 24 Nr. 1 bis 5 EuGVVO aufgeführten Rechtsverhältnisse handelt, während sich die Parteien bei einer ausschließlichen Gerichtsvereinbarung aktiv und ganz bewusst abschließend für einen bestimmten Gerichtsstand entscheiden. Streiten sich die Parteien um dingliche Rechte an einer unbeweglichen Sache, sind gemäß Art. 24 Nr. 1 EuGVVO – unabhängig von dem Willen der Parteien – die Gerichte des Mitgliedstaats zuständig, in dem die unbewegliche Sache belegen ist. Bei einer (ausschließlichen) Gerichtsstandsvereinbarung wird der Gerichtsstand demgegenüber erst durch eine willentliche Vereinbarung der Parteien zur gerichtlichen Zuständigkeit begründet. Wenn sich die Parteien vertraglich ausdrücklich auf einen ausschließlichen Gerichtsstand einigen der dem Satzungssitz

[1224] So auch *Schollmeyer*, ZGR 2020, 62, 87: „Der Vertrauensschutz, der mit dem zusätzlichen Gerichtsstand bezweckt wird, dürfte dies nicht erfordern".
[1225] *Schollmeyer*, ZGR 2020, 62, 88.
[1226] Siehe hierzu auch *Schollmeyer*, ZGR 2020, 62, 88.
[1227] Siehe Kapitel 2, C. V. 2. b).

nachfolgt, besteht keine Notwendigkeit, Gläubiger im Nachhinein vor den Folgen dieser autonomen Entscheidung zu schützen. In Fällen, in denen eine ausschließliche Gerichtsstandsklausel nach dem Formwechsel erstmalig ins Ausland weist, bedarf es keines Fortbestandes des Gerichtsstandes im Herkunftsstaat.[1228] Die Gläubiger sind nicht schutzwürdig, da sie den vertraglichen Gerichtsstand willentlich vereinbart haben.

Problematisch ist Art. 86j Abs. 4 GesR-ERL aber nicht nur bei Gerichtsstandsvereinbarungen nach denen der Gerichtsstand dem Satzungssitz folgen soll. Die Vorschrift kann nach ihrem Wortlaut auch bei ausschließlichen Gerichtsstandsvereinbarungen dazu führen, dass ein gänzlich neuer Gerichtsstand geschaffen wird. Dies ist immer dann der Fall, wenn eine ausschließliche Gerichtsstandsvereinbarung besteht, nach der bei einem Gericht außerhalb des Sitzstaates des formwechselnden Rechtsträgers zu klagen ist. Liegt ein ausschließlicher vertraglicher Gerichtsstand nicht im Wegzugsstaat, würde durch Art. 86j Abs. 4 GesR-ERL und § 341 Abs. 2 UmwG ein Gerichtsstand begründet (nämlich im Wegzugsstaat), den die Parteien zuvor durch die ausschließliche Gerichtsstandsvereinbarung ausdrücklich ausgeschlossen haben. Wie bereits dargestellt erfordern Sinn und Zweck von Art. 86j Abs. 4 GesR-ERL und § 341 Abs. 2 UmwG es jedoch nur, vor einem Verlust des Gerichtsstandes schützen und nicht, einen zusätzlichen Gerichtsstand zu schaffen, wo vor dem Formwechsel keiner bestand.[1229] Laut Erwägungsgrund Nr. 24 der Richtlinie sollen die Mitgliedstaaten einen angemessenen Schutz für solche Gläubiger schaffen, die eine Rechtsbeziehung mit der Gesellschaft eingegangen sind, bevor diese ihre Absicht zum grenzüberschreitenden Formwechsel bekanntgegeben hat. Ab diesem Zeitpunkt sollen Gläubiger nach Auffassung des europäischen Gesetzgebers in der Lage sein, die potenziellen Auswirkungen der Änderung der gerichtlichen Zuständigkeit zu berücksichtigen.[1230] Nicht schutzwürdig sind nach diesem Verständnis Neugläubiger, die nach Offenlegung des Umwandlungsplans erkennen können, dass sich der allgemeine Gerichtsstand durch Satzungssitzverlegung ins Ausland verlagern wird. Gleiches muss auch für Altgläubiger gelten, die eine ausschließliche Gerichtsstandsvereinbarung abschließen, die einen Gerichtsstand außerhalb des Wegzugstaats begründet oder dahingehend auszulegen ist, dass der Gerichtsstand dem Satzungssitz in den Zuzugsstaat nachfolgt. Dabei ist die Möglichkeit des Verlustes des inländischen Gerichtsstandes schon in der Klausel selbst angelegt,

---

1228 So auch *Schollmeyer*, ZGR 2020, 62, 88: „[…] wäre geradezu absurd“.
1229 Siehe Kapitel 3, J. III. 2. a).
1230 Siehe ebenfalls in Erwägungsgrund Nr. 24 der Richtlinie.

bzw. (bei der Vereinbarung eines ausschließlichen Gerichtsstands außerhalb des Wegzugsstaates) sogar der alleinige Zweck der privatautonomen Vereinbarung. Der Gläubiger hat in dieser Situation unter keinem Gesichtspunkt ein schützenswertes Interesse im Wegzugstaat zu klagen.[1231]

b) Konsequenzen für die Auslegung von Art. 86j Abs. 4 GesR-ERL und § 341 Abs. 2 UmwG

Dem Wortlaut nach schützt der Fortbestand des Gerichtsstandes nach Art. 86j Abs. 4 GesR-ERL und § 341 Abs. 2 UmwG selbst dort, wo Gläubiger nach Sinn und Zweck der Norm eines Schutzes nicht bedürfen und der Normgeber einen solchen Schutz auch nicht für notwendig erachtet haben dürfte. Sinn und Zweck der perpetuatio fori ist es, Gläubiger vor einem einseitig durch die Sitzverlegung des Schuldners verursachten Verlust des inländischen Gerichtsstandes zu schützen, nicht aber, Gläubiger mit einem zusätzlichen Gerichtsstand im Inland zu beschenken, wo vorher keiner bestand. Um diesem Zweck gerecht zu werden, sind Art. 86j Abs. 4 GesR-ERL und § 341 Abs. 2 UmwG dahingehend auszulegen, dass die Normen nur dort einen fortbestehenden Gerichtsstand begründen, wo schon vor Bekanntmachung des Formwechselplans oder seines Entwurfs ein Gerichtsstand im Inland bestand.[1232] Ausschließliche vertragliche Gerichtsstandsvereinbarungen haben Art. 86j Abs. 4 GesR-ERL und § 341 Abs. 2 UmwG stets vorzugehen. Ein Anwendungsbereich verbleibt für solche Vereinbarungen, mit denen nur ein zusätzlicher Gerichtsstand für die Vertragsparteien geschaffen wird.[1233] In welchem Umfang Art. 86j Abs. 4 GesR-ERL und § 341 Abs. 2 UmwG neben ausschließlichen Gerichtsständen der EuGVVO Anwendung finden, wird schlussendlich vom EuGH zu klären sein.[1234]

[1231] A.A. wohl *Hilser*, Grenzüberschreitender Formwechsel, S. 206, nach dem es keinen Unterschied machen soll, ob „das Geschenk" eines zusätzlichen Gerichtsstands aufgrund einer Derogation oder eines ausschließlichen Gerichtsstands hinzutritt. Dies lässt jedoch außer Acht, dass dem vertraglichen Gerichtsstand – im Gegensatz zu sonstigen außerordentlichen Gerichtsständen – eine ausdrückliche privatautonome Vereinbarung gerade zur gerichtlichen Zuständigkeit zugrunde liegt, an der die Parteien festzuhalten sind.

[1232] So auch *Schollmeyer*, ZGR 2020, 62, 87 f.

[1233] Siehe zu unterschiedlichen Gestaltungsmöglichkeiten von Gerichtsstandsvereinbarungen *Gottwald* in MüKoZPO, Bd. 3, Brüssel Ia-VO, Art. 25 Rn. 80.

[1234] *Luy* in BeckOGK UmwG, Stand 1. Januar 2026, § 341 Rn. 39.

3. Zeitliche Begrenzung

Art. 86j Abs. 4 S. 1 GesR-ERL und dem folgend § 341 Abs. 2 UmwG beschränken den ergänzenden Gerichtsstand in zeitlicher Hinsicht auf zwei Jahre nach Wirksamwerden des grenzüberschreitenden Formwechsels. Hierdurch soll dem formwechselnden Rechtsträger das Lösen von der Rechtsordnung des Herkunftsstaates ermöglicht werden.[1235] Die Einschränkung soll demnach einen Interessenausgleich zwischen Gläubigern und formwechselndem Rechtsträger herbeiführen und verhindert, dass die Gesellschaft gegebenenfalls noch nach Jahrzehnten über eine durch die perpetuatio fori begründete Zuständigkeit im Wegzugsstaat verklagt wird. Gegen die Notwendigkeit einer zeitlichen Begrenzung könnte man einwenden, dass Art. 8 Abs. 16 SE-VO eine solche nicht vorsieht und dass die Gesellschaft in den allermeisten Fällen nach den allgemeinen Vorschriften der EuGVVO zeitlich unbegrenzt im Wegzugstaat verklagt werden kann. Allerdings hat die Interessenabwägung zwischen Gläubigern und formwechselndem Rechtsträger gezeigt, dass die Perpetuierung des Inlandsgerichtsstandes schon dem Grunde nach nicht gerechtfertigt ist. Eine restriktive Ausgestaltung durch zeitliche Begrenzung ist deshalb interessengerechter als eine mit Art. 8 Abs. 16 SE-VO vergleichbaren Regelung und ist dieser vorzuziehen. Die Frage nach einem interessengerechten Zeitraum für die Perpetuierung des Gerichtsstandes lässt sich hingegen weniger eindeutig beantworten. Jeder Fristenregelung wohnt schlussendlich ein arbiträres Element inne – ob man einen Zeitraum von zwei, drei, oder fünf Jahren für angemessen hält, lässt sich kaum an zwingenden Argumenten festmachen. Wenn man Art. 86j Abs. 4 GesR-ERL (wie hier vertreten) für insgesamt überflüssig und interessenwidrig hält, kann man nur eine möglichst kurze Frist für angemessen halten. Geht man demgegenüber davon aus, dass eine zeitlich begrenzte Perpetuierung des Gerichtsstandes eine interessengerechte Lösung darstellt, bleibt fraglich, ob die Begrenzung auf gerade zwei Jahre angemessen ist. Aus deutscher Sicht erscheinen zwei Jahre nicht als unmittelbar einleuchtend, da die Regelverjährung nach § 195 BGB drei Jahre beträgt. Hält man Gläubiger prinzipiell für schutzwürdig, hätte aus nationaler Perspektive ein Gleichlauf von Regelverjährung und fortbestehendem Gerichtsstand nahegelegen. Hierdurch hätte einer 'faktischen Verkürzung' der Regelverjährung in den Ausnahmefällen entgegengewirkt werden können, in denen § 341 Abs. 2 UmwG tatsächlich eingreifen könnte. Der deutsche

[1235] Presidency compromise proposal v. 25. Januar 2019 (5401/19), S. 4: „detaching from a Member State".

Gesetzgeber ist jedoch bei den in GesR-ERL vorgesehen zwei Jahren geblieben und hat insoweit von einem Gleichlauf von Regelverjährung und Perpetuierung des Inlandsgerichtsstandes abgesehen. In Anbetracht des marginalen Anwendungsbereichs der Vorschrift dürfte dies in der Rechtspraxis ohnehin kaum relevant werden.

IV. Fazit

Der Perpetuierung des Gerichtsstands kommt im Rahmen des Formwechsels allenfalls eine Auffangfunktion zu. Trotz der faktisch geringen praktischen Bedeutung, die der Sitzfiktion nach Art. 8 Abs. 16 SE-VO zukommt, wurde ein vergleichbares Schutzinstrument auch in der GesR-ERL erneut verankert. Dies scheint eher der abstrakten Befürchtung geschuldet, Gläubigern könnte der inländische Gerichtsstand entzogen werden, als einer empirisch belegbaren Gefahr.[1236] Obwohl ein Verlust des einzigen inländischen Gerichtsstandes durch eine isolierte Satzungssitzverlegung nicht kategorisch auszuschließen ist, wird dieser Fall nur in absoluten Ausnahmekonstellationen jemals eintreten. Selbst in diesen (zumindest denkbaren) Sonderfällen sind Gläubiger nicht schutzbedürftig. Die Gefahr, durch Wegzug des Schuldners einen allgemeinen Gerichtsstand im Inland zu verlieren, ist in der EuGVVO auch unabhängig von einem grenzüberschreitenden Formwechsel angelegt. Die hinzukommende Besonderheit, dass ein solcher Formwechsel im Schutz der Niederlassungsfreiheit auch durch isolierte Satzungssitzverlegung durchgeführt werden kann, rechtfertigt eine Perpetuierung des Gerichtsstandes im Ergebnis nicht. Das Interesse der Gläubiger an der Beibehaltung eines lediglich durch Registervorgang begründeten Gerichtsstandes überwiegt nicht das Interesse des formwechselnden Rechtsträgers, die Rechtsbeziehungen zum Wegzugsstaat endgültig zu trennen. Vor diesem Hintergrund muss auch die Auffassung des europäischen Gesetzgebers, die Frage eines inländischen Gerichtsstands müsse bei Bewertung des Anspruchs auf Sicherheitsleistung berücksichtigt werden,[1237] einschränkend verstanden werden. Richtigerweise muss ein einzig auf den Verlust des inländischen Gerichtsstands gestützter Anspruch aus den vorgenannten Gründen stets schei-

[1236] Siehe zur geringen praktischen Bedeutung von Art. 8 Abs. 16 SE-VO den Evaluationsbericht der Kommission an das europäische Parlament und den Rat über die Anwendung der SE-VO v. 17. November 2010, KOM(2010) 676 endgültig, S. 10.

[1237] Erwägungsgrund Nr. 23 der Richtlinie; Siehe zum Anspruch auf Sicherheitsleistung beim grenzüberschreitenden Formwechsel bereits Kapitel 3, E. II.

tern, weshalb das Fortbestehen des Gerichtsstandes für den Anspruch auf Sicherheitsleistung nur einschränkende, aber keine begründende Wirkung haben kann.

K. Weitere denkbare Schutzinstrumente

Die Untersuchung hat gezeigt, dass die Richtlinie mit der in Art. 86j Abs. 2 enthaltenen Solvenzerklärung aus Sicht des deutschen Gesellschaftsrechts eine echte Neuheit beinhaltet, der sich durchaus Positives abgewinnen lässt.[1238] Die im Kommissionsvorschlag vorgesehene (und dem dänischen Recht entliehene) Knüpfung des Anspruchs auf Sicherheitsleistung an die Prüfung des Formwechsels durch einen unabhängigen Sachverständigen stellt hingegen eher eine Spielart des bekannten Konzepts dar. Eine derartige Ausgestaltung senkt die gesamtwirtschaftlichen Kosten der Gefährdungsprüfung und ist deshalb rechtsökonomisch sinnvoll,[1239] kann im Kern aber nicht als neues Instrument bezeichnet werden. Der Anspruch auf Sicherheitsleistung stellt sowohl nach der GesR-ERL als auch nach dem UmwG (und UmRUG) die zentrale Säule des Gläubigerschutzes beim Formwechsel dar. Ein Blick ins europäische Ausland zeigt, dass andere Rechtsordnungen im Zusammenhang mit Strukturmaßnahmen durchaus noch weitergehende Maßnahmen des Gläubigerschutzes vorsehen. Derartige Instrumente müssten, um ihnen den Vorzug gegenüber dem Anspruch auf Sicherheitsleistung in der hier vorgeschlagenen Ausgestaltung zu geben, einerseits effektiver sein als dieser, dürfen andererseits den Formwechsel jedoch nicht mehr als notwendig einschränken. Im grenzüberschreitenden Kontext müssen Gläubigerschutzinstrumente weiterhin den Anforderungen des EuGH gerecht werden. Als die Niederlassungsfreiheit beschränkende Instrumentarien müssen sie geeignet und erforderlich sein sowie Äquivalenz- und Effektivitätsgrundsatz gerecht werden.[1240]

I. Widerspruchsrecht der Gläubiger

Während ausdrückliche Widerspruchsrechte im deutschen Umwandlungsrecht nicht vorgesehen sind, hängen Strukturmaßnahmen in anderen Rechtsordnungen teilweise von der Zustimmung der Gläubiger ab. So hat

[1238] Siehe ausführlich Kapitel 3, F.
[1239] Siehe Kapitel 3, E. IV. 1.
[1240] Siehe hierzu bereits Kapitel 2, B. II. 2.

beispielsweise der spanische Gesetzgeber im Jahr 2009 im Gesetz über Strukturänderungen (*Ley de Modificaciones Estructurales*) ein Widerspruchsrecht der Gläubiger im Fall der grenzüberschreitenden Sitzverlegung ins Ausland vorgesehen.[1241] Dieses Recht steht Gläubigern zu, deren Anspruch vor Bekanntgabe des Verlegungsplans entstanden und nicht fällig ist, wenn keine hinreichende Sicherheit für den Anspruch gewährt wurde. Der Widerspruch verhindert die Beurkundung und Eintragung der Sitzverlegung.[1242] Demnach kann bereits der Widerspruch eines einzelnen Gläubigers den grenzüberschreitenden Formwechsel unterbinden. Ein anderer Weg wurde dagegen im englischen Recht für grenzüberschreitende Verschmelzungen eingeschlagen. In Sec. 11 (1) (b) und Sec. 14 der Regelungen über grenzüberschreitende Verschmelzungen aus dem Jahr 2007 (*Companies (Cross-Border Mergers) Regulations 2007*) wurde vorgesehen, dass das zuständige Gericht die Verschmelzung von der Zustimmung von 75 % der Gläubiger oder einer bestimmten Gruppe von Gläubigern in einer einzuberufenden Gläubigerversammlung abhängig machen kann.[1243] Beide Rechtsordnungen haben demnach ein Widerspruchsrecht eingeführt, mit dem Gläubiger die Strukturmaßnahme blockieren können. Der spanische Ansatz weist gewisse Ähnlichkeit mit § 58 GmbHG auf. Auch dieser ermöglicht es Gläubigern, die Durchführung der Kapitalerhöhung zu verhindern, solange keine Sicherheit gewährt wurde.[1244] Im englischen Recht wurde demgegenüber die Möglichkeit vorgesehen, die grenzüberschreitende Verschmelzung von einer positiven Mitwirkung der Gläubiger abhängig zu machen. Beide Ansätze sind nicht nur geeignet, dem Gläubigerschutz zu dienen, sondern sogar effektiver als ein Anspruch auf Sicherheitsleistung, der an den im Rahmen der Untersuchung offengelegten Nachteilen leidet.[1245] Allerdings bestehen erhebliche Bedenken gegen die Erforderlichkeit eines derart weitreichenden Gläubigerschutzes. Problematisch ist insbesondere das erhebliche Obstruktionspotential, das Gläubigern mit einem Widerspruchsrecht eingeräumt wird. Auf das Problem räuberischer Gläubiger wurde schon im Rahmen der Untersuchung des Anspruchs auf Sicherheitsleistung eingegangen.[1246] Der

---

1241 *De Dios Martínez/Schönnenbeck* in Widmann/Mayer, Umwandlungsrecht, 134. Ergänzungslieferung 2012, Anh. 3, Spanien, E 294; Siehe auch *Fischer*, RiW 2009, 435, 348.

1242 *De Dios Martínez/Schönnenbeck* in Widmann/Mayer, Umwandlungsrecht, 134. Ergänzungslieferung 2012, Anh. 3, Spanien, E 208.

1243 *Just*, Limited, XIII. Umwandlung der Limited, Rn. 386; *Wolff*, GmbHR 2019, 52, 57.

1244 H.M., notwendig ist hierfür allerdings ein Vorgehen im einstweiligen Rechtsschutz, siehe statt aller *J. Vetter* in MüKoGmbHG, Bd. 3, § 58 Rn. 129.

1245 Siehe hierzu insbesondere Kapitel 3, E. I. 3.

1246 Siehe Kapitel 3. E. II. 2. c).

englische Ansatz verlagert das Problem, ohne es jedoch erheblich zu verringern. Zwar können einzelne Gläubiger den Formwechsel nicht verhindern, allerdings ist im Einzelfall eine aktive Zustimmung der qualifizierten Gläubigermehrheit notwendig. Wenn das zuständige Gericht eine Gläubigerversammlung anordnet, darf nicht nur kein Gläubigerwiderspruch erfolgen, sondern die Mehrheit der Gläubiger muss sich für die Strukturmaßnahme entscheiden. Hierdurch wird ein nicht zu unterschätzender Anreiz geschaffen, dem formwechselnden Rechtsträger ein bestimmtes Abstimmungsverhalten gegen die Gewährung von Vergünstigungen in Aussicht zu stellen.

Derart weitreichende Eingriffsmöglichkeiten der Gläubiger sind in Anbetracht der festgestellten Gefährdungslage nicht erforderlich. Ein nur abstrakt absinkendes Schutzniveau anlässlich des Formwechsels rechtfertig es nicht, den Gläubigern die Verhinderung Formwechsel zu ermöglichen.[1247] Erhebliche Zustimmungsvorbehalte der Gläubiger sieht das deutsche Recht richtigerweise erst in der Insolvenz der Gesellschaft vor, wo die Interessen der Gläubiger gegenüber der Gestaltungsfreiheit der Anteilseigner und der Organe der Schuldnergesellschaft erheblich an Bedeutung gewinnen.[1248] Außerhalb der Insolvenz ist eine Widerspruchsmöglichkeit oder ein Zustimmungserfordernis der Gläubiger zu potenziell nachteiligen Rechtshandlungen eines Schuldnerunternehmens nur in Sonderfällen vorgesehen.[1249] Zwingende Gründe dafür, im Fall des Formwechsels eine Ausnahme hiervon zu machen, bestehen nicht. Es wurde bereits erörtert, wie problematisch die durch das UmRUG geschaffene Möglichkeit der Gläubiger ist, den grenzüberschreitenden Formwechsel durch Geltendmachung von (gegebenenfalls unbegründeten) Ansprüchen auf Sicherheitsleistung zu blockieren.[1250] Insgesamt sind Zustimmungsvorbehalte deshalb nicht geeignet, einen gerechten Interessenausgleich zwischen Gläubigern und formwechselndem Rechtsträger herbeizuführen.[1251]

1247 Siehe zu entsprechenden Erwägungen im Rahmen des Anspruchs auf Sicherheitsleistung bereits Kapitel 3, E. V. 1.

1248 Siehe zu den Aufgaben und Befugnissen der Gläubigerversammlung in der Insolvenz einführend *Knof* in Uhlenbruck, InsO, § 74 Rn. 13.

1249 Aus § 58 GmbHG lassen sich insoweit keine zwingenden Rückschlüsse für den Formwechsel ziehen, siehe Kapitel 3, E. V. 1.

1250 Siehe insgesamt zur Vorverlagerung des Gläubigerschutzes beim grenzüberschreitenden Formwechsel und der damit einhergehenden Registersperre, Kapitel 3. E. II. 2.

1251 So im Ergebnis auch *Janisch*, Grenzüberschreitende Sitzverlegung, S. 397.

II. Fälligstellung von Verbindlichkeiten

Das französische Recht sieht im Rahmen der Verschmelzung einen weiteren, bisher noch nicht aufgegriffenen Schutzmechanismus vor. Gemäß Art. 236-15 Abs. 2 des französischen Handelsgesetzbuches (*Code de Commerce*) können Gläubiger einer Verschmelzung widersprechen. Das zuständige Gericht kann diesen Widerspruch entweder abweisen, eine Sicherheitsleistung festlegen (wenn der übernehmende Rechtsträger dies anbietet), oder aber die Begleichung der offenen Forderungen vorschreiben.[1252] Das französische Recht sieht demnach die Möglichkeit einer Akzeleration der Schulden vor, die zur sofortigen Fälligkeit führt.[1253] Das Konzept knüpft an dem Grundsatz an, dass Gläubiger fälliger Forderungen keinen weitergehenden Schutz bedürfen, da sie Erfüllung verlangen können.[1254] Gläubiger werden in eine Lage versetzt, in der sie nach deutschem Recht mangels Gefährdung keinen Anspruch auf Sicherheitsleistung mehr geltend machen könnten. Gegen ein solches Konzept bestehen jedoch erhebliche Bedenken, da sich eine Fälligstellung der Ansprüche im grenzüberschreitenden Kontext kaum mit der Niederlassungsfreiheit in Einklang bringen ließe. Nach dem Effektivitätsgrundsatz dürfen Gläubigerschutzinstrumente die Niederlassungsfreiheit nicht praktisch unmöglich machen oder übermäßig erschweren.[1255] Durch die Fälligkeit einer Forderung wird der formwechselnde Rechtsträger jedoch erheblich stärker belastet als durch die Verpflichtung, diese zu besichern. Im Extremfall droht eine gleichzeitige Inanspruchnahme durch alle Gläubiger im Zeitpunkt des Formwechsels. Auch wirtschaftlich gesunde Unternehmen werden regelmäßig nicht gewillt sein, eine derartige Kostenlast auf sich zu nehmen. Dieser prohibitive Charakter der Fälligstellung erschwert den Formwechsel übermäßig, weshalb sich dieser Ansatz für den grenzüberschreitenden Formwechsel im Ergebnis sogar als europarechtswidrig erweisen würde.[1256] Aus diesem Grund ist ein mit Art. 236-15 Abs. 2 des französischen Handelsgesetzbuches vergleichbarer Ansatz nicht geeignet, interessengerechten Gläubigerschutz im Rahmen des Formwechsels zu gewährleisten.

[1252] Art. 236-15 Abs. 2 S. 2 Code de Commerce in der seit dem 24. Mai 2023 gültigen Fassung; Vgl. auch *Ngatsing* in Widmann/Mayer, Umwandlungsrecht, Anh. 3, Frankreich, Rn. 156.
[1253] *Winner*, ECFR 2019, 44, 57.
[1254] Siehe hierzu bereits Kapitel 3, E. I. 1.
[1255] Siehe Kapitel 2, B. II. 2.
[1256] Vgl. auch *Leydecker*, Gläubigerschutz bei grenzüberschreitenden Umwandlungen, S. 164 und *Janisch*, Grenzüberschreitende Sitzverlegung, S. 397.

III. Fazit

Die Untersuchung von weiteren, im europäischen Ausland vorgesehenen Schutzinstrumenten offenbart erneut das große Problem des Gläubigerschutzes beim Formwechsel. Eine konkrete Gefährdung der Forderungsdurchsetzung ist für Gläubiger nur schwer nachzuweisen, während Schutzinstrumente, die nicht an eine solche Gefährdungslage anknüpfen, in erheblichem Maße prohibitiv wirken. Da die nachträgliche Rechtswahl mit dem Ziel, in den Genuss vorteilhafter Vorschriften zu gelangen, grundsätzlich keinen Missbrauch der Niederlassungsfreiheit darstellt,[1257] lassen sich derartige Schutzinstrumente kaum mit der Niederlassungsfreiheit in Einklang bringen. In Anbetracht dessen überrascht es nicht, dass auch die Expertenrunde zum europäischen Gesellschaftsrecht nur darauf hinweisen konnte, dass der Anspruch auf Sicherheitsleistung eher auf die Verschmelzung zugeschnitten ist, sich jedoch außerstande sah, ein besser auf den Formwechsel zugeschnittenes Konzept zu entwerfen.[1258] Auch insoweit zeigen sich wieder die Stärken des hier vertretenen Ansatzes, der den Schwächen des Anspruchs auf Sicherheitsleistung entgegenwirkt, ohne dabei prohibitiv zu sein.

L. Gesamtfazit zum Gläubigerschutz

Die Untersuchung hat gezeigt, dass das Problem eines interessengerechten Gläubigerschutzes beim Formwechsel zwar nicht neu, aber keinesfalls weniger aktuell ist. Die sekundärrechtliche Harmonisierung des grenzüberschreitenden Formwechsels und insbesondere die Umsetzung durch das UmRUG hat die Frage des Gläubigerschutzes erneut in den Fokus gerückt. Der Vorstoß des europäischen Gesetzgebers enthält dabei einerseits durchaus positiv zu bewertende neue Ansätze (beispielsweise die in Art. 86j Abs. 2 GesR-ERL vorgesehene Solvenzerklärung, die durch das UmRUG allerdings nicht in das deutsche Recht überführt wurde[1259]), andererseits aber auch weitgehend ungeeignete oder unnötige Konzepte wie die in Art. 86m Abs. 8 GesR-ERL vorgesehene allgemeine Missbrauchskontrolle oder die in Art. 86j Abs. 4 GesR-ERL verankerte Perpetuierung eines inländischen Gerichtsstandes.[1260] Letztere haben durch die zwingende Um-

[1257] Siehe Kapitel 2, B. II. 3.

[1258] *ECLE*, ECFR 2019, 196, 207 „Without having a definite answer, we tend to think that a system addressing these two specific issues directly might be a better solution".

[1259] Siehe zur Solvenzerklärung insbesondere Kapitel 3, F.

[1260] Siehe zur allgemeinen Missbrauchskontrolle, Kapitel 3, H.; Zur Perpetuierung des Gerichtsstandes, Kapitel 3, J.

setzung ins deutsche Recht durch das UmRUG ihren Weg in das UmwG gefunden. Weiterhin wird der Formwechsel für Gesellschaften in Abwicklung weiter eingeschränkt als es für einen interessengerechten Gläubigerschutz notwendig wäre.[1261] Im Hinblick auf die wenig sinnvolle allgemeine Missbrauchskontrolle kann man sich kaum des Eindrucks erwehren, die europäische Vereinheitlichung des grenzüberschreitenden Formwechsels hätte weniger der rechtssicheren Ausgestaltung der primärrechtlich verbürgten Rechtswahlfreiheit, als vielmehr deren Beschränkung gedient.[1262] Ungeachtet der neuen Ansätze lassen sich zahlreiche Parallelen zwischen deutschem Recht und der Richtlinie ziehen – mit dem Ergebnis, dass zentrale Probleme des Gläubigerschutzes auch im grenzüberschreitenden Kontext weiterhin bestehen, ohne dass der europäische Gesetzgeber zu einer Klärung beigetragen hätte.

Hierzu zählt insbesondere der Umstand, dass das in der GesR-ERL vorgesehene und durch das UmRUG in das UmwG überführte Schutzsystem weiterhin nicht auf die formwechselspezifische Gefährdungslage ausgerichtet ist. Die Möglichkeit der Anteilseigner, eine Lockerung der Kapitalbindung zu nutzen, um dem Unternehmensträger zum Nachteil der Gläubiger Kapital zu entziehen, hat der deutsche Gesetzgeber schon bei Einführung des UmwG 1994 als maßgeblichem Gefährdungstatbestand ausgemacht.[1263] Gleichwohl stehen Gläubiger auch nach der Konzeption von GesR-ERL und UmRUG diesem Vorgehen nahezu schutzlos gegenüber. Sie werden im Gegensatz zu anderen Interessenträgern kaum durch spezifische Offenlegungspflichten geschützt,[1264] die Anwendung der Gründungsvorschriften der neuen Rechtsform schützt nicht vor einem späteren Kapitalabzug,[1265] und eine Haftung oder Strafbarkeit der Verwaltungs- oder Aufsichtsorgane kommt kaum je in Betracht.[1266] Letztlich ist auch für den Anspruch auf Sicherheitsleistung in der durch GesR-ERL und UmRUG vorgesehen Form keine große praktische Relevanz zu erwarten. Die Krux eines solchen Anspruchs liegt darin, dass eine nur abstrakte Gefährdung als Anspruchsvoraussetzung den formwechselnden Rechtsträger übermäßig belastet, während die Darlegung einer konkreten Gefährdung Gläubiger vor erhebliche Beweisschwierigkeiten stellt. Gerade in Bezug auf dieses Kernproblem wurde es sowohl auf europäischer als auch auf deutscher Ebene schlussendlich versäumt, neue Akzente zu setzen.

[1261] Siehe Kapitel 3, B. II. 2. b).
[1262] Siehe dazu bereits Kapitel 3, H. II.
[1263] BegrRegE BR-Drs. 75/94 S. 145.
[1264] Siehe hierzu insbesondere Kapitel 3, D. VI.
[1265] Siehe zur Anwendung der Gründungsvorschriften insbesondere Kapitel 3, C.
[1266] Ausführlich Kapitel 3, G.

Der im Kommissionsvorschlag ursprünglich vorgesehene, dem dänischen Recht entliehene Ansatz, das Spannungsverhältnis zwischen Gläubiger und formwechselndem Rechtsträger durch die Überprüfung des Formwechsels durch einen unabhängigen Experten zu entschärfen, wurde im Zuge des Trilogs wieder verworfen.[1267] Es verbleibt bei dem bekannten Konzept, dass Gläubiger eine konkrete Gefährdung ihrer Ansprüche glaubhaft machen müssen.[1268]

Große Schwachstelle dieses Ansatzes bildet der Umstand, dass eine konkrete Gefährdung der Gläubiger durch den Formwechsel regelmäßig von den subjektiven Absichten der Anteilseigner des formwechselnden Rechtsträgers abhängt.[1269] Objektive Anhaltspunkte einer Anspruchsgefährdung werden Gläubiger regelmäßig erst zu spät erkennen können – nämlich allenfalls dann, wenn ein Kapitalabzug erfolgt, der durch den Formwechsel ermöglicht wurde. Ist die Frist zur Anmeldung eines Sicherungsanspruchs in diesem Zeitpunkt bereits abgelaufen (was insbesondere im grenzüberschreitenden Kontext wegen der Vorverlagerung des Gläubigerschutzes immer der Fall sein wird[1270]), sind Gläubiger schutzlos gestellt. Die Nutzung des Formwechsels zur Lockerung von Kapitalerhaltungsvorschriften kann schlicht nicht rechtzeitig erkannt werden. In einem schlüssigen Gläubigerschutzsystem müssen dort, wo individueller Gläubigerschutz vorgesehen ist, Beweislast und Informationsverteilung zueinander passen. Dem wird weder in der GesR-ERL noch im UmwG Rechnung getragen. Gläubiger haben weiterhin eine konkrete Gefährdungslage glaubhaft zu machen – über die hierfür notwendigen Informationen verfügt aber regelmäßig nur der formwechselnde Rechtsträger.[1271] Anspruchsgegner des formwechselnden Rechtsträgers bilden damit die einzige Gruppe von Interessenträgern, für die das Informationsmodell kaum fruchtbar gemacht wurde. Um ein stimmiges System zu schaffen, sollte jedoch genau an dieser Stelle angesetzt werden. Die Anteilseigner sind im Umwandlungsbeschluss zur Offenlegung geplanter Kapitalmaßnahmen zu verpflichten.[1272] Der Anspruch auf Sicherheitsleistung kann dem Schutz der Gläubiger in der vorgesehenen Ausgestaltung überhaupt nur dann dienen, wenn ihre Informationsbasis gestärkt wird.

1267 Siehe zu diesem Ansatz ausführlich Kapitel 3, E. IV.
1268 Siehe Kapitel 3, E. II. 1.
1269 Siehe das zusammenfassende Ergebnis in Kapitel 2, C. VI.
1270 Siehe zur Vorverlagerung des Gläubigerschutzes, Kapitel 3, E. II.
1271 Siehe zu den maßgeblichen Offenlegungspflichten beim grenzüberschreitenden Formwechsel, Kapitel 3, D. VI.
1272 Siehe ausführlich Kapitel 3, E. I. 5 und Kapitel 3. D. VII.

Allerdings wurde es bei Konzeption der Richtlinie nicht gänzlich versäumt, neue Impulse zu setzen. Die in Form einer unverbindlichen Umsetzungsempfehlung vorgesehene Solvenzerklärung ist zwar mit zusätzlichen Kosten für den formwechselnden Rechtsträger verbunden, verfügt aber aus Gläubigersicht gegenüber dem Anspruch auf Sicherheitsleistung über einige Vorteile.[1273] Der Prognosecharakter der Erklärung berücksichtigt, dass eine konkrete Gefährdung der Gläubiger vom künftigen Verhalten der Anteilseigner abhängt. Weiterhin hilft eine derartige Verpflichtung insbesondere Kleingläubigern, für die schon eine Gefährdungsprüfung mit unverhältnismäßigen Informationskosten verbunden wäre. Außerdem wird durch die Verpflichtung zur Selbsteinschätzung das Problem der Informationsasymmetrie zumindest teilweise entschärft, da die Erklärung aus der Sphäre der Gesellschaft stammt. Gleichwohl können die Mitglieder des Vertretungsorgans des formwechselnden Rechtsträgers eine solche Einschätzung verlässlich nur abgeben, wenn sie wissen, ob und in welchem Umfang nach dem Formwechsel ein Kapitalabzug aus der Gesellschaft geplant ist. Auch das Schutzinstrument der Solvenzerklärung bedarf zu seiner Wirksamkeit demnach der Offenlegung entsprechender Absichten durch die Anteilseigner. Vor dem Hintergrund des inhaltlich sehr ähnlichen, neu eingeführten § 442 Abs. 3 Nr. 4 Var. 2 UmwG sind die Argumente des deutschen Gesetzgebers gegen die Umsetzung der Solvenzerklärung wenig nachvollziehbar.[1274] Hier wäre eine stringentere Begründung zu wünschen gewesen.

Insgesamt enthalten GesR-ERL und UmRUG neben bekannten Konzepten auch viel Neues. Das Kernproblem, dass der Anspruch auf Sicherheitsleistung den Gläubigern regelmäßig nicht helfen wird, wurden jedoch (erneut) nicht gelöst.

[1273] Siehe im Einzelnen Kapitel 3, F. III.

[1274] Siehe Kapitel 3, B. III. 2. und Kapitel 3, F. III. 3.

Kapitel 4

Endergebnis und Ausblick

Nach umfangreicher Untersuchung von Gläubigerbeeinträchtigungen durch einen nationalen oder grenzüberschreitenden Formwechsel und der hierauf anwendbaren Gläubigerschutzvorschriften muss die eingangs gestellte Frage, ob diese Vorschriften insgesamt einen angemessenen Ausgleich zwischen Gläubiger- und Unternehmensinteressen herbeiführen, verneint werden. Teilweise geht der Gläubigerschutz weiter als erforderlich (oder wird zumindest von der herrschenden Meinung in diese Richtung ausgelegt), während er an anderer Stelle zu kurz greift. Auch wenn die lange überfällige sekundärrechtliche Harmonisierung des grenzüberschreitenden Formwechsels einen deutlichen Gewinn an Rechtssicherheit mit sich bringt und deshalb unbedingt zu begrüßen ist, ist sowohl dem europäischen als auch dem deutschen Gesetzgeber der 'große Wurf' im Bereich des Gläubigerschutzes schlussendlich nicht gelungen. Dies liegt insbesondere daran, dass an bekannten, aber teilweise ineffektiven oder sogar überflüssigen Ansätzen wie der Perpetuierung des Gerichtsstandes festgehalten wurde, während andere Probleme gar nicht adressiert wurden, wie beispielsweise die Ineffizienz des Anspruchs auf Sicherheitsleistung. Außerdem wurde im deutschen Recht mit der Blockadeposition der Gläubiger beim grenzüberschreitenden Formwechsel ohne Not ein Problem geschaffen, das sich in der Praxis als Formwechselhindernis erweisen könnte. Die GesR-ERL und das UmRUG waren somit zwar wichtige Schritte für das (grenzüberschreitende) Umwandlungsrecht – es sollten jedoch nicht die letzten bleiben.

Die zu diesem Endergebnis führenden Erkenntnisse sollen nachfolgenden noch einmal knapp und thesenartig zusammengefasst werden.

A. Zusammenfassung der zentralen Thesen

(1) Der Formwechsel unterscheidet sich in Anwendungsbereich und Rechtsfolgen erheblich von anderen Strukturmaßnahmen. Die Gefährdungslage für Gläubiger ist nicht ohne weiteres mit einer Verschmelzung oder Spaltung vergleichbar. Ein wirksames Gläubigerschutzsystem muss dem Umstand Rechnung tragen, dass eine relevante Gefahr für Gläubiger in einem erst nach dem Formwechsel durchgeführten Abzug von Kapital aus der Gesellschaft zu sehen ist.

A. Krieg, *Gläubigerschutz und Rechtswahl*, Juridicum – Schriftenreihe zum Wirtschafts-, Unternehmens- und Bankrecht / Series on Business, Corporate and Banking Law, https://doi.org/10.1007/978-3-658-53170-6_4

(2) Im grenzüberschreitenden Kontext werden Gläubiger vor allem durch eine weniger strenge Ausgestaltung von Kapitalaufbringungs- und Erhaltungsvorschriften im Zielstaat beeinträchtigt. Die weiteren (allein durch den grenzüberschreitenden Formwechsel verursachten) Beeinträchtigungen sind hingegen überschaubar.

(3) Der grenzüberschreitende Formwechsel unterfällt auch in Form der isolierten Satzungssitzverlegung der Niederlassungsfreiheit Art. 49, 54 AEVU. Die Rechtswahlfreiheit im Binnenmarkt ist primärrechtlich gewährleistet. Dass die Wahl der günstigsten Rechtsvorschriften an sich keinen Rechtsmissbrauch darstellt, muss bei Ausgestaltung, Auslegung und Anwendung aller Gläubigerschutzinstrumente berücksichtigt werden. Die Behauptung, der grenzüberschreitende Formwechsel sei Instrument des Rechtsmissbrauchs, ist verfehlt.

(4) Formwechselverbote für aufgelöste oder wirtschaftlich angeschlagene Gesellschaften sind nur dort vorzusehen, wo Gläubigerinteressen es zwingend gebieten. Art. 86a Abs. 3 (a) GesR-ERL, der Gesellschaften in Liquidation allgemein aus dem Anwendungsbereich der GesR-ERL ausschließt sofern bereits mit der Verteilung von Vermögen begonnen wurde, geht in diesem Punkt zu weit. Vorzugswürdig wäre es gewesen, statt eines starren Ausschlusses an die Möglichkeit der Fortsetzung der Gesellschaft unter den nationalen Rechtsordnungen anzuknüpfen. Im Einklang mit den Richtlinienvorgaben wird § 193 Abs. 3 UmwG im grenzüberschreitenden Kontext dahingehend auszulegen sein, dass auch bei einer GmbH die Verteilung von jeglichem Vermögen der Fortsetzung der Gesellschaft und somit dem grenzüberschreitenden Formwechsel entgegensteht. Interessengerechter wäre es jedoch, wenn nur eine das Stammkapital beeinträchtigende Vermögensverteilung zu einem Ausschluss der Fortsetzung führen würde.

(5) Ein Anspruch auf Sicherheitsleistung, der (wie in §§ 204, 22 UmwG, Art. 86j Abs. 1 GesR-ERL und §§ 341, 314 UmwG vorgesehen) von der Glaubhaftmachung einer konkreten Gefährdung durch die Gläubiger abhängt, kann interessengerechten Gläubigerschutz nur gewährleisten, wenn die bezüglich der Gefährdungslage bestehende Informationsasymmetrie reduziert wird. Ein Anspruch der Gläubiger wird regelmäßig daran scheitern, dass sie nicht wissen, ob ein Kapitalabzug aus der Gesellschaft im Zeitpunkt des Formwechsels bereits geplant ist. Das Informationsmodell wird als Instrument des Altgläubigerschutzes in GesR-ERL und UmRUG kaum

berücksichtigt. Da eine grundlegende Umgestaltung des Anspruchs (beispielsweise durch Verzicht auf eine konkrete Gefährdung oder Umkehr der Beweislast) weder interessengerecht noch vom Gesetzgeber zu erwarten ist, sollte die Informationsbasis der Gläubiger durch gesetzlich normierte Informationspflichten zu beabsichtigten Kapitalmaßnahmen gestärkt werden.

(6) Informationspflichten des formwechselnden Rechtsträgers haben als Gläubigerschutzinstrument eine Doppelfunktion. Zum einen erleichtern sie zumindest die Glaubhaftmachung einer konkreten Gefährdung im Rahmen des Anspruchs auf Sicherheitsleistung, zum anderen bewirken sie bis zu einem gewissen Grad eine faktische Selbstbindung auf Seiten des formwechselnden Rechtsträgers.

(7) Bei entsprechender Ausgestaltung bietet der Anspruch auf Sicherheitsleistung eine interessengerechtere Lösung als andere (im europäischen Ausland vorgesehene) Mechanismen wie Widerspruchsrechte der Gläubiger oder die Fälligstellung von Verbindlichkeiten.

(8) Die durch das UmRUG in § 343 Abs. 2 UmwG eingeführte Registersperre und die damit einhergehende Blockadeposition der Gläubiger beim grenzüberschreitenden Formwechsel ist europarechtlich nicht geboten und auch der Sache nach weder notwendig noch interessengerecht. Der Gesetzgeber sollte ein mit § 16 Abs. 3 UmwG vergleichbares Freigabeverfahren auch für den Anspruch der Gläubiger auf Sicherheitsleistung vorsehen.

(9) Die in Art. 86j Abs. 2 GesR-ERL vorgesehene Solvenzerklärung stellt ein interessantes Sicherungsinstrument dar, das Kleingläubiger regelmäßig besser schützt als der Anspruch auf Sicherheitsleistung. Obwohl sich der deutsche Gesetzgeber im Zuge des UmRUG ausdrücklich gegen die Umsetzung der Solvenzerklärung entschieden hat, wurde mit § 342 Abs. 3 Nr. 4 Var. 2 UmwG eine Versicherung der Vertretungsorgane gegenüber dem Registergericht zur drohenden Zahlungsunfähigkeit der Gesellschaft geschaffen, die große Ähnlichkeit zu einer Solvenzerklärung hat. Sofern der Gesetzgeber zu seinen Erwägungen zur Solvenzerklärung steht, müsste § 342 Abs. 3 Nr. 4 Var. 2 UmwG wieder aus dem Gesetz gestrichen werden. Ansonsten liegt es nahe, die in § 342 Abs. 3 Nr. 4 Var. 2 UmwG vorgesehene Erklärung – wie von der GesR-ERL vorgesehen – ausdrücklich als Solvenzerklärung zu implementieren.

(10) Die nach Art. 86m Abs. 8 GesR-ERL, § 343 Abs. 3 UmwG durchzuführende allgemeine Missbrauchskontrolle ist rechtspolitisch verfehlt und sieht sich

erheblichen Bedenken hinsichtlich ihres tatsächlichen Mehrwerts ausgesetzt. Die Bekämpfung von Insolvenztourismus und unlauterer Steuervermeidung ist Sache des Insolvenz- und Steuerrechts, nicht des Umwandlungsrechts. Durch die Positivierung der Missbrauchskontrolle wird dem Rechtsmissbrauch bei grenzüberschreitenden Umwandlungsmaßnahmen rechtspolitisch eine überhöhte Relevanz beigemessen. Trotz der Bedeutung, die der allgemeinen Missbrauchskontrolle im Gesetzgebungsverfahren beigemessen wurde, ist nicht zu erwarten, dass sie große praktische Bedeutung erlangen oder merkbar zum Gläubigerschutz beitragen wird.

(11) Die in Art. 86j Abs. 4 GesR-ERL und § 341 Abs. 2 UmwG vorgesehene Perpetuierung des Gerichtsstandes ist weder notwendig noch interessengerecht. Nach der Ratio einer perpetuatio fori müssen die Normen jedoch jedenfalls dahingehend ausgelegt werden, dass sie nur das Fortbestehen eines zuvor existierenden Gerichtsstands im Inland absichern, aber keinen zusätzlichen (neuen) Gerichtsstand begründen. Ausschließliche Gerichtsstandsvereinbarungen müssen stets Vorrang vor § 341 Abs. 2 UmwG haben.

B. Ausblick

Mit der Umsetzung der GesR-ERL durch das am 1. März 2023 in Kraft getretene UmRUG hat der jüngste Vorstoß des europäischen Gesetzgebers zur Harmonisierung von grenzüberschreitenden Umwandlungsmaßnahmen zumindest aus deutscher Sicht seinen vorläufigen Abschluss gefunden. Ein in sich schlüssiges und interessengerechtes System zum Gläubigerschutz wurde aber auch mit den im UmRUG vorgesehenen Mechanismen nicht gefunden. Der Anspruch auf Sicherheitsleistung wird in der de lege lata vorgesehenen Ausgestaltung gerade Kleingläubigern auch in Zukunft wenig nützen, während die formwechselnde Gesellschaft im grenzüberschreitenden Kontext durch neu eingeführte, aber wenig interessengerechte Schutzmechanismen wie Perpetuierung des Inlandsgerichtsstandes und die Blockadestellung der Gläubiger belastet wird. Da die GesR-ERL auf eine Mindestharmonisierung des Gläubigerschutzes abzielt und mit dem UmRUG streckenweise über die Vorgaben der Richtline hinausgegangen wurde, hat der deutsche Gesetzgeber durchaus einen Spielraum zum Nachjustieren. Diese Monographie mag dafür als Denkansatz dienen.

Abkürzungsverzeichnis

a.A.	andere Ansicht
Abs.	Absatz
AEUV	Vertrag über die Arbeitsweise der europäischen Union
a.F.	alte Fassung
AG	Aktiengesellschaft
AG	Die Aktiengesellschaft (Zeitschrift)
AktG	Aktiengesetz
allg. M.	allgemeine Meinung
Anh.	Anhang
Art.	Artikel
ausl.	ausländische
Az.	Aktenzeichen
BAG	Bundesarbeitsgericht
BB	Der Betriebs-Berater (Zeitschrift)
Bd.	Band
BeckOK	Beck'scher Online-Kommentar
BeckOGK	beck-online Grosskommentar
Begr.	Begründer
BegrRegE	Begründung Regierungsentwurf
Beschl.	Beschluss

A. Krieg, *Gläubigerschutz und Rechtswahl*, Juridicum – Schriftenreihe zum Wirtschafts-, Unternehmens- und Bankrecht / Series on Business, Corporate and Banking Law, https://doi.org/10.1007/978-3-658-53170-6

BGB	Bürgerliches Gesetzbuch
BGBl.	Bundesgesetzblatt
BGH	Bundesgerichtshof
BR-Drs.	Bundesrats-Drucksache
BT-Drs.	Bundestags-Drucksache
B.V.	Besloten vennootschap met beperkte aansprakelijkheid (Kapitalgesellschaft mit beschränkter Haftung nach niederländischem Recht)
BVerfG	Bundesverfassungsgericht
BVerfGG	Bundesverfassungsgerichtsgesetz
CA	Companies Act (England)
COMI	Centre of Main Interest
Darst.	Darstellungen
DAO	Decentralized Autonomous Organization
DAV	Deutscher Anwaltverein
DB	Der Betrieb (Zeitschrift)
Ders.	derselbe
Diss.	Dissertation
DK	Der Konzern (Zeitschrift)
DNotV	Deutscher Notarverein
DStR	Das deutsche Steuerrecht (Zeitschrift)
DZWIR	Deutsche Zeitschrift für Wirtschafts- und Insolvenzrecht

ebd.	ebenda
ECFR	European Company and Financial Law Review (Zeitschrift)
EGBGB	Einführungsgesetz zum Bürgerlichen Gesetzbuche
EGV	Vertrag über die Europäische Gemeinschaft
Einf.	Einführung
EU	Europäische Union
EU-WirtschaftsR-HdB	Handbuch des EU-Wirtschaftsrechts
EuGH	Europäischer Gerichtshof
EuGVÜ	Übereinkommen über die gerichtliche Zuständigkeit und die Vollstreckung gerichtlicher Entscheidungen in Zivil- und Handelssachen
EuInsVO	Europäische Insolvenzverordnung
EUV	Vertrag über die Europäische Union
EuZW	Europäische Zeitschrift für Wirtschaftsrecht
EWG	Europäische Wirtschaftsgemeinschaft
EWGV	Vertrag über die Europäische Wirtschaftsgemeinschaft
EWS	Europäisches Wirtschafts- und Steuerrecht (Zeitschrift)
f.	folgende
ff.	folgende (Plural)
Fn.	Fußnote
FK-KapAnlR	Frankfurter Kommentar zum Kapitalanlagerecht

GesR	Gesellschaftsrecht
GesR-RL	Gesellschaftsrechts-Richtlinie (Richtline (EU) 2017/1132 des Europäischen Parlaments und des Rates vom 14. Juni 2017 über bestimmte Aspekte des Gesellschaftsrechts)
GesR-ERL	Gesellschaftsrechts-Ergänzungsrichtlinie (Richtlinie (EU) 2019/2121 des Europäischen Parlaments und des Rates vom 27. November 2019 zur Änderung der Richtlinie (EU) 2017/1132 in Bezug auf grenzüberschreitende Umwandlungen, Verschmelzungen und Spaltungen)
GesVermögen	Gesellschaftsvermögen
GfterVermögen	Gesellschaftervermögen
GG	Grundgesetz
ggf.	gegebenenfalls
GmbH	Gesellschaft mit beschränkter Haftung
GmbHG	Gesetz betreffend die Gesellschaften mit beschränkter Haftung
GmbHR	GmbH-Rundschau (Zeitschrift)
GmbHStB	GmbH-Steuerberater (Zeitschrift)
GrEStG	Grunderwerbsteuergesetz
HGB	Handelsgesetzbuch
h.M.	herrschende Meinung
InsO	Insolvenzordnung
jurisPK	juris PraxisKommentar
Kap.	Kapitel

KAGB	Kapitalanlagegesetzbuch
KG	Kommanditgesellschaft
KG	Kammergericht
LG	Landgericht
Ltd.	Limited (Gesellschaft mit beschränkter Haftung englischen Rechts)
KWG	Gesetz über das Kreditwesen
MDR	Monatsschrift für Deutsches Recht
MoMiG	Gesetz zur Modernisierung des GmbH-Rechts und zur Bekämpfung von Missbräuchen
MoPeG	Personengesellschaftsrechtsmodernisierungsgesetz
MüKo	Münchener Kommentar
MünchHB	Münchener Handbuch
m.w.N.	mit weiteren Nachweisen
n.F.	neue Fassung
Nr.	Nummer
NJW	Neue Juristische Wochenschrift
NZG	Neue Zeitschrift für Gesellschaftsrecht
OHG	offene Handelsgesellschaft
OLG	Oberlandesgericht
UAbs.	Unterabsatz
UmwG	Umwandlungsgesetz

Urt.	Urteil
UmwStG	Umwandlungssteuergesetz
RGZ	Entscheidungssammlung des Reichsgerichts in Zivilsachen
RIW	Recht der Internationalen Wirtschaft (Zeitschrift)
Rn.	Randnummer
NotBZ	Zeitschrift für die notarielle Beratungs- und Beurkundungspraxis
RNotZ	Rheinische Notar-Zeitschrift
Rom I-VO	Verordnung (EG) Nr. 593/2008 des Europäischen Parlaments und des Rates vom 17. Juni 2008 über das auf vertragliche Schuldverhältnisse anzuwendende Recht
Rom II-VO	Verordnung (EG) Nr. 864/2007 des Europäischen Parlaments und des Rates vom 11. Juli 2007 über das auf außervertragliche Schuldverhältnisse anzuwendende Recht
Rs.	Rechtssache
S.	Seite / Satz
SE	Societas Europaea (europäische Aktiengesellschaft)
SEAG	Gesetz zur Ausführung der Verordnung (EG) Nr. 2157/2001 des Rates vom 8. Oktober 2001 über das Statut der Europäischen Gesellschaft (SE)
Sec.	Section
syst.	systematische
v.	vom

VAG	Gesetz über die Beaufsichtigung der Versicherungsunternehmen
Vers. Urt.	Versäumnisurteil
vgl.	vergleiche
VVaG	Versicherungsverein auf Gegenseitigkeit
WM	Wertpapier-Mitteilungen Zeitschrift für Wirtschafts- und Bankrecht
WpIG	Gesetz zur Beaufsichtigung von Wertpapierinstituten
ZAG	Gesetz über die Beaufsichtigung von Zahlungsdiensten
z.B.	zum Beispiel
ZEuP	Zeitschrift für Europäisches Privatrecht
ZfPW	Zeitschrift für die gesamte Privatrechtswissenschaft
ZGR	Zeitschrift für Unternehmens- und Gesellschaftsrecht
ZHR	Zeitschrift für das gesamte Handelsrecht und Wirtschaftsrecht
ZIP	Zeitschrift für Wirtschaftsrecht
ZPG	Zeitschrift für das Recht der Personengesellschaften und Einzelunternehmen
ZPO	Zivilprozessordnung
ZVglRWiss	Zeitschrift für Vergleichende Rechtswissenschaft

Literaturverzeichnis

Alio, Tarec — Die Neufassung der Brüssel I-Verordnung, NJW 2014, S. 2395 - 2400

Altmeppen, Holger — Gesetz betreffend die Gesellschaften mit beschränkter Haftung, 11. Auflage. München 2023

Andersen, Paul Krüger / Sørensen, Evelyne J.B. — The Danish Companies Act: A Modern and Competitive European Law, 1. Auflage, Kopenhagen 2012

Arnold, Arnd — Zur ökonomischen Theorie des Solvenztests, DK 2007, S. 118 - 125

Bärwaldt, Roman / Schabacker, Joachim — Der Formwechsel als modifizierte Neugründung, ZIP 1998, S. 1293 - 1298

Baschnagel, Markus / Hilser, Raphael — Gläubigerschutz bei grenzüberschreitenden Umwandlungen nach dem UmRUG, NZG 2022, S. 1333 - 1340

Barthel, Dirk — Die Niederlassungsfreiheit der Gesellschaften nach EuGH "Cartesio" - die Suche nach dem Gleichgewicht zwischen Wettbewerb im Binnenmarkt und nationalstaatlicher Regelungsautonomie, EWS 2010, S. 316 - 330

Baumann, Marcell — Neues GmbH-Recht in Ungarn, GmbHR 2014, S. 23 - 27

Bayer, Walter / Hoffmann, Thomas — Grenzüberschreitende Sitzverlegungen/Formwechsel, AG 2019, R40 - R43

Bayer, Walter / Schmidt, Jessica — Das Vale-Urteil des EuGH: Die endgültige Bestätigung der Niederlassungsfreiheit als „Formwechselfreiheit", ZIP 2012, S. 1481 -1492

A. Krieg, *Gläubigerschutz und Rechtswahl*, Juridicum – Schriftenreihe zum Wirtschafts-, Unternehmens- und Bankrecht / Series on Business, Corporate and Banking Law, https://doi.org/10.1007/978-3-658-53170-6

Der Regierungsentwurf zur Änderung des Umwandlungsgesetzes – eine kritische Stellungnahme, NZG 2006, S. 841 - 846

BB-Gesetzgebungs- und Rechtsprechungsreport zum Europäischen Unternehmensrecht 2018/2019 – Teil I: Company Law Package, BB 2019, S. 1922 - 1936

Behme, Caspar Der grenzüberschreitende Formwechsel von Gesellschaften nach Cartesio und Vale, NZG 2012, S. 936 - 939

Rechtsformwahrende Sitzverlegung und Formwechsel von Gesellschaften über die Grenze (Diss.), Tübingen 2015

Zitiert als: Rechtsformwahrende Sitzverlegung

Europäisches Umwandlungsrecht – Stand und Perspektiven, ZHR 2018, S. 32 - 61

Behrens, Peter Die Umstrukturierung von Unternehmen durch Sitzverlegung oder Fusion über die Grenze im Licht der Niederlassungsfreiheit im Europäischen Binnenmarkt (Art. 52 und 58 EWGV), ZGR 1994, S. 1 - 25

Böttcher, Leif / Kraft, Julia Grenzüberschreitender Formwechsel und tatsächliche Sitzverlegung – Die Entscheidung VALE des EuGH, NJW 2012, S. 2701 - 2704

Bormann, Jens / König, David „Genuine Link" und freie Rechtsformwahl im Binnenmarkt, NZG 2012, S. 1241 - 1244

Bormann, Jens / Stelmaszczyk, Peter Grenzüberschreitende Verschmelzungen nach dem EU-Company Law Package, ZIP 2019, S. 300 - 312

Brand, Oliver / Baroch Castellvi, Manuel	Versicherungsaufsichtsgesetz, 2. Auflage 2018, Baden-Baden, 2024
Brandi, Tim Oliver	Grenzüberschreitender (Heraus-)Formwechsel - praktische Erfahrungen und Vergleich mit Reformvorschlägen im EU Company Law Package, BB 2018, S. 2626 - 2634
Brandi, Tim Oliver / Schmidt, Mike Karl	Der grenzüberschreitende Formwechsel nach dem RegE zum UmRUG, DB 2022, S. 1880 - 1890
Brandt, Ulrich	Überlegungen zu einem SE-Ausführungsgesetz, NZG 2002, S. 991 - 996
Bungert, Hartwin	Neue Chancen für grenzüberschreitende Transaktionen – das UmRUG tritt in Kraft, NZG 2022, S. 1657
Bungert, Hartwin / Becker, Eric	Der finale EU-Richtlinienentwurf zu grenzüberschreitenden Formwechseln, Verschmelzungen und Spaltungen, DB 2019, S. 1609 - 1617
Bungert, Hartwin / Reidt, Matthias	Erweiterte Möglichkeiten grenzüberschreitender Umwandlungen – nach Abschluss des Gesetzgebungsverfahren zum UmRUG, DB 2023, S. 54 - 65
Bungert, Hartwin / Strothotte, Christian	Die Regierungsentwürfe zu grenzüberschreitenden Verschmelzungen, Spaltungen und Formwechseln, DB 2022, S. 1818 - 1824
	Die grenzüberschreitende Spaltung nach dem Referentenentwurf des UmRUG, BB 2022, S. 411 - 1422
Dauses, Manfred A. (Begr.) / Ludwigs, Markus	Handbuch des EU-Wirtschaftsrechts, 64. Ergänzungslieferung, München 2025

Davies, Paul / Emmenegger, Susan / Ferran, Eilís / Ferrarini, Guido / Hopt, Klaus J. / Moloney, Niamh / Opalski, Adam / Pietrancosta, Alain / Roth, Markus / Skog, Rolf / Winner, Martin / Winter, Jaap / Wymeersch, Eddy (European Company Law Experts, „ECLE")	The Commission's 2018 Proposal on Cross-Border Mobility – An Assessment, ECFR 2019, S. 196 - 221
Deck, Florian	Rechtliche Grenzen der Missbrauchskontrolle von Zustimmungsbeschlüssen zu grenzüberschreitenden Strukturmaßnahmen, NZG 2021, S. 629 – 638.
Deutscher Anwaltverein (Handelsrechtsausschuss)	Stellungnahme zum Vorschlag für eine Richtlinie des Europäischen Parlaments und des Rates zur Änderung der RL 2017/1132/(EU) in Bezug auf grenzüberschreitende Umwandlungen, Verschmelzungen und Spaltungen COM (2018) 241, NZG 2018, S. 857 - 867
Drescher, Ingo / Fleischer, Holger Schmidt, Karsten	Münchener Kommentar zum Handelsgesetzbuch, Band 1, 5. Auflage, München 2021 Band 2, 6. Auflage, München 2026,
Drinhausen, Florian / Keinath, Astrid	Referentenentwurf eines Zweiten Gesetzes zur Änderung des Umwandlungsgesetzes – Erleichterung grenzüberschreitender Verschmelzungen für deutsche Kapitalgesellschaften?, BB 2006, S. 725 - 732

	Referentenentwurf eines Gesetzes zur Umsetzung der Umwandlungsrichtlinie, BB 2022, S. 1346 - 1356
Eidenmüller, Horst / Engert, Andreas / Rehberg, Markus / Rehm, Gebhard Marc	Ausländische Kapitalgesellschaften im deutschen Recht, 1. Auflage, München 2004
Emde, Thomas / Dornseifer, Frank Dreibus, Alexandra	KAGB – Kapitalanlagengesetzbuch, 3. Auflage, München 2023
Engert, Andreas	Solvenzanforderung als gesetzliche Ausschüttungssperre bei Kapitalgesellschaften, ZHR 2006, S. 296 - 335
Erdmann, Uwe / Diehl, Frank / Schradin, Heinrich	Beck'scher Online-Kommentar VAG, 21. Edition, München, Stand 1. Juni 2023
Erle, Bernd	Anforderungen an die Kapitalausstattung einer aufgelösten GmbH bei ihrer Fortsetzung, GmbHR 1997, S. 973 - 982
Fichtelmann, Helmar	Die Fortsetzung einer aufgelösten GmbH, GmbHR 2003, S. 67 - 74
Fischer, Klaus-Bernd	Das spanische Gesetz 3/2009 über strukturelle Änderungen der Handelsgesellschaften, RIW 2009, S. 435 - 439
Fleischer, Holger	Informationsasymmetrie im Vertragsrecht (Diss.), München 2001
Fleischer, Holger / Goette, Wulf	Münchener Kommentar zum GmbHG, Band 1, 5. Auflage, München 2025, Band 3, 5. Auflage, München 2025

Frank, Ansgar	Formwechsel im Binnenmarkt (Diss.), Tübingen 2016
Franz, Tobias	Grenzüberschreitende Sitzverlegung und Niederlassungsfreiheit – eine systematische Betrachtung offener und geklärter Fragen, EuZW 2016, S. 930 - 936
Fridgen, Alexander / Geiwitz, Arndt / Göpfert, Burkard	Beck'scher Online-Kommentar Insolvenzrecht, 41. Edition, München, Stand 1. November 2025
Garcimartín, Francisco	The EU Insolvency Regulation Recast: Scope, Jurisdiction and Applicable Law, ZEuP 2015, S. 694 - 731
Garcimartín, Francisco / Gandía, Enrique	Cross-Border Conversions in the EU: The EU Commission Proposal, ECFR 2019, S. 15 - 43
Goette, Maximilian	Das Gesetz zur Umsetzung der Umwandlungsrichtlinie – Ein Überblick, DStR 2023, S. 157 - 164
Goette, Wulf / Habersack, Mathias / Kalss, Susanne	Münchener Kommentar zum Aktiengesetz, Band 1, 6. Auflage, München 2024, Band 4, 6. Auflage, München 2025, Band 5, 6. Auflage, München 2023, Band 6, 6. Auflage, München 2024, Band 7, 5. Auflage, München 2021 und 6. Auflage, München 2025
Grigoleit, Hans Christoph	Aktiengesetz Kommentar, 3. Auflage, München 2025
Grundmann, Stefan	Europäisches Gesellschaftsrecht, 2. Auflage, Heidelberg 2011

	Ausbau des Informationsmodells im Europäischen Gesellschaftsrecht, DStR 2004, S. 232 – 236
Gsell, Beate / Krüger, Wolfgang / Lorenz, Stephan / Reymann, Christoph	beck-online Grosskommentar zum Zivilrecht, München 2025
Haas, Ulrich	Mindestkapital und Gläubigerschutz in der GmbH, DStR 2006, S. 993 - 1000
Habersack, Mathias / Casper, Matthias Löbbe, Marc	GmbHG Großkommentar, Band 3, 3. Auflage, Tübingen 2023
Habersack, Mathias / Drinhausen, Florian	SE-Recht, 3. Auflage, München 2022, 4. Auflage, München 2025
Harig, Florian / Harder, Phillip-Boie	Der erweiterte Pflichtenkatalog bei grenzüberschreitenden Umwandlungen – insolvenzrechtliche Aspekte, NZG 2022, S. 1445 - 1439
Hau, Wolfgang / Poseck, Roman	Beck'scher Online-Kommentar zum BGB, 76. Edition, München, Stand 1. November 2025
Hausmann, Rainer / Odersky, Felix	Internationales Privatrecht in der Notar- und Gestaltungspraxis, 4. Auflage, München 2021
Heckschen, Heribert	Grenzüberschreitende Sitzverlegung und grenzüberschreitender Rechtsformwechsel, GWR 2020, S. 449 - 453
Heckschen, Heribert / Knaier, Ralf	Größte Reform des Umwandlungsrechts – nicht nur Richtlinienumsetzung! (Teil I), GmbHR 2022, S. 501 - 516

	Größte Reform des Umwandlungsrechts – nicht nur Richtlinienumsetzung! (Teil II), GmbHR 2022, S. 613 - 626
	Update zum UmRUG, GmbHR 2022, R260 - R262
	Das UmRUG auf der Zielgeraden, GmbHR 2022, R376 - R379
	Reform des Umwandlungsrechts kurz vor dem Ziel, ZIP 2022, S. 2205 - 2214
	Die größte Reform des Umwandlungsrechts: Endlich in Kraft!, GmbHR 2023, S. 317 – 327.
Heidel, Thomas	Aktienrecht und Kapitalmarktrecht, 6. Auflage, Baden-Baden 2024
Heidel, Thomas / Hüßtege, Rainer / Mansel, Heinz-Peter Noack, Ulrich	BGB, Band 1: Allgemeiner Teil - EGBGB, 4. Auflage, Baden-Baden 2021
Heinz, Volker G. / Hartung, Wilhelm	Die englische Limited, 3. Auflage, Baden-Baden 2011
Henssler, Martin (Gesamtherausgeber)	beck-online Grosskommentar für das Handels- und Gesellschaftsrecht, München 2026
Henssler, Martin / Strohn, Lutz	Gesellschaftsrecht, 5. Auflage, München 2021, 6. Auflage, München 2024
Herberger, Maximilian / Martinek, Michael / Rüßmann Helmut /	juris PraxisKommentar BGB Band 2 – Schuldrecht, 11. Auflage, Saarbrücken 2026

Weth, Stephan / Würdinger, Markus

Hilser, Raphael — Grenzüberschreitender Rechtsformwechsel in der Europäischen Union (Diss.), Berlin 2022

Zitiert als: Grenzüberschreitender Rechtsformwechsel

Hirte, Heribert / Vallender, Heinz — Uhlenbruck, Insolvenzordnung, 16. Auflage, München 2025

Hölters, Wolfgang / Weber, Markus — Aktiengesetz Kommentar, 5. Auflage, München 2025

Hoger, Andreas — Kontinuität beim Formwechsel nach dem UmwG und der grenzüberschreitenden Verlegung des Sitzes einer SE (Diss.), Köln 2008

Zitiert als: Kontinuität beim Formwechsel

Hoger, Andreas / Lieder, Jan — Die grenzüberschreitende Anwachsung, ZHR 2016, S. 613 - 657

Hopt, Klaus J. — Handelsgesetzbuch, 45. Auflage, München 2026

Hüffer, Uwe (Begr.) / Koch, Jens — Aktiengesetz, 19. Auflage, München 2025

Hushahn, Johannes — Der isolierte grenzüberschreitende Formwechsel – Zugleich Anmerkung zum Urteil des EuGH v. 25.10.2017 in der Rechtssache Polbud –, RNotZ 2018, S. 23 - 25

Ihrig, Hans-Christoph — Verschmelzung und Spaltung ohne Gewährung neuer Anteile?, ZHR 160 (1996), S. 317 - 342

Janisch, Gregor — Die grenzüberschreitende Sitzverlegung von Kapitalgesellschaften in der Europäischen Union (Diss.), Baden-Baden 2015

Zitiert als: Grenzüberschreitende Sitzverlegung

Joost, Detlev / Strohn, Lutz / Poelzig, Dörte / Sander, Volker — Ebenroth/Boujong, Handelsgesetzbuch, Band 1, 5. Auflage, München 2024

Jugeli, Gregor — Der Gläubigerschutz bei der Umwandlung juristischer Personen (Diss.), Frankfurt/M., Berlin, Bern, Bruxelles, New York, Oxford, Wien, 2006

Zitiert als: Gläubigerschutz bei der Umwandlung

Jungmann, Carsten — Solvenztest versus Kapitalschutzregeln, ZGR 2006, S. 638 - 682

Just, Clemens — Limited, 4. Auflage, München 2012

Kallmeyer, Harald — Umwandlungsgesetz,
7. Auflage, Köln 2020,
8. Auflage, Köln 2024

Kaulbach, Detlef / Bähr, Gunne / Pohlmann, Petra — Versicherungsaufsichtsgesetz, 6. Auflage, München 2019

Kiem, Roger — Erwartungen der Praxis an eine künftige EU-Sitzverlegungsrichtlinie, ZHR 180 (2016), S. 289 - 322

Kieninger, Eva-Maria — Niederlassungsfreiheit als Freiheit der nachträglichen Rechtswahl – Die Polbud Entscheidung des EuGH, NJW 2017, S. 3624 - 3627

Kindler, Peter — Ende der Diskussion über die so genannte Wegzugsfreiheit, NZG 2009, S. 130 - 132

	Der reale Niederlassungsbegriff nach dem VALE-Urteil des EuGH, EuZW 2012, S. 888 - 892
	Unternehmensmobilität nach „Polbud“: Der grenzüberschreitende Formwechsel in Gestaltungspraxis und Rechtspolitik, NZG 2018, S. 1 - 7
Klein, Nico C.	Fragen im Zusammenhang mit dem (fehlgeschlagenen) Erwerb eigener Geschäftsanteile, NZG 2016, S. 1241 - 1244
Klett, Sabine C.	Das Vierte Gesetz zur Änderung des Umwandlungsgesetzes, NZG 2019, S. 292 - 297
Klötzel, Thomas R. / Raiser, Christian	Länderreport Malaysia, RIW 2017, S. 355 - 359
Knaier, Ralf	Unionales Umwandlungsrecht, GmbHR 2018, S. 607 - 624
Knop, Jan	Die Wegzugsfreiheit nach dem Cartesio-Urteil des EuGH, DZWIR 2009, S. 147 - 152
Kovács, Keve	Der grenzüberschreitende (Herein-)Formwechsel in der Praxis nach dem Polbud-Urteil des EuGH, ZIP 2018, S. 253 - 261
	Der innerstaatliche und grenzüberschreitende Formwechsel (Diss.), Berlin/Boston 2016
Krafka, Alexander	Registerrecht, 12. Auflage, München 2024
Kraft, Julia	“Grenzüberschreitende Vorhaben” nach Annahme der Mobilitätsrichtlinie durch das Europäische Parlament – Wesentliche Änderungen im Vergleich zum Kommissionsentwurf, BB 2019, S. 1864 - 1868

Kronke, Herbert	Deutsches Gesellschaftsrecht und grenzüberschreitende Strukturänderung, ZGR 1994, S. 26 - 46
Kropholler, Jan	Internationales Privatrecht, 6. Auflage, Tübingen 2006
Kübler, Bruno M. / Prütting, Hanns / Bork, Reinhard Jacoby, Florian	InsO - Kommentar zur Insolvenzordnung, 106. Lieferung, Köln, Dezember 2025
Kugelmüller-Pugh, Anette/ Loose, Matthias / Meßbacher-Hönsch, Christine / Viskorf, Hermann-Ulrich	Viskorf Grunderwerbsteuergesetz: GrEStG, 21. Auflage, München 2024
Leible, Stefan / Hoffmann, Jochen	Cartesio – fortgeltende Sitztheorie, grenzüberschreitender Formwechsel und Verbot materiellrechtlichen Wegzugsbeschränkungen, BB 2009, S. 58 - 63
Lenz, Andreas	Gesellschafter- und Gläubigerschutz bei dem Formwechsel einer OHG in eine GmbH (Diss.), Berlin 2000 *Zitiert als*: Gesellschafter- und Gläubigerschutz beim Formwechsel einer OHG
Leydecker, Maximilian	Gläubigerschutz bei grenzüberschreitenden Umwandlungen (Diss.), Köln 2021
Lieder, Jan / Wilk, Cornelius / Ghassemi-Tabar, Nima	Münchener Handbuch des Gesellschaftsrechts, Band 8, Umwandlungsrecht, 6. Auflage München 2025
Löbbe, Marc	Die grenzüberschreitende Umwandlung nach dem UmRUG, ZHR 2023, S. 498 - 544

Lutter, Marcus	Umstrukturierung von Unternehmen über die Grenze –Versuch eines Resümees, ZGR 1994, S. 87 - 93
Lutter, Marcus (Begr.) *Bayer, Walter /* *Vetter, Jochen*	Lutter, Umwandlungsgesetz, 6. Auflage, Köln 2019, 7. Auflage, Köln 2024
Lutter, Marcus / *Bayer, Walter*	Holding Handbuch, 7. Auflage, Köln 2024
Lutter, Marcus / *Bayer, Walter /* *Schmidt, Jessica*	Europäisches Unternehmens- und Kapitalmarktrecht, 6. Auflage, Berlin/Boston 2018
Luy, Theo	Grenzüberschreitende Umwandlungen nach dem Company Law Package, NJW 2019, S. 1905 - 1910
Madaus, Stephan	Umwandlungen als Gegenstand eines Insolvenzplans nach dem ESUG, ZIP 2012, S. 2133 - 2139
Mankowski, Peter / *Müller, Michael /* *Schmidt, Jessica*	EuInsVO 2015, 1. Auflage, München 2016
Mann, Maximilian	Die Decentralized Autonomous Organization – ein neuer Gesellschaftstyp?, NZG 2017, S. 1014 - 1020
Maulbetsch, Hans-Christoph / *Klumpp, Axel /* *Rose, Klaus-Dieter*	Umwandlungsgesetz, 2. Auflage, Heidelberg 2017
Michalski, Lutz / *Heidinger, Andreas /* *Leible, Stefan /* *Schmidt, Jessica*	Kommentar zum Gesetz betreffend die Gesellschaften mit beschränkter Haftung (GmbH-Gesetz), 4. Auflage, München 2023

Moritz, Joachim / Klebeck, Ulf / Jesch, Thomas A — Frankfurter Kommentar zum Kapitalanlagerecht, Band 1, 1. Auflage, Frankfurt am Main 2016

Mörsdorf, Oliver — Beschränkung der Mobilität von EU-Gesellschaften im Binnenmarkt, eine Zwischenbilanz, EuZW 2009, S. 97 - 102

Nun also doch! Die überraschende Umdeutung der Niederlassungsfreiheit zur Rechtswahlfreiheit durch den EuGH im Urteil Polbud, ZIP 2017, S. 2381 - 2389

Mörsdorf, Oliver/ Jopen, Christian — Grenzüberschreitender Formwechsel einer Gesellschaft („Vale"), ZIP 2012, S. 1394 - 1401

Musielak, Hans-Joachim / Voit, Wolfang — Zivilprozessordnung, 23. Auflage, München 2026

Naendrup, Christoph / Zimmer, Daniel — Das Cartesio-Urteil des EuGH: Rück oder Fortschritt für das internationale Gesellschaftsrecht, NJW 2009,S. 545 - 550

Noack, Max — Nationaler Rechtsrahmen für grenzüberschreitende Umwandlungen, MDR 2023, S. 465 - 471

Noack, Ulrich / Servatius, Wolfgang / Haas, Ulrich — Gesetz betreffend die Gesellschaften mit beschränkter Haftung, 24. Auflage, München 2025

Paefgen, Walter G. — „Cartesio": Niederlassungsfreiheit minderer Güte – Zum Urteil des EuGH vom 16.12.2008, WM 2009, S. 529 - 536

„Polbud": Niederlassungsfreiheit als Sitzspaltungsfreiheit – Zum Urteil des EuGH vom 25.10.2017 in der Rechtssache „Polbud" – WM 2018, S. 981 - 993 (Teil I), WM 2018, S. 1029 - 1041 (Teil II)

Petersen, Jens — Der Gläubigerschutz im Umwandlungsrecht (Diss.), München 2001

Rauscher, Thomas / Krüger, Wolfgang — Münchener Kommentar zur Zivilprozessordnung,
Band 1, 7. Auflage, München 2025,
Band 3, 6. Auflage, München 2022

Reichert, Jochem — GmbH & Co. KG, 9. Auflage, München 2024

Reers, Ulrich / Kraut, Tobias — Der grenzüberschreitende Formwechsel nach Umsetzung der Umwandlungsrichtlinie, DK 2022, S. 357 - 365

Roth, Günter H. — Das Ende der Briefkastengründung? – Vale contra Centros, ZIP 2012, S. 1744 - 1745

Sauerbrey, Robert — Der Mitbestimmungsschutz bei grenzüberschreiter den Umwandlungen nach dem UmRUGMitbestG, GmbHR 2023, S. 5 - 16

Säcker, Franz Jürgen / Rixecker, Roland / Oetker, Hartmut / Limperg, Bettina — Münchener Kommentar zum BGB,
Band 2, 10. Auflage, München 2025,
Band 3, 10. Auflage, München 2025,
Band 12, 9. Auflage, München 2024,
Band 13, 9. Auflage, München 2025

Saenger, Ingo — Zivilprozessordnung, 10. Auflage, Baden-Baden 2023

Saenger, Ingo / Aderhold, Lutz / Lenkaitis, Karlheinz / Speckmann, Gerhard — Handels- und Gesellschaftsrecht, 2. Auflage, Baden-Baden, 2011

Sagasser, Bernd / Bula, Thomas — Umwandlungen, 6. Auflage, München 2024

Schäfer, Carsten Suhrkamp und die Folgen – Konsequenzen aus dem vorläufigen Abschluss des Suhrkamp-Insolvenzverfahrens, ZIP 2015, 1208 - 1213

Schaper, Martin Grenzüberschreitender Formwechsel und Sitzverlegung: Die Umsetzung der ‚VALE'-Rechtsprechung des EuGH, ZIP 2014, S. 810 - 816

Schall, Alexander Der grenzüberschreitende Formwechsel in Europa nach Polbud, ZfPW 2018, S. 176 - 205

Schmidt, Jessica Grenzüberschreitende Mobilität von Gesellschaften – Vergangenheit, Gegenwart und Zukunft, ZVglRWiss 2017, S. 313 - 341

Mehr Digitalisierung und Mobilität von Gesellschaften (Teil I), DK 2018, S. 229 - 244

Cross-border Mergers, Divisions and Conversions: Accomplishments and Deficits of the Company Law Package, ECFR 2019, S. 222 - 271

Spaltung versus actio pauliana – Die Entscheidung des EuGH in der Rs. I.G.I, EuZW 2020, S. 372 - 374

Grenzüberschreitender Formwechsel in der EU – Eckpunkte des Rechtsrahmens und Herausforderungen bei der Umsetzung, ZEuP 2020, S. 565 - 590

Der UmRUG-Referentenentwurf: grenzüberschreitende Umwandlungen 2.0 – und vieles mehr (Teil 1), NZG 2022, S. 579 -587

Der UmRUG-Referentenentwurf: grenzüberschreitende Umwandlungen 2.0 – und vieles mehr (Teil 2), NZG 2022, S. 635 -643

Gesellschaftsrecht: Regierungsentwürfe für das UmRUG und das UmRMitbestG, NZG 2022, S. 986.

Schmidt, Karsten — Gesellschaftsrecht, 4. Auflage, Köln 2002

Gläubigerschutz bei Umstrukturierungen – Zum Referentenentwurf eines Umwandlungsgesetzes –, ZGR 1993, S. 366 - 395

Unterbilanzhaftung bei Fortsetzung einer aufgelösten Gesellschaft, DB 2014, S. 701 - 704

Schmidt, Mike Karl — Grenzüberschreitender Formwechsel (Diss.), Baden-Baden 2020

Schmitt, Joachim / Hörtnagl, Robert — Umwandlungsgesetz, Umwandlungssteuergesetz,
9. Auflage, München 2020
10. Auflage, München 2024

Schön, Wolfang — Das System der gesellschaftsrechtlichen Niederlassungsfreiheit nach VALE, ZGR 2013, S. 333 - 365

Schollmeyer, Eberhard — Die „künstliche Gestaltung“ – der Herr Tur Tur unter den Rechtsfiguren, NZG 2018, S. 977 - 978

Der Verschmelzungs-, Spaltungs- und Formwechselbericht nach der neuen Umwandlungsrichtlinie, AG 2019, S. 541 - 550

Überschießende Richtlinienumsetzung schafft überschießende EGH-Rechtsprechung: Beispiel Umwandlungsrecht – Das „I.G.I“-Urteil des EUGH vom 30.1.2020, NZG 2020, S. 589 - 592

Der Gläubigerschutz bei grenzüberschreitenden Umwandlungen nach der neuen Umwandlungsrichtlinie, ZGR 2020, S. 62 - 89

Scholz, Franz	GmbHG, Band 3, 13. Auflage, Köln 2025
Schröter, Christina / Neubert, Viktoria	Die Umsetzung der Umwandlungsrichtlinie ins deutsche Recht, jurisPR-HaGesR 4/2023 Anm. 1
Schulte, Christian	Grenzüberschreitende Umwandlungen und Spaltungen, GmbHR 2020, S. 139 - 146.
Schurr, Francesco A.	Schutzbestimmungen und Verfahrensregeln in der neuen Richtlinie zu grenzüberschreitenden Umwandlungen, Verschmelzungen und Spaltungen, EuZW 2019, S. 539 - 544
Seibt, Christoph H. / Bulgrin, Gerrit M.	Strategische Insolvenz: Insolvenzplanverfahren als Gestaltungsinstrument zur Überwindung bestandsgefährdender Umstände, ZIP 2017, S. 353 - 362
Semler, Johannes / Stengel, Arndt / Leonard, Nina	Umwandlungsgesetz, 5. Auflage, München 2021, 6. Auflage, München 2025
Simon, Stefan / Merkelbach, Matthias	Gesellschaftsrechtliche Strukturmaßnahmen im Insolvenzplanverfahren nach dem ESUG, NZG 2012, S. 121 - 129
Stelmaszczyk, Peter	Grenzüberschreitender Formwechsel durch isolierte Verlegung des Satzungssitzes, EuZW 2017, S. 890 - 894
	Die neue Umwandlungsrichtlinie – harmonisierte Verfahren für grenzüberschreitende Verschmelzungen, Spaltungen und Formwechsel, GmbHR 2020, S. 61 - 76
	Der grenzüberschreitende Formwechsel von Kapitalgesellschaften nach geltendem und künftigem Recht – Teil II, notar 2021, S. 147 - 165

Grenzüberschreitende Spaltungen de lege lata und de lege ferenda – Teil 2, DK 2021, S. 48 - 67

Stiegler, Sascha Hereinformwechsel in eine Kommanditgesellschaft, NZG 2020, S. 979 – 981.

Streinz, Rudolf EUV/AEUV, 3. Auflage, München 2018

Stürner, Rolf / Eidenmüller, Horst / Schoppmeyer, Heinrich Münchener Kommentar zur Insolvenzordnung,
Band 3, 4. Auflage München 2020,
Band 4, 4. Auflage, München 2021

Stürner, Rolf Jauernig, Bürgerliches Gesetzbuch, 19. Auflage, München 2023

Süß, Rembert / Wachter, Thomas Handbuch des internationalen GmbH-Rechts, 4. Auflage, Bonn 2022

Teichmann, Christoph Reform des Gläubigerschutzes im Kapitalgesellschaftsrecht, NJW 2006, S. 2444 - 2451

Cartesio: Die Freiheit zum formwechselnden Wegzug, ZIP 2009, S. 393 - 404

Corporate Restructuring under the EMCA, ECFR 2016, S. 277 - 300

Der Fall „Polbud“; Formwechsel in die Briefkastengesellschaft, GmbHR 2017, R356 – R358

Grundlinien eines europäischen Umwandlungsrechts: Das „EU-Company Law Package 2018“, NZG 2019, S. 241 - 249

Das Konzept des „Rechtsmissbrauchs“ im Europäischen Umwandlungsrecht, ZGR 2022, S. 376 - 415

Thomale, Chris / Schmid, Stephan
Das neue Rech der grenzüberschreitenden Umwandlungen – Eine Einführung (Teil I), NotBZ 2023, S. 91 - 106

Das neue Rech der grenzüberschreitenden Umwandlungen – Eine Einführung (Teil II), NotBZ 2023, S. 125 - 137

Triebel, Volker / Otte, Sabine
20 Vorschläge für eine GmbH-Reform: Welche Lektion kann der deutsche Gesetzgeber vom englischen lernen?, ZIP 2006, S. 311 - 316

Veil, Rüdiger
Umwandlung einer Aktiengesellschaft in eine Gesellschaft mit beschränkter Haftung (Diss.), Berlin 1996

Zitiert als: Umwandlung einer Aktiengesellschaft

Veith, Alexander
Der Gläubigerschutz beim Formwechsel nach dem Umwandlungsgesetz (Diss.), Frankfurt/M., Berlin, Bern, Bruxelles, New York, Oxford, Wien, 2003

Zitiert als: Gläubigerschutz beim Formwechsel

Vorwerk, Volkert, / Wolf, Christian
Beck'scher Online-Kommentar ZPO, 58. Edition, München, Stand 1. September 2025

Wachter, Thomas
Umwandlung insolventer Gesellschaften, NZG 2015, S. 858 -862

Anmerkung zum Urteil des EuGHs vom 25.10.2017 – C-106/16, NZG 2017, S. 1308 -1314

Neues zum Europäischen Umwandlungsrecht (Teil I), GmbHStB 2018, S. 283 - 296

Neues zum Brexit im Gesellschaftsrecht, GmbHR 2018, R260 – R262

Weber, Johannes — Internationale Zuständigkeit und Gläubigerschutz nach dem Wegzug von Gesellschaften, ZVglRWiss 2008, S. 193 - 229

Wegen, Gerhard / Spahlinger, Andreas / Barth, Marcel — Gesellschaftsrecht des Auslands, 11. Ergänzungslieferung, München, Oktober 2025

Weitnauer, Wolfgang / Boxberger, Lutz Anders, Dietmar — Kapitalanlagengesetzbuch, 3. Auflage, München 2021

Wertenbruch, Johannes / Alm, Sebastian — Der Statuswechsel zwischen Personengesellschaften nach MoPeG, ZPG 2023, S. 201 - 211

Westermann, Peter — Der „Suhrkamp"-Gesellschafter unter dem Schutzschirm der Gesellschaftsinsolvenz, NZG 2015, 134 - 144

Wicke, Hartmut — Gesetz betreffend die Gesellschaften mit beschränkter Haftung (GmbHG), 5. Auflage, München 2024

Generalanwalt beim EUGH: Grenzüberschreitender Formwechsel innerhalb der EU ohne Verlegung des tatsächlichen Sitzes, NZG 2017, S. 702 - 703

Optionen und Komplikationen bei der Umsetzung des Richtlinienvorschlags zum grenzüberschreitenden Formwechsel, DStR 2018, S. 2642 - 2647 (Teil I) und DStR 2018, S. 2703 - 2710 (Teil II)

Widmann, Siegfried / Mayer, Dieter — Umwandlungsrecht, 1. Auflage, Bonn 2002, 224. Ergänzungslieferung, November 2025

Wiedemann, Herbert — Identität beim Rechtsformwechsel, ZGR 1999, S. 568 - 582

Winner, Martin	Protection of Creditors and Minority Shareholders in Cross-border Transactions, ECFR 2019, S 44 - 73
Wolff, Lothar	Hineinverschmelzung von LLPs vor dem Brexit, GmbHR 2019, S. 52 - 59
Wollin, Sören	Der Referentenentwurf eines Gesetzes zur Umsetzung der Umwandlungsrichtlinie (UmRUG-E), ZIP 2022, S. 989 - 993
Ziemons, Hildegard / Jaeger, Carsten / Pöschke, Moritz	Beck'scher Online-Kommentar GmbHG, 67. Edition, München 2026
Zöller, Richard	ZPO Kommentar, 36. Auflage, Köln 2025

GPSR Compliance

The European Union's (EU) General Product Safety Regulation (GPSR) is a set of rules that requires consumer products to be safe and our obligations to ensure this.

If you have any concerns about our products, you can contact us on ProductSafety@springernature.com

In case Publisher is established outside the EU, the EU authorized representative is:

Springer Nature Customer Service Center GmbH
Europaplatz 3
69115 Heidelberg, Germany

Batch number: 10723263

Printed by Printforce, the Netherlands